I0046318

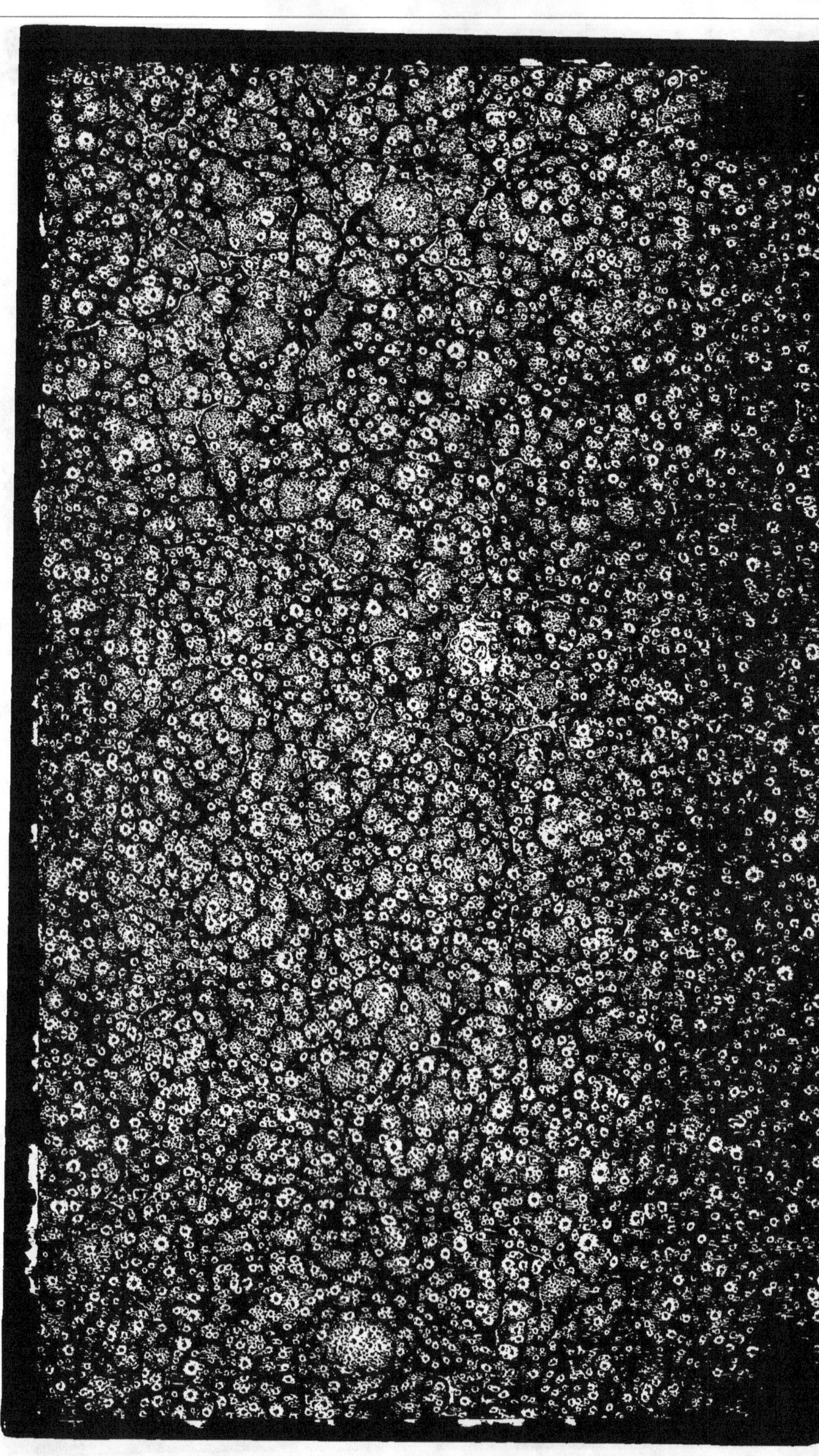

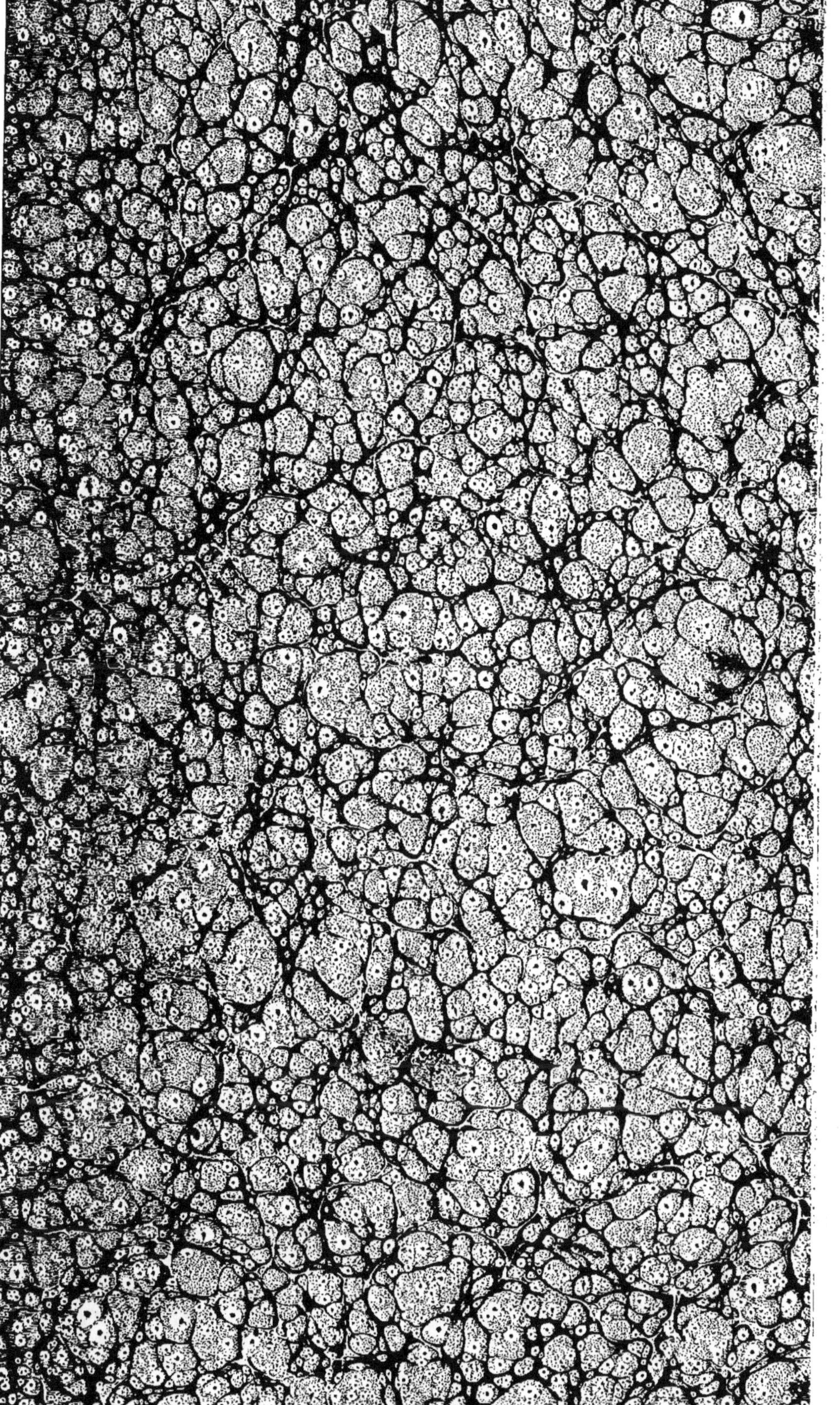

RECUEIL

DES ARRÊTS DE LA COUR ROYALE DE POITIERS.

POITIERS. — IMP. DE A. DUPRÉ.

RECUEIL

DES ARRÊTS

DE LA COUR ROYALE DE POITIERS,

EN MATIÈRE CIVILE, COMMERCIALE ET CRIMINELLE,

CONTENANT :

1° Les décisions purement doctrinales de la Cour, avec des notes faisant connaître, sur chaque question, l'opinion des auteurs et l'état de la jurisprudence ;
2° Les arrêts de la Cour de cassation intervenus sur les pourvois formés contre ces décisions ;
3° Les jugements notables des tribunaux du ressort ;
4° Des dissertations sur des points controversés et des objets d'intérêt général ;
5° Les circulaires, décisions et autres documents pouvant intéresser les officiers ministériels et les jurisconsultes ;
6° Un compte rendu des ouvrages nouveaux les plus remarquables publiés sur le droit ;

PAR

PLUSIEURS MAGISTRATS ET JURISCONSULTES.

TOME DEUXIÈME.

POITIERS,
CHEZ CHARLES PICHOT, LIBRAIRE,
SUCCESSEUR DE M. BOURCES.

1847.

RECUEIL

DES ARRÊTS

DE LA COUR ROYALE DE POITIERS.

CONTRIBUABLE. — ACTION APPARTENANT A UNE COMMUNE. — APPEL. — AUTORISATION. — SURSIS.

Le contribuable habitant d'une commune qui, usant du bénéfice de l'art. 49 de la loi du 18 juillet 1837, a exercé à ses frais et risques une action appartenant à la commune, après une autorisation préalable du conseil de préfecture, a besoin, pour interjeter appel, d'une nouvelle autorisation.

Le défaut d'autorisation ne rend pas l'appel non recevable; la Cour peut accorder un délai à l'appelant pour qu'il se pourvoie devant le conseil de préfecture (1).

Savariaud contre Meunier, Fruchard et Pondevie.

La maison de la Dlle Savariaud et celle du sieur Meunier, situées toutes les deux dans la ville des Sables-d'Olonne, rue de Talmont, sont séparées l'une de l'autre par un espace étroit de terrain présentant la forme d'une impasse, et communiquant directement avec la rue. Depuis plusieurs années, le sieur Meunier avait fait fermer cette impasse, à son extrémité la plus rapprochée de la rue, au moyen d'une porte dont il avait seul la clef.

La Dlle Savariaud prétendit que ce terrain était public, et, après avoir inutilement provoqué les poursuites du conseil

(1) On peut consulter dans le même sens un arrêt de la Cour de Metz (8 mai 1842; *Journ. du Palais*, t. 42, 2e p., p. 718), qui fut invoqué dans le cours de la discussion.

municipal, elle se décida à intenter elle-même l'action au nom de la commune, en vertu de l'art. 49 de la loi du 18 juillet 1837. Le conseil de préfecture l'autorisa à suivre le procès devant le tribunal des Sables.

Meunier assigna à sa garantie le sieur Fruchard, et ce dernier à son tour dirigea contre le sieur Pondevie un recours en contre-garantie.

Un jugement du tribunal des Sables-d'Olonne repoussa la prétention de la Dlle Savariaud, en décidant que le terrain litigieux n'était pas un terrain public communal.

La Dlle Savariaud interjeta appel de cette décision, sans se munir d'une nouvelle autorisation du conseil de préfecture.

Le sieur Pondevie, par l'organe de Me *Fey*, soutint que l'appel de la Dlle Savariaud était non recevable *quant à présent*, faute par elle d'avoir rempli cette formalité. Il est inutile d'indiquer les moyens qu'il fit valoir à l'appui de ce système; ils se trouvent résumés dans l'arrêt qui suit.

La Dlle Savariaud, par l'organe de Me *Bigeu* jeune, soutenait que la formalité de l'autorisation était inutile au deuxième degré de juridiction. Son principal motif se puisait dans cette considération que la commune n'avait qu'à gagner à l'appel de la Dlle Savariaud; qu'elle n'avait rien à perdre, puisqu'elle n'était tenue d'aucuns frais et que l'action restait aux risques et périls de l'appelant; que, dans cet état de choses, il était inutile de solliciter une nouvelle autorisation, puisque ces sortes d'autorisations ne sont exigées que dans l'intérêt des communes.

Mes *Grellaud* et *Bourbeau*, pour le sieur Meunier et son garant Fruchard, déclaraient s'en rapporter à justice sur le mérite de l'incident soulevé par le sieur Pondevie.

M. Flandin, premier avocat général, a donné des conclusions conformes à l'arrêt qui suit:

ARRÊT.

La Cour, — attendu, en fait, que la Dlle Savariaud a été autorisée par le conseil de préfecture du département de la Vendée à exercer à ses frais et risques une action judiciaire contre les héritiers Lorin, à l'effet de faire déclarer, s'il y a lieu, que l'impasse ou venelle qui a été fermée par eux, et sur laquelle ladite Dlle Savariaud a fait ouvrir une porte, est une propriété communale, et que, par suite, elle a sur cette impasse des droits de servitude, d'issue, de vue, d'égout, etc.;

Attendu que, suivant les dispositions de l'art. 49 de la loi du 18 juillet 1837, la commune, après tout jugement intervenu, ne peut se pourvoir devant un autre degré de juridiction qu'en vertu d'une nouvelle autorisation du conseil de préfecture; que cependant tout contribuable inscrit au rôle de la commune a le droit d'exercer à ses frais et risques, avec l'autorisation du conseil de préfecture, les actions qu'il croirait appartenir à la commune ou section de commune;

Attendu qu'il résulte des termes de cet article que les contribuables sont substitués aux droits de la commune, qu'ils sont placés dans la même position; d'où il faut tirer la conséquence que le contribuable qui exerce les droits de la commune doit être astreint de la même manière à obtenir une nouvelle autorisation du conseil de préfecture, s'il veut se pourvoir en appel;

Attendu, en effet, que l'autorisation du conseil de préfecture a été exigée dans l'intérêt des communes; que l'autorité administrative peut être éclairée par un premier jugement et refuser l'autorisation de l'attaquer par appel;

Attendu que la même surveillance doit être exercée de la part du conseil de préfecture sur les actions qui sont introduites au nom des contribuables, à leurs frais et risques, et qui ne peuvent pas mettre avec trop de légèreté une commune en cause; que ces contribuables peuvent devenir insolvables et n'être pas en position de pourvoir aux avances que la commune est obligée de faire;

Attendu que si les contribuables étaient dispensés d'une seconde autorisation, ils pourraient mettre en cause une commune malgré elle, et l'exposer ainsi à des frais;

Attendu qu'une commune peut avoir intérêt à accepter un jugement et à y acquiescer, et que, si les contribuables pouvaient interjeter appel sans autorisation spéciale, ils pourraient donner lieu à un appel incident, et priver ainsi par leur fait la commune du bénéfice d'un premier jugement;

Attendu que, par l'art. 50 de la même loi, la commune, la section de commune et le contribuable sont placés sur la même ligne pour se pourvoir devant le Roi en conseil d'Etat, à l'effet d'obtenir l'autorisation qui leur a été refusée;

Attendu enfin qu'il résulte des dispositions et de l'esprit de la loi du 18 juillet 1837 que le contribuable, comme la commune, est obligé d'obtenir une autorisation spéciale pour se pourvoir par appel;

Mais attendu que l'appel est un acte conservatoire, et que la Dlle Savariaud, qui est substituée aux droits de la commune, a pu l'interjeter comme le maire aurait pu le faire, conformément à l'article 55 de la même loi; qu'il n'y a donc pas lieu de déclarer la Dlle Savariaud non recevable quant à présent, mais de lui accorder un délai pour obtenir du conseil de préfecture de la Vendée l'autorisation d'attaquer par la voie de l'appel le jugement dont est appel;

Attendu que la Dlle Savariaud a à se reprocher de n'avoir pas obtenu l'autorisation du conseil de préfecture qu'elle a contestée, et qu'elle doit être condamnée aux dépens de l'incident;

Avant de statuer au fond, accorde à la Dlle Savariaud un délai de trois mois, à partir de la prononciation du présent arrêt, pendant lequel ladite Dlle Savariaud obtiendra, s'il y a lieu, une nouvelle autorisation du conseil de préfecture du département de la Vendée, à l'effet d'interjeter appel du jugement rendu le 18 décembre 1843 entre les parties.

Du 16 août 1844. — Cour royale de Poitiers, 2e ch. civ. — MM. Barbault de la Motte, président. — Flandin, premier avocat général, concl. conf. — Mes Bigeu, Fey, Grellaud et Bourbeau, avocats. — Devars, Peyrot, Jolly et Martineau, avoués.

RÉCIDIVE. — PEINES FACULTATIVES.

L'art. 58 C. pén., qui veut qu'au cas de récidive, le condamné subisse le maximum *de la peine portée par la loi, ne doit s'entendre que des peines obligatoires; il ne s'applique pas aux peines facultatives.* — Spécialement, *l'individu déclaré coupable de vol en récidive doit bien être condamné au maximum de la peine d'emprisonnement prononcée par l'art.* 401 *C. P.; mais les tribunaux ne sont pas obligés de lui appliquer le maximum des autres peines spécifiées dans ledit article.*

Labarre contre le ministère public.

La jurisprudence n'est point encore fixée sur cette question; elle incline néanmoins vers la solution que consacre l'arrêt que nous recueillons.

On trouve dans ce sens trois arrêts de la chambre criminelle de la Cour de cassation des 10 fév. 1827 (D. 27-1-385), 15 fév. 1829 (D. 29-1-149), et 19 avril 1832 (Journ. de dr. crim. 1832, p. 127). Cette interprétation, comme plus douce, a été adoptée par Carnot sur les art. 57 et 58 C. P.; Dalloz, *Jur. gén.*, t. 11, p. 516, n° 3; Chauveau et Hélie, *Théor. du Code pén.*, t. 1er, p. 451.

La question a été jugée en sens contraire par un arrêt de la Cour de cassation du 10 sept. 1813, rendu sur un réquisitoire de M. le procureur général Merlin (Rép. v°. *Récidive*, n° 14, et Dalloz, *loc cit.*); par un arrêt de la Cour de Paris du 23 septembre 1830 (D. 30-2-244), et par un arrêt de la Cour de Douai, du 24 fév. 1832 (Journ. de dr. cr. 1832, p. 66).

ARRÊT.

La Cour, — en ce qui touche l'appel du procureur général:

Attendu que le double délit dont le prévenu Labarre est coupable tombe sous l'application de l'art. 401 C. pén., et que, des diverses peines spécifiées dans cet article, il n'y a que l'emprisonnement que les tribunaux n'ont pas la faculté de ne point infliger;

Attendu que l'art. 58, qui veut que les coupables condamnés correctionnellement à un emprisonnement de plus d'une année soient, en cas de nouveau délit, condamnés au maximum de la peine portée par la loi, ne modifie les dispositions dont l'application est purement facultative qu'en ce qui concerne la mise en surveillance, qui, dans le cas de récidive, devient disposition de rigueur qu'il est toujours indispensable de prononcer;

Que cette restriction apportée à l'exercice du pouvoir discrétionnaire dont la loi a investi les tribunaux, faisant la condition des prévenus plus mauvaise, ne doit pas être étendue au delà des termes dans lesquels la loi elle-même l'a circonscrite; — que l'entendre autrement, et vouloir que les expressions : *le maximum de la peine portée par la loi*, aient un sens complexe, et signifient le maximum de *toutes* les peines, des peines de toute nature dont le délit peut être puni, ce serait, en procédant par voie d'interprétation, aller directement contre la règle si constante en matière criminelle, que les dispositions exceptionnelles introduites contre le prévenu doivent se renfermer strictement dans les limites posées par la lettre même de la loi;

Qu'il faut donc dire que cette locution : *la peine portée par la loi*, ne doit s'entendre que de la peine qu'il y a obligation pour les tribunaux de prononcer, c'est-à-dire de l'emprisonnement, dans les cas prévus par l'art. 401;

Que ce qui prouve qu'on ne doit pas lui donner un autre sens, c'est que l'art. 401 lui-même ne qualifie proprement de peine que celle dont l'application est obligée, puisque, relativement à l'interdiction des droits mentionnés en l'art. 42 et à la mise en surveillance, il dispose que leur durée courra du jour où les condamnés auront subi leur peine; ce qui, évidemment, ne peut se rapporter qu'à la peine d'emprisonnement;

Et en ce qui touche l'appel interjeté par le prévenu :

Adoptant les motifs des premiers juges;

Sans s'arrêter aux appels respectifs, dit bien jugé par le jugement dont est appel, etc.

Du 3 janvier 1846. — Cour royale de Poitiers, ch. correct. — MM. Macaire, président. — Flandin, premier avocat général, concl. contr. — Rondeau, avocat.

INTERROGATOIRE SUR FAITS ET ARTICLES. — OPPOSITION.

Le jugement qui ordonne un interrogatoire sur faits et articles n'est point un jugement par défaut, susceptible d'opposition. La spécialité d'une semblable décision, la célérité qu'exige la matière, repoussent l'application des règles ordinaires de la procédure (1).

Gibouin et héritiers Bujault contre Cruvelier.

Au cours d'une instance qui avait pour but l'annulation du testament de M. Jacques Bujault, il avait été présenté une requête tendant à ce que douze légataires particuliers qui étaient en cause fussent interrogés sur faits et articles. Le tribunal de Melle ayant fait droit à cette demande, onze de ces légataires avaient été interrogés; le douzième n'avait pu l'être, mais ultérieurement il avait offert de subir, comme les autres, cette épreuve.

Le sieur Cruvelier demanda plus tard que neuf de ces interrogatoires fussent écartés du procès, et qu'il fût ordonné par le tribunal que la lecture n'en fût pas faite devant lui. Il se pourvut par voie d'opposition contre la décision judiciaire qui avait admis la requête tendant à l'audition forcée des douze légataires.

Par jugement du 30 août 1845, le tribunal de Melle déclara en principe que son opposition était *recevable*, et, par suite de certaines circonstances de fait, il la reconnut *fondée*, et ordonna que les interrogatoires fussent considérés comme non avenus.

Me *Bourbeau*, pour Gibouin, et Me *Calmeil*, pour les héritiers du sang, ont sollicité de la Cour la réformation de ce jugement.

Un jugement, ont-ils dit, qui ordonne un interrogatoire sur faits et articles, n'est point un jugement par défaut, susceptible d'opposition. La partie que l'on veut faire interroger ne doit point nécessairement être appelée; le jugement lui-même ne lui est signifié que 24 heures à l'avance, avec la requête; art. 324, 325 du Code de procédure civile, et 79 du Tarif. C'est une de ces procédures exceptionnelles dans lesquelles le droit commun ne peut être appliqué. On peut l'assimiler aux procédures en matière d'ordre ou de saisie immobilière, qui n'admettent pas davantage l'opposition.

Le but de l'interrogatoire serait évidemment manqué, s'il

(1) On peut voir, Journal des Avoués, t. 14, p. 10, la longue liste des arrêts et des auteurs qui ont accueilli ou repoussé ce système. Conf. *Boncenne*, t. 4, p. 587 et suiv.

était loisible d'accueillir l'opposition de la partie que l'on veut appeler devant le juge, ainsi que le débat sur la *pertinence* des faits posés dans la requête.

Les appelants faisaient valoir quelques autres considérations étrangères à la question.

Me *Grellaud*, pour Cruvelier, intimé, a soutenu en principe que tout jugement rendu sur requête est susceptible d'opposition. C'est là le droit commun, qu'aucun texte légal ne déclare inapplicable au jugement qui ordonne un interrogatoire. En règle ordinaire, toute partie doit être entendue par la justice, lorsqu'elle a des raisons à faire valoir contre les prétentions de ses adversaires. Or, ce n'est pas seulement sur la pertinence des faits qu'elle peut avoir à discuter, mais sur sa *qualité* qui ne permet pas qu'on l'interroge, sur la violation de la loi qui l'exempte de cette épreuve, etc. Le débat doit donc être ouvert sur ces points, et l'opposition doit être reçue pour que sa défense soit entière. L'avocat s'étayait d'ailleurs des dispositions de l'ordonnance de 1667.

En fait, l'intimé a prétendu que l'on avait voulu, par les interrogatoires, suppléer aux lacunes d'une enquête ordonnée, etc.

M. l'avocat général Béra a pensé que les jugements rendus sur requête pouvaient ordinairement être attaqués par voie d'opposition, et que le droit commun protégeait la défense de toutes parties non entendues par le juge. Mais, a-t-il dit, n'oublions pas que nous avons à apprécier une procédure toute spéciale, dont l'objet et la *philosophie* ne doivent pas nous échapper.

Le but de la justice est de découvrir la vérité ; nos lois fournissent deux moyens d'atteindre ce but : la comparution personnelle, l'interrogatoire sur faits et articles.

Lors de la comparution personnelle, chaque partie a le droit d'interroger son adversaire sur tous les faits du procès, de le harceler de questions, d'objections inattendues, de faire ressortir ses contradictions, ses aveux instantanés.

L'interrogatoire est un moyen d'instruction du même ordre, souvent moins efficace, mais auquel les exigences de la procédure ne doivent enlever aucun des caractères qui le rapprochent de la comparution personnelle; nous voulons parler surtout de la brièveté des délais, de l'imprévu des questions, de l'absence de tout débat préliminaire. — Le Code n'a point manqué à ces nécessités de la matière.

Ainsi le jugement doit être rendu sur simple requête, *sans retardement de l'instruction*, en chambre du conseil, sans discussion contradictoire ; et la requête ne doit être signifiée avec le jugement que 24 heures avant l'interrogatoire.

Il y a plus : le juge-commissaire est autorisé par l'art. 329 à poser des questions d'office.

Ainsi, dans l'intérêt de la vérité, le magistrat lui-même a mission d'interroger suivant sa conscience, et sans avoir aucun compte à rendre de ses inspirations secrètes, qui se formulent en questions.

Il est évident que, dans toute cette procédure exceptionnelle, les règles normales de la mise en demeure et de la défense sont écartées. Tout fléchit devant ce grand intérêt, la découverte de la vérité.

Point d'opposition possible ; car l'opposition qui ouvrirait le débat et ferait courir des délais, neutraliserait tous les effets de la mesure ordonnée ; et la loi ne peut vouloir qu'une de ses plus sages mesures soit rendue inefficace par une attaque dirigée indirectement contre ses prescriptions.

Rien de plus loyal, au reste, que cette procédure. La partie appelée n'est point obligée de répondre. Si la loi, en raison de sa position ou de sa qualité, l'en dispense, elle viendra plus tard le dire à l'audience, et le tribunal décidera si son silence n'était que l'exercice d'un droit, ou si au contraire il n'avait eu pour but que de couvrir la fraude et le mensonge.

ARRÊT.

Attendu que la loi ne défend pas expressément l'opposition au jugement qui ordonne l'interrogatoire sur faits et articles; qu'il faut rechercher si, d'après les principes, la spécialité de la matière et la célérité de la procédure, l'opposition est recevable ;

Attendu que le jugement n'est par défaut qu'autant qu'il est rendu en l'absence d'une partie qui a dû être appelée et qui a été appelée ;

Attendu que, d'après les dispositions de l'art. 324 du Code de procédure civile, les parties peuvent, en toutes matières et en tout état de cause, se faire interroger sur faits et articles pertinents, concernant seulement la matière dont est question, *sans retard de l'instruction ni du jugement*;

Attendu que, suivant les articles 325 et 329 du même Code, l'interrogatoire ne pourra être ordonné que sur requête contenant les faits, et par jugement rendu à l'audience, et que la requête et le jugemennt doivent être signifiés à la partie dont l'interrogatoire a été ordonné, vingt-quatre heures au moins avant l'interrogatoire;

Attendu que ce délai spécial a été jugé suffisant pour mettre la partie en position de préparer ses réponses; que la loi n'exigeant pas que la requête qui contient les faits soit communiquée à la partie avant le jugement, et qu'elle soit assignée pour comparaître, il s'ensuit que le jugement qui ordonne l'interrogatoire n'est pas par défaut, et qu'il résulte de l'art. 79 du Tarif que la partie ne doit pas être appelée pour assister au jugement;

Attendu que, si l'on admettait l'opposition, les parties viendraient après la huitaine discuter la pertinence des faits, exposer tous les détails de l'affaire, ce qui serait contraire au but que s'est proposé le législateur, qui a accordé un court délai à la partie pour préparer ses réponses;

Attendu qu'il en est de la procédure en matière d'interrogatoire sur faits et articles comme de celle en matière d'ordre, ou de saisie immobilière, où l'opposition n'est pas recevable à cause de la célérité et de la spécialité de la procédure;

Attendu que, la matière étant régie par les dispositions des articles 324 et suivants précités, il est inutile de recourir aux dispositions de l'ordonnance de 1667; que les principes d'alors étaient contraires à ceux actuels; que, sous l'empire de l'ordonnance de 1667, il n'y avait pas intervention du juge, et que les faits étaient d'abord signifiés à la partie, qui pouvait en discuter la pertinence;

Attendu que, dans l'espèce de la cause, l'opposition du sieur Cruvelier est d'autant moins recevable que son interrogatoire n'a pas été ordonné; que le jugement qui a ordonné l'interrogatoire de toutes autres parties a été exécuté sans opposition;

que le sieur Gorin, qui d'abord avait fait défaut, a déclaré qu'il était prêt à subir un interrogatoire;

Attendu que, l'opposition étant déclarée non recevable, il devient inutile de s'occuper de savoir si elle était fondée;

Par ces motifs, la Cour dit qu'il a été mal jugé, bien appelé; émendant, etc., déclare non recevable l'opposition formée par le sieur Cruvelier au jugement du tribunal de Melle du 26 avril 1845, qui avait ordonné l'interrogatoire, l'en déboute; dit en conséquence que les interrogatoires subsisteront au procès pour y avoir égard, etc.

Du 28 janvier 1846. — Cour royale de Poitiers, 1re ch. civ. — MM. Barbault de la Motte, président. — Béra, avocat général, concl. conf. — Mes Bourbeau, Grellaud, Calmeil, Bigeu, avocats. — Peyrot, Martineau, Rouillé, Devars, Penchaud, Ménardière, Jolly et Bouchard, avoués.

DOMAINES ENGAGÉS. — 1° RÉVOCABILITÉ. — EXCEPTIONS. — ÉDIT DE 1566. — FACULTÉ DE RACHAT. — 2° PRESCRIPTION DU TIERS DÉTENTEUR.

Les détenteurs d'immeubles engagés par le Roi postérieurement à l'édit de 1566 *peuvent réclamer le bénéfice des exceptions contenues dans la loi du* 14 *ventôse an* VII, *alors même que l'engagement a eu lieu* sous faculté de rachat.

Spécialement, *le possesseur d'une maison construite sur une parcelle de domaine engagé en* 1582 *avec faculté de rachat doit être déclaré propriétaire pur et simple de cette maison, si elle ne payait pas, en l'an* VII, 40 *fr. de contribution foncière.*

Les exceptions favorables de la loi de ventôse peuvent être appliquées à tous les possesseurs actuels d'immeubles engagés primitivement sous clause de rachat, soit que l'aliénation remonte à une époque antérieure à 1566, *soit qu'elle soit postérieure.*

Le tiers détenteur d'un immeuble engagé peut-il exciper du bénéfice de la prescription de 10 *ans?* (Non résolu) (1).

(1) *Conf.* arrêt de Poitiers du 12 mai 1840; *contr.* arrêt de Caen du 30 juin 1840. Ces arrêts n'ont paru dans aucuns recueils.

Meslin-Pauvert contre le préfet de la Vienne et l'administration des domaines.

Le sieur Meslin-Pauvert est propriétaire d'une maison sise à Châtellerault, près le palais de justice, à la suite d'une adjudication consentie à son profit le 18 ventôse an VIII. Cette maison est construite sur un terrain dépendant autrefois du duché de Châtellerault.

Ce duché avait fait partie du domaine de la couronne de France, et avait été engagé, *sous faculté de rachat*, le 26 novembre 1582, par le roi Henri III, à François de Bourbon, duc de Montpensier, moyennant 50,000 écus d'or. Le 30 juillet 1654, Mademoiselle, duchesse de Montpensier, en avait sous-aliéné quelques dépendances, dans lesquelles était comprise la maison, qui, après avoir été la propriété de plusieurs acquéreurs successifs, est aujourd'hui possédée par Meslin-Pauvert.

Cette maison est donc un immeuble *engagé;* il est reconnu qu'en l'an VII la contribution annuelle à laquelle elle était assujettie ne s'élevait pas à 40 francs.

Le 9 janvier 1829, l'administration des domaines, dans le but d'interrompre la prescription de 30 ans édictée par la loi du 4 mars 1820, fit sommation à Meslin-Pauvert d'accepter les conditions de la loi du 14 ventôse an VII, qui autorise les engagistes à conserver l'immeuble engagé, en payant le quart de sa valeur, et dont voici les principales dispositions :

« Art. 1er. Les aliénations du domaine de l'Etat consommées dans l'an» cien territoire de la France avant la publication de l'édit de février 1566, » sans clause de retour ni réserve de rachat, demeurent confirmées.

» Art. 2. . . . .

» Art. 3. Toutes les aliénations du domaine de l'Etat contenant clause de » retour ou réserve de rachat, faites à quelque titre que ce soit, à quelques » époques qu'elles puissent remonter, et en quelque lieu de la république » que les biens soient situés, sont et demeurent définitivement révoquées.

» Art. 4. Toutes autres aliénations, même celles qui ne contiennent au» cune clause de retour ou de rachat, faites et consommées, dans l'ancien » territoire de la France, postérieurement à l'édit de février 1566, et dans » les pays réunis, postérieurement aux époques respectives de leur réunion, » sans autorisation des assemblées nationales, sont et demeurent révoquées, » ainsi que les sous-aliénations qui peuvent les avoir suivies, sauf les excep» tions ci-après.

» Art. 5. Sont exceptés des dispositions de l'article 4 :

» 1° Les échanges consommés légalement et sans fraude avant le 1er janvier 1789, etc.;

» 2o Les aliénations spécialement confirmées par des décrets particuliers » des assemblées nationales, etc. ;

» 3° Les inféodations et accensements des terres vaines et vagues, landes, » etc. ;

» 4° Les aliénations et sous-aliénations ayant date certaine avant le 14 » juillet 1789, faites avec ou sans deniers d'entrée, de terrains épars quel- » conques au-dessous de cinq hectares, pourvu que lesdites parcelles épar- » ses de terrains ne comprissent, lors des concessions primitives, ni des » châteaux, etc., ni, dans les villes, des habitations actuellement comprises » aux rôles de la contribution foncière au-dessus de 40 fr. de principal ;

» 5° Les inféodations, sous-inféodations et accensements de terrains dé- » pendant de fossés, murs et remparts de villes, etc. »

La mise en demeure du 9 janvier 1829 étant restée sans effet, nouvelle sommation tendant au désistat fut faite le 27 fév. 1830. Le sieur Meslin s'adressa à l'administration supérieure; mais, après plusieurs années de réclamations sans succès, il porta le débat devant le tribunal civil de Châtellerault. Pour être maintenu dans sa possession, il excipa de deux moyens : 1° il invoqua le bénéfice de la prescription décennale, soutenant qu'il avait possédé avec juste titre et bonne foi; 2° il allégua que sa maison était comprise dans le § 4 des exceptions contenues dans l'art. 5 de la loi de ventôse an VII; qu'en effet ces exceptions s'appliquaient aux domaines qui, d'après l'art. 4 de la loi, avaient été engagés postérieurement à l'édit de 1566, *avec ou sans faculté de rachat*, et que le duché de Châtellerault avait été détaché de la couronne le 26 novembre 1582.

La direction des domaines repoussa la prescription de 10 ans, inadmissible en matière de domaines engagés ; elle soutint, en second lieu, que, d'après l'art. 3 de la loi de ventôse an VII, aucune des exceptions de l'art. 5 n'était applicable aux immeubles *engagés sous faculté de rachat*, soit que l'engagement fût antérieur, soit qu'il fût postérieur à l'édit de 1566.

5 mai 1845, jugement qui admet le second moyen de Meslin-Pauvert, par les motifs suivants :

« Attendu que la maison dont le préfet demande que Mes- » lin-Pauvert soit dépossédé est construite sur un terrain » qui dépendait autrefois du duché de Châtellerault, engagé

» par l'Etat sous faculté de rachat perpétuel, suivant contrat » passé le 26 novembre 1582;

» . . . .

» Attendu que la maison de Meslin-Pauvert payait moins de » 40 fr. de contributions foncières lors de la loi du 14 ventôse » an VII;

» Attendu qu'aux termes du § 4 de l'art. 5 de cette loi, les » aliénations qui se trouvent dans les conditions de l'habitation » de Meslin-Pauvert sont exceptées de la révocation prononcée » par l'art. 4;

» Attendu que les termes positifs de cet article 4 démon- » trent qu'il comprend toutes les aliénations faites depuis 1566, » soit que la clause de rachat y ait été insérée, soit qu'elle n'y » ait pas été établie;

» Attendu que c'est dans ce sens seul que la Cour royale de » Poitiers a interprété cet article;

» Attendu que, non-seulement les termes de la loi, mais en- » core son esprit, confirment cette interprétation;

» Attendu, en effet, que la loi du 14 ventôse an VII eût été » inutile, si le législateur n'eût voulu alors que prononcer les » révocations déjà décrétées par les lois du 1er décembre 1790 » et du 10 frimaire an II;

» Qu'il est évident, au contraire, que le législateur de cette » époque a voulu modifier la rigueur de l'application des prin- » cipes consacrés par les lois antérieures;

» Que, comprenant toute la perturbation qu'apporterait la » révocation d'un aussi grand nombre de ventes, un esprit d'é- » quité l'a déterminé à sanctionner toutes celles d'une valeur » tellement minime, que la contribution des objets ne s'élevait » pas à 40 francs. »

Appel de l'administration des domaines, représentée par le préfet de la Vienne.

Me *Pervinquière*, à l'appui de cet appel, et pour combattre les motifs des premiers juges a dit :

Les lois antérieures à celle du 14 ventôse an VII doivent être mises à l'écart. Cette loi a fixé définitivement les droits de l'Etat et ceux des engagistes. Or, son texte est clair et précis.

L'article 1er commence par déclarer irrévocables les aliénations consommées avant l'édit de 1566, *sans clause de retour ou réserve de rachat.*

Puis l'article 3 révoque définitivement toutes aliénations faites avec clause de retour ou de rachat, quelle que soit leur date.

Le principe de la révocabilité est ainsi nettement posé pour toutes les aliénations accompagnées de l'une ou de l'autre de ces clauses. Les immeubles engagés doivent revenir à l'Etat, sans qu'il soit loisible de leur appliquer une distinction puisée dans leur ancienneté.

Après ces deux textes, il ne restait plus qu'à régler le sort des aliénations consommées *sans clause de retour ou de rachat*, postérieurement à l'édit de 1566. C'est ce qu'a fait l'article 4.

Les expressions *toutes autres aliénations*, qu'on lit au commencement de cet article, rendent parfaitement la pensée législative; il en résulte en effet que les aliénations dont il s'agit dans l'article 4 sont autres que celles dont il a été parlé dans les articles 1er et 3. Or, ces deux articles ne peuvant s'appliquer : 1° qu'aux aliénations sans clause de rachat, antérieures à 1566 ; 2° qu'à celles avec clause de rachat, antérieures ou postérieures à 1566, il faut admettre, comme conséquence nécessaire, qu'il n'est parlé dans l'article 4 que des aliénations faites sans clause de rachat, postérieurement à 1566. — On ne peut tirer de ces paroles du législateur, *même celles qui ne contiennent aucune clause de rachat ou de retour*, une déduction contraire; — évidemment elles n'ont d'autre but que de rappeler le principe de révocabilité, qui, en toute hypothèse, atteint les aliénations accompagnées de cette clause.

Or, l'exception concernant les petites parcelles de terrain sur lesquelles sont bâties des maisons taxées moins de 40 fr. ne se réfère qu'à l'article 4 de la loi, c'est-à-dire ne peut être invoquée que quand il s'agit d'une aliénation consommée primitivement sans clause de rachat. Donc le sieur Meslin-Pauvert, qui n'est pas dans cette condition, puisque l'aliénation de 1582 contient la réserve de rachat, ne peut bénéficier de l'exception écrite dans le n° 4 de l'article 5.

Une interprétation différente de l'art. 4 conduirait à une conséquence absurde. Ce texte légal, en effet, ne traitant que des aliénations postérieures à 1566, si l'on admettait qu'il y est fait mention des aliénations faites avec clause expresse de rachat, comme de celles qui ne parlent pas de cette clause, il en résulterait que les exceptions de l'art. 5 s'appliqueraient aux possesseurs de domaines engagés depuis 1566, malgré la condition de rachat; tandis que toutes les rigueurs de la révocation frapperaient les détenteurs de domaines aliénés sous la même condition avant 1566; ainsi le commanderait le texte formel de l'art. 5 de la loi de ventôse. On verrait ainsi les possesseurs les plus anciens moins favorisés que les engagistes d'une date récente.

Me *Pervinquière* repoussait le moyen tiré de la prescription décennale, en rappelant que, jusqu'à la loi du 22 novembre 1790, aucune prescription n'avait pu courir contre l'Etat, et qu'à partir de cette époque, la prescription de 10 ans avait pu seule être invoquée; mais que le titre de Meslin-Pauvert, remontant à l'an VIII, c'est-à-dire à une époque antérieure au Code civil, il n'avait pu servir de base à une prescription décennale de droit nouveau en ce qui touche l'Etat, laquelle n'avait d'efficacité que sous l'empire du Code.

Me *Bourbeau*, avocat de l'intimé, a soutenu que les termes de la loi du 14 ventôse an VII, considérés isolément, suffiraient à démontrer que les exceptions portées en l'article 5 doivent s'appliquer, soit que la clause expresse de rachat se rencontre dans les contrats postérieurs à l'édit de 1566, ou qu'elle n'y soit pas exprimée; l'article 4 porte : « Toutes les autres aliénations, *même celles qui ne contiennent aucune clause de retour ou de rachat*, etc. » Dire que cet article ne s'applique qu'aux aliénations faites sans clause de retour ou de rachat, c'est donner à une phrase seulement *incidente* la portée d'une disposition *principale*, à une formule seulement *énonciative* un sens *exclusif* et *restreint*. Que l'on ne dise pas que l'on tombera dans une contradiction, puisque l'article 4 ne paraît s'appliquer qu'aux aliénations postérieures à 1566, de sorte que l'on arriverait à ce résultat absurde, que les aliénations antérieures à 1566, plus favorables à raison de leur ancienneté, ne pourront profiter des exceptions de l'art. 5 lorsque la clause de rachat sera exprimée dans l'acte, tandis que, pour les aliénations postérieures à 1566, et contenant la même clause, les exceptions pourront être invoquées; il est facile de répondre que, si le législateur a énoncé le principe de l'exception en ce qui concerne les aliénations les moins favorables, ce principe doit à plus forte raison s'appliquer aux autres, c'est-à-dire à celles qui ont une date antérieure à 1566. La contradiction résulterait, non des textes sainement entendus, mais d'une interprétation trop esclave de la lettre. La preuve d'ailleurs que les exceptions de l'art. 5 s'appliquent à toutes aliénations, quelle que soit leur date, résulte de l'art. 5 lui-même, dont certaines dispositions s'appliquent sans distinction aux aliénations *antérieures* à 1789.

Au surplus, la seule question du procès est celle de savoir si une aliénation postérieure à l'édit de 1566, contenant clause de retour ou de rachat, peut être maintenue en vertu des exceptions de l'art. 5; ou bien si l'art. 5 n'est applicable qu'aux aliénations ne contenant pas cette clause. Or, la nature des exceptions indiquées par cet article démontrerait encore qu'aucune distinction ne doit être faite. Ainsi l'on voit, au n° 2 de l'art. 5, que les aliénations ne sont pas révocables lorsqu'elles ont été *confirmées* par des décrets antérieurs des assemblées nationales. N'est-il pas évident que peu importera que l'aliénation confirmée contînt ou non la clause de retour, car la puissance de l'autorité législative a fait disparaître les conséquences de la clause exprimée, et le vice du titre se trouve purgé par la volonté nouvelle des représentants de la nation. L'avocat tirait encore un autre argument de la disposition de l'article 11 de la même loi.

Enfin, ce qui fait disparaître toute incertitude, c'est que les législateurs de l'an VII n'ont fait que reproduire, en étendant le cercle des exceptions, les dispositions des lois antérieures. Si l'on se reporte aux lois du 1er décembre 1790, art. 23, 24 et 31; du 3 septembre 1792, art. 1, 27 et 28; du 10 frimaire an II, art. 1, 3 et 5, on voit que la distinction proposée entre les contrats contenant ou ne contenant pas clause expresse de retour, n'existait pas en germe dans ces textes; loin de là, c'est une assimilation complète entre ces aliénations qu'ils consacrent. Comment admettre qu'à une époque où l'on s'efforçait de donner plus de stabilité aux droits antérieurs, en multipliant les exceptions à la révocabilité, on eût en même temps introduit un principe nouveau qui eût laissé en dehors de ces dispositions favorables le plus grand nombre des aliénations que protégeaient cependant les lois antérieures ?

Qu'importe d'ailleurs cette clause de retour dans le contrat primitif? Les biens se trouvaient entre les mains de tiers acquéreurs qui avaient pu ignorer le titre primordial. Les exceptions sont faites en vue des possesseurs actuels, et non pas en considération des aliénations originaires. C'est ainsi que la loi du 10 frimaire an II, art. 7, voulait que le possesseur, pour bénéficier des exceptions, présentât un certificat de civisme; c'est ainsi que l'exception qui protége la possession, lorsque le terrain possédé n'excède pas une certaine contenance, doit s'appliquer eu égard à la division de la propriété entre les mains des nouveaux possesseurs, quoique l'aliénation originaire portât sur des terrains d'une contenance qui excède les limites indiquées par la loi.

Me *Bourbeau* rappelait ensuite le moyen de prescription. D'abord, disait-il, la *parcelle* dont il s'agit au procès ne constituait qu'un objet du *petit domaine*, lequel, comme on sait, pouvait être aliéné, et par suite prescrit.

En second lieu, Meslin-Pauvert avait évidemment en l'an VIII, époque de son acquisition, titre et bonne foi; car son titre ne contenait aucune mention de l'origine de sa maison. Ces bases légales de la prescription de dix ans lui étaient encore acquises, quand le Code civil est venu donner cours à cette prescription à l'encontre de l'Etat.

M. l'avocat général Béra a dit en substance :

Il est incontestable que l'exception invoquée par Meslin-Pauvert s'appliquerait à une aliénation du domaine consentie *sans réserve de faculté de rachat*. Cette réserve est-elle tellement fatale, qu'elle repousse, en toute hypothèse, le bénéfice des exceptions de la loi de ventôse? En d'autres termes, le principe de la révocabilité des aliénations domaniales, proclamé par cette loi, ne doit-il jamais fléchir, quand l'engagement a été accompagné de la clause du rachat facultatif?

Telle est la formule du problème qui se déduit du premier moyen de défense présenté par l'intimé.

Pour parvenir à la solution, on a tourmenté les textes de la loi du 14 ventôse ; mais ce travail pénible a démontré la nécessité de consulter les précédents et l'esprit de toute la législation qui a réglé cette matière spéciale. Quand la parole du législateur est obscure, le devoir des magistrats est de découvrir le secret de sa pensée.

Résumons et analysons les œuvres des assemblées nationales concernant les domaines engagés, de 1790 à l'an VII.

22 novembre 1790. — Première loi sur la matière. Il résulte des art. 14, 23, 24, 28 de cette loi, qu'en principe, tout engagement des biens de l'État *est sujet à rachat perpétuel;* que toutefois cette règle fléchit pour les aliénations pures et simples antérieures à 1566, lesquelles sont confirmées, tandis qu'elle s'applique rigoureusement à tout ce qui a été engagé avec clause de rachat ou de retour. Ce grand principe de droit public, écrit dans ce premier décret, se retrouvera dans tous les autres.

Deux exceptions à la révocabilité se rencontrent dans les art. 14 et 31. Elles comprennent : 1° *les échanges légalement consommés;* 2° *les aliénations de terres vaines et vagues*, etc. Ces deux exceptions ont été répétées dans les n°s 1 et 3 de l'art. 5 de la loi du 14 ventôse an VII.

Il est fort important de remarquer qu'elles s'appliquent à toutes aliénations faites *avec ou sans clause de rachat.*

4 septembre 1792. — Deuxième loi sur la matière. D'après les art. 1, 2, etc., la *révocabilité* décrétée en 1790 devient *révocation immédiate*, sous condition de remboursement de finances aux engagistes. Les art. 27 et 28 ajoutent deux nouvelles exceptions à cette règle législative. Elles comprennent : 1° *les terrains vagues au-dessous de 10 arpents*, 2° *les fossés et terrains situés dans les villes*, et se reproduisent encore dans les n°s 4 et 5 de l'art. 5 de la loi de ventôse an VII.

Elles s'appliquent encore aux aliénations de toute nature, *avec ou sans clause de rachat.*

10 frimaire an II. — Troisième loi sur la matière. L'art. 1er renferme tout le système du décret. Il prononce la révocation, 1° de toutes aliénations *avec clause de retour ou de rachat* antérieures à 1566 ; 2° de toutes celles *avec ou sans clause de rachat ou de retour* postérieures à 1566.

Une nouvelle exception, favorable *aux détenteurs de biens aliénés en vertu des décrets des assemblées nationales*, est écrite dans l'article premier. C'est l'exception répétée dans l'art. 5, n° 2, de la loi du 14 ventôse.

Les quatre autres exceptions de la même loi se retrouvent dans les art. 1, 3 et 5 du décret du 10 frimaire.

Toutes ces exceptions, ainsi que le démontre avec une autorité irrécusable l'art. 8, sont créées en faveur des possesseurs, soit que l'engagement primitif ait ou n'ait pas été consenti *avec réserve de rachat*. Cela devait être ainsi; elles étaient l'expression d'une pensée toute populaire et démocratique : les pouvoirs politiques du temps voulaient atteindre les gros engagistes sans troubler la sécurité des petits propriétaires, qui ne détenaient que de faibles parcelles des domaines aliénés.

La loi du 10 frimaire an II fut suspendue plus tard, parce qu'elle sembla trop rigoureuse. Mais l'esprit qui avait animé les législateurs de la Convention se retrouve dans les débats des conseils créés par la constitution de l'an IV.

A la séance du conseil des Cinq-Cents du 16 thermidor an VI, le représentant *Génissieux* fit un rapport sur un projet de résolution relatif aux domaines engagés. Après avoir proclamé les principes déjà reconnus par les lois précédentes, il dit : « Il » faut s'occuper maintenant *des exceptions* que la dignité natio» nale, les considérations politiques et *la tranquillité publique* » paraissent exiger. » Et il discuta précisément les exceptions qu'on introduisit quelques mois plus tard dans la loi du 14 ventôse an VII.

En parlant notamment de l'exception des parcelles de terrain de 10 arpents, il ajoutait : « La révocation de cette excep» tion jetterait le trouble dans une foule de familles, et prive» rait de leur chaumière des possesseurs qui souvent n'ont » point d'autre asile ni d'autre possession ; les partages de » famille seraient dérangés, *et il en résulterait des plaintes, des* » *troubles et des maux incalculables.* » (Moniteur du 21 thermidor an VI.)

La résolution fut portée au conseil des Anciens, et le rapport du représentant *Chasset* (Moniteur du 4 vendémiaire an VII) justifie que la commission de ce conseil avait partagé l'opinion des Cinq-Cents, en ce qui touche *le caractère et la portée des exceptions.*

Cette résolution fut rejetée; mais le rejet n'en doit être attribué qu'à quelques imperfections étrangères au système des faveurs qu'il fallait politiquement accorder aux petits possesseurs. Un nouveau projet fit disparaître ces imperfections, et la résolution devint loi le 14 ventôse suivant.

Ainsi, en recherchant la pensée intime des législatures depuis 1790 jusqu'à l'an VII, on acquiert la conviction la plus profonde qu'elles ont constamment voulu faire jouir du bénéfice des exceptions tous les détenteurs de domaines engagés, sans distinguer les domaines engagés avec ou sans clause de retour ou de rachat.

Si l'on interprète les art. 1, 3 et 4 de la loi du 14 ventôse sous l'influence de ces données incontestables, on est irrésistiblement conduit à reconnaître que les cinq exceptions sont générales, et portent sur toutes les révocations prononcées par la loi.

Sans doute, grammaticalement parlant, le texte est obscur; mais il faut expliquer les paroles par l'esprit, et l'intention des auteurs de la loi n'est plus douteuse.

Ici M. l'avocat général reproduit les arguments que l'arrêt a consacrés.

Abordant la question de *prescription*, il estime qu'il ne s'agit pas, dans l'espèce, d'un objet du *petit domaine*, aliénable et prescriptible, mais d'une parcelle détachée du grand domaine, ce qui est tout autre.

La prescription de dix ans, ajoute-t-il, n'a pu courir contre l'État, parce qu'avant le Code civil on ne pouvait opposer à l'État que la prescription de 40 ans, et que l'adjudication dont excipe Meslin-Pauvert remonte à l'an VIII.

« L'art. 2265, dit M. Troplong, n° 1084, qui attribue à un
» titre accompagné de bonne foi la vertu de prescrire par 10 et
» 20 ans, est inapplicable à une prescription commencée sous
» une législation qui ne reconnaissait que la prescription tren-
» tenaire, et le titre passé avant la promulgation de l'art. 2265
» ne peut trouver dans cette disposition une vertu qu'il n'avait
» pas auparavant. »

ARRÊT.

La Cour, — attendu que l'objet en litige réclamé par l'État contre Meslin-Pauvert faisait partie de la couronne de France, et en avait été détaché sous Henri III en faveur de Louis de Montpensier, duc de Bourbon, le 26 novembre 1582, avec la clause de rachat et de retour;

Attendu que, d'après l'art. 36 de la loi du 14 ventôse de l'an VII, les précédentes lois sont abrogées en ce qu'elles ont de contraire à la présente; que l'on peut donc consulter les anciennes lois qui n'ont point été abrogées;

Attendu que Meslin-Pauvert est devenu adjudicataire de l'objet litigieux, suivant jugement d'adjudication du 18 ventôse de l'an VIII, après saisie;

Attendu qu'avant de faire à la cause l'application de la loi du 14 ventôse an VII, il devient utile de rappeler l'ancienne législation sur la matière, afin de découvrir la pensée du législateur, et de bien saisir les principes en vigueur à l'époque de cette loi;

Attendu que si, suivant l'art. 23 de la loi du 22 novembre 1790, tous contrats d'engagements postérieurs à l'ordonnance de 1566 sont sujets à rachat, ceux antérieurs n'y sont assujettis qu'autant qu'ils en contiendront la clause expresse; que cet article a distingué deux époques bien distinctes: celle antérieure à 1566, et celle postérieure; que l'on trouve dans cet article le germe de la distinction établie dans les art. 2, 3 et 4 de la loi de ventôse de l'an VII;

Attendu que deux exceptions au principe général de la révocation se trouvent énoncées aux art. 14 et 31 de la loi de 1790;

Attendu que l'art. 1er de la loi du 10 frimaire de l'an II révoque: 1° toutes aliénations et engagements de domaines et droits domaniaux, à quelque titre que ce soit, avec clause de retour ou sujets au rachat, à quelque époque qu'ils puissent remonter; 2° celles d'une date postérieure au 1er février 1566, quand même la clause y serait omise; qu'il faut remarquer que cet article 1er détermine deux époques très-distinctes, ainsi que l'avait fait la loi de 1790;

Attendu que les art. 3 et 5 de la loi du 10 frimaire de l'an II établissent deux exceptions au principe de la révocation sans aucune distinction, *soit que les contrats renferment la clause de retour, soit qu'ils ne la contiennent pas*, pourvu que les sous-aliénations aient date certaine avant le 14 juillet 1789;

Attendu que l'art. 1er de la loi du 14 ventôse confirme les aliénations faites sans clause de retour avant l'édit de 1566, et que l'art. 5 révoque celles faites avant le même édit avec clause de retour; que deux époques bien distinctes sont indiquées par ces deux articles, comme l'avaient fait les lois précédentes, temps antérieur à l'édit de 1566, et temps postérieur; que, par l'article 1er, le législateur a confirmé les anciennes possessions et les droits des anciens concessionnaires ;

Attendu que la période antérieure à 1566 étant définitivement réglée par ces deux articles, qui pouvaient n'en former qu'un seul, ainsi que l'avait fait la loi du 10 frimaire de l'an II, il ne restait plus qu'à statuer sur le sort des concessionnaires postérieurs à l'édit de 1566; que l'art. 4 de la loi de ventôse a été établi pour réglementer d'une manière définitive ces droits postérieurs ;

Attendu que, suivant cet article 4, toutes autres aliénations, même celles qui ne contiennent aucune clause de retour ou de rachat, faites et consommées postérieurement à l'édit de 1566, sont et demeurent révoquées; que les termes de cet article sont généraux et absolus; qu'ils ont trait aux aliénations postérieures à 1566, qu'elles soient muettes sur la clause de retour, ou qu'elles la contiennent expressément; que des expressions aussi claires ne peuvent donner lieu à l'interprétation ; que le législateur aurait pu se borner à dire *toutes autres aliénations*, sans ajouter les mots *même celles qui ne contiennent aucune clause*, expressions qui ont été insérées pour mieux faire ressortir sa pensée ;

Attendu qu'en admettant qu'il fallût faire à l'espèce de la cause l'application de l'art. 3 de la loi de ventôse, Meslin-Pauvert pourrait invoquer avec avantage le bénéfice de l'exception établie au paragraphe 4 de l'art. 5 ; qu'en effet, les exceptions de l'art. 5 s'appliquent aussi bien à l'art. 3 qu'à l'art. 4 ; que le législateur n'avait pas de motifs pour accorder plus de faveurs aux nouveaux concessionnaires qu'aux anciens;

Attendu que cet article reproduit les exceptions établies en la loi du 10 frimaire de l'an II; qu'il est seulement exigé que les aliénations et sous-aliénations aient date certaine avant le 14 juillet 1789, ainsi que le prescrivait la loi de frimaire, et, quant aux échanges, qu'ils soient consommés légalement et sans fraude avant le 1er janvier 1789;

Attendu, en fait, que l'objet en litige est compris dans l'exception du § 4 de l'art. 5;

Adoptant les motifs des premiers juges;

Attendu dès lors qu'il devient inutile de s'occuper de la question de prescription invoquée par l'intimé;

Confirme.

Du 22 janvier 1846. — Cour royale de Poitiers, 1re ch. civ. — MM. Barbault de la Motte, prés.; — Béra, av. gén., concl. conf.; — Pervinquière et Bourbeau, avocats; — Jolly et Martineau, avoués.

INTERLOCUTOIRE. — EXÉCUTION SANS RÉSERVE. — ACQUIESCEMENT. — REPROCHES. — COMMUNAUTÉ. — ACCEPTATION TACITE. — SÉPARATION DE CORPS.

L'exécution d'un jugement interlocutoire, sans réserve, emporte acquiescement tacite. (451, 452 C. de procéd.)

N'est pas reprochable le témoin qui, dans une précédente instance, et devant un autre tribunal, a été l'avoué, puis après le mandataire de la partie qui le cite. (Art. 283 Cod. de procéd.) *Sa déposition doit être lue, sauf à y avoir tel égard que de raison.*

L'acceptation de la communauté par la femme séparée de corps peut avoir lieu tacitement (1463 Cod. civil) (1).

(1) Voir dans ce sens Poitiers, 23 février 1842 (D. 42-2-114). Cour de cassation, 21 juin 1831 (D. 31-1-245); 8 février 1843 (D. 43-1-150); 10 novembre 1845 (D. 45-1-428).

La dame Poulard-Dupalais contre son mari.

2 juin 1842, jugement du tribunal de Montmorillon qui prononça la séparation de corps des époux Poulard-Dupalais.

Mme Dupalais adressa tout aussitôt à Me *Lagrave*, son avoué, un blanc-seing sur une feuille de timbre de 35 c., au pied de laquelle elle avait écrit ces mots : « *Bon pour procura-* » *tion d'accepter la communauté d'entre moi et mon mari sous* » *bénéfice d'inventaire.* »

Me *Lagrave* dut croire que l'appel interjeté par sa cliente du jugement de séparation en suspendait entièrement l'effet. Il ignorait que cet appel avait été restreint au chef qui avait refusé à Mme Dupalais la garde de sa fille.

Aussi de ce chef seulement intervint un arrêt infirmatif.

Ensuite, et le 24 juin 1843, Me *Lagrave* fit au greffe du tribunal de Montmorillon une déclaration d'*acceptation de communauté.*

En l'année 1844, la dame Dupalais ajourna son mari devant le tribunal de Civray, dans l'arrondissement duquel il avait transféré son domicile, pour faire ordonner la liquidation et le partage de leur communauté.

Il résista à cette demande en se fondant sur l'art. 1463 du Code civil, qui veut que la femme soit réputée renonçante, si elle n'a point accepté dans les trois mois et quarante jours après la séparation définitivement prononcée.

De son côté, la dame Dupalais soutint qu'elle n'avait pas encouru de déchéance, puisque dès le principe elle avait manifesté la volonté de se porter commune, et subsidiairement elle offrit de prouver que, le 24 juin 1842, elle avait envoyé à Me *Lagrave*, avoué à Montmorillon, et sur sa demande, une feuille de papier timbré au bas de laquelle elle avait écrit : « *Bon pour procuration d'accepter la communauté, etc.* » Elle articula encore d'autres faits.

9 août 1844, jugement du tribunal de Civray qui ordonne la preuve offerte par Mme Dupalais.

Ce jugement fut exécuté. Le sieur Poulard-Dupalais fut représenté à l'enquête, et pour lui on reprocha M. Lagrave, un des témoins, par le motif qu'au cours du procès en séparation il avait occupé pour Mme Dupalais, et avait un intérêt de responsabilité, au moins morale, engagé dans la cause.

Ce reproche fut écarté par jugement du 27 juin 1845; il ne s'agissait plus que d'apprécier les résultats de l'enquête et de statuer sur le fond.

25 juillet 1845, jugement qui donna défaut contre le sieur Poulard-Dupalais, déclara la dame Poulard-Dupalais commune en biens avec lui, ordonna le partage de la communauté, et nomma des experts pour visiter et estimer les immeubles.

Appel par le sieur Poulard-Dupalais des trois jugements des 9 août 1844, 27 juin et 25 juillet 1845.

Me *Calmeil* a soutenu cet appel. Il a insisté sur le reproche dirigé contre Me *Lagrave*, avoué de la dame Dupalais, soutenant que l'art. 283 C. pr. civ. n'est pas limitatif. En fait, et sans contester précisément la possibilité d'une *acceptation tacite* de la communauté, il a cherché à démontrer que les actes de la dame Dupalais ne justifiaient pas cette prétendue acceptation.

Me *Grellaud*, pour la dame Dupalais, a établi, 1° que l'appel du jugement du 9 août 1844 était non recevable parce que le sieur Dupalais avait concouru à son exécution sans faire aucune réserve, ce qui emportait acquiescement tacite de sa part. Il a cité les arrêts de la Cour de cassation des 19 novembre 1829 et 12 janvier 1836 (Dict. de Bioche et Goujet, t. 1er, p. 382, n° 376, v° *appel*);

2° Qu'en écartant le reproche élevé contre le témoin Lagrave, le tribunal de Civray avait refusé fort à propos de donner à l'art. 283 du Code de procédure une extension qui, ne fût-elle pas condamnée par le silence même de cet article, ne serait aucunement justifiée dans le procès actuel;

3° Qu'au fond une acceptation tacite de la communauté devait être admise comme équivalant à une acceptation expresse; que manifestement cette acceptation résultait des circonstances révélées par l'enquête et justifiées par les écritures du procès.

M. l'avocat général Béra a conclu dans le sens de l'intimée.

Il a pensé que, s'il était loisible en général d'appeler d'un jugement interlocutoire, les parties abdiquaient ce droit quand elles comparaissaient à une enquête ordonnée, sans faire de réserve, et élevaient des reproches contre certains témoins;

Que l'art. 283 du Code de procédure semble limitatif en ce sens que les personnes qui n'y sont pas désignées ne peuvent être écartées par la voie des reproches, mais qu'il appartient aux magistrats d'apprécier les considérations morales ou autres qui peuvent enlever toute autorité à leur témoignage;

Que les circonstances démontrées au procès établissaient suffisamment qu'il y avait eu de la part de la dame Dupalais acceptation tacite.

ARRÊT.

La Cour, — attendu que Dupalais et son avoué ont assisté à l'enquête ordonnée par le jugement du 9 août 1844; qu'il a fait des dires sans réserves; qu'il suit de là qu'il a acquiescé à ce jugement;

En ce qui touche l'appel du jugement du 27 juin 1845, qui rejette le reproche proposé contre l'avoué Lagrave: — attendu que, si le témoin Lagrave a été l'avoué, puis le mandataire spécial de la dame Dupalais, ce n'était pas un motif suffisant pour rejeter sa déclaration d'une manière absolue, sauf à y avoir tel égard que de raison;

En ce qui touche l'appel du jugement du 25 juillet 1845:

Attendu que, si la procuration envoyée par la dame Dupalais à Lagrave, son avoué, et dont il n'a été fait usage qu'après les délais de la loi, est insuffisante pour constituer une acceptation expresse, elle suffit pour établir l'intention dans laquelle était cette dame d'accepter la communauté qui avait existé entre elle et son mari;

Attendu qu'une communauté peut être acceptée tacitement par des actes d'immixtion que la femme n'aurait pas pu faire en d'autre qualité qu'en celle de commune;

Attendu qu'il résulte des écritures signifiées au cours du procès par M. Poulard-Dupalais, que la femme de celui-ci, après la séparation de corps prononcée, est restée en jouissance d'une maison qui avait été occupée par le mari, et qu'il avait abandonnée pour se retirer à Couhé;

Attendu que cette jouissance s'est continuée jusqu'à ce jour;

et que, notamment pendant les délais pour accepter, la dame Dupalais a non-seulement consommé une partie des choses fongibles qui étaient dans la maison, mais qu'encore elle a vendu et touché le prix de plusieurs meubles et effets mobiliers; que ces faits sont établis par les écritures du mari, qui veut en imputer la valeur sur le montant des droits de sa femme;

Attendu que la femme n'a pu agir de la sorte qu'en qualité de femme commune; qu'il suit de là une acceptation tacite par immixtion;

Par ces motifs, met l'appel à néant; confirme, etc.

Du 24 décembre 1845. — Cour royale de Poitiers, 1re ch. civ. — MM. Moyne, premier président. — Béra, avocat général, concl. conf. — Calmeil et Grellaud, avocats. — Peyrot et Jolly, avoués.

DISSERTATION SUR L'ART. 555 DU CODE CIVIL.

L'article 555 du Code civil, qui interdit au propriétaire sur le terrain de qui ont été faites des constructions, plantations ou autres ouvrages par un tiers possesseur de bonne foi, le droit d'en demander la suppression, lui laisse le choix ou de rembourser la valeur des matériaux et le prix de la main-d'œuvre, ou de payer seulement une somme égale à celle dont le fonds a augmenté de valeur. Cette disposition a paru à quelques jurisconsultes, et notamment à M. Duranton (t. 4, n° 378), être, dans certains cas susceptibles de se présenter assez fréquemment, moins favorable au tiers de bonne foi, que la disposition précédente du même article, qui accorde au possesseur de mauvaise foi que l'on contraint à abandonner ses constructions, le droit de se faire rembourser de *toutes ses dépenses*, quelle que soit la plus-value qui en résulte pour le domaine.

En effet, il n'est pas rare que des constructions, faites à grands frais pour rendre une exploitation rurale plus facile ou une maison de campagne plus agréable, n'ajoutent aucune valeur réelle à la propriété, et n'entrent que pour très-peu de chose dans l'appréciation des revenus ou de la valeur vénale, surtout dans les pays où les ventes en détail rendent presque de nulle valeur des constructions qui vont devenir inutiles après le morcellement de la propriété. Nous pouvons citer pour exemple un domaine vendu, il y a quelques années, pour 200,000 fr., sur lequel il y avait d'anciens bâtiments qui ne furent d'aucune considération dans la fixation du prix, et qui pourtant, lorsqu'il s'est agi de les faire assurer contre l'incendie, ont été estimés plus de 50,000 fr., à raison de l'importance des matériaux, et de ce que pouvait valoir leur reconstruction.

Si ces bâtiments avaient été construits par un tiers, il est évident qu'en interprétant l'article 555 comme le fait M. Duranton, le constructeur de mauvaise foi serait plus favorisé que le constructeur de bonne foi, puisque, si le propriétaire voulait conserver les ouvrages, il serait obligé de rembourser au premier 50,000 fr., prix des matériaux et de la main-d'œuvre, tandis qu'il ne devrait au second que la plus-value que ces ouvrages donnent au domaine, c'est-à-dire 4 ou 5,000 fr. tout au plus.

Si telle était l'interprétation absolue qu'on dût donner à notre article, on serait forcé de reconnaître que le législateur a dit tout le contraire de ce qu'il voulait dire. En effet, qu'on lise les observations du Tribunat qui ont motivé l'addition de la disposition qui nous occupe; qu'on lise les discours des orateurs qui ont parlé sur la loi, on verra partout exprimée l'intention de rendre la position du possesseur de bonne foi meilleure que celle du possesseur de mauvaise foi.

Il nous semble que cette contradiction n'est qu'apparente, et qu'en pesant bien la valeur et la portée des termes dont s'est servi le législateur, on peut reconnaître qu'il a parfaitement exprimé sa pensée, et que le tiers de bonne foi est plus favorisé que celui qui est de mauvaise foi.

Il n'est pas besoin, ce nous semble, de se mettre en frais d'érudition pour le démontrer.

Il faut cependant reconnaître que le *principe* de cet article est conçu en termes trop généraux, et qu'il semble donner d'une façon trop absolue, et pour tous les cas, au propriétaire l'option de conserver les constructions faites par un tiers, ou de le forcer à les enlever, tandis que ce droit de forcer à enlever n'existe pas, quand le tiers constructeur est un possesseur de bonne foi.

Ce vice de rédaction s'explique par cette circonstance, que la restriction de la fin de l'article ne se trouvait pas dans le premier projet, et n'y fut introduite, comme nous venons de le dire, que sur la proposition du Tribunat; mais, en ajoutant cet amendement, qui modifiait d'une façon si notable le *principe* de l'article, on oublia d'en corriger la rédaction pour la mettre en harmonie complète avec les dispositions suivantes.

Il est sans difficulté et hors de toute discussion que, dans tous les cas, le propriétaire a le *droit de conserver* les constructions faites par un tiers. Je dis le *droit*, qu'il faut bien distinguer de l'*obligation*, dont je vais bientôt parler.

Quant *au droit de forcer à enlever*, il n'existe qu'à l'encontre du constructeur qui possédait de mauvaise foi.

Ceci posé, voyons comment se règle l'exercice de ces droits.

Si le constructeur était de mauvaise foi, le propriétaire peut opter entre la conservation et la destruction des ouvrages; mais aussitôt que ce *droit* est exercé, et aussitôt que le propriétaire a dit: *Je veux conserver*, à l'instant naît pour lui une *obligation* qui devient un droit pour le constructeur, c'est le payement de la valeur des matériaux et du prix de la main-d'œuvre; si, au contraire, le constructeur était possesseur de bonne foi, outre le *droit* du propriétaire de conserver les ouvrages si cela lui convient, et *malgré le constructeur*, il y a *obligation* de les conserver, ou, si l'on veut se servir des termes de la loi, prohibition d'en demander la suppression contre le gré du constructeur. C'est cette dernière hypothèse que règle la fin de notre article. Mais à côté de cette obligation de conserver se trouve le droit corrélatif de payer, à son choix, ou le montant de la plus-value, ou celui des matériaux et de la main-d'œuvre, selon qu'il le juge à propos.

Dans le cas inverse, si le propriétaire conserve, non en vertu de l'*obligation* que la loi lui impose, mais en vertu du *droit* qu'elle lui confère, il rentre dans la thèse générale, et contracte l'*obligation*, corrélative à son droit, de rembourser toute la dépense, lors même qu'elle excède la plus-value.

Cette distinction entre le droit et l'obligation paraîtra peut-être, au premier coup d'œil, plus ingénieuse que solide; nous allons essayer de démontrer qu'elle n'est pas sans importance, et qu'elle domine la question.

Toute obligation suppose toujours le droit qu'a celui envers qui on l'a contractée, d'en exiger l'exécution. C'est une vérité incontestable; aussi M. Toullier dit-il que *le tiers de bonne foi a le droit d'obliger le propriétaire de lui rembourser*, etc. (t. 3, nº 129).

Une autre vérité non moins certaine est que celui en faveur de qui un droit est ouvert peut y renoncer; d'où la conséquence que, si le constructeur de bonne foi renonce à son droit, et déclare être prêt à supprimer ses constructions et à remettre les lieux dans leur état primitif; en d'autres termes, s'il dégage le propriétaire de l'*obligation de conserver*, cette obligation se trouve éteinte, et par suite, le *droit* qui en dérive.

Que si, malgré ce consentement du constructeur à la suppression des ouvrages, le propriétaire veut les conserver, ce n'est plus une obligation qu'il remplit, c'est un droit qu'il exerce, une option qu'il consomme, et alors naît, comme je le remarquais au sujet du possesseur de mauvaise foi, l'obligation de rembourser toutes les dépenses des constructions qu'il trouve plus avantageux de conserver.

Cette manière d'interpréter l'article 555 se concilie parfaitement, selon moi, avec les termes dans lesquels sont conçus les deux derniers alinéas de cet article, et surtout avec les principes d'équité que le législateur a voulu consacrer, et qui, dans certains cas, seraient blessés, ainsi que le reconnaît M. Duranton lui-même, si son explication était adoptée.

En effet, deux intérêts sont en opposition; rien de plus juste que de faire pencher la balance en faveur du vrai propriétaire, lorsque celui qui a fait les ouvrages était de mauvaise foi; mais elle doit être égale lorsque ni l'un ni l'autre n'a rien à se reprocher. Cette égalité sera maintenue si on met notre avis en pratique; car, si le tiers de bonne foi veut contraindre le propriétaire à garder les constructions, c'est qu'il y trouve son avantage, et qu'il y aurait perte pour lui à les enlever : eh bien! satisfaction est donnée à cet intérêt par l'obligation imposée au propriétaire de conserver ces constructions; mais l'intérêt du propriétaire est lui-même à couvert par le droit qu'il a de ne payer, à son choix, que le montant de la plus-value ou de la dépense, selon que l'une ou l'autre sera moins forte ; c'est, je le reconnais, le cas qui se présentera le plus fréquemment.

Si le constructeur offre de supprimer les constructions, d'enlever les matériaux et de mettre les lieux dans leur état primitif, et si le propriétaire y consent, ni l'un ni l'autre n'a à se plaindre : le premier emporte ce qu'il veut avoir ; le second recouvre sa propriété, sans amélioration, il est vrai, mais aussi sans diminution. Si, au contraire, le propriétaire veut conserver, malgré le constructeur de bonne foi disposé à enlever, c'est qu'il y trouve un avantage dont il est juste qu'il paye la dépense à celui qui le lui a procuré de bonne foi : c'est le cas de l'adage : *Nemo cum alterius detrimento locupletari debet ;* et, de son côté, le constructeur n'aura point à se plaindre, puisqu'on le rend indemne. Ainsi, dans mon système, tous les intérêts légitimes sont conservés, quelle que soit la détermination que prenne chaque partie, quant au droit que la loi lui confère, et aux obligations que l'exercice de ce droit lui impose.

Je reconnais encore que ces deux cas se présenteront rarement : cependant ils ne sont pas impossibles ; et c'est même à l'occasion d'une espèce de cette nature qu'a été soulevée, dans un tribunal du ressort de la Cour de Poitiers, la question que nous discutons.

Plusieurs objections ont été faites contre cette opinion : je vais essayer d'y répondre.

« 1° Votre opinion, me dit-on, ne peut se soutenir ; car on » ne la trouve énoncée chez aucun des nombreux juriscon- » sultes qui ont écrit sur cette matière, depuis plus de trente » ans ; et il est impossible qu'elle ne se soit présentée à l'esprit » de quelques-uns d'eux, qui n'eussent pas manqué de l'in- » diquer si elle avait eu quelque chose de spécieux, de M. Du- » ranton surtout, qui signale la différence de position que le » législateur a mise entre le constructeur de bonne foi et le » constructeur de mauvaise foi. »

Je conviens du fait négatif sur lequel est fondée cette objection, mais j'en nie la conséquence ; car, quelque grande que soit l'autorité de tant d'illustres écrivains, il me semble qu'ils ne peuvent prétendre à l'infaillibilité, et que leurs avis ne doivent jamais être admis qu'après examen : c'est ce que nous faisons tous les jours dans l'étude des nombreuses questions sur lesquelles ils sont divisés d'opinion. D'ailleurs je ne comprends pas l'autorité du silence sur une difficulté qui a pu leur échapper; car qui peut se flatter de tout prévoir ?

J'ai cru devoir discuter cette objection, qui, au fond, n'en est pas une, parce qu'elle m'a été faite sérieusement.

« 2° Cette interprétation est en opposition complète avec » le texte de la loi, qui ne parle que du choix qu'a le pro- » priétaire de payer, à son gré, soit la plus-value, soit le prix » des matériaux et de la main-d'œuvre, sans faire mention du » prétendu droit qu'a le constructeur de bonne foi de sup- » primer les ouvrages, ou d'en exiger le prix. »

Il me semble avoir résolu d'avance cette objection par la distinction que j'ai établie entre les droits et les obligations corrélatifs. Mais veut-on quelque chose de plus positif? j'ajoute : en supposant que le texte n'ait rien de précis sur cette difficulté, qui, comme toutes les autres, n'en serait pas une, s'il était exprès, tout ce qu'il serait possible d'en conclure, c'est que le législateur ne s'est occupé que du cas le plus fréquent, celui où le propriétaire est *obligé* de garder, et nullement de celui où il use du droit de conserver contre le constructeur qui est prêt à enlever; dans ce dernier cas, le propriétaire use, contre le constructeur de bonne foi, d'un droit semblable à celui qui lui est accordé contre le constructeur de mauvaise foi ; ses obligations doivent être les mêmes.

Je viens de raisonner dans la supposition que le Code soit muet sur notre question ; mais il n'en est pas ainsi. Lisons : *Si le propriétaire préfère conserver ces plantations et constructions, il doit le remboursement de la valeur des matériaux et du prix de la main-d'œuvre, sans égard à la plus ou moins grande augmentation de valeur que le fonds a pu recevoir.* Ces termes sont généraux ; ils s'appliquent, sans distinction, à tous les cas où le propriétaire *préfère* conserver ; la distinction ne commence que lorsqu'il s'agit du droit d'obliger le propriétaire à conserver malgré lui. Il faut donc reconnaître que le texte règle aussi l'espèce que je discute.

« 3° Il n'est pas vrai qu'en appliquant la disposition finale
» de l'article 555 au constructeur de bonne foi qui veut en-
» lever ses matériaux, on rende sa condition fixe; car il n'a
» jamais un véritable intérêt à cet enlèvement, par suite du-
» quel ses matériaux lui reviendraient en pure perte; il vaut
» donc toujours mieux pour lui être remboursé de la plus-
» value. D'ailleurs il a pour dédommagement les fruits qu'il
» fait siens, tandis que le possesseur de mauvaise foi est
» obligé de les restituer. »

Je réponds à la première partie de cette objection qu'elle tendrait tout au plus à démontrer le peu d'importance de la discussion à laquelle je viens de me livrer, sans prouver la fausseté de mes raisonnements en droit; et j'ajoute que le législateur, en déférant une option au propriétaire forcé de garder, a bien prévu qu'il y aurait des circonstances où la valeur des matériaux serait supérieure à la plus grande valeur vénale donnée au fonds. M. Duranton le reconnaît lui-même, en disant qu'il est des cas où le constructeur de bonne foi est moins bien traité que celui qui est de mauvaise foi. Supposons (et ce cas peut se présenter quelquefois) qu'il s'agisse de constructions et plantations de simple agrément, qui n'ajoutent rien au revenu du domaine, bien qu'on y ait employé des matériaux d'un assez grand prix, tels que des arbres ou arbustes exotiques dont la transplantation peut encore se faire avec espérance de reprise, des marbres ou des bois précieux susceptibles d'être employés, même après la démolition, dans des constructions nouvelles : n'est-il pas vrai que le tiers évincé, mais de bonne foi, aura plus d'avantage à les enlever qu'à les abandonner sans en rien recevoir, puisque nous supposons que le fonds n'a reçu aucune augmentation de ces ouvrages purement voluptuaires? En second lieu, c'est faire une étrange confusion que de prétendre que les fruits soient accordés au possesseur de bonne foi comme indemnité des travaux qu'il a pu faire. Le législateur ne les lui accorde que pour empêcher qu'il ne soit ruiné par une restitution de revenus qu'il a pu absorber, dans la conviction qu'ils lui appartenaient légitimement. Le possesseur de mauvaise foi, au contraire, est obligé à restituer tout ce qu'il retire d'une chose qu'il savait ne pas lui appartenir ; il est justement puni d'un acte réprouvé par la morale ; mais tout cela est étranger aux constructions, et ce qui le prouve, c'est que le possesseur de bonne foi fait les fruits siens, quoiqu'il n'ait fait aucunes constructions.

La quatrième objection est la plus spécieuse, au premier aspect : on la tire de l'article 1634 du Code civil, qui oblige le vendeur à rembourser ou faire rembourser à l'acquéreur évincé les impenses utiles seulement qu'il a pu faire ; ce qui ne s'entend que de la plus-value, quels que soient la valeur des matériaux et le prix de la main-d'œuvre.

Je réponds que cet article n'a pour objet que de régler les rapports entre l'acquéreur évincé et son vendeur, et non point ceux de cet acquéreur avec le propriétaire évinçant ; ce qui le prouve, c'est d'abord l'article 1635, qui accorde à l'acquéreur contre le vendeur de mauvaise foi le remboursement des dépenses même voluptuaires, bien que, dans le système de l'objection que je combats, il n'ait, dans aucun cas, le droit de les répéter contre le véritable propriétaire, lors même que celui-ci veut conserver les ouvrages que l'acquéreur déclare être prêt à enlever. Cette preuve se fortifie encore du rapprochement de l'art. 1599, qui semble refuser à l'acquéreur de mauvaise foi toute réclamation contre le vendeur, quoique, même dans ce cas, l'article 555 lui accorde le droit de se faire rembourser par le vrai propriétaire, du montant de toutes ses dépenses pour des travaux que le propriétaire veut conserver. Disons donc que les articles invoqués sont sans aucune influence sur la décision de notre question.

Je crois donc pouvoir conclure avec confiance, 1° que le véritable propriétaire, sur le fonds de qui des constructions et plantations ont été faites par un tiers, a toujours le *droit* de les conserver, que ce tiers fût de bonne ou de mauvaise foi, mais sous l'*obligation*, dans l'un et l'autre cas, de payer toute la valeur des matériaux et de la main-d'œuvre, sans examiner si ces constructions étaient utiles ou voluptuaires, si elles ont ou non augmenté la valeur du domaine ;

2° Que, si le possesseur était de mauvaise foi, le propriétaire peut le contraindre à supprimer ses ouvrages, et à remettre les lieux dans leur état primitif, et même exiger des dommages-intérêts, s'il y a lieu ;

3° Que, si le possesseur était de bonne foi, il peut obliger le propriétaire à conserver les ouvrages ; et, dans ce cas, mais dans ce cas seulement, le propriétaire a le droit de ne payer que la plus-value, si elle lui paraît inférieure au montant des dépenses.

Et, pour préciser davantage l'objet que j'ai en vue dans cette dissertation, je dis que le possesseur de bonne foi qui déclare être prêt à enlever ses matériaux que le propriétaire veut conserver, a le droit d'obtenir de lui le remboursement de toutes ses dépenses, même voluptuaires, sans égard à la plus ou moins value qu'elles ont procurée à la propriété.

Ainsi disparaît, selon moi, l'injustice résultant de la position plus fâcheuse que l'on croyait avoir été faite par le législateur au possesseur de bonne foi, contre l'intention bien clairement ici exprimée de le traiter plus favorablement.

S.-L. Savin,

Président du tribunal de Bourbon-Vendée.

COMPROMIS. — CLAUSE COMPROMISSOIRE. — NULLITÉ.

Est nulle la clause insérée dans une convention, même commerciale, par laquelle les parties s'obligent à soumettre toute contestation qui pourrait s'élever entre elles à des arbitres nommés de gré à gré ou par le tribunal de commerce, *lorsque d'ailleurs les parties n'ont désigné ni l'objet spécial du litige, ni les noms des arbitres.*

Beaufort et Krahnass contre Lasseron et Legrand.

La jurisprudence a longtemps varié sur cette question ; cependant elle semble s'être fixée dans le sens de l'arrêt que nous rapportons.

L'opinion contraire est soutenue par MM. Carré, Proc. civ., tome 3, n° 3274. — Pardessus, Droit comm., t. 5, n° 1395.

— De Vatimesnil, Encycl. du droit, v° *arbitrage*, n° 39. — Mongalvy, Traité de l'arbitrage, t. 1, n° 246, p. 344 et suiv.— Bioche et Goujet, Dict. de procéd., v° *arbitrage*, n° 126. — Elle a été adoptée par les Cours de Colmar, 24 août 1835 (S., v. 36-2-246). — Lyon, 25 mars 1840 (S., v. 41-2-342). — Bourges, 31 mars 1841 (S., v. 42-2-78).

On trouve dans le sens de la Cour de Poitiers : MM. Merlin, Quest. de dr., v° *arbitrage*, § 15, et Thomine-Desmazures, Comm. du Cod. de pr. civ., tome 2, n° 1212 ; et les arrêts suivants : Desboiges, 24 nov. 1832. — Limoges, S., v. 33-2-111. — D. P., 33-2-197.

Comp. du Soleil, 5 janv. 1839. — Limoges, S., v. 39-2-228. —D. P., 39-2-81 ; P. 40-2-471.

Prunier contre Comp. l'Alliance, 9 juin 1840. — Lyon, S., v. 41-2-341. — Sapey, 14 novembre 1843. — Grenoble, S., v. 44-2-58.

Decoster, 4 décembre 1843. — Rouen, S., v. 44-2-59.

Baye-Lustrebourg contre Comp. la Salamandre, 31 août 1843. — Metz, S., v. 44-2-317.

Douai, 30 août 1843, S., v. 43-2-488.

Martin, 20 avril 1844. — Caen, S., v. 44-2-318.

Et deux arrêts de cassation du 10 juillet 1843 (S., v. 43-1-561), et du 2 décembre 1844 (S., v. 45-1-79). *V.* encore sur cette question l'arrêt de la Cour de Grenoble du 10 juin 1844 (S., v. 44-2-647).

MM. Lasseron et Legrand, ingénieurs mécaniciens, demeurant à Niort, s'étaient engagés à construire pour la Société anonyme de Danlot une machine à vapeur et ses accessoires. Des difficultés s'étant élevées sur l'acceptation des travaux, le sieur Beaufort, fermier de l'usine de Danlot, et le sieur Krahnass, directeur de la Société, assignèrent les ingénieurs devant le tribunal de commerce de Poitiers. Le sieur Lasseron et Legrand, défendeurs, déclinèrent la compétence du tribunal, et demandèrent à être renvoyés devant arbitres, conformément à l'une des clauses de leur traité, par laquelle les contractants s'étaient soumis à faire juger toutes contestations par des arbitres choisis à Poitiers, nommés de gré à gré ou par le tribunal de commerce. Les demandeurs soutenaient que cette clause était nulle d'après l'art. 1006 du Code de procédure, à défaut de désignation de l'objet du litige et des noms des arbitres. Néanmoins le tribunal de commerce accueillit le déclinatoire, en se fondant sur une distinction à établir entre le compromis proprement dit et la clause compromissoire.

Appel.

Me *Bourbeau*, pour les appelants, a développé le système consacré par l'arrêt ci-après.

Me *Orillard*, pour les intimés, s'est principalement fondé sur l'utilité de cette clause surtout en matière commerciale, et sur l'usage constant que la jurisprudence a longtemps sanctionné.

M. l'avocat général Lavaur a conclu à la réformation.

ARRÊT.

La Cour, —attendu que, s'il résulte des conventions verbales des parties, telles qu'elles sont consignées dans le jugement dont est appel, que toute contestation qui pourrait s'élever entre elles serait réglée sans appel par deux arbitres choisis à Poitiers, nommés de gré à gré ou par le tribunal de commerce, lesdits arbitres ayant pouvoir de choisir un tiers arbitre, il est également certain qu'elles n'ont désigné ni l'objet spécial d'un litige, ni les noms des arbitres;

Attendu que les Cours et tribunaux légalement institués sont seuls compétents pour rendre la justice, et que, si les parties peuvent déroger à cette règle générale, et confier à des juges de leur choix le soin de statuer sur les difficultés qui les divisent, c'est à la charge d'observer les formalités et de se conformer aux dispositions prescrites par la loi;

Attendu que l'article 1006 du Code de procédure civile, au titre de l'arbitrage volontaire, prescrit à peine de nullité de désigner les objets en litige et les noms des arbitres;

Attendu qu'on ne peut, sans s'écarter de la lettre de la loi et de l'intention du législateur, distinguer une clause compromissoire du compromis lui-même;

Attendu que les articles 51 et 332 du Code de commerce règlent des matières spéciales, et ne peuvent recevoir d'application à l'espèce;

En ce qui touche le chef des conclusions de l'appelant tendant à ce que les intimés soient purement et simplement déboutés de leur opposition au jugement par défaut du premier mars dernier, et à ce qu'il soit ordonné que ledit jugement sera exécuté selon sa forme et teneur :

Attendu que les intimés, en formant opposition au jugement par défaut rendu contre eux le 1er mars précédent, et en demandant leur renvoi devant des arbitres, en exécution de la convention intervenue entre eux et les appelants, n'ont pas adhéré aux dispositions dudit jugement sur le fond pour le cas où il ne serait pas fait droit à leur demande en renvoi ; que leur opposition, qui portait tant sur la forme que sur le fond, a remis les choses dans leur état primitif ; que s'ils n'ont pas pris de conclusions sur le fond, c'est qu'ils n'auraient pu le faire dans l'état de la cause sans se mettre en contradiction avec leur demande en renvoi devant des arbitres ; qu'il est d'autant plus équitable de le décider ainsi, qu'on ne peut s'empêcher de reconnaître que si les termes rigoureux de la loi, et les derniers errements d'une jurisprudence qui a longtemps varié, ne permettent pas de considérer comme obligatoire la clause compromissoire arrêtée entre les parties, il n'en est pas moins vrai qu'elle avait été librement consentie, et qu'on porterait atteinte aux principes du droit et à l'équité, si, dans les circonstances actuelles, on considérait le jugement par défaut auquel il a été formé opposition, comme ayant acquis l'autorité de la chose jugée ;

Attendu que la matière n'étant pas disposée à recevoir une décision définitive, la Cour ne peut évoquer le fond pour statuer sur le tout par un seul et même arrêt ;

Attendu que, le tribunal d'où vient l'appel s'étant borné à faire droit à la demande en renvoi devant des arbitres formée par les parties de Me *Orillard*, sans s'occuper du mérite de l'opposition en ce qui concerne le fond, rien ne s'oppose à ce que la cause soit renvoyée devant lui pour être statué ce qu'il appartiendra dans son état actuel ;

Dit qu'il a été mal jugé par le jugement dont est appel ; émendant, déclare qu'il n'y a lieu de renvoyer les parties devant des arbitres ; condamne celles de Me *Orillard* aux frais de l'incident, faits tant en première instance que sur l'appel ;

Et, pour statuer au fond sur l'opposition formée par les intimés au jugement par défaut du premier mars dernier rendu par le tribunal de Poitiers, renvoie la cause et les parties devant ledit tribunal.

Du 14 juin 1844. — Cour royale de Poitiers, 1re ch. civ. — MM. Vincent-Molinière, prés. — Lavaur, av. gén., concl. conf. — Mes Bourbeau et Orrillard, avocats. — Arnault-Ménardière et Devars, avoués.

1° FEMME COMMUNE. — ACTION IMMOBILIÈRE. — MARI. — INTERVENTION EN APPEL. — 2° FOSSÉ. — POSSESSION TRENTENAIRE. — UTILITÉ. — CIRCONSTANCES DE LOCALITÉ.

Lorsqu'un mari a intenté en son nom seul une action pétitoire appartenant à sa femme, et lorsque, sur l'appel interjeté par le défendeur à cette action, la femme a adhéré, par une intervention, à la demande formée par son mari, l'appelant n'est plus recevable à exciper de la nullité résultant de ce que l'action exercée contre lui n'a été originairement intentée que par le mari seul (1).

Le mari a d'ailleurs qualité pour exercer seul vis-à-vis des tiers les actions immobilières de sa femme; mais pour que le jugement soit opposable à celle-ci, les tiers doivent requérir son intervention au procès (2). (1428 , Code civil.)

Parmi les titres dont parle l'article 666 *du Code civil, on doit placer la prescription, c'est-à-dire la possession exclusive du fossé pendant trente années.*

Un fossé est censé appartenir à l'immeuble pour l'utilité duquel les circonstances de localité font présumer qu'il a été établi, lorsqu'il y a possession exclusive conforme. (Art. 666, 667, Code civ.) (3).

(1) Sic, Cour de Colmar, 17 avril 1817; Dalloz, Recueil alphabétique, tom. 10, pag. 214.

(2) Sic, Cour de Nimes, 8 février 1830. — Cour de cassation, 15 mai 1832 (D. 32-1-337). — *V.* (D. 1831, 1-350.) Arrêt conforme de cassation.

(3) Solon, Traité des servitudes, pag. 156, nº 188 et suiv.; arrêt d'Angers, 6 mars 1835. (D. 35-2-96.)

Baillargeau contre veuve de Cougny.

ARRÊT.

En ce qui touche l'intervention en cause d'appel de la femme Baillargeau dûment autorisée à cet effet par son mari, et le chef de conclusions de l'appelante tendant à ce que le sieur Baillargeau soit déclaré non recevable dans l'action qu'il a intentée en son nom personnel, et condamné aux dépens de première instance et d'appel ;

Attendu que Baillargeau, marié sous le régime de la communauté, est l'administrateur légal des biens de sa femme ; qu'en cette qualité et comme responsable de leur dépérissement et de la prescription qui s'accomplirait par sa faute, il doit veiller à la conservation de ces droits, quelle que soit leur nature ; qu'il peut, même dans son intérêt personnel et sans le concours de sa femme, agir contre les détenteurs ou usurpateurs de ses immeubles, puisqu'il a la jouissance exclusive des fruits et revenus qu'ils produisent ;

Attendu que s'il est vrai que, négligeant de faire intervenir sa femme dans l'action qu'il a intentée, et de faire connaître qu'elle est seule propriétaire du terrain bordé par le fossé en litige, le jugement qui l'aurait déclaré mal fondé dans sa demande n'aurait pas eu contre elle l'autorité de la chose jugée et qu'elle aurait pu y former tierce opposition, il est certain aussi que l'appelante a connu par l'enquête qui a eu lieu dans l'instance, que ce terrain était un propre de la femme Baillargeau, sans demander sa mise en cause, ni arguer de nullité l'action intentée par l'intimé ;

Attendu que l'intervention de la femme Baillargeau sur l'appel régularise la procédure et obvie à l'inconvénient d'une décision qui ne serait pas définitive en ce qui la concerne, et qu'elle est recevable, puisque si elle n'était pas en cause, elle aurait le droit de former tierce opposition à l'arrêt à intervenir.

Au fond. — Attendu qu'il résulte de l'ensemble des enquêtes qu'antérieurement à l'année 1845, les époux Baillargeau, tant par eux que par leurs auteurs, ont exclusivement joui du fossé en litige, soit en le faisant recurer à des intervalles plus ou moins rapprochés, soit en disposant des terres provenant de ces curages qui ont toujours été exécutés par leurs ordres et à leurs frais; et que cette possession paisible, publique, non équivoque et à titre de propriétaire, a plus de trente ans sans interruption;

Attendu que l'état des lieux et la situation respective des héritages des parties viennent corroborer les motifs puisés dans les enquêtes; — que le sol de la pièce de terre de l'appelante est élevé d'un mètre vingt centimètres au-dessus du pré des époux Baillargeau; circonstance qui fait présumer que, pour se préserver du dommage que leur causait l'écoulement des eaux provenant du terrain supérieur, leurs auteurs ont fait creuser le fossé en litige, dont ils retiraient un avantage réel, et qui n'était d'aucune utilité aux propriétaires du fond supérieur,

La Cour reçoit la femme Baillargeau intervenante dans la cause; lui donne acte ainsi qu'à toutes les parties instanciées de sa déclaration, de ratifier ce qui a été fait par son mari et de ce qu'elle entend suivre l'instance concurremment avec lui, d'après les derniers errements de la procédure; rejette la fin de non-recevoir proposée par la partie de Me *Bouchard* contre celle de Me *Grellaud;* et statuant sur le fond, dit qu'il a été bien jugé par le tribunal de Loudun; déclare le présent arrêt commun avec la femme Baillargeau, et condamne la partie de Me *Bouchard* aux dépens.

Du 17 janvier 1846. – Cour royale de Poitiers, 2e ch. civ. — M. Vincent-Molinière, président. — Mes Bouchard et Grellaud, avocats. — Bouchard et Jolly, avoués.

REMPLACEMENT MILITAIRE. — FRAUDE. — ABUS DE BLANC SEING. — CERTIFICAT DE RÉSIDENCE.

L'attestation insérée, après coup, dans un certificat de moralité délivré par le maire, de la fausse résidence d'un remplaçant dans la commune de celui-ci, ne constitue ni faux, ni abus de blanc seing.

Un tel fait constitue le remplacement frauduleux prévu et puni par l'art. 43 de la loi du 21 mars 1832, lors même que le remplaçant réunirait par ailleurs toutes les conditions d'aptitude au service militaire.

Les sieurs L... et L..., soldats libérés du service militaire, s'étaient présentés comme remplaçants au conseil de révision de Poitiers, et avaient été refusés pour infirmité passagère.

Plus tard, la cause de ce refus ayant disparu, ils avaient traité en qualité de remplaçants avec le sieur A..., agent de recrutement à Poitiers; mais comme l'administration avait retenu leur certificat de moralité et de résidence, lors de leur première présentation au conseil de révision, il devint nécessaire de leur en procurer de nouveaux.

Ils allèrent s'établir dans la commune de Chalandray, où ils résidèrent quelques semaines seulement. Au bout de ce temps, le sieur A..., par l'un de ses agents, présenta au maire deux certificats de bonnes vie et mœurs dans lesquels se trouvait *un blanc.* Le maire signa imprudemment ces certificats, auxquels fut ajoutée *après coup*, et dans le blanc réservé, la mention de la résidence *annale* des deux remplaçants dans la commune de Chalandray, ainsi que l'exige l'art. 20 de la loi du 21 mars 1832. Munis de ces pièces, les deux remplaçants se sont présentés devant le conseil de révision de Tours, et ont été admis à servir dans l'armée.

C'est à raison de ces faits que les sieurs L... et L..., ainsi que le sieur A..., et son agent le sieur F..., ont été poursuivis par le ministère public comme s'étant rendus coupables et d'abus de blanc seing et de fraude à la loi du 21 mars 1832.

La chambre du conseil du tribunal de Poitiers, ne voyant dans ce double fait ni crime ni délit, avait rendu une ordonnance de non-lieu en faveur des prévenus. Mais la Cour, sur l'opposition du procureur du roi, considérant que les faits constituaient les délits prévus et punis par les articles 407, 59 et 60 du Code pénal, 21 et 43 de la loi du 21 mars 1832, avait annulé l'ordonnance de non-lieu, et envoyé les prévenus devant le tribunal correctionnel de Châtellerault pour y être jugés suivant la loi.

Devant le tribunal de Châtelleraull, Me *Duplaisset*, avocat du sieur A..., soutenait que les deux infractions imputées aux prévenus n'étaient pas légalement punissables, et que c'était avec raison que le tribunal de Poitiers avait déclaré n'y avoir lieu à suivre.

L'abus de blanc seing ne peut exister qu'autant qu'une signature en blanc a *été confiée*, et que l'on a donné à la mention qui la précède une extension qui n'était pas dans la volonté du signataire. Le certificat n'avait qu'un but apparent, celui de constater la moralité des remplaçants. Il n'était nullement dans l'intention du maire de certifier la résidence vraie ou fausse des remplaçants; donc sa signature n'a pas été *confiée*, ainsi que l'exige l'art. 407 du Code pénal; donc le fait constituerait plutôt un faux, si les autres conditions essentielles de ce crime se rencontraient dans la cause.

En ce qui concernait la fraude à la loi de 1832, Me *Duplaisset* disait : La possibilité du préjudice est la condition essentielle de tout crime et de tout délit. Lorsque le législateur de 1832 a exigé du remplaçant la production d'un certificat de résidence annale, cette prescription a eu pour but de s'assurer mieux encore de la moralité des hommes qui aspirent à l'honneur de servir dans l'armée. L'attestation de résidence annale est un mode de contrôle, une garantie de plus pour l'État; mais la violation de cette garantie purement accessoire n'entraîne aucun préjudice, si le remplaçant satisfait réellement à toutes les conditions qui font le bon soldat. Or, dans l'espèce, il est reconnu que les deux remplaçants étaient de bons sujets, et que, s'ils n'ont pas eu recours au maire de leur commune, c'est que celui-ci, leur ayant déjà délivré un premier certificat de bonnes vie et mœurs, en eût infailliblement refusé un second. Il résulte donc, si l'on veut, de la conduite d'A... que celui-ci a usé de ruse, de subterfuge pour arriver à un résultat licite, *le remplacement de deux hommes aptes au service militaire*, mais qu'il n'y a rien de frauduleux dans le fait qui lui est reproché.

Me *Duplaisset* citait à l'appui de cette doctrine un arrêt rendu par la Cour de Grenoble le 8 juillet 1836. (Journal du palais, t. 27, p. 1495.)

Ce système, reproduit par Mes *Montaubin* et *Augeard*, a été combattu par M. le procureur du roi.

Quant à l'abus de blanc seing, a dit ce magistrat, il est certain que dans l'espèce on rencontre tous les caractères de ce délit. En fait, *un blanc* avait été laissé dans le corps du certificat; la signature du maire a été apposée de confiance au pied de cette attestation...; qu'importe que dans la pensée du maire la pièce ne fût destinée qu'à la constatation de la moralité et non de la résidence des remplaçants?... sa signature n'en a pas moins été livrée et *confiée*, et dès lors l'intercalation, après coup, d'une fausse mention, constitue bien l'*abus de blanc seing* défini par l'art. 407.

Quant à la contravention aux art. 21 et 43 de la loi de 1832, nul doute qu'elle ne constitue une fraude punissable. Cette loi exige impérieusement la production d'un certificat de résidence *délivré par le maire qui atteste la moralité*. Cette résidence doit être d'une année. C'est là une condition essentielle à la validité de tout remplacement. Le préjudice, a dit M. le procureur du roi, est dans la violation de cette disposition de la loi, qui est toute de rigueur.

L'art. 45 de la loi précitée ne tient aucun compte des qualités réelles que peut avoir le remplaçant. *Tout remplacement effectué en contravention des dispositions de la présente loi*, dit cet article, *sera puni*, *etc.* La généralité de ces termes ne permet donc pas de distinguer entre la possibilité ou l'impossibilité d'un préjudice. Ce préjudice existe d'ailleurs par l'éventualité de l'annulation du remplacement, et la nécessité où pourra se trouver l'appelé de fournir un nouveau remplaçant ou de rejoindre son corps.

JUGEMENT.

Attendu que pour constituer le délit d'abus de blanc seing prévu et puni par l'art. 407 du Code pénal, il faut la réunion de deux circonstances :

1° Qu'une signature en blanc ait été confiée ;

2° Qu'il y ait eu de la part de celui à qui cette signature a été remise abus de la confiance qui avait été placée en lui, c'est-à-dire usage de la signature dans un but autre que celui que les parties se proposaient lorsque le blanc a été confiée;

Attendu que ces deux circonstances ne se rencontrent ni l'une ni l'autre dans la cause; que le maire de Chalandray n'a jamais confié sa signature en blanc à aucun des prévenus, pour qu'il s'en servît dans un but déterminé, la confection d'un certificat de moralité et de résidence; qu'il n'est jamais entré dans la pensée du maire de Chalandray de placer une telle confiance dans aucun des prévenus; que les prévenus n'ont donc pu abuser d'une confiance qui ne leur avait pas été témoignée;

Qu'à la vérité on a abusé d'un blanc seing laissé dans le corps du certificat pour y constater un temps de résidence qu'il n'était pas entré dans l'intention du maire de Chalandray de certifier, mais que ce fait ne caractérise pas l'abus d'une signature confiée ou blanc seing, qu'il constitue un faux; en effet, altérer un corps d'écriture, y ajouter d'autres circonstances que celles qu'il contient primitivement, et à l'insu de celui qui l'a signé, c'est commettre un faux;

Attendu que l'altération qui a été commise sur le certificat du maire de Chalandray ne constitue cependant ni crime ni délit; que, pour que cette altération caractérisât un faux, il faudrait que la pièce sur laquelle il a été commis pût opérer obligation ou décharge; qu'il n'est point de l'essence des certificats de produire un tel effet; que cette altération ne constitue pas non plus le délit d'altération de certificat prévu et puni par l'article 161 du Code pénal, puisque l'altération du certificat n'est punissable qu'autant que le certificat a été approprié à une personne autre que celle à laquelle il a été personnellement délivré; que ce n'est point une altération de ce genre qui a été commise dans la cause; qu'ainsi le premier fait, sous la prévention duquel les prévenus ont été renvoyés devant le tribunal correctionnel de Châtellerault, ne constitue ni crime ni délit;

Le tribunal les renvoie du premier chef de prévention.

Attendu qu'aux termes de l'article 20 de la loi du 21 mars 1832, le remplaçant ne peut être admis qu'en produisant du maire de la commune de son dernier domicile un certificat de bonne conduite pendant un an au moins; qu'aux termes de l'article 21 de la même loi, ce certificat est également exigé du remplaçant qui a été militaire;

Attendu que l'article 43 de cette loi punit tout remplacement effectué soit en contravention aux dispositions de cette loi, soit au moyen de pièces ou manœuvres frauduleuses;

Attendu que l'emploi de ces moyens dans un remplacement est toujours préjudiciable, puisqu'il entraîne la nullité de l'acte de remplacement, qu'il oblige l'appelé à rejoindre son corps ou à fournir un autre remplaçant; qu'il peut d'ailleurs l'exposer à perdre les sommes qu'il aurait payées au remplaçant admis par des manœuvres frauduleuses; qu'ainsi, et quand même la loi de 1832 exigerait un préjudice pour caractériser le délit qu'elle punit, ce préjudice serait pleinement justifié dans la cause;

En fait: attendu qu'il n'est point contesté:

1° Que l'admission de L... et de L... n'a été effectuée qu'en contravention à la loi du 21 mars 1832, puisque l'on a fait admettre ces deux remplaçants sans fournir un certificat du maire de leur dernier domicile, constatant leur bonne conduite pendant un an;

2° Que les certificats constatant cette résidence étaient faux;

3° Que l'admission de L... et de L... n'a eu lieu que par suite de manœuvres frauduleuses;

Qu'ainsi il y a dans la cause trois circonstances dont chacune constitue un délit prévu et puni par l'article 43;

(Suivent plusieurs *attendus* qui établissent en fait la culpabilité de A... et de F..., et la non-complicité de L... et de L..., remplaçants.)

Le tribunal renvoie L... et L... sans dépens; déclare A... et F... coupables d'avoir ensemble et de concert effectué le remplacement de L... et de L... en contravention des dispositions de la loi du 21 mars 1832, et au moyen de pièces fausses et de manœuvres frauduleuses; en réparation de quoi, leur faisant application des art. 43, 46 de la loi citée; 463, 55, 52 du C. pénal, et 94 du C. d'inst. crim.;

Les condamne, etc.

Du 23 décembre 1845. — Tribunal correctionnel de Châtellerault. — MM. A. Mangin, président. — Druet, procureur du roi. — Mes Duplaisset, Montaubin et Augeard, avocats.

SAISIE IMMOBILIÈRE. — SOMMATION. — CRÉANCIERS INSCRITS. — ÉTAT D'INSCRIPTIONS INCOMPLET. — NULLITÉ.

Une saisie immobilière n'est pas nulle, quand le poursuivant a fait la sommation exigée par l'article 692 C. pr. civ. à tous les créanciers mentionnés sur l'état des inscriptions délivré par le conservateur. Le créancier omis par la faute de ce fonctionnaire ne peut exciper de cette omission contre la validité de la saisie. (Art. 692, 715, C. P. C.)

Garnier contre Geneuil.

Garnier, créancier de Jean Bouchet, a fait pratiquer sur ses immeubles une saisie immobilière le 19 avril 1845. La saisie a été dénoncée au débiteur le 23 du même mois, et sur un état d'inscriptions délivré par le conservateur, les sommations voulues par l'art. 692 du Code de procédure civile ont été faites aux deux seuls créanciers mentionnés dans cet état.

Le 16 juin 1845, et après l'accomplissement de toutes les formalités voulues par la loi, il a été procédé à la lecture du cahier des charges, et l'adjudication a été fixée au 4 août.

En cet état de choses, Geneuil, créancier de Bouchet, *omis sur l'état d'inscriptions délivré à Garnier*, est intervenu pour demander l'annulation de la saisie à laquelle il n'avait point été appelé, malgré le texte impératif de l'art. 692, auquel l'article 715 sert de sanction.

11 août 1845, jugement du tribunal de Jonzac, qui prononce l'annulation de la saisie.

Appel de la part de Garnier.

Une fin de non-recevoir soulevée par Garnier a d'abord été opposée par Geneuil. Son peu de gravité dispense de la discuter.

Au fond, Me *Fey* a dit pour l'appelant :

On ne peut reprocher au créancier poursuivant aucune faute; il ne pouvait savoir que le certificat émané du conservateur n'était pas exact. S'il n'a pas appelé à l'examen du cahier des charges le créancier Geneuil, ainsi que semblait l'exiger l'article 692, c'est qu'il ignorait son droit et sa qualité. Le tribunal de Jonzac, en déclarant nulle la saisie immobilière, conformément au texte rigoureux de l'art. 715 du C. de pr. civ., a méconnu l'esprit de la loi. La loi ne peut jamais vouloir que ce qui est humainement possible.

Il serait d'autant plus injuste de rendre le poursuivant responsable de la faute du conservateur, qu'il n'a aucun moyen de contrôler l'exactitude du certificat qui lui est délivré par ce fonctionnaire.

L'avocat faisait remarquer que, dans l'espèce, Garnier avait pris les précautions les plus minutieuses pour obtenir un relevé d'inscriptions exact, et donné au conservateur les renseignements les plus circonstanciés sur la personne du saisi.

Il invoquait un arrêt de la Cour d'Amiens du 7 janvier 1815, l'opinion de *Bioche*, v° *vente sur saisie immobilière*, n° 268, et une analogie empruntée à l'art. 2198.

Enfin, subsidiairement, Me *Fey* soutenait, dans l'intérêt de son client, que tout au moins la procédure antérieure à la sommation devait être maintenue, et que le tribunal avait eu tort de l'annuler. Ce système reposait sur les articles 728 et 729 du Code de procédure civile, et sur l'autorité de MM. *Chauveau*, question 2331, et *Bioche*, v° *saisie immobilière*, n° 269.

Pour Geneuil intimé, Me *Bouchard* a répondu :

En matière de saisie immobilière, toutes les formalités sont de rigueur. Le poursuivant doit les accomplir avec une minutieuse exactitude, parce qu'elles ne sont autre chose que des garanties. L'article 692 doit être exécuté à l'égard de *tous les créanciers inscrits*, à peine de nullité de la saisie. Il ne l'a pas été à l'égard de Geneuil, donc la saisie est nulle.

Aucun fait, soit qu'il émane du poursuivant, soit qu'il émane du conservateur des hypothèques, ou de tous autres, ne peut enlever aux créanciers inscrits le droit de surveillance et d'observation assuré par cet article 692. La saisie n'est pas régulière et se trouve viciée dans une de ses formalités les plus importantes, si un seul de ces créanciers a été placé dans l'impuissance d'exercer ce droit.

Le texte de l'article 715 proclame la vérité de cette doctrine.

4

La seule question est celle de savoir si les conséquences de la nullité de la saisie seront supportées par le conservateur responsable. Il fallait, de la part de Garnier, appeler ce fonctionnaire à sa garantie. S'il ne l'a pas fait, lui seul doit, quant à présent, subir les conséquences de la faute commise.

Après avoir écarté la fin de non-recevoir, M. l'avocat général Béra a dit :

La question à résoudre offre de la gravité. D'une part, se présente l'intérêt du poursuivant, auquel se rattache en général celui des créanciers qui doivent désirer la réalisation de leur gage, en d'autres termes, *l'intérêt de la saisie;* de l'autre, le droit fort respectable d'un créancier à l'égard duquel une formalité prescrite à peine de nullité n'a pas été remplie, et qu'on a laissé à l'écart, quand il devait être appelé à exercer sa surveillance sur la poursuite.

Rappelons quelques principes pour parvenir à une solution rationnelle.

Les nullités de la saisie réelle sont prononcées toutes les fois que le poursuivant a désobéi à la loi, qui trace une série de formalités servant de garanties au saisi et aux créanciers inscrits. La peine infligée à sa désobéissance est sévère; car il supporte tous les frais de la procédure, voit reculer indéfiniment le jour du recouvrement, et parfois subit des dommages-intérêts. Tel est le risque que court le poursuivant en commençant la procédure; mais ce risque apparemment est *unique :* qui donc consentirait à entamer une saisie immobilière, à la condition d'encourir la responsabilité, 1° de toutes les omissions qu'on pourrait justement imputer à la volonté, à l'inattention, à la négligence ; 2° de toutes celles qui pourraient être commises à l'insu même du poursuivant, par suite de la faute d'un fonctionnaire public chargé par la loi de lui fournir des documents toujours présumés exacts ?

Garnier a religieusement obéi à l'art. 692 ; pour lui, d'après le certificat du conservateur, il n'y avait que deux créanciers inscrits ; il leur a fait la sommation de l'art. 692 ; nul reproche ne peut lui être adressé, nulle peine ne peut lui être appliquée ; par suite, la nullité de la saisie ne peut être prononcée.

Les articles 2197 et 2198 du Code civil expriment clairement la volonté législative, en ce qui touche la portée des omissions commises par les conservateurs dans les états d'inscriptions. Ces omissions n'ont point pour conséquences de vicier les procédures, de rendre insuffisantes les formalités accomplies ; la loi répute inattaquable tout ce qui a été fait en conformité de l'état d'inscriptions fautif ou inexact. Elle devait donner à tous les citoyens cette garantie, que réclame un intérêt devant lequel s'effacent tous les autres, l'intérêt public. Seulement elle rend le conservateur responsable du *préjudice souffert* par sa faute.

Le droit de Geneuil, à qui la sommation de l'article 692 n'a pas été faite, est facile à déterminer. Il ne peut faire annuler une saisie immobilière, dans le cours de laquelle toutes les prescriptions de la loi ont été scrupuleusement suivies. Mais il peut dire au conservateur : L'omission de mon inscription sur l'état par vous délivré m'a privé de l'exercice d'un droit, et il en résulte pour moi un préjudice. S'il justifie la réalité de ce préjudice, les tribunaux lui accorderont la réparation qui lui est due.

ARRÊT.

(Après deux *attendu* relatifs à la fin de non-recevoir.)

Au fond, — attendu que, d'après les dispositions de l'art. 692 du Code de procédure civile, le poursuivant est obligé, à peine de nullité, conformément à l'article 715 du même Code, de faire sommation aux créanciers inscrits sur les biens saisis de prendre communication du cahier des charges, de fournir leurs dires et observations, et d'assister à la lecture et publication qui en sera faite, ainsi qu'à la fixation du jour de l'adjudication ;

Attendu que Garnier, saisissant, a obtenu le 2 mai 1845, après dépôt du cahier des charges, un état délivré par le conservateur de Jonzac ; que cet état est intitulé : *Etat de toutes les inscriptions subsistant au bureau des hypothèques de l'arrondissement de Jonzac, contre Jean Bouchet, cultivateur, ayant demeuré autrefois au lieu de Chez-Bégouin, commune de Reaux, et actuellement au chef-lieu de la commune de Moings ;*

Qu'il faut remarquer, d'après les termes de ce certificat, que le sieur Garnier a eu le soin d'indiquer au conservateur les deux domiciles de Bouchet, pour qu'il fût à même de rechercher toutes les inscriptions qui pouvaient grever les biens saisis;

Attendu que cet état ne mentionne que deux inscriptions, qu'il ne relate pas celle prise par Geneuil, et que le conservateur certifie *qu'il n'existe jusqu'à ce jour, deux mai mil huit cent quarante-cinq, que les deux inscriptions dont les copies précèdent;*

Attendu que Garnier n'étant pas instruit légalement de l'inscription prise par Geneuil, n'était pas obligé de lui faire sommation; — qu'il n'a aucune faute à se reprocher; — qu'à l'impossible nul n'est tenu; — qu'il s'est strictement conformé aux dispositions de l'article 692 précité, d'après l'état délivré; d'où il suit que la demande en nullité de la saisie immobilière n'est pas fondée;

Attendu dès lors qu'il devient inutile de s'occuper des conclusions subsidiaires prises par Garnier devant la Cour.

Par ces motifs :

La Cour, sans s'arrêter ni avoir égard à la fin de non-recevoir élevée par Geneuil, laquelle est déclarée mal fondée, dit qu'il a été mal jugé, bien appelé; réformant et faisant ce que les premiers juges auraient dû faire, déclare Geneuil mal fondé dans sa demande en nullité de saisie immobilière, l'en déboute, etc.

Du 26 février 1846. — Cour royale de Poitiers, 1re ch. civ. — MM. Barbault de la Motte, président. — Béra, avocat général, concl. conf. — Bouchard et Fey, avocats. — Drouin, Bouchard et Martineau, avoués.

1° DÉLIT FORESTIER, PEINE, CUMUL; — 2° ADJUDICATAIRE, ARBRES DE RÉSERVE, DÉFICIT, ACTION DIRECTE; — 3° DOMMAGES-INTÉRÊTS, FACULTÉ, OBLIGATION; — 4° CONDAMNÉ, INTERDICTION LÉGALE, PRÉVENU, TUTEUR, AMENDE, CAPACITÉ.

Le principe de la non-cumulation des peines, écrit dans l'article 365 du Code d'instruction criminelle, est un principe général, applicable à tous les crimes et délits de droit commun ou prévus par des lois spéciales, qu'il s'agisse de peines pécuniaires ou corporelles : il est applicable, par conséquent, aux délits forestiers comme à ceux qui sont régis par le Code pénal.

C'est comme auteur direct du délit, et non comme responsable du fait de ses agents, que l'adjudicataire, seul mis en cause par l'administration forestière pour déficit d'arbres réservés dans sa coupe, est appelé à se défendre devant la juridiction correctionnelle. En conséquence, l'administration ne peut, après coup, et pour échapper à l'application de l'art. 365 précité, prétendre qu'il n'a été cité que comme responsable. (C. forest., art. 33, 34 et 45.)

Y a-t-il obligation, ou simple faculté, pour le tribunal saisi de ce délit, d'allouer à l'administration des dommages-intérêts? (C. forest., art. 34) (1).

Le condamné, placé en état d'interdiction légale par suite d'un arrêt emportant une peine afflictive et infamante, a qualité pour défendre seul, et sans l'assistance du tuteur qui doit lui être donné, conformément à l'art. 29 du Code pénal, pour gérer et administrer ses biens, à une poursuite correctionnelle.

L'administration forestière contre Rabault.

Un procès-verbal de récolement, dressé par des agents de l'administration des forêts les 17, 18, 19 et 22 juillet 1844, avait constaté, dans une coupe exploitée par le sieur Rabault, adjudicataire, un déficit de 150 arbres de réserve, et la mutilation de sept autres, dont les principales branches avaient été coupées, contrairement aux règlements forestiers.

L'administration des forêts avait fait citer, à raison de ces faits, le sieur Rabault devant le tribunal correctionnel de Niort, et concluait contre lui à 7,662 fr. 66 c. d'amende, à pareille somme pour dommages-intérêts, et à 7,513 fr. de restitution, par application des art. 33, 34, 451, 192, 196, 178, 202 et 211 du Code forestier.

Il faut dire qu'antérieurement à ces poursuites, Rabault avait été condamné, par arrêt de la Cour d'assises des Deux-Sèvres du 1er juin 1845, à cinq années de reclusion, comme

(1) Question non résolue, mais examinée par M. l'avocat général.

coupable d'avoir apposé de fausses marques sur des arbres de sa coupe, dans le but de masquer le déficit qui se trouvait dans le nombre des arbres réservés.

Devant le tribunal correctionnel, Rabault opposait aux poursuites une fin de non-recevoir tirée de ce que, se trouvant placé, par sa condamnation, en état d'interdiction légale (article 29 du C. pén.), il ne pouvait procéder en justice sans l'assistance d'un tuteur.

Au fond, il soutenait que l'amende réclamée contre lui était absorbée, conformément à l'art. 365 Cod. d'instr. crim., par la condamnation à cinq années de reclusion dont il était frappé; et, quant aux dommages-intérêts, il concluait à ce qu'il n'en fût pas alloué, les magistrats, d'après l'art. 198 Cod. forest., restant seuls juges du point de savoir s'il y avait, ou non, lieu d'en adjuger.

Le ministère public et l'administration répondaient :

Sur la fin de non-recevoir, que l'assistance d'un tuteur n'eût été nécessaire que s'il se fût agi d'une action civile;

Relativement à l'amende, qu'en principe, l'art. 365 Cod. d'instr. crim. ne pouvait s'appliquer aux matières forestières; que, d'un autre côté, Rabault n'étant pas poursuivi comme auteur direct, mais seulement comme responsable du délit, aux termes de l'art. 45 du Code forestier, c'était un nouvel argument pour écarter l'art. 365;

Enfin, quant aux dommages-intérêts, qu'ils étaient réglés, non par l'art. 198, mais par l'art. 54, et que, dans le cas spécial, les tribunaux ne pouvaient se dispenser d'en accorder. (Cass., 23 novembre 1844 et 25 août 1845; D. 45-1-37 et 374.)

12 décembre 1845, jugement ainsi conçu :

Le Tribunal, — Attendu, en fait, qu'il est démontré par le procès-verbal que, les jours qui y sont indiqués, l'inspecteur et le garde général qui y sont désignés se sont transportés dans la forêt de Chiré appartenant à l'État, sur la coupe n° 17 du triage du bois Pilet, usée, pour l'exercice 1842, par Rabault, à l'effet de procéder au récolement; qu'ils ont constaté que 150 arbres d'essences diverses, marqués pour demeurer en réserve, étaient en moins;

Attendu qu'il est prouvé, en outre, que le même adjudicataire, au même lieu, a coupé des branches de réserve ; que, d'après la loi, ceux qui ont mutilé des arbres ou coupé les principales branches doivent être punis comme s'ils les avaient abattus par le pied ;

Attendu, en droit, sur la fin de non-recevoir élevée par la défense, que l'action est dirigée pour un délit ; que toute personne est responsable de ses faits et des suites qu'ils peuvent entraîner après eux, sans qu'il soit besoin pour cela, comme en matière civile, de l'assistance d'un tuteur ;

Attendu que les effets de l'interdiction légale établie par l'article 29 du Code pénal ne se rapportent qu'à l'administration des biens ;

Attendu, sur l'application de l'art. 45 du Code forestier, invoqué par la prévention, que cette disposition de loi suppose le cas où le prévenu serait cité comme responsable, alors qu'il se rencontrerait à côté de lui l'auteur du délit recherché ; tandis qu'ici le prévenu est appelé comme délinquant, et pour le seul fait du déficit constaté dans sa coupe ; que, dans cet état, il rentre nécessairement, par suite, sous le coup des art. 33 et 34 du Code forestier, lesquels disposent que l'adjudicataire est tenu de respecter tous arbres marqués ou désignés pour demeurer en réserve, et que les amendes encourues par les adjudicataires pour abatage ou déficit d'arbres réservés, seront, dans ces cas, des quotités qu'ils déterminent ;

Attendu, sur la peine à prononcer, que, par arrêt de la Cour d'assises des Deux-Sèvres du 1er juin 1845, le prévenu, pour crime commis en 1844 dans la même coupe du bois Pilet, a été condamné à 5 années de reclusion ;

Attendu que la disposition de l'art. 365 du Code d'instruction criminelle est générale ; qu'elle s'applique tout à la fois aux délits et aux crimes, et conséquemment aux matières correctionnelles comme aux matières criminelles ; qu'elle ne distingue pas entre les peines de nature différente qui peuvent être prononcées ; qu'ainsi elle les embrasse toutes ; qu'il suit de là que la peine la plus forte suffit à l'expiation de tous les crimes ou délits qui ont précédé la condamnation, et qu'en cas de poursuites et de condamnations successives, l'accusé ou le prévenu ne doit subir que cette même peine pour tous les crimes ou délits qu'il aurait commis antérieurement à la première de ces condamnations, sans que, par la réunion des peines séparément prononcées, le *maximum* de la peine la plus forte puisse être jamais dépassé ;

Attendu que le principe de la non-cumulation des peines est applicable, soit que les faits soient qualifiés par le Code pénal ordinaire, soit qu'ils soient prévus et punis par des lois spéciales, et dans tous les cas où, comme dans l'espèce, il n'est pas fait une exception formelle au droit commun ; que les amendes sont en général des peines (art. 9 du Code pénal) ; qu'elles ne peuvent donc pas plus être cumulées que les peines corporelles, à moins qu'elles ne soient prononcées à titre de restitution ;

Attendu que cette doctrine a été formellement consacrée, notamment par arrêts de la Cour de cassation des 3 octobre 1835 et 2 juin 1838 ;

Mais attendu que, suivant l'art. 10 du Code pénal, la condamnation aux peines établies par la loi est toujours prononcée, sans préjudice des restitutions et dommages-intérêts qui peuvent être dus aux parties ; que la dernière disposition de l'article 34 du Code forestier porte également que, dans tous les cas, il y aura lieu à la restitution des arbres, ou, s'ils ne peuvent être représentés, de leur valeur, qui sera estimée à une somme égale à l'amende encourue, sans préjudice des dommages-intérêts ;

Et attendu que le délit poursuivi est antérieur à la condamnation ; que chacun est responsable du dommage par lui causé ; qu'un préjudice grave a été éprouvé par l'État, par les actes sus-mentionnés du prévenu, et que réparation en est due ;

Vu les art. 33, 34, 192, 196, 198, 202, 211 Code forestier ; 40 de la loi du 17 avril 1832 sur la contrainte par corps ; 365 et 194 Cod. d'instr. crim. ;

Dit que l'amende que le délinquant aurait encourue se confondra avec la condamnation précédente en 5 années de reclusion ; mais le condamne par corps à 7,513 fr., pour la valeur des arbres et branches qui ne peuvent être représentés ; à 7,662 fr.

66 c., pour la quotité des dommages-intérêts dus à l'Etat ; fixe à un an la durée de la contrainte par corps, et le condamne en outre aux frais.

Appels respectifs de Rabault et de l'administration.

Devant la Cour, Rabault, par l'organe de son avocat, Me Pontois, a reproduit la fin de non-recevoir qu'il avait déjà fait valoir au premier degré de juridiction.

A quoi tendent, a-t-on dit, les poursuites de l'administration? à une peine corporelle? Non, mais uniquement à une condamnation pécuniaire, à titre d'amende, de restitution et de dommages-intérêts. Cette condamnation devant avoir effet sur les biens, c'est le cas de l'application de l'art. 29 du Code pénal, qui substitue au condamné, placé en état d'interdiction légale, un tuteur pour gérer et administrer ses biens. — Ces mots *pour gérer et administrer ses biens*, qui sont ceux de l'article, ne doivent pas être pris dans un sens étroit; la preuve en est que, s'il s'agissait pour Rabault de défendre à un procès civil, on ne contesterait pas que l'action ne dût être dirigée contre le tuteur. Pourquoi en serait-il autrement d'une poursuite correctionnelle dont l'effet ne doit pas atteindre la personne, mais uniquement les biens?

M. l'avocat général, sur cette fin de non-recevoir, a répondu que l'incapable avait qualité pour défendre seul à une action criminelle; que c'était là ce qui se pratiquait tous les jours, et que cette pratique avait sa justification dans un texte exprès, l'art. 216 C. civ., suivant lequel la femme n'a pas besoin de l'autorisation de son mari pour ester en jugement, lorsqu'elle est poursuivie en matière criminelle ou de police. On conçoit que l'intervention du tuteur soit nécessaire quand l'incapable veut intenter un procès civil ou y défendre, ou même quand il veut poursuivre la réparation d'un délit dont il se prétend victime; car le tuteur a à examiner s'il n'est pas plus dans l'intérêt de l'incapable d'abandonner le procès que de le soutenir : mais, avec le ministère public, il n'y a aucune transaction possible; l'intérêt privé disparaît ici devant l'intérêt public; et, comme le prévenu est partie nécessaire au procès, à quoi servirait l'intervention du tuteur? (Voy. au Rép. vis *autorisation maritale*, n° 18.)

Sur l'application la cause de l'art. 365 du Code d'instr. crim., M. l'avocat général, quoique la question lui semble difficile, est d'accord avec le défenseur du prévenu.

Point de doute, d'abord, quoique le contraire ait été jugé (Req. 14 nov, 1832; D. 33-1-48. — Rouen, 29 fév. 1844; D. 44-2-202), que l'art. 365 ne contienne un principe général, applicable devant la juridiction correctionnelle comme devant la cour d'assises, aux peines pécuniaires comme aux peines corporelles. (Voy. les nombreux arrêts cités au Dict. d'Arm. Dalloz, v° *peine*, supp., n°s 235 à 338.)

Mais les amendes prononcées en matière forestière ont-elles le caractère de peines? C'est la première question à examiner.

M. l'avocat général n'en fait aucun doute. A la vérité, la jurisprudence incline à dire qu'en matière de douanes, de contributions indirectes, les amendes sont moins des peines que des réparations civiles, des indemnités pour le tort que la fraude cause au fisc; mais cette doctrine, que M. l'avocat général, du reste, serait fort disposé à contester, ne saurait être appliquée aux matières forestières, matières toutes différentes. Le Code forestier, indépendamment de l'amende, a toujours une disposition relative aux restitutions et dommages-intérêts (voy. notamment les art. 198, 199, 202, 204): donc l'amende, dans ce Code, est bien une peine; autrement elle ferait double emploi avec les dommages-intérêts. C'est si bien une peine, que la responsabilité civile des maris, pères, mères, tuteurs, maîtres et commettants, pour délits forestiers, ne s'applique qu'aux *restitutions*, aux *dommages-intérêts* et aux *frais*, conformément aux principes du droit commun. (Cod. for., art. 206.) Ce n'est que par exception, et pour mieux garantir les droits du trésor, que la responsabilité des gardes et des adjudicataires a été étendue aux *amendes*, dans les cas prévus par les art. 6 et 46 du même Code. C'est, du reste, le caractère de peine qui a été reconnu à l'amende, lors de la discussion du projet de loi dans les deux chambres. M. l'avocat général cite notamment les paroles de M. Favard de Langlade, rapporteur à la chambre des députés, sur les articles 192 et 206. (*Monit.*, séance du 7 avril 1827.)

Ce premier point résolu, M. l'avocat général discute la

question de savoir si l'art. 365 doit se restreindre aux matières régies par le Code pénal.

Le principe de la cumulation des peines avait été adopté par les lois romaines, et il prévalait dans notre ancienne jurisprudence (Jousse, t. 2, p. 643, n° 280). Le principe contraire fut introduit dans notre législation criminelle par l'art. 40, tit. 7 de la loi des 16-29 septembre 1791, quoique en termes moins explicites que dans l'art. 365 Code d'instr. crim.; ce qui faisait dire à l'orateur du gouvernement, pour justifier, devant le Corps législatif, la disposition de ce dernier article : « Le projet se décide formellement contre la cumulation des peines... Jusqu'ici les Cours de justice criminelle se sont interdit cette cumulation plutôt d'après une jurisprudence que d'après un texte formel ; mais, en telle matière, tout doit être réglé par la loi.. » De ces paroles, et mieux encore de l'art. 40 de la loi de 1791, reproduit par l'art. 446 du Code du 3 brumaire an IV, il résulte donc que, même avant que le Code d'instr. crim. eût paru, le non-cumul des peines était le principe dominant de notre législation pénale. La conséquence à tirer de là n'est pas seulement que ce principe fut applicable, dès 1791, à tous les délits de droit commun, mais aux délits même prévus par des lois spéciales, à moins d'une disposition contraire écrite dans la loi, ou dérivant de la nature des choses.

La jurisprudence, il faut le dire, n'interpréta pas ainsi, dans les premiers temps, l'art. 365 du Code d'instruc. crim. Au lieu d'y voir la consécration d'un principe philosophique dont la force expansive devait s'étendre au delà des limites du Code pénal, elle l'enferma étroitement dans ces limites, en invoquant contre son extension l'art. 484 du même Code. (Voy. les arrêts cités au Dict. d'Armand Dalloz, v° *peine*, n°s 559 et suiv., et dans Mangin, *de l'Act. pub.*, t. 2, n° 461.) Mais des arrêts plus récents et nombreux ont décidé que la règle posée dans l'article 365 était une règle générale, applicable aux matières spéciales comme à celles du droit commun. (Dict. supp. *cod. verbo*, n°s 339-344.)

La jurisprudence est, cependant, loin d'être fixée sur cette question ; elle est, au contraire, fort incertaine, car il intervient chaque jour des arrêts en sens opposé.

M. Mangin a proposé un moyen terme. Avant l'art. 365, a-t-il dit, le principe du non-cumul des peines n'avait pas été formulé d'une manière assez nette pour constituer une règle de droit à laquelle toute loi particulière fût censée se conformer, à moins qu'elle n'y déroge expressément : ce principe ne sera donc pas appliqué aux matières spéciales qui sont encore régies par des lois antérieures au Code d'inst. crim.; mais, par une raison inverse, on l'appliquera aux délits prévus par des lois spéciales postérieures à ce Code. (*Loc. cit.* n° 462.)

La parole de M. Mangin, dit M. l'avocat général, est une juste autorité, et la cause ne demande pas que nous allions au delà de sa doctrine.

Il existe, cependant, trois arrêts de la Cour de cassation qui décident qu'en matière forestière, les amendes doivent être cumulées. Le premier de ces arrêts est du 24 octobre 1826 (D. 27-1-31); il est antérieur au Code forestier. Les deux autres sont postérieurs et d'une date récente, 21 et 28 juin 1845 (D. 45-1-342, et B. cr. n° 215). Un arrêt de la Cour de Douai, du 26 février 1842, rapporté dans les *Annales forestières* 1842, page 133, a jugé dans le même sens. C'est également l'opinion exprimée par Curasson sur le Code forestier, t. 2, p. 401 et 426.

Faisons de suite remarquer un point de dissemblance entre les espèces jugées par ces arrêts et celle du procès actuel : dans celles-là, il y avait concours de deux délits forestiers, tandis que nous nous trouvons en présence d'un délit forestier et d'un délit commun.

Mais ne nous arrêtons pas à cette circonstance, et allons droit aux objections.

La première est tirée de l'art. 187 C. for., « qui énumère les dispositions du Code d'instruction criminelle applicables en matière forestière, et n'y comprend pas l'art. 365. »

Que porte cet article? que « les dispositions du C. d'instr. crim. sur la poursuite des délits et contraventions, sur les citations et délais, sur les défauts, oppositions, jugements, appels et recours en cassation, sont et demeurent applicables à la poursuite des délits et contraventions spécifiés en la présente loi, sauf les modifications qui résultent du présent titre. »

Qu'a entendu le législateur par cette disposition? Rien autre chose qu'importer dans le Code forestier les règles de procédure établies au Code d'instruction criminelle, et auxquelles il n'était pas spécialement dérogé. Mais il n'a songé à l'article 365 ni pour l'exclure, ni pour l'admettre. S'il eût été dans sa pensée de l'exclure, il valait la peine qu'il s'en exprimât formellement. Les auteurs du Code forestier, en visant le Code d'instruction criminelle, ont dû si peu songer à l'art. 365, qu'il n'y est pas à sa place pour ce qui regarde au moins la disposition dont il s'agit : cette disposition appartient au droit pénal, et c'est dans le Code pénal qu'elle devrait se trouver. Il serait donc plus logique d'invoquer l'art. 208 du Code forestier pour admettre le principe du non-cumul des peines, que l'art. 187 pour l'exclure; car cet article 208 renvoie au Code pénal pour tous les cas non spécifiés par le Code forestier. Mais les art. 187 et 208 ne peuvent fournir d'argument ni pour ni contre.

Si l'on n'a pas renvoyé en bloc au Code d'instruction criminelle comme on l'a fait pour le Code pénal, c'est qu'il y avait, dans le premier de ces Codes, des chapitres, comme celui de la *contumace* et de la *réhabilitation*, évidemment inapplicables aux délits forestiers.

La seconde objection consiste à dire que « l'application de l'art. 365 ne pourrait se concilier avec la nature des peines applicables aux délits forestiers, lesquelles sont proportionnées, dans presque tous les cas, à la quotité du dommage causé, et que cette proportion, base de la pénalité et des dommages-intérêts (C. for., 202), serait détruite si une seule peine était prononcée en cas de conviction de plusieurs délits. »

Mais qu'importe que l'amende soit fixe ou proportionnelle au dommage causé? cela ne peut changer son caractère. L'argument n'aurait de valeur que si l'on voulait en induire que l'amende, en matière forestière, est moins une peine qu'une réparation; et nous croyons avoir prouvé irrésistiblement le contraire.

A l'égard des dommages-intérêts, la confusion de plusieurs amendes en une seule ne nuira en quoi que ce soit à leur appréciation. Si l'art. 202, en effet, dit que les dommages-intérêts ne pourront être inférieurs à l'amende simple prononcée par le jugement, il n'empêche pas de les élever au delà : il sera donc toujours facile aux tribunaux de leur assigner une quotité suffisante, soit qu'ils les évaluent en bloc, soit qu'ils distinguent entre les divers délits; car il n'en est pas des dommages-intérêts comme des amendes; ils peuvent toujours être cumulés. *Devront-ils l'être?* C'est une autre question; et, l'application de l'art. 365 une fois admise, il serait difficile d'établir que l'art. 202 fût violé, si le tribunal, pour le cas de plusieurs délits, n'allouait, pour tous dommages-intérêts, qu'une somme égale à l'amende prononcée. Mais il ne saurait résulter de là aucun argument pour l'inapplicabilité de l'article 365 aux délits forestiers.

Peut-on craindre, enfin, que les délinquants ne spéculent sur le principe de la non-cumulation des amendes, pour arriver, par l'accumulation des délits, à réaliser des bénéfices plus considérables que l'amende qu'ils auraient à supporter? Non; d'abord, parce que l'amende, en cette matière, étant, en général, proportionnelle au dommage causé (C. for. 192, 194, 199), l'amende la plus forte sera toujours celle applicable à la plus grande somme de dommage; ensuite, parce que les juges trouveraient, dans l'allocation des dommages-intérêts, un supplément à l'amende qui suffirait amplement pour déjouer tout calcul de ce genre.

L'administration, continue M. l'avocat général, pour échapper à l'application de l'art. 365 C. instr. crim., fait un autre raisonnement. Ce n'est pas, dit-elle, un délit personnel au sieur Rabault qu'elle poursuit : elle ne s'adresse à Rabault qu'à raison de la responsabilité qui lui incombe, aux termes de l'art. 45 C. for., pour tous les délits commis dans sa vente, et qui n'ont pas été constatés par ses facteurs ou gardes-ventes.

Mais d'abord, et en fait, le procès-verbal de délit est rédigé, non contre les facteurs ou gardes-ventes de Rabault, mais contre Rabault lui-même; la citation devant le tribunal correctionnel n'énonce pas que Rabault soit cité comme responsable du fait de ses employés; on y lit seulement que Rabault est cité *pour se voir condamner aux peines portées par la loi*; et, si l'art. 45 est visé dans la citation, l'art. 34 y est énoncé pareillement : or, en droit, cet article 34 met à la charge directe de l'adjudicataire les amendes encourues pour abatage ou déficit d'arbres réservés; la loi le considère donc comme le véritable délinquant; ce qu'elle fait également, dans l'art. 199, pour les propriétaires d'animaux trouvés en délit de dépaissance dans les bois. Le tribunal de Niort a donc parfaitement répondu à l'objection, quand il a dit que l'art. 45 « supposait le cas où le prévenu serait cité comme responsable, alors qu'il se rencontrerait, à côté de lui, l'auteur du délit recherché, tandis qu'ici le prévenu était appelé comme délinquant, et pour le seul fait du déficit constaté dans sa coupe. » Rabault ne prouvant pas qu'il fût étranger au délit, n'indiquant pas à l'administration un autre délinquant à poursuivre, devait être considéré par elle comme le véritable auteur de ce délit; il a été et il devait être poursuivi comme tel.

Sur la question des dommages-intérêts, M. l'avocat général a encore combattu la doctrine trop absolue, selon lui, que consacrent les arrêts de cassation précités des 23 nov. 1844 et 23 août 1845. Il a nié que l'art. 34 du Code forestier fût conçu dans un autre esprit que l'art. 198, qui fait une simple faculté, et non une obligation pour les tribunaux, d'allouer des dommages-intérêts. L'idée de dommages-intérêts est corrélative de celle d'un préjudice éprouvé; et, pour que des dommages-intérêts fussent dus sans la constatation d'un préjudice, il faudrait un texte bien exprès, bien explicite, ce que n'offre pas la rédaction de l'art. 34.

Mais, en fait, ajoute M. l'avocat général, il n'est pas douteux qu'un préjudice n'ait été causé, et que, par conséquent, des dommages-intérêts ne soient dus.

M. l'avocat général conclut, en conséquence, à la confirmation du jugement sur tous les points.

ARRÊT.

La Cour, — adoptant les motifs des premiers juges, — Confirme.

Du 24 janvier 1846. — Cour royale de Poitiers, ch. corr. — MM. Macaire, prés. — Flandin, prem. avoc. gén., concl. conf. — Pontois, avocat.

1° CORRUPTION. — MÉDECINS. — ARMÉE. — REVUE DE DÉPART. — 2° COUR D'ASSISES. — NOM D'UN TÉMOIN. — NOTIFICATION. — 3° POUVOIR DISCRÉTIONNAIRE DU PRÉSIDENT. — PIÈCES NOUVELLES. — 4° CORRUPTION. — COMPLICITÉ. — 5° CONSEIL DE RÉVISION. — SERGENT DE RECRUTEMENT. — CORRECTION.

1° *Sont agents de l'administration publique les médecins des hôpitaux civils, désignés par le général commandant le département, à l'effet de visiter, lors des revues de départ qu'ils passent au chef-lieu avant de joindre les corps dans lesquels ils sont incorporés, les jeunes soldats admis par les conseils de révision dans le contingent de l'armée, et de constater si les infirmités dont peuvent être atteints les jeunes soldats les rendent impropres au service.*

En conséquence, ils se rendent coupables du crime de corruption prévu par l'art. 166 *du Cod. pén., lorsqu'ils agréent des offres ou promesses, ou reçoivent des dons ou présents, pour constater ces infirmités.*

2° *Le nom d'un témoin est valablement notifié à l'accusé, après l'ouverture des débats, quand cette notification est faite vingt-quatre heures avant l'audition du témoin.* (Cod. instr. crim., art. 315.)

3° *Il entre dans le pouvoir discrétionnaire du président de la Cour d'assises d'ordonner l'apport des registres d'un témoin ou seulement d'un extrait de ces registres, et de faire certifier l'extrait par un juge de paix.* (Cod. instr. crim., art. 269.)

4° *Les règles spéciales de complicité que renferme l'art.* 179 *C. pén. sont exclusivement relatives au corrupteur du fonctionnaire public, et ne s'appliquent nullement aux individus qui ont été complices du fonctionnaire qui s'est laissé corrompre. Ces derniers restent, par conséquent, sous l'empire des art.* 59 *et* 60 *C. pén.*

5° *Le sergent de recrutement chargé de toiser devant le conseil de révision les jeunes gens appelés à satisfaire à la loi sur le recrutement, est agent de l'administration publique. — En conséquence, il se rend coupable du crime de corruption, lorsqu'il agrée des offres ou promesses, ou reçoit des dons ou présents, pour faire un acte, même juste, se rattachant à cette opération* (1).

Ministère public contre Bodeau, Vernhes et autres.

Les jeunes gens appelés à satisfaire à la loi sur le recrutement, qui ont été admis dans le contingent de l'armée par les conseils de révision, restent plusieurs mois, quelquefois un, deux et trois ans dans leurs foyers, avant de rejoindre les régiments dans lesquels ils sont incorporés. Pendant ce temps, il peut leur survenir des infirmités qui les rendent incapables de servir sous les drapeaux, et qui motiveraient leur renvoi dès qu'ils y seraient arrivés. Pour éviter au trésor les frais considérables qu'occasionnerait leur déplacement, ils passent au chef-lieu du département, avant leur départ, une revue du général commandant la subdivision, et sont soumis à la visite de médecins qui constatent dans des certificats les infirmités dont ces jeunes soldats peuvent être atteints. Ils subissent une première visite du chirurgien-major de la garnison, puis une contre-visite de deux médecins ou chirurgiens de l'hôpital militaire de la localité ou de l'hôpital civil qui en tient lieu. Ces hommes de l'art sont désignés par le général, en vertu de deux instructions du ministre de la guerre, en date des 17 août 1831 et 4 juillet 1832, qui règlent tout le service relatif à ces revues.

Cette mission fut confiée, pendant plusieurs années, à Bodeau et à Vernhes, en qualité, le premier de médecin en chef, et le second de chirurgien en chef de l'hospice civil de Niort, où n'existe pas d'hôpital militaire. L'un et l'autre profitèrent de leur position pour rançonner les jeunes soldats. Toutes les fois qu'un de ces malheureux jeunes gens venait implorer leur protection pour la visite de départ, ils l'examinaient pour s'assurer s'il était atteint d'une infirmité qui le rendît impropre au service. Ils s'engageaient ensuite à donner une opinion ou un certificat favorable, moyennant une somme plus ou moins forte; elle leur était payée soit avant, soit après la revue de départ. Un très-grand nombre de militaires furent

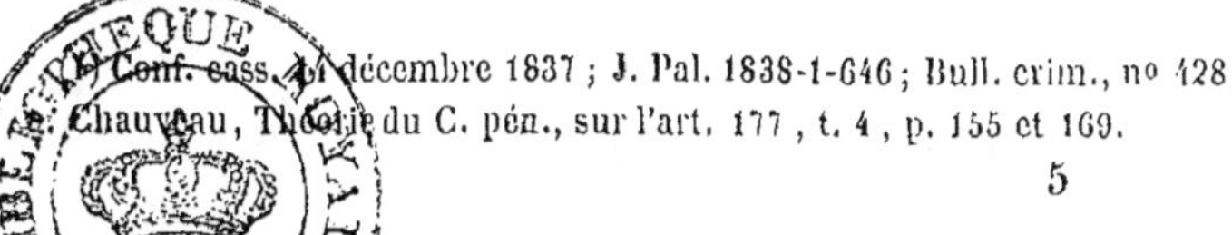

(1) Conf. cass. [illegible] décembre 1837 ; J. Pal. 1838-1-646 ; Bull. crim., nº 428 ; V. Chauveau, Théorie du C. pén., sur l'art. 177, t. 4, p. 155 et 169.

ainsi victimes de la cupidité de ces deux médecins. Bodeau surtout opéra sur une vaste échelle. Son insolite clientèle s'étendit dans toutes les parties du département des Deux-Sèvres. Il fut activement secondé par les nommés Papot et Perrin, sergent de recrutement.

Lorsque Perrin se trouvait en contact avec les jeunes soldats appelés sous les drapeaux, il les sondait, et s'il les trouvait disposés à faire quelques sacrifices pécuniaires pour obtenir leur réforme, il les conduisait à Bodeau qui les visitait. Perrin avait une part dans le prix du marché fait par le médecin. Papot faisait dans les foires, dans les cabarets, dans tous les lieux publics, des recrues semblables qu'il conduisait également à Bodeau. En dehors du prix de la corruption de l'homme de l'art, il stipulait un droit de commission.

Perrin ne se bornait pas à être l'agent de Bodeau. Comme sergent de recrutement, il était chargé, lors des opérations des conseils de révision, de toiser les jeunes gens appelés à satisfaire à la loi sur le recrutement. Moyennant finance, il s'engageait à les toiser de manière à établir qu'ils n'avaient pas la taille voulue par la loi pour entrer dans l'armée, et à leur assurer ainsi leur exemption pour défaut de taille.

Le laps de temps qui s'était écoulé depuis la perpétration des faits ne permit pas de vérifier si les infirmités et le défaut de taille étaient réels.

A la suite de l'instruction, Bodeau et Vernhes furent mis en accusation par la Cour de Poitiers pour crimes de corruption prévus par l'art. 177 du Code pénal, Perrin et Papot pour complicité de ces mêmes crimes, et Perrin, en outre, pour crimes de corruption.

Bodeau et Vernhes se pourvurent en cassation contre l'arrêt de mise en accusation; mais leur pourvoi fut rejeté. Déclarés, par le jury, coupables des faits dont ils étaient accusés, ainsi que Perrin et Papot, il leur fut fait application des art. 177, 59, 60, 463 et 401 C. pénal. Perrin se pourvut, à son tour, contre l'arrêt de condamnation.

ARRÊT. (1re *espèce.*)

Attendu que la demande en nullité de l'arrêt de renvoi à la

Cour d'assises ne peut, aux termes de l'article 299 du Code d'instruction criminelle, être formée que dans les trois cas suivants :

1° Si le fait n'est pas qualifié crime par la loi ;

2° Si le ministère public n'a pas été entendu ;

3° Si l'arrêt n'a pas été rendu par le nombre de juges fixé par la loi ;

Attendu, quant à la qualification des faits imputés à André Bodeau et à Marie-Félix Vernhes, qu'il appartient au roi, et au ministre de la guerre sous l'autorité du roi, de faire les règlements nécessaires pour la discipline de l'armée, et pour fixer les attributions des chefs militaires, officiers d'administration ou autres attachés à l'armée par leurs fonctions ordinaires ou temporaires ;

Attendu que les généraux commandant les départements, et les autres officiers généraux ou supérieurs, chargés de faire les revues de départ des jeunes soldats admis par les conseils de révision, sont autorisés par le ministre de la guerre à délivrer des congés à ceux de ces jeunes soldats atteints d'infirmités qui les rendent impropres au service ; — que pour reconnaître et constater ces infirmités, les généraux sont également autorisés par le ministre, chef supérieur de l'administration de la guerre, à faire visiter et contre-visiter les jeunes soldats par les médecins, chirurgiens ou officiers de santé des hôpitaux civils ou militaires ; — que ces médecins, chirurgiens ou officiers de santé, ainsi désignés par les généraux agissant en vertu des pouvoirs qui leur sont délégués, sont eux-mêmes, pour tout ce qui se rapporte à l'accomplissement de leur mission, agents et préposés de l'administration publique ; — que dès lors, s'ils agréent des offres ou promesses, ou s'ils reçoivent des dons ou présents pour faire, relativement à cette mission, un acte même juste, mais non sujet à salaire, ils encourent la peine portée par l'art. 177 du Code pénal ;

Et attendu que l'arrêt attaqué déclare André Bodeau et Marie-Félix Vernhes suffisamment prévenus d'avoir, *étant médecins ou chirurgiens en chef salariés de l'hospice civil de Niort, et préposés à ce titre par le général commandant le département des Deux-Sèvres, à l'effet de constater et de certifier, lors des revues de départ, les infirmités qui pouvaient motiver la réforme des jeunes soldats appelés à joindre les régiments dans lesquels ils étaient incorporés*, agréé des offres ou promesses, ou reçu des dons ou présents pour faire des actes de leurs fonctions ou emplois, même justes, mais non sujets à salaire;

Que les faits ainsi spécifiés sont qualifiés crime et punis d'une peine infamante par l'art. 177 du Code pénal;

Attendu, d'ailleurs, que l'arrêt attaqué constate: 1° que le ministère public a été entendu en son rapport et en ses réquisitions; et 2° qu'il a été rendu par le nombre de juges fixé par la loi;

Qu'ainsi, sous aucun rapport, la demande en nullité n'est fondée;

La Cour rejette, etc — Cass. — Du 13 juillet 1844.

ARRÊT. (2e *espèce.*)

Attendu, sur le premier moyen, que, d'après l'art. 315 du Code d'instruction criminelle, il suffit, pour que le témoin cité par l'une des parties soit reçu à déposer en cette qualité, que son nom ait été notifié à l'autre vingt-quatre heures avant son audition; qu'il n'en résulte nullement que cette notification doive avoir lieu vingt-quatre heures avant l'ouverture des débats;

Attendu, sur le deuxième moyen, que le président est autorisé par l'article 269 du Code d'instruction criminelle à faire apporter toutes nouvelles pièces qui lui paraîtront pouvoir être utiles à la manifestatien de la vérité; qu'il aurait pu, en conséquence, ordonner l'apport du registre du témoin Perrineau; qu'il a pu aussi en faire apporter seulement un extrait, *parte in quâ;* et qu'en chargeant le juge de paix de faire et de certifier cet extrait, il n'a ni excédé les limites de son pouvoir discrétionnaire, ni violé la règle de la publicité des débats;

Que la pièce apportée a été lue à l'audience, que la communication en a été offerte aux conseils des accusés; que par là ils ont été mis en mesure de fournir les explications nécessaires; qu'il n'y a donc eu aucune violation des droits de la défense;

Attendu, sur le troisième moyen, que les dispositions des articles 59 et 60 du Code pénal sur la complicité sont générales et s'appliquent à tous les délits, sauf les cas où la loi en a disposé autr ment;

Que si, pour le crime de corruption, l'art. 179 du même Code contient, relativement au corrupteur, des dispositions particulières qui ne permettent pas de lui appliquer les règles ordinaires de la complicité, cet article est entièrement étranger aux individus autres que le corrupteur, poursuivis comme complices du fonctionnaire public qui s'est laissé corrompre, et les laisse dès lors sous l'empire de la loi commune;

Attendu, sur le quatrième moyen, que les conseils de révision, d'après les fonctions que leur attribue la loi du 21 mars 1832, sont de véritables administrations publiques; qu'ils sont chargés, entre autres choses, de prononcer sur les causes d'exemption du service militaire; que la personne préposée par le président d'un conseil de révision pour toiser les jeunes gens appelés, afin de savoir s'ils ont la taille requise, est évidemment un agent de ce conseil; que telle est, d'après la déclaration du jury, la position du demandeur, à qui dès lors l'art. 177 du Code pénal est applicable;

Attendu que la procédure est d'ailleurs régulière, et que la peine a été légalement appliquée;

La Cour rejette le pourvoi. —Cass. —Du 16 novembre 1844.

Observations.

Un chirurgien-major de l'armée, à la charge duquel l'instruction révéla des crimes de même nature que ceux dont Bodeau et Vernhes étaient accusés, fut renvoyé devant l'autorité compétente à défaut de connexité. Mais le conseil de guerre devant lequel il fut traduit considéra que les faits constituaient le délit prévu et puni de peines correctionnelles par l'art. 45 de la loi du 21 mars 1832 sur le recrutement, et comme ces faits remontaient à plus de trois ans, il déclara qu'ils étaient couverts par la prescription. Cette décision est évidemment erronée. L'article dont il a été fait application ne dispose qu'à l'égard des médecins, chirurgiens ou officiers de santé qui sont appelés *au conseil de révision*, à l'effet de donner leur avis conformément à l'art. 16 de la même loi. Il ne parle que des opérations du *conseil de révision.* Il ne s'agit alors que des opérations du recrutement de l'armée ; les jeunes gens à examiner ne font pas encore partie du contingent. Dans le cas de la revue de départ, le recrutement est terminé ; le contingent de l'armée est arrêté. Les jeunes gens à visiter sont déjà soldats ; il ne s'agit plus, en aucune manière, d'une opération du conseil de révision. Les deux cas ne sont donc plus les mêmes.

Antérieurement à la loi de 1832, la Cour de cassation appliquait, et avec raison, l'art. 177 C. pén. aux médecins appelés au conseil de révision à l'effet de donner leur avis, lorsqu'ils agréaient des dons ou promesses pour être favorables aux jeunes gens. (Arrêts des 15 février 1828 et 26 décembre 1829, J. Pal., à leur date.) L'art. 45 de la loi de 1832 n'est qu'une exception à l'art. 177 précité. Or toute exception doit être rigoureusement restreinte au cas qu'elle prévoit. On ne pouvait donc l'étendre à des faits de la nature de ceux qui étaient imputés au chirurgien-major.

On conçoit, du reste, facilement le motif pour lequel il n'a pas été dérogé au Code pénal quand les offres ou présents ont eu lieu après les opérations terminées du conseil de révision, et lorsqu'il s'agit d'hommes incorporés dans le contingent : dans ce cas, les réformes qui sont prononcées apportent une modification à ce contingent et affaiblissent les forces de l'armée. Lorsqu'au contraire la corruption intervient pour favoriser l'exemption des jeunes gens devant le conseil de révision, la force du contingent n'en est point amoindrie; car si un jeune homme est exempté, un autre le remplace. Dans le premier cas, l'intérêt public est directement et essentiellement lésé; la corruption peut avoir les conséquences les plus funestes pour la chose publique. Dans le second, l'intérêt privé seul est blessé ; l'intérêt public ne l'est que secondairement.

Relativement à la question de complicité, il faut distinguer deux crimes spéciaux, celui du fonctionnaire corrompu et celui du corrupteur. Le fonctionnaire et le corrupteur ne sont pas toujours punissables dans les mêmes circonstances.

D'après l'art. 177 du Code pénal, le fonctionnaire corrompu

est punissable non-seulement quand l'acte est injuste, mais même *lorsqu'il est juste*, pourvu qu'il ne soit pas sujet à salaire. Cette assimilation est parfaitement fondée, car le fonctionnaire, en procédant à un acte juste par suite de dons ou de promesses, cède plutôt à la corruption qu'à la voix de son devoir. Au contraire, le corrupteur n'est punissable, dans certains cas du moins, qu'autant que l'acte est injuste; c'est ce qui ressort des termes mêmes de l'article 179. Quiconque, dit-il, aura corrompu un fonctionnaire pour obtenir soit des procès-verbaux, états, *certificats* ou *estimations* CONTRAIRES A LA VÉRITÉ, etc. Par conséquent, s'ils sont conformes à la vérité, il n'y a pas de crime de sa part (1). C'est par ce motif que les corrupteurs de Bodeau, Vernhes et Perrin, n'ont pas été poursuivis. L'instruction du procès n'avait pu établir que les infirmités attestées par les deux médecins dans leurs certificats ne fussent pas réelles aux époques des revues, et que les jeunes gens exemptés par le conseil de révision, à défaut de taille, d'après l'estimation du sergent de recrutement, eussent à l'époque la taille voulue par la loi.

Le fonctionnaire corrompu est puni, s'il s'est abstenu de faire un acte qui entrait dans l'ordre de ses devoirs. Le corrupteur n'est point atteint, dans ce cas, par l'article 179, qui n'en parle pas. La Cour de cassation l'a ainsi jugé le 23 avril 1843 (2).

Le corrupteur est punissable, lorsqu'il a contraint le fonctionnaire par voies de fait ou menaces. Le fonctionnaire public est alors, au contraire, à l'abri de toutes poursuites.

Enfin le corrupteur est punissable, et le fonctionnaire ne l'est pas et ne pouvait pas l'être, quand les tentatives de contrainte ou corruption n'ont eu aucun effet.

Le corrupteur et l'agent ne sont donc pas considérés comme complices; car le complice, d'après l'art. 59 du Code pénal, est toujours punissable dans les mêmes cas que l'auteur principal, et jamais dans d'autres, à moins que l'auteur principal n'ait à faire valoir pour sa défense une exception toute per-

(1) *V.* conf. Chauveau et Hélie, Théorie du Code pénal, sur l'art. 179.
(2) J. de droit crim., t. 14, p. 10; Bull. crim., n° 114.

sonnelle. Le crime du fonctionnaire corrompu et celui du corrupteur sont donc deux crimes principaux. Or, comme on ne trouve pas dans la loi, en faveur de leurs complices, d'exception à la règle générale établie par les art. 59 et 60 du Code pénal, il s'ensuit qu'il peut y avoir un complice du fonctionnaire corrompu et un complice du corrupteur. Ce complice sera celui qui leur aura servi d'intermédiaire. Il sera le complice du corrupteur, s'il a agi dans l'intérêt seul de ce dernier, s'il n'a eu pour but que de lui faire obtenir l'acte qu'il désire, indépendamment de toute vue particulière d'intérêt en faveur du fonctionnaire. Il sera le complice du fonctionnaire corrompu, s'il a agi dans l'intérêt seul de celui-ci, s'il a agi pour lui procurer un lucre illicite. Il sera surtout son complice, si lui-même a dû retirer un bénéfice de la corruption du fonctionnaire, s'il a dû partager avec lui le prix de la corruption; s'il existait entre lui et le fonctionnaire une convention d'après laquelle, agent du fonctionnaire, il aurait été chargé de rechercher et de lui amener tous ceux qui pouvaient avoir besoin du ministère de ce fonctionnaire et de se le rendre favorable; s'il prenait part au honteux marché par lequel le fonctionnaire vendait les actes de son emploi, et s'il prélevait une prime sur le prix de ce scandaleux trafic.

F. S.

CONTRAINTE PAR CORPS. — NON COMMERÇANT. — CONCLUSIONS. — ACQUIESCEMENT. — APPEL. — NULLITÉ.

Le jugement qui prononce la contrainte par corps peut être frappé d'appel de ce chef, *alors même que l'appelant aurait pris en première instance des conclusions conformes aux demandes de l'intimé, et qu'il se soit plus tard laissé emprisonner sans protestation ni réserve.*

Nul acquiescement ne peut être opposé en matière de contrainte par corps; les lois qui protégent la liberté individuelle dominent, en cette matière d'ordre public, les règles de la procédure (1).

(1) Sic *Bioche et Goujet*, v° *emprisonnement*, n°s 16 et 17, et les arrêts cités; *Dalloz*, nouvelle édition, t. 2, v° *acquiescement*, n°s 197, 198, 199, et les arrêts cités; *Coin de Lille*, p. 34; *Rolland*, v° *acquiescement*, n° 19.

Un non commerçant, souscripteur ou endosseur d'un simple billet à ordre, ne peut être réputé avoir reconnu sa qualité de commerçant, par cela seul qu'il n'a pas protesté contre cette qualité que lui a donnée son créancier dans l'exploit d'ajournement et dans les conclusions du jugement.

Gambier-Vrillac contre Fruchard, Hérault et compagnie.

Le 15 avril 1844, Gambier-Vrillac, qualifié *propriétaire*, endosse un billet à ordre de 770 fr. souscrit par Gilbert Toullier, cultivateur.

A défaut de payement, les sieurs Fruchard, Hérault et Cie, porteurs du billet, assignèrent Gambier-Vrillac, qu'ils qualifièrent de *commerçant*, devant le tribunal de commerce de Châtellerault. Celui-ci appela à sa garantie Gilbert Toullier, et dans son exploit il conserva sa qualité de propriétaire.

4 mai 1845, jugement du tribunal consulaire qui condamne *par corps* Gambier-Vrillac et Gilbert Toullier au payement du billet.

Il faut remarquer, 1° que, dans ce jugement, Gambier-Vrillac est qualifié *commerçant*, quand il y est parlé de l'action dirigée contre lui par Fruchard, Hérault et Cie, et *propriétaire*, quand il réfléchit cette action contre Gilbert Toullier; 2° qu'on y trouve la mention de conclusions par lesquelles Gambier Vrillac avait adhéré à toutes les demandes des banquiers Fruchard, Hérault et Cie.

Ultérieurement, la contrainte par corps a été exécutée à l'encontre de Gambier-Vrillac.

15 novembre 1845, appel, de la part de ce dernier, du jugement du 4 mai précédent, mais seulement au chef qui prononce la contrainte par corps.

Les intimés repoussent d'abord cet appel par une fin de non-recevoir, puisée dans un double acquiescement émané de l'appelan t

Me *Trichet*, dans l'intérêt de Gambier-Vrillac, a dit : La fin de non-recevoir ne peut être accueillie, parce que, suivant le texte de l'article 20 de la loi du 17 avril 1832, l'appel est admissible toutes les fois qu'il s'agit de la liberté, dont la valeur est inappréciable.

En fait, les conclusions prises par l'appelant devant les juges consulaires n'expriment pas une adhésion à *tous* les chefs de la demande, mais une simple reconnaissance de la légitimité de la créance.

L'exécution postérieure de la contrainte par corps ne peut être d'ailleurs considérée comme un *acquiescement;* Gambier ne pouvait empêcher cette exécution, l'article 20 précité disant en termes formels *que l'appel n'est pas suspensif.*

En toute hypothèse, l'article 2063 du Code civil proclame d'une manière absolue la nullité de toute contrainte par corps prononcée hors les cas prévus par la loi. Aucune convention volontaire, aucune adhésion, aucun acquiescement du débiteur ne peut prévaloir contre ce grand principe d'ordre public.

L'avocat rapportait ensuite plusieurs certificats du maire et des notables de la commune habitée par son client, attestant que Gambier n'était point commerçant.

M *Calmeil*, pour les banquiers Fruchard, Hérault et Cie, a insisté sur la fin de non-recevoir.

Le jugement, a-t-il dit, a acquis l'autorité de la chose jugée; car il est basé sur les conclusions mêmes de Gambier, qui a formellement adhéré à *toutes les demandes* des intimés, et de plus il a été exécuté, *sans opposition de sa part,* par son emprisonnement, qui a déjà plusieurs semaines de durée. Ici il faut appliquer dans toute son énergie le texte de l'art. 159 C. P. C., qui répute exécuté tout jugement en vertu duquel un débiteur a été emprisonné.

La chose jugée ne porte pas seulement sur la contrainte par corps, mais sur la *qualité de commerçant,* acceptée par Gambier-Vrillac. En effet, c'est comme *commerçant* qu'il a été assigné, et il n'a point en première instance repoussé cette qualité; loin de là, il a, par ses conclusions, donné son assentiment aux demandes de ses créanciers, lesquelles n'avaient d'autre base que cette même qualité. Gambier-Vrillac ne peut plus attaquer aujourd'hui une décision qui lui a irrévocablement imprimé, en ce qui touche le billet de 770 fr., le titre de commerçant.

M. l'avocat général Béra a émis tout d'abord l'opinion

qu'en toute circonstance, l'article 2063 du Code civil devait être religieusement obéi par les tribunaux. C'est une matière d'ordre public qui ne peut être régie par les règles ordinaires de la procédure. Nul contrat judiciaire, qui lie un débiteur *au point de vue de la contrainte par corps*, ne peut intervenir. Les conclusions de Gambier et son emprisonnement ne peuvent donc constituer un acquiescement anticipé ou ultérieur, duquel s'induise la chose jugée.

Mais y a-t-il chose jugée en ce qui touche la qualité de commerçant attribuée à Gambier? Pas davantage. Ce titre lui a été donné par l'exploit d'ajournement, mais rien n'indique qu'il l'ait pris lui-même. Dans le billet qu'il a endossé il est qualifié *propriétaire*, et il a conservé cette qualité soit dans la citation par laquelle il a appelé à sa garantie le souscripteur devant le tribunal consulaire, soit dans les conclusions prises en jugement contre ce dernier.

Les intimés ne justifient nullement que Gambier ait exercé la profession de commerçant au jour de la confection du billet; il doit jouir des priviléges de son état de propriétaire, constaté dans le billet même par eux accepté.

ARRÊT.

Attendu qu'on ne peut acquiescer à un jugement prononçant la contrainte par corps;

Attendu que Gambier était dans les délais de la loi lorsqu'il a formé son appel;

Sur le fond :

Attendu que Gambier, en souscrivant ou endossant le billet origine du procès, a pris la qualité de propriétaire;

Attendu que si les demandeurs en première instance ont donné à Gambier la qualité de commerçant, celui-ci n'a point accepté cette qualité, et que loin de là, en prenant des conclusions contre son garant, et dans le même jugement, il se donne la qualité de propriétaire;

Attendu que si Gambier a consenti a être condamné, il n'a pas pour cela reconnu la qualité de commerçant qui lui était donnée, et qui d'ailleurs n'était pas vérifiée;

Par ces motifs,

La Cour, après en avoir délibéré, déclare l'appel de Gambier recevable au fond; émendant, réformant, et faisant ce qui aurait dû être fait, décharge Gambier de la contrainte par corps prononcée contre lui, ordonne sa mise en liberté, etc.

Du 31 mars 1846. — Cour royale de Poitiers, 1re ch. civ. — MM. Moyne, premier président. — Béra, avocat général, concl. conf. — Trichet et Calmeil, avocats. — Drouin et Martineau, avoués.

1° FAILLITE. — CONCORDAT. — MANDATAIRE. — 2 MANDATAIRE. — RESPONSABILITÉ.

1° *Le concordat est-il obligatoire lorsqu'il a été homologué par un jugement du tribunal de commerce passé en force de chose jugée, quoiqu'il ait été consenti par le mandataire d'un créancier malgré les termes prohibitifs de son mandat, et quoique le concours de ce créancier soit nécessaire pour former la majorité en nombre et la majorité des trois quarts en somme?* (Non résolu.)

2° *Le mandant n'est pas fondé à demander des dommages-intérêts aux héritiers du mandataire, lorsque celui-ci, en agissant hors des termes de son mandat, bien loin de lui nuire, a fait au contraire sa condition meilleure.* (Cod. civ., art. 1991, 1992 et 1149.)

Julienne contre héritiers Camuzet.

Le sieur Julienne, négociant à Paris, créancier de la faillite d'une dame Baudry, marchande à St-Jean-d'Angély, donna, par une lettre du 20 juillet 1841, au sieur Camuzet, mandat de le représenter. Par cette lettre, il recommandait à son mandataire de se contenter de le faire comprendre au nombre des créanciers, pour qu'il pût participer à la distribution du prix des marchandises, et il terminait en lui disant : « *Mais ne signez pour moi aucun acte d'arrangement; je n'y consentirai pas. Je prétends seulement recevoir un à-compte sur ce qui m'est dû.* »

Julienne est admis au passif pour 2,851 fr. 85 c. Le dividende que devaient recevoir les créanciers n'était que de 8 0/0.

Un concordat intervient, par lequel la dame Baudry, à l'aide des secours fournis par sa famille, donne à ses créanciers 20 0/0 comptant. Camuzet, représentant de Julienne, dont le concours est indispensable pour former la majorité en nombre et la majorité des trois quarts en somme, y participe, et donne son consentement à ce concordat. Il ne produit pour tout mandat que la lettre du 20 juillet 1841 ; cependant le juge-commissaire l'admet à la délibération.

Le tribunal de commerce homologue ce concordat sans opposition de la part de Julienne. Mais quand Camuzet a touché le dividende revenant à son mandant, celui-ci refuse de l'accepter, sous prétexte que Camuzet a fait au delà de ce qui lui était prescrit. En 1844, il fait assigner les héritiers de Camuzet, décédé, pour les faire condamner à lui payer solidairement le montant intégral de sa créance, par le motif que leur auteur a excédé les bornes de son mandat, en donnant son consentement au concordat, malgré les termes formels de la lettre du 20 juillet 1841. Les héritiers lui opposent de nouvelles instructions qu'ils prétendent avoir été envoyées par lui à leur auteur dans l'intervalle écoulé entre cette lettre et le concordat, et, à défaut de pouvoir les reproduire, ils demandent que Julienne soit tenu de représenter le livre de copie de lettres prescrit par l'art. 8 C. comm.

Jugement qui fait droit à cette demande. Julienne se refuse à cette production, sous prétexte qu'il ne tient pas ce registre.

30 janvier 1845, jugement du tribunal de St-Jean-d'Angély, qui déclare mal fondée l'action de Julienne. Ce jugement est motivé sur ce que Camuzet, lors du concordat, ayant produit la lettre du 20 juillet 1841, qui lui défendait de consentir à aucun arrangement, n'a obligé ni lui ni Julienne, car il n'a trompé personne; que le refus de Julienne de représenter son registre copie de lettres rend présumable qu'il avait donné de nouvelles instructions à son mandataire, et qu'au surplus, Camuzet étant mandataire gratuit, aurait dû, pour être responsable, avoir commis une faute lourde, ce qui n'est pas, puisqu'il s'en était rapporté au juge-commissaire sur l'étendue du mandat qui lui avait été conféré par la lettre de 1841 ; que s'il y a eu inadvertance, ce n'est pas lui qui l'a commise.

Appel de la part de Julienne.

Dans son intérêt, on disait : Le mandataire qui excède les bornes de son mandat commet la plus lourde de toutes les fautes; il doit des dommages-intérêts, s'il cause par là un préjudice à son mandant. Or Camuzet, en consentant au concordat, a commis cette faute. Il a de plus causé un grave préjudice à son mandant, en faisant remise au failli de 80 0/0 que Julienne ne pourra jamais réclamer, car Julienne est lié par le concordat. L'art. 518 de la loi du 28 mai 1838 dispose qu'aucune action en nullité du concordat ne sera recevable, après l'homologation, *que pour cause de dol* découvert depuis cette homologation, et résultant, *soit de la dissimulation de l'actif, soit de l'exagération du passif*. Dans tous les autres cas, le créancier est en faute; il a été convoqué en particulier; il a été, en outre, prévenu par l'insertion dans les journaux de la convocation de tous les créanciers pour délibérer sur le concordat; il devait donc surveiller ce qui adviendrait. Il a à s'imputer de n'avoir pas usé de la voie de l'opposition. Le concordat oblige donc Julienne; il ne pourra donc jamais recourir contre la dame Baudry pour avoir payement des 80 0/0 dont il a été fait remise, lors même que, dans l'avenir, soit par succession, soit par son industrie, elle parviendrait à recouvrer quelques ressources. Cette position de Julienne étant la conséquence de la faute du mandataire, il doit la réparer par le payement intégral de la créance.

On a répondu, pour la veuve et les héritiers Camuzet :

L'action du sieur Julienne doit être rejetée par deux motifs également péremptoires : 1° parce que Camuzet, en signant le concordat, n'a point obligé Julienne et ne s'est point obligé lui-même; 2° parce que, dans les circonstances au milieu desquelles on se trouvait, loin de lui nuire, il a amélioré sa condition.

Camuzet n'a point obligé Julienne en signant le concordat; car, d'après l'art. 1998 du Code civil, si le mandant doit exécuter les engagements contractés par le mandataire conformément au pouvoir qu'il lui a donné, il n'est point tenu de ce qu'a fait le mandataire au delà de ses pouvoirs, quand il ne l'a pas ratifié expressément ou tacitement. Julienne serait donc libre encore aujourd'hui d'exercer des poursuites contre la dame Baudry, s'il le jugeait convenable. En vain oppose-t-on l'article 518 du Code de commerce; cet article ne statue que pour le cas où il y a eu un concordat véritable, signé par les créanciers en majorité de nombre et de somme, ou par des mandataires réellement fondés de leurs pouvoirs. Alors le concordat *qui existe* ne peut être annulé que pour cause de dol découvert depuis l'homologation. Mais ici Julienne n'a pas signé. Si Camuzet a mis sa signature au bas du projet de concordat, il ne l'a fait, ainsi que cela est exprimé dans l'acte même, qu'après avoir montré la lettre qui le lui défendaient au juge et aux autres signataires. Comme ceux-ci n'étaient pas en nombre suffisant, abstraction faite de Julienne, il n'y a pas eu de concordat. L'argument tiré de l'article 518 n'est donc pas applicable.

Cette circonstance qu'avant de signer, Camuzet a montré la lettre de Julienne au juge-commissaire et aux créanciers, justifie qu'en signant il ne s'est point obligé lui-même, puisque l'article 1997 dispose que le mandataire qui a donné à la partie, avec laquelle il contracte en cette qualité, une suffisante connaissance de ses pouvoirs, n'est tenu d'aucune garantie pour ce qui a été fait au delà, s'il ne s'y est personnellement soumis.

Alors même que Julienne serait lié par le concordat, il ne serait point fondé à demander des dommages-intérêts aux héritiers Camuzet. Pour avoir droit à une réparation, il faudrait qu'il établît qu'il a éprouvé un préjudice par le fait ou la faute de leur auteur. Or il est certain que, sans le concordat, au lieu de 20 pour cent, il n'aurait pas pu obtenir même 8 pour cent de la faillite. La dame Baudry n'avait aucune ressource actuelle, ni aucune espérance pour l'avenir. Son mari avait été forcé de s'engager comme simple musicien dans un régiment. Son père et sa mère avaient déjà disposé en sa faveur de valeurs plus considérables que les portions qui pourront lui revenir dans leurs successions. Ce n'est qu'au moyen de sacrifices faits par des tiers qu'elle a pu offrir 20 pour cent à ses créanciers. Elle est réduite aujourd'hui à tenir un magasin pour le compte d'un négociant qui est propriétaire de toutes les marchandises qui s'y trouvent. Il faut donc le reconnaître, Camuzet, en signant le concordat, loin de causer un dommage à Julienne, a au contraire agi pour le mieux de ses intérêts.

Le ministère public, tout en reconnaissant que le concordat oblige Julienne, soutient que le jugement de première instance doit être maintenu. Ce n'est pas, disait-il, dans les règles ordinaires du mandat, mais dans la nature même du concordat, qu'il faut chercher la solution de la question de savoir si le créancier d'une faillite, dont le concours est absolument nécessaire pour former la majorité en nombre et la majorité des trois quarts en somme, est engagé par un concordat auquel a consenti son mandataire malgré la défense formelle écrite dans son mandat. En thèse générale, les contrats n'obligent que les personnes qui y ont consenti; pour celles qui n'ont pas donné ou qui ont refusé leur consentement, c'est *res inter alios acta.* C'est par ce motif que le mandant n'est pas tenu de ce qui a pu être fait par son mandataire au delà du pouvoir qu'il lui avait donné. Dans le concordat, il n'en est pas ainsi; il suffit du consentement de la majorité des créanciers en nombre et en somme, pour lier tous les créanciers de la faillite, lorsque le tribunal de commerce a accordé son homologation. Cette homologation rend pour tous le contrat parfait. Le concordat homologué oblige tous les créanciers, connus ou inconnus, présents ou absents, dissidents ou non dissidents. (L. 28 mai 1838, articles 507 et 516.) En admettant que le consentement fût vicié dans l'origine, en ce qu'il n'émanerait pas d'une majorité régulière en nombre et en somme, d'où résulterait la nullité du concordat, l'homologation régularise ce consentement et en couvre la nullité, si le jugement qui prononce l'homologation n'est pas attaqué en temps utile. Car, aux termes de l'art 515, le tribunal doit la refuser, *en cas d'inobservation des règles prescrites par les articles qui précèdent*, et l'une de ces règles est celle dont parle l'art. 507, qui prescrit, à peine de nullité, le consentement de la majorité en nombre et en somme. « Les pouvoirs » du tribunal de commerce pour l'appréciation du concordat » n'étaient pas assez étendus, a dit en 1835, sur l'art. 515, » M. Renouard, rapporteur de la première commission de la » chambre des pairs. Le projet les a augmentés, en appelant

» le tribunal à examiner ce traité tant dans l'intérêt de l'ordre » et de la morale publique, que dans l'intérêt privé des créan- » ciers, s'il a été compromis par des calculs chimériques, ou » sacrifié à des complaisances coupables, si ce n'est même à des » collusions dont les exemples ne sont que trop fréquents. » Le tribunal, lors de l'homologation, est donc le souverain appréciateur de la validité du concordat; il a donc mission d'examiner si le consentement de la majorité en nombre et en somme a été accordé; du moment où il n'a pas refusé l'homologation, il y a présomption *juris et de jure* de la régularité de ce consentement. Le créancier auquel cette homologation porte préjudice, et qui n'avait pas formé opposition au concordat, ou qui n'a pas fait appel du jugement d'homologation, a à s'imputer soit sa négligence, soit le mauvais choix qu'il a fait d'un mandataire. Il est définitivement engagé; il est forclos à attaquer le concordat; il y a chose jugée; il ne peut plus en demander la nullité que dans un seul cas.

On se plaignait, avant la loi de 1838, de ce que l'ancien Code de commerce laissait trop de voies ouvertes à des recours indirects, qui permettaient de tout remettre en question, lorsque tout paraissait définitivement terminé; on a voulu remédier à cet abus par l'art. 518 de la loi précitée. Cet article, dans le projet du gouvernement, portait: « Aucune action en nullité » du concordat, *pour quelque cause que ce soit*, ne sera rece- » vable après l'homologation (1). » La commission de la chambre des pairs trouva cette disposition trop rigoureuse; elle proposa de faire une exception pour le cas où le dol, qui vicie tous les contrats, aurait été employé. M. Quénault, commissaire du gouvernement, fit observer que cette expression était beaucoup trop large, et qu'il fallait la restreindre au cas où le dol serait *découvert depuis l'homologation*, *et résulterait soit de la dissimulation de l'actif*, *soit de l'exagération du passif*. De là, la rédaction définitive de l'art. 518. D'où suit que véritablement le concordat ne peut plus être annulé que dans le cas de banqueroute frauduleuse; car exagérer le passif ou diminuer l'actif, c'est se rendre coupable de ce crime (*v.* art. 591). Tout

(1) *V.* Duvergier, *Collect. des lois*, sur l'art. 518, l. 28 mai 1838.

autre motif d'annulation doit donc être repoussé ; l'homologation couvre tout ; elle valide même le consentement qui pouvait être nul.

Julienne est donc engagé par le concordat, mais contrairement à sa volonté, malgré sa défense formelle, et par la faute de son mandataire, qui n'a pas exécuté son mandat dans les termes où il était conçu. Or, le mandataire répond des dommages et intérêts qui peuvent résulter de l'inexécution de son mandat comme des fautes qu'il commet dans sa gestion. (Cod. civ., art. 1991 et 1992.) Mais les dommages et intérêts dus au créancier sont de la perte qu'il a faite ou du gain dont il a été privé. (Art. 1149.) Par conséquent, si le mandataire, en excédant ses pouvoirs, ou par l'inexécution de son mandat, ne cause à son mandant aucun préjudice, il ne lui doit pas de dommages-intérêts. Le ministère public invoquait, à l'appui de cette proposition, l'opinion de M. Pardessus, *Droit comm.*, t. 2, n° 558, et un arrêt de la Cour de Bordeaux du 13 décembre 1831 (J. P., à sa date). S'étayant alors de ce que le mandat de Camuzet était gratuit, il rappelle que la responsabilité doit être moins rigoureuse. Il fait ressortir la bonne foi du mandataire qui remet au juge-commissaire la lettre de 1841 ; l'intérêt de Julienne à accepter les conditions du concordat, sans lequel le dividende, au lieu d'être de 20 0/0, n'eût été que de 8, dont la plus grande partie aurait été encore absorbée par les frais ; que dans l'avenir la dame Baudry n'avait rien à espérer de son industrie ou de ses parents, et que, par conséquent, Camuzet avait agi en bon père de famille, comme l'aurait dû faire Julienne, si Julienne eût été soigneux de ses intérêts.

ARRÊT.

La Cour, — attendu qu'il est constant dans la cause que l'actif de la faillite de la femme Baudry n'aurait produit qu'un dividende de huit pour cent ; que son mari, étranger à son commerce, était tellement dépourvu de ressources, qu'il a été contraint de s'engager dans un régiment en qualité de musicien, et que ce n'est qu'à l'aide des sacrifices que se sont imposés les parents peu fortunés de ladite femme Baudry qu'elle a pu offrir les vingt pour cent stipulés dans le concordat intervenu entre elle et ses créanciers le 15 mars 1842 ;

Attendu que si Camuzet, auteur des parties de Me *Pervinquière*, s'est écarté des termes prohibitifs de tout arrangement dans lesquels était conçu le mandat gratuit que lui avait donné Julienne, l'un des créanciers de la faillite de la femme Baudry, en adhérant au concordat dont il s'agit, on doit reconnaître, d'après les circonstances énumérées, qu'il a agi comme aurait dû le faire son mandant lui-même, s'il eût comparu en personne et consulté ses véritables intérêts;

Attendu que l'adhésion du mandataire de Julienne à ce concordat ne lui ayant occasionné aucun préjudice, il ne peut invoquer à l'appui de sa demande en dommages et intérêts l'article 1989, qui dispose que le mandataire ne peut rien faire au delà de ce qui est porté dans son mandat, puisqu'aux termes de l'art. 1149 du même Code, les dommages et intérêts ne sont dus que pour la perte faite par celui qui les réclame, ou pour le gain dont il a été privé ;

Dit qu'il a été bien jugé, etc.

Du 12 novembre 1845.—Cour royale de Poitiers, 2e ch. civ. — MM. Vincent-Molinière, président. — Salneuve, substitut du procureur général. — Bouchard et Pervinquière, avocats. — Bouchard et Jolly, avoués.

TRAVAUX PUBLICS. — MAISON D'ÉCOLE. — COMPÉTENCE. — CONFLIT.

La construction d'une maison d'école *pour le compte d'une commune doit être rangée dans la catégorie des* travaux publics.

En conséquence, les tribunaux civils sont incompétents pour juger une contestation relative au payement des travaux de construction d'une maison d'école communale.

Les faits de cette affaire ont été rapportés avec l'arrêt de la Cour de Poitiers, en date du 12 août 1845, dans le t. 1er du Recueil, p. 316.

ORDONNANCE ROYALE.

Vu les lois des 28 pluviôse an VIII et 16 septembre 1807, les ordonnances royales du 1er juin 1828 et 12 mars 1831, etc.;

Considérant que l'action intentée par le sieur Edely contre la commune de Villedoux a pour objet d'obtenir le règlement du prix des travaux par lui exécutés à l'école de ladite commune en vertu d'une adjudication du 20 novembre 1842 ;

Que les travaux dont il s'agit ont le caractère de travaux publics ;

Que dès lors, aux termes des lois sus-visées, c'est à l'autorité administrative qu'il appartient de prononcer sur les difficultés existant entre la commune de Villedoux et l'entrepreneur concernant l'exécution du marché relatif à ces travaux ;

Notre conseil d'État entendu,

Nous avons ordonné et ordonnons ce qui suit :

Art. 1er. L'arrêté de conflit pris, le 25 août 1845, par le préfet de la Charente-Inférieure, est confirmé.

Art. 2. Sont considérés comme non avenus : l'exploit introductif d'instance du 11 novembre 1844, les jugements rendus par le tribunal de l'arrondissement de la Rochelle, les 7 décembre 1844 et 15 mars 1845 ;

L'acte d'appel du 12 juin 1845, et l'arrêt de notre Cour de Poitiers en date du 12 août 1845.

(Ordonnance royale du 25 mars 1846.)

INSTRUCTION CRIMINELLE. — TRANSPORT SUR LES LIEUX. — ORDONNANCE DU JUGE D'INSTRUCTION. — OPPOSITION.

Est recevable l'opposition du ministère public contre une ordonnance du juge d'instruction qui refuse de se transporter sur les lieux, à l'effet de constater un crime.

Le ministère public contre X.

Le réquisitoire présenté à la chambre d'accusation au nom du procureur général fait suffisamment connaître les faits. Il est ainsi conçu :

Attendu que, le 29 novembre dernier, le cadavre de la femme Marie Dugué, épouse de Frédéric Gondeau, a été trouvé dans une citerne d'un mètre de profondeur sur un mètre de largeur, située dans la cave de la maison qu'elle habitait à Jaulnay avec son mari; que si les hommes de l'art qui ont fait l'autopsie, tout en reconnaissant que cette femme a été asphyxiée par submersion, ont pensé que cette mort n'était pas le résultat d'un crime, parce qu'ils n'ont trouvé aucune trace de violence extérieure, ce n'est là qu'une opinion qui n'est pas concluante par elle-même, car il pourrait fort bien être arrivé que les violences qui ont pu être employées pour la précipiter dans la citerne aient été de nature à ne pas laisser de traces; — que d'un autre côté, si la mort de cette femme n'est pas le résultat d'un crime, il faut qu'on l'attribue soit à un accident, soit à un suicide;

Attendu que rien dans la procédure ne révèle que telle soit la cause de cette mort; que d'un côté l'on a de la peine à concevoir comment Marie Dugué aurait pu tomber, la tête la première, dans une citerne qui n'a qu'un mètre de largeur et un mètre de profondeur, et se noyer dans soixante-dix centimètres d'eau, par un accident; que, d'un autre, on ne lui connaît aucun motif qui ait pu la porter au suicide; que celui que paraîtrait vouloir lui donner la famille de son mari, fondé sur le désespoir d'une troisième grossesse, n'est justifié par rien, les médecins n'ayant pas reconnu cette circonstance;

Attendu que le procureur du roi près le tribunal de Poitiers ayant requis une information supplémentaire à celle fort laconique faite par M. le juge de paix de la localité, qui a dû se hâter de transmettre ses procès-verbaux au ministère public, et le transport du juge d'instruction sur les lieux, ce dernier magistrat, par une ordonnance du 2 de ce mois, a refusé de se transporter à Jaulnay, par le motif que *l'instruction pourrait tout aussi bien être faite par une commission rogatoire*, *et que ce transport compromettrait le service des audiences*;

Attendu que, le même jour, le ministère public a déclaré au greffe du tribunal former opposition à cette ordonnance, et que cette opposition est régulière;

Attendu que le mode d'information n'est jamais aussi fructueux par commission rogatoire que par le juge d'instruction lui-même; que lorsqu'il s'agit d'un crime aussi grave que celui qui peut avoir été commis, on ne saurait apporter trop de soins à le constater; qu'une information faite sur les lieux est toujours beaucoup plus rapide, souvent moins coûteuse pour le trésor, et qu'elle met à même de recueillir une foule de renseignements qui autrement resteraient inconnus;

Attendu que le service criminel confié au juge d'instruction doit marcher avant tout autre, et que la loi fournit tous les moyens de composer le tribunal, lorsque quelqu'un de ses membres est empêché;

Requiert, etc.

ARRÊT.

La Cour, — attendu que, si la loi charge le juge d'instruction, sous sa responsabilité, d'instruire les procédures criminelles ou correctionnelles, elle autorise le procureur du roi à prendre, à cette occasion, toute réquisition qu'il jugera convenable, et défend, à cette fin, au juge d'instruction de faire aucun acte de poursuite, sans lui avoir préalablement donné communication de la procédure;

Attendu que, hors les cas spécialement prévus par la loi, le refus motivé du juge d'instruction d'obtempérer aux réquisitions du procureur du roi n'offre pas une décision tellement souveraine, que le procureur du roi ne la puisse attaquer par la voie de l'opposition;

Attendu que la décision du juge d'instruction et son attitude devant l'opposition non suspensive du procureur du roi mettent à couvert sa responsabilité et constatent sa liberté d'action, jusqu'à la décision de la chambre d'accusation, seule compétente pour statuer sur le débat soulevé par l'ordonnance attaquée;

Attendu, au fond, que l'instruction provisoirement faite sur les lieux par le juge de paix n'atteint que d'une manière incomplète le but que ce magistrat a dû se proposer, et que, d'après les documents que présente le dossier, il y a chance d'arriver, par une instruction suivie de nouveau sur les lieux, à des résultats plus satisfaisants pour la justice;

Par ces motifs, reçoit l'opposition du procureur du roi, et, y faisant droit, annule l'ordonnance de M. le juge d'instruction de Poitiers; ordonne que ce magistrat se transportera sur les lieux pour procéder à l'information requise.

Du 8 novembre 1845. — Cour royale de Poitiers, chambre des mises en accusation. — MM. Liége d'Iray, président. — Salneuve, substitut.

SAISIE IMMOBILIÈRE. — SAISIE-ARRÊT. — CONSIGNATION.

Un créancier peut poursuivre l'expropriation des biens de son débiteur, bien qu'il existe entre les mains de celui-ci des oppositions ou saisies-arrêts du chef des créanciers du poursuivant, lesquelles mettent obstacle au payement des sommes pour lesquelles la saisie immobilière a été pratiquée.

Poulard-Dupalaïs contre les époux Opterre.

Les époux Opterre, créanciers de Poulard-Dupalais d'une somme de 20,000 fr. en vertu de titres exécutoires, firent pratiquer une saisie réelle sur les immeubles de leur débiteur. Le sieur Poulard-Dupalais souleva contre cette saisie un moyen de nullité. Il le faisait résulter de ce qu'antérieurement à la saisie immobilière, les créanciers personnels des époux Opterre avaient pratiqué entre ses mains des saisies-arrêts pour des sommes dont le chiffre excédait la créance desdits époux Opterre.

Le tribunal de Poitiers, par jugement du 30 novembre 1841, déclara le sieur Poulard-Dupalais non recevable ou en tout cas mal fondé dans sa demande en nullité.

Appel.

Me *Calmeil*, pour Poulard-Dupalais, soutenait que, la saisie-arrêt étant un obstacle au payement, les époux Opterre ne pouvaient agir par voie d'exécution, tant qu'ils n'en rapporteraient pas mainlevée; qu'il y aurait contradiction à reconnaître d'un côté que le payement volontaire ne pourrait être fait au préjudice des oppositions à peine de payer deux fois (art. 1242 du Code civil), et, d'un autre côté, à permettre cependant d'agir contre le débiteur pour le forcer au payement.

Me *Bourbeau*, pour les époux Opterre, disait que la saisie-arrêt, acte seulement conservatoire, ne devait pas paralyser le titre exécutoire entre les mains de ses clients; qu'à la vérité il pouvait résulter de la saisie-arrêt des difficultés quant à l'attribution des sommes dues par Poulard-Dupalais, mais que la créance était exigible, et que pour mettre un terme aux poursuites en saisie immobilière, Poulard-Dupalais pouvait faire des offres et consigner à la charge des oppositions.

ARRÊT.

La Cour, — attendu que tout créancier porteur d'un titre exécutoire peut le ramener à exécution par toutes les voies de droit;

Attendu que les saisies-arrêts faites entre les mains des mariés Poulard-Dupalais par les créanciers des mariés Opterre n'étaient pas un obstacle à ce qu'ils se libérassent par des offres suivies de consignation, à la charge des oppositions;

Attendu qu'une voie d'exécution n'empêchant pas l'autre, les mariés Opterre ont pu saisir les immeubles de leur débiteur;

Par ces motifs, la Cour confirme.

Du 30 décembre 1841. — Cour royale de Poitiers, 1re ch. civ. — MM. Moyne, premier président. — Lavaur, avocat général, concl. conf. — Calmeil, Bourbeau, avocats. — Peyrot, Ranc, avoués.

QUESTIONS.

Y a-t-il incompatibilité entre la profession d'avocat et celle d'agréé?

Un avocat peut-il plaider devant un tribunal de commerce, en vertu d'un mandat que lui aurait donné un client?

Vu les articles 421 C. P. civ., 627 du C. de commerce, l'ordonnance du 10 mars 1825, l'ordonnance du 20 novembre 1822 concernant l'exercice de la profession d'avocat, et l'ordonnance du 27 août 1830;

Considérant qu'aux termes de l'ordonnance du 27 août 1830, tout avocat inscrit au tableau peut plaider devant toutes les cours et tous les tribunaux du royaume; que le ministère de l'avocat devant les tribunaux de commerce est aussi nécessaire aux parties que l'administration de la justice ;

Considérant que lors de la discussion du Code de procédure civile, cette vérité fut reconnue par les Cours appelées à présenter leurs observations sur le projet ; qu'une disposition du projet, autorisant les parties à se faire représenter par un fondé de pouvoirs, ajoutait : « sans qu'elles puissent l'être jamais par des *défenseurs officieux;* » que sur cette disposition il fut observé : « qu'il fallait laisser aux parties la faculté de se faire » défendre à leurs frais par des avocats dont la moralité serait » une garantie de plus; que jusqu'alors il n'en était ré- » sulté aucun abus; que cette faculté était nécessaire, des » affaires importantes étant portées aux tribunaux de com- » merce ; » que c'est à la suite de cette discussion que la disposition qui excluait les défenseurs officieux fut retranchée;

Considérant que si les articles 421 et 627 du Code de commerce et l'ordonnance du 10 mars 1825 exigent une procuration spéciale pour représenter devant les tribunaux de commerce la partie absente, l'acceptation de ce mandat n'est pas incompatible avec les devoirs imposés à l'avocat, toutes les fois que ce mandat a pour objet unique d'autoriser l'avocat à plaider pour la partie; que ce mandat n'est en effet que la preuve écrite du consentement donné par la partie au ministère du défenseur, de même que sa présence constitue une adhésion tacite à la plaidoirie, lorsqu'elle comparaît en personne;

Considérant que si l'acceptation d'un mandat de la part de l'avocat peut entraîner des abus, c'est lorsqu'au lieu de se renfermer dans l'exercice de son ministère, il s'immiscerait dans l'exécution des jugements obtenus ou dans le règlement des droits de son client; que si la possibilité de cet abus a dû faire introduire dans des localités importantes sous le rapport des affaires commerciales, notamment à Paris, l'usage d'interdire aux avocats l'acceptation de tout mandat, cet abus n'est pas à redouter dans les localités, où l'avocat se trouve plus immédiatement sous la surveillance du conseil, et où les transactions commerciales étant moins multipliées, la preuve des abus est plus facile; qu'ainsi les moyens répressifs suffisent, et qu'il n'est pas nécessaire de recourir à des mesures préventives;

Considérant, dès lors, que la profession d'avocat n'est pas incompatible avec l'acceptation d'un mandat spécial pour plaider;

Mais considérant que l'acceptation du titre d'*agréé* n'a pas le même caractère; qu'à la vérité ce titre n'est pas reconnu par la loi, mais que ses conséquences sont réglées par l'usage et par la pratique des tribunaux;

Considérant qu'aux termes de l'article 42 de l'ordonnance du 20 novembre 1822, la profession d'avocat est incompatible avec la profession d'agent d'affaires, tandis que le titre d'agréé, loin d'être incompatible avec l'agence d'affaires, en suppose au contraire l'exercice;

Considérant qu'en acceptant le titre d'agréé, l'avocat se placerait en dehors de cette égalité de droits et de prérogatives qui constitue la confraternité, puisque l'agréé invoque un titre spécial, créé par la confiance du tribunal, et non par la confiance des parties, pour exercer d'une manière plus profitable la profession de défenseur;

Considérant que l'agréé est non-seulement soumis à une juridiction toute exceptionnelle à raison de ses actes, qu'il appartient au tribunal de retirer le titre qu'il lui a conféré, mais encore qu'il est placé en dehors du droit commun par les tarifs que le tribunal se croit en droit d'établir au profit exclusif de l'agréé;

Considérant que dans l'usage, on admet au profit de l'agréé le droit de transmettre son titre à un successeur, sous certaines conditions; que ce droit est encore incompatible avec les règles de la profession d'avocat, qui n'a rien à transmettre, parce que le désintéressement, le savoir et le talent sont des qualités personnelles qui ne peuvent être achetées ni vendues;

Considérant que les agréés se reconnaissent d'ailleurs comme corporation distincte; qu'ils ont, dans la plupart des villes où ils sont institués, une chambre syndicale, et que cette organisation particulière est incompatible avec les règlements sur la profession d'avocat;

Arrête :

L'acceptation du titre d'agréé est incompatible avec l'exercice de la profession d'avocat, et le nom de l'agréé ne peut être inscrit sur le tableau.

(*Délibération du conseil de l'ordre des avocats à la Cour royale de Poitiers*, du 30 mars 1846.) — Me Bourbeau, bâtonnier.

1° ET 2° LIBERTÉ PROVISOIRE SOUS CAUTION. — 3° CHARGES NOUVELLES. — REPRISE DES POURSUITES.

1° *La liberté provisoire sous caution ne peut être accordée a des inculpés, bien que, d'après les mandats en vertu desquels ils sont arrêtés, de simples délits correctionnels leur soient imputés, si depuis leur arrestation le titre de l'accusation a changé et emporte une peine afflictive ou infamante* (1).

2° *La mise en liberté provisoire sous caution est facultative; les tribunaux peuvent l'accorder ou la refuser, suivant les circonstances, lors même que le titre de l'accusation n'emporte qu'une peine correctionnelle* (2).

(1) Selon M. Legraverend, t. 1er, chap. 9, sect. 1re, la plainte, les procès-verbaux, les divers actes de procédure et le résultat des informations, doivent servir à déterminer le titre de l'accusation.—M. Carnot, sur l'art. 113 C. inst. crim., n° 3, soutient, au contraire, que si le prévenu est sous mandat d'arrêt, c'est d'après *les énonciations de ce mandat* que la chambre du conseil doit juger quel est le titre de l'accusation. Elle ne devrait consulter les pièces de la procédure qu'en l'absence de qualification dans le mandat par suite duquel l'arrestation est opérée.

(2) Le premier arrêt que la Cour de cassation paraît avoir rendu sur la question, remonterait au 16 décembre 1811; mais il n'est rapporté dans aucun recueil; on ne le trouve cité que par M. Carnot, sur l'art. 114 C. inst. crim., t. 1er, p. 451. Il aurait jugé dans le même sens que la Cour de Poitiers. Mais, le 21 avril 1815, la Cour de cassation revint sur cette jurisprudence; elle décida que la liberté provisoire ne pouvait être refusée, toutes les fois qu'il ne s'agissait que d'un délit correctionnel, et que l'inculpé n'était ni un vagabond ni un repris de justice. Elle persista dans cette jurisprudence par ses arrêts des 15 juillet 1837, 27 mars et 17 juillet 1841 (J. P., 1837-2-287, 1841-2-343, et 1842-1-498). Mais plusieurs Cours royales jugeaient en sens contraire, et résistèrent: Colmar, 16 décembre 1814; Limoges, 24 octobre 1837 (1838-1-45); Colmar, 15 septembre 1837 (1840-2-519); Paris, 20 et 27 avril 1838 (1838-1-517 et 520); Caen, 28

3° *Lorsqu'un inculpé a été renvoyé des poursuites, à défaut d'indices, par une ordonnance ou un arrêt de non-lieu, il n'est pas nécessaire, pour reprendre les poursuites sur nouvelles charges, de faire préalablement apprécier ces nouvelles charges par la chambre du conseil ou par celle des mises en accusation.*

En conséquence, le ministère public peut agir et le juge d'instruction informer de plano. — *Le conseiller délégué par la chambre d'accusation, à l'effet de procéder à l'instruction dans le cas d'évocation, peut reprendre l'information contre l'inculpé qui avait été déchargé des poursuites, si l'arrêt de non-lieu ne l'avait pas totalement dessaisi de l'affaire, parce que l'instruction aurait continué contre d'autres inculpés compromis dans le même procès.*

Le ministère public contre G..., T... et autres.

Sur une dénonciation portée par le ministre de la marine, pour des fraudes commises dans la manutention des vivres, au port de Rochefort, contre des fournisseurs et des fonctionnaires publics, la chambre des mises en accusation de la Cour royale de Poitiers évoqua l'affaire, et désigna un de ses membres à l'effet de procéder à l'instruction. Des mandats de dépôt furent

mars 1838 (1838-2-155); Colmar, 31 octobre 1839 (1840-1-295); Orléans, 7 décembre 1839 (1839-2-657); Toulouse, 19 avril 1841 (1841-2-4); Orléans, 10 mai 1843 (1843-1-685). Dans le même sens, Bruxelles, 26 novembre 1821 (à sa date). La Cour de cassation fut enfin appelée à se prononcer, chambres réunies, le 23 février 1844 (J. P., 1844-1-411); elle adopta la doctrine soutenue par les Cours royales. Ce dernier arrêt est fondé, selon nous, sur la saine interprétation de la loi, qui, si elle ne devait pas être entendue en ce sens, devrait être changée dans l'intérêt d'une bonne administration de la justice. La pratique enseigne la funeste influence que la mise en liberté provisoire des inculpés peut avoir sur la marche de l'instruction, et les graves inconvénients pouvant en résulter pour la découverte de la vérité, qui devient par cela même quelquefois impossible dans les affaires les plus importantes; c'est ce que constate l'arrêt de la Cour de Poitiers que nous rapportons.

Les auteurs sont partagés sur la question. Conf. à l'arrêt de Poitiers, Legrav., t. 1er, chap. 9, sect. 1re; Rauter, t. 2, p. 348; Massabiau, *Manuel du Procureur du Roi*, t. 2, p. 339; Duverger, *Manuel des juges d'instruction*; n° 454. — Contr. Carnot, *loc. cit.*; Bourguignon, t. 1er, p. 245; Faustin Hélie, *J. du droit crim.*, t. 10, p. 110; Dalloz, Alph., v° *liberté provisoire sous caution*, p. 785.

décernés contre les nommés G..., T... et B..., inculpés du délit correctionnel prévu par l'art. 433 C. pén. Mais depuis, l'information révéla des faits punis de peines afflictives ou infamantes, auxquels ils auraient participé ; ils n'en demandèrent pas moins leur mise en liberté provisoire sous caution, se fondant sur le titre de l'accusation lors de la délivrance des mandats.

D'un autre côté, un nommé G... avait été arrêté ; mais les premiers indices n'ayant pas été fortifiés par de nouveaux, il intervint en sa faveur, pendant le cours de l'instruction, un arrêt de non-lieu à défaut de charges suffisantes. Bientôt l'information et la saisie de nombreux papiers amenèrent de nouvelles charges qui l'inculpèrent de la manière la plus grave. Le ministère public crut devoir demander à la chambre des mises en accusation la reprise des poursuites contre G...

ARRÊT.

La Cour, — en ce qui touche la liberté provisoire demandée par les nommés G..., T... et la veuve B...,

Attendu que, si les demandeurs n'ont été arrêtés que sous la prévention d'un simple délit prévu par l'article 433 C. pén., ils sont, par suite du nouvel état de la procédure, plus ou moins gravement impliqués dans les poursuites *criminelles* concernant les nommés L..., E... et autres ;

Attendu, d'ailleurs, que réduite aux proportions d'un simple délit, la prévention qui les concerne est d'une telle gravité, vu les circonstances qui l'entourent, que leur mise en liberté ne serait pas sans inconvénient, quant à la découverte de la vérité sur une partie importante de cette affaire, et qu'aux termes de l'art. 114 C. inst. crim., les tribunaux peuvent, selon les exigences des procédures dont le rapport leur est fait, refuser la liberté provisoire demandée ;

En ce qui touche la partie du réquisitoire du ministère public concernant G..., attendu que l'arrêt de la Cour de Poitiers du 3 de ce mois, en déclarant, dans l'état où se trouvait alors la procédure, qu'il n'y avait lieu de suivre contre G..., à défaut d'indices suffisants, n'a porté atteinte ni à son arrêt d'évocation du 12 mars dernier, ni aux pouvoirs confiés à son commissaire par ledit arrêt, ni au droit donné au ministère public par la loi de diriger des poursuites nouvelles contre ledit G..., s'il survenait contre lui de nouvelles charges; que, par suite, la Cour n'a point à donner à son commissaire d'autre mandat que celui qu'il tient de l'arrêt du 3 de ce mois et de la loi, pour informer contre G..., à raison des charges nouvelles qui s'élèvent contre lui;

Au surplus, dit qu'il n'y a lieu de faire droit à la demande de mise en liberté provisoire des nommés G..., T... et B...

Du 27 avril 1846. — Cour royale de Poitiers, ch. d'accus. — MM. Liége d'Iray, président. — Lavaur, avocat général.

INTÉRÊTS USURAIRES. — COMPENSATION. — DEMANDE.

La compensation jusqu'à due concurrence d'intérêts usuraires indûment perçus avec le capital de la créance n'a pas lieu de plein droit. Elle ne s'opère que du jour où le débiteur a formé une demande en répétition ou en imputation desdits intérêts usuraires sur le capital de la créance. (L. 3 septembre 1807, art. 3) (1).

Cornulier contre héritiers Tessandier.

ARRÊT.

La Cour, — attendu que si le prêteur, contre lequel le débiteur exerce une action en répétition d'intérêts usuraires payés depuis la loi du 3 septembre 1807, doit être condamné à restituer cet excédant, s'il l'a reçu, ou à souffrir la réduction sur le principal de la créance, il résulte de l'art. 3 de cette loi que la demande en réduction ou restitution ne doit produire d'effet que du jour où elle a été formée; que c'est seulement à partir de cette demande que s'opère une compensation entre le

(1) Conf. Caen, 18 janvier 1816; Bourges, 30 mars 1832; Cass., 9 novembre 1836 (J. P., à leur date); 16 janvier 1837 (1837-1-306); Orléans, 26 août 1840 (1840-2-576); Cass., 21 juin 1842 (1842-2-63). — Contr. Montpellier, 20 décembre 1841 (1842-2-575); Chardon, n° 504; Duvergier, n°s 303 et 304; Pothier, n° 113. — *V.* Troplong, *du prêt*, t. 1er, p. 337, n° 397.

capital de la créance et les intérêts usuraires qui ont été perçus ; — qu'il est constant en fait, et non dénié par les héritiers Tessandier, que Cornulier, qui devait à Jean Tessandier, leur auteur, la somme principale de 600 fr., en vertu d'une obligation du 19 décembre 1804, et qui en avait payé les intérêts jusqu'au 19 décembre 1807, a, depuis cette dernière époque jusqu'au 19 décembre 1823, payé audit Jean Tessandier la somme de 1,400 fr., pour les intérêts de cette obligation ; d'où il résulte que, s'il eût alors agi en restitution des intérêts usuraires perçus par son créancier, il se serait trouvé lui-même créancier de 320 fr., puisque le capital de la créance et les intérêts légaux, pendant seize ans, ne s'élevaient ensemble qu'à 1,080 fr. ; — que, si le silence de Cornulier le rend passible des intérêts de la somme principale de 600 fr. jusqu'au moment de sa demande en restitution, il est fondé à opposer la prescription en ce qui concerne les intérêts échus depuis le 19 décembre 1823, date de son dernier payement ; — que s'il n'a pas opposé ce moyen devant les premiers juges, il n'a pas, pour cela, encouru de déchéance, la prescription pouvant être opposée en tout état de cause, même devant la Cour d'appel, à moins que, d'après les circonstances, le débiteur ne soit présumé y avoir renoncé, ce qui n'existe pas dans l'espèce ; — qu'en balançant, d'après ces principes, les comptes des parties, il en résulte que les intimés sont créanciers, 1° de 600 fr. pour le principal de l'obligation du 19 décembre 1804 ; 2° de 480 fr. pour seize années d'intérêts échus le 19 décembre 1823 ; 3° de 180 fr. pour cinq années d'intérêts et l'année courante conservées par le commandement du 12 mai 1834 ; 4° de 60 fr. pour deux années courues depuis le commandement jusqu'à l'action en répétition formée par Cornulier ; total, 1,320, laquelle somme, déduite de celle de 1,400 fr. reconnue avoir été payée par ce dernier, forme en sa faveur un reliquat de 80 fr. dont il se trouve créancier ; — que les poursuites par voie de saisie immobilière, pratiquées par les intimés contre Cornulier, ont eu lieu sans cause légitime, puisque, loin d'être ses créanciers, ils sont ses débiteurs ; que ces poursuites lui ont causé un préjudice réel, soit en portant atteinte à son crédit, soit en l'empêchant de disposer des immeubles saisis, soit à raison des embarras du procès qu'il a été obligé de soutenir et des déboursés qu'il lui a fallu faire; que, tout préjudice causé par le fait de l'homme obligeant celui par la faute duquel il a eu lieu à le réparer, Cornulier est fondé dans sa demande en dommages-intérêts ;

INFIRME, déclare nuls et de nul effet, comme faits sans titre valable et pour chose non due, le commandement en saisie immobilière, le procès-verbal de saisie et tous autres actes qui en ont été la suite, etc.; condamne les intimés à rembourser à Cornulier les 80 fr. qu'il a payés de trop, avec les intérêts à partir de la demande ; les condamne encore, envers lui, à 300 fr. de dommages-intérêts et aux dépens, etc.

Du 23 novembre 1837. — Cour de Poitiers, 2e ch. — MM. Vincent-Molinière, président. — Flandin, avocat général. — Orillard et Bigeu jeune, avocats.

COMPÉTENCE. — COMMERÇANT. — AGENT D'AFFAIRES.

L'individu se qualifiant agent d'affaires *dans ses actes, s'annonçant comme tel au public par l'apposition sur ses lettres d'un timbre portant ces mots :* un tel, agent d'affaires, *et payant patente en ladite qualité, est justiciable du tribunal de commerce pour l'exécution de la convention qu'il a passée avec un tiers, et par laquelle il s'est obligé, moyennant un prix déterminé, à lui fournir un remplaçant à l'armée.* (C. com., art. 632, n° 3.)

Bayle contre Doussaint et Jaulin.

ARRÊT.

LA COUR, — en ce qui touche le moyen d'incompétence :

Considérant que, dans l'acte authentique du 28 janvier 1839, par lequel Jean Bayle s'est obligé, moyennant un prix convenu et déterminé, à fournir un remplaçant à l'armée à François Jaulin, désigné par le sort pour en faire partie, a pris la qualité *d'agent d'affaires* patenté, et a, en ladite qualité, contracté cet engagement ;

Que le Code de commerce, art. 632, répute *acte de commerce* toute entreprise d'agence ou bureau d'affaires;

Que la connaissance entre toutes personnes des contestations relatives aux actes de commerce est attribuée, en termes formels, par l'art. 631 du même Code, aux tribunaux de commerce;

Que, par les motifs qui précèdent, il y a lieu de déclarer l'exception dont il s'agit mal fondée;

Considérant que l'appelant ayant refusé de conclure et plaider au fond, quoique la Cour, avant de prononcer sur l'exception d'incompétence, aît ordonné que les parties plaideraient à toutes fins, pour être statué sur le tout par un seul et même arrêt, il y a lieu de donner défaut, faute de conclure et plaider au fond, contre ledit appelant, et, pour le profit, et par les motifs insérés dans le jugement dont est appel, de le confirmer au fond;

Rejette le moyen d'incompétence proposé contre le jugement du tribunal de Jonzac du 5 mai 1840; donne défaut, faute de conclure et plaider sur le fond, contre l'appelant, et, pour le profit, CONFIRME.

Du 26 janvier 1841. — Cour de Poitiers, 2e ch.—MM. Barbault de la Motte, président.—Flandin, avocat général, concl. conf. — Calmeil et Bigeu, avocats. —Ranc et Rouillé, avoués.

DEGRÉ DE JURIDICTION. — DOMMAGES-INTÉRÊTS. — CONCLUSIONS.

La quotité des dommages-intérêts réclamés doit être ajoutée au montant de la demande principale, pour déterminer si le jugement doit être en premier ou en dernier ressort, lorsque ces dommages-intérêts ont leur source dans un fait distinct de celui qui sert de base à la demande, et cela quand bien même, dans les conclusions originaires, on aurait assigné pour base à ces dommages-intérêts un fait postérieur au fait générateur de la demande, si ces conclusions ont été rectifiées ultérieurement.

Thibault contre Poirault.

ARRÊT.

LA COUR; — Sur la fin de non-recevoir tirée contre l'appel

de ce que le jugement aurait été rendu en dernier ressort :

Considérant que, par son exploit introductif d'instance contre Poirault, Thibault a demandé, 1° quinze cents francs pour la valeur réelle de ses quatre bœufs saisis et vendus ; 2° deux cents francs pour dommages-intérêts ;

Qu'à la vérité, par ledit exploit, il a fondé son second chef de demande sur les torts que l'on avait eus de lui refuser un compte détaillé des frais faits pour parvenir à la vente desdits bœufs ; mais que, dans les conclusions postérieurement prises et signifiées par ledit Thibault, il a demandé les deux cents francs de dommages-intérêts pour le préjudice que lui avait causé la privation de ses bœufs vendus ;

Considérant que, ce second chef de demande étant fondé sur un fait autre que ceux sur lesquels est basée la demande principale, il ne peut être confondu avec elle ;

Que le montant du second chef doit être ajouté à celui du premier pour déterminer le montant du litige ;

Qu'il en résulte que le jugement du 26 mai 1840 n'a pu être rendu en dernier ressort, et que la fin de non-recevoir proposée contre l'appel de Thibault, en ce qui concerne ledit jugement, est mal fondée ;

Considérant, au fond, etc.

Rejette la fin de non-recevoir, etc.

Du 12 janvier 1841. — Cour de Poitiers, 2e ch. — MM. Barbault de la Motte, président. — Flandin, avocat général, concl. conf. — Allard et Pontois, avocats.

ADULTÈRE. — COMPLICE. — SÉPARATION DE CORPS. — DÉNONCIATION. — FLAGRANT DÉLIT. — PREUVE.

La demande en séparation de corps formée par un mari contre sa femme, pour cause d'adultère, équivaut à la dénonciation exigée par l'art. 336 *du Code pénal pour que l'adultère puisse être poursuivi. En conséquence, lorsque, sur cette demande, la séparation de corps a été prononcée, qu'une condamnation à l'emprisonnement est intervenue, par suite, contre l'épouse, et que le mari n'a point arrêté l'effet de cette condamnation en consentant à reprendre sa femme, le ministère public a le droit de rechercher le complice de l'adultère, alors même qu'il n'aurait pas été désigné par le mari* (1).

L'art. 338 du Code pénal, en n'admettant contre le complice de l'adultère d'autres preuves que celles résultant du flagrant délit ou de lettres émanées de lui, n'exige point que le flagrant délit soit immédiatement constaté et poursuivi ; l'appréciation des faits constitutifs du flagrant délit est abandonnée aux tribunaux, et l'existence peut en être établie par tous les genres de preuve.

Ministère public contre R...

Par jugement du 18 janvier 1842, le tribunal civil de la Rochelle a, sur la demande du mari, prononcé la séparation de corps du sieur T... d'avec sa femme, pour cause d'adultère, et condamné celle-ci à six mois d'emprisonnement.

La dame T... a exécuté ce jugement.

Les enquêtes avaient signalé le sieur R... comme complice de la dame T...

Le 19 février, le procureur du roi de la Rochelle, considérant l'action en séparation de corps comme une dénonciation de l'adultère, tant contre la femme que contre le complice, a rendu plainte contre ce dernier. Une instruction s'est poursuivie, et, le 14 mars, est intervenue, à la chambre du conseil, une ordonnance de non-lieu.

Le même jour, opposition du ministère public.

Devant la chambre des mises en accusation de la Cour royale de Poitiers, le sieur R... a fait présenter un mémoire.

L'arrêt ci-après fait connaître et repousse tout le système de défense du sieur R...

ARRÊT.

La Cour, — attendu, sur la fin de non-recevoir proposée contre la poursuite du ministère public, que le sieur T..., pour la répression et réparation du délit d'adultère qu'il imputait à sa femme, avait plusieurs voies de droit ouvertes : la demande

(1) Contr. crim. rej., 2 juin 1842 ; D. 42-1-329.

en séparation de corps pour cause d'adultère, autorisée par l'art. 308 du Code civil; la citation en police correctionnelle, aux termes de l'art. 182 du Code d'instr. crim., et, pour se dispenser d'agir comme partie civile, de concourir et assister à l'action, la dénonciation de l'adultère de sa femme au ministère public ;

Attendu que le ministère public concourt soit à l'action civile, soit à l'action correctionnelle du mari contre sa femme pour cause d'adultère, comme partie publique et nécessaire, aux termes de l'art. 308 du Code civil, qui dispose que la femme contre laquelle la séparation de corps sera prononcée pour cette cause sera condamnée, par le même jugement et sur la réquisition du ministère public, à la reclusion, et aux termes des art. 190, 202, 210 du Code d'instr. crim., qui confèrent au ministère public le droit d'appeler et le chargent, dans tous les cas, au premier et au second degré, d'exposer l'affaire et de donner ses conclusions;

Attendu qu'il résulte au moins implicitement de la lettre et de l'esprit de ces dispositions, que le délit d'adultère n'a pas besoin d'être dénoncé au ministère public par le mari, qui est partie civile; que son action et les débats devant les tribunaux, auxquels le ministère public est obligé de concourir, sont la dénonciation la plus formelle et la plus authentique qu'il puisse formuler;

Attendu que, dès que le mari a fait admettre sa demande en séparation de corps pour cause d'adultère de sa femme, ou l'a fait déclarer coupable de ce délit en police correctionnelle par décisions irrévocables, le ministère public est investi du droit de rechercher le complice de l'adultère, quand même il n'aurait pas été désigné dans les poursuites;

Attendu qu'il est établi dans l'instruction que, par jugement du 18 janvier 1842, le tribunal civil de la Rochelle, sur la demande du mari, a prononcé la séparation de corps de T... d'avec sa femme, et a condamné celle-ci à six mois d'emprisonnement, par application de l'art. 308 du Code civil; que la dame T... a exécuté ce jugement, en se constituant volontairement, le 7 février suivant, dans la maison de correction de la Rochelle; que le sieur R..., inculpé, a été désigné dans l'enquête civile comme le complice de l'adultère commis par la femme T...;

Attendu que ces faits n'ont pas été contestés dans le mémoire fourni à la Cour dans l'intérêt dudit sieur R... et signé de son conseil;

Attendu que le sieur T... n'a point usé de la faculté que l'art. 309 du Code civil et le second paragraphe de l'art. 337 du Code pénal lui accordaient d'arrêter l'effet de la condamnation prononcée contre sa femme, en consentant à la reprendre;

Attendu que l'art. 41 du Code d'instruction criminelle, sur les dispositions duquel le sieur R... cherche à fonder une prétendue déchéance de l'action du ministère public contre lui, est seulement indicatif des cas où l'art. 32, par exception, accorde au procureur du roi le droit d'instruire seul et en l'absence du juge d'instruction, spécialement chargé de le faire, et purement relatif au constat du flagrant délit; que cet article ne peut s'appliquer au mode de preuve, lequel est établi, pour les délits de la compétence des tribunaux de police correctionnelle, par les art. 154 et 189 dudit Code;

Attendu que l'art. 338 du Code pénal, en n'admettant contre l'inculpé de complicité de l'adultère de la femme que les seules preuves du flagrant délit et celles résultant des lettres ou autres pièces écrites par lui, n'a pas exigé que ce flagrant délit fût, sous peine de déchéance, immédiatement constaté et poursuivi, et n'a pas interdit tout autre mode de preuve de son existence; que la loi abandonne à l'appréciation des tribunaux les faits constitutifs du flagrant délit;

Attendu que de l'instruction il résulte contre le sieur R..., inculpé, des indices graves du délit flagrant, prévu et puni par l'art. 338 du Code pénal, de complicité de l'adultère pour lequel la dame T... a été condamnée, et que ces indices sont suffisants pour renvoyer ledit R... en police correctionnelle;

Sans s'arrêter à la fin de non-recevoir contre l'action du ministère public, ni aux autres exceptions proposées par le sieur R..., lesquelles sont déclarées mal fondées, renvoie ledit R... devant le tribunal correctionnel de Niort, sous la prévention du délit flagrant de complicité d'adultère.

Du 24 mars 1842. — Cour royale de Poitiers, ch. d'acc. —

MM. Barbault de la Motte, prés. — Mosnier, subst. du proc. gén.

COMPÉTENCE. — BILLET A ORDRE. — COMMERÇANT. — CAUSE. — PRÉSOMPTION. — PREUVE CONTRAIRE.

Bien qu'un billet souscrit par un commerçant soit censé fait pour son commerce, quand une autre cause n'y est point exprimée, cette présomption peut, cependant, être détruite par une preuve contraire. En conséquence, lorsqu'un billet à ordre, souscrit par un commerçant au profit d'un autre commerçant, se réfère à une dette non commerciale, l'action qui en résulte doit être portée, non devant le tribunal de commerce, mais devant le tribunal civil. (*C. com.*, 636, 657 et 638.)

Petit contre Dupont.

Par acte notarié du 23 août 1816, création, au profit de Petit, par un sieur Codet, beau-père de Dupont, d'une rente en blé au capital de 6,000 fr., avec garantie hypothécaire.

En 1826, Codet étant décédé, et Petit voulant poursuivre Dupont, héritier de Codet du chef de sa femme, pour avoir payement des arrérages de ladite rente, un sieur Chevreux, négociant, offrit à Petit son remboursement, tant en principal de la rente que des arrérages encore dus, au moyen de billets à ordre qui seraient souscrits par Dupont au profit de lui Chevreux, lequel les endosserait au profit de Petit. L'offre fut acceptée par celui-ci, mais sous la réserve exprimée par lui et consignée par écrit, qu'il n'entendait *déroger en rien à son hypothèque, qu'il passait à Chevreux, endosseur des effets, et, par conséquent caution, qui en donnerait mainlevée après l'acquittement desdits effets.*

L'un de ces billets, montant à 1,994 fr. 15 c., étant venu à échéance sans être payé, Petit fait citer Dupont, le 22 mars 1833, devant le tribunal de première instance de Jonzac, jugeant commercialement, pour le faire condamner au payement dudit billet.

Dupont décline la juridiction commerciale, se fondant sur ce que le billet a une cause purement civile.

28 mai 1833, jugement qui admet le déclinatoire, par les motifs que le billet dont il s'agit dérive du contrat du 23 août 1816; qu'il a, par conséquent, une cause toute civile; que la novation ne se présume pas; que, loin qu'elle ait eu lieu dans l'espèce, Petit s'est, au contraire, réservé l'hypothèque attachée à son titre de 1816, et, par conséquent, ce titre même jusqu'au payement des effets livrés en remboursement; que n'ayant donné ni quittance définitive, ni mainlevée de l'inscription, la première dette subsiste toujours, et que l'acceptation des billets n'a pas eu pour objet de porter atteinte au titre originaire, mais seulement d'accorder de nouveaux délais au débiteur.

Appel par Petit.

Son système, devant la Cour, est de soutenir que le billet dont il s'agit étant souscrit par Dupont, négociant, puisqu'il exerce la profession de faïencier, au profit de Chevreux, aussi négociant, est, de sa nature, un effet de commerce devant entraîner, quelle que fût d'ailleurs son origine, la compétence du tribunal de commerce, aux termes des art. 636 et 637 Cod. com.

ARRÊT.

La Cour, — attendu que, si les billets souscrits par un commerçant sont censés faits pour son commerce, lorsqu'une autre cause n'y est pas énoncée, cette présomption disparaît devant la preuve contraire; — qu'il résulte positivement des pièces produites, de toutes les circonstances de la cause et des conclusions mêmes de l'appelant, que le billet à ordre dont il s'agit au procès n'a pas eu pour occasion des opérations de commerce, trafic, change, banque ou courtage, mais qu'il a été souscrit par Dupont en payement de partie du capital et des arrérages de la rente annuelle de 352 décalitres 8 litres de froment, que les époux Dupont devaient à l'appelant; — confirme.

Du 13 décembre 1837. — Cour de Poitiers, 2e ch. — MM. Vincent-Molinière, prés. — Flandin, av. gén., concl. conf. — Pervinquière et Grellaud, avocats. — Jolly et Bréchard, avoués.

1° DÉLIT DE PÊCHE. — PRESCRIPTION. — DÉLAI. — INCONNUS. — INDIVISIBILITÉ DES POURSUITES.

2° INTERRUPTION. — CITATION. — PRÉVENU. — QUALITÉ. — JUGE INCOMPÉTENT.

Le délit de pêche est prescriptible par un mois à l'égard de l'individu désigné au procès-verbal, nonobstant que ce délit ait été commis de complicité avec d'autres individus non reconnus par le garde, et à l'égard desquels l'action dure trois mois. — La jonction des procédures connexes étant de pure faculté, non d'obligation, on ne peut tirer du prétendu principe de l'indivisibilité des poursuites un motif de soumettre tous les délinquants à la même prescription. (L. 15 avril 1829, art. 62; C. inst. cr., art. 307.)

La citation donnée devant des juges incompétents par une partie ayant caractère pour poursuivre, à raison du délit considéré en lui-même, quoique privée de l'exercice de l'action par la qualité du délinquant, est interruptive de la prescription. — Spécialement, *la citation donnée, dans le mois, à la requête de l'administration des forêts, devant le tribunal correctionnel, pour délit de pêche, à un* suppléant de juge de paix, *a pour effet d'interrompre la prescription du délit, nonobstant que le délinquant, en sa qualité de suppléant de justice de paix, ne fût justiciable que de la Cour royale, et qu'au procureur général seul appartînt le droit de le citer devant elle. (C. civ., art. 2246; C. I. cr., art. 479, 637 et 638.)*

Ministère public contre Marteau et autres.

En rapportant cette affaire dans le volume de l'an dernier, p. 257, nous avons annoncé que M. le procureur général s'était pourvu en cassation contre l'arrêt de la première chambre de la Cour du 2 avril 1845, qui avait déclaré prescrite l'action dirigée par le ministère public contre le sieur Marteau, dans les circonstances que nous avons fait connaître. Voici l'arrêt intervenu sur ce pourvoi :

ARRÊT.

La Cour, — Sur le premier moyen pris de la fausse application de l'art. 62 de la loi du 15 avril 1829, en ce que la prescription d'un mois, établie par le premier paragraphe de cet article en faveur des prévenus de délits de pêche désignés au procès-verbal, ne pouvait, dans l'espèce, s'appliquer au sieur Marteau, impliqué dans une prévention commune à cinq autres individus qui n'avaient été reconnus que postérieurement à la rédaction de cet acte, et avant que la prescription de trois mois, dont ils auraient eu personnellement à se prévaloir, leur eût été acquise :

Attendu qu'il n'existe, dans le Code d'instruction criminelle, aucune disposition qui interdise, soit au ministère public de diviser les poursuites, soit aux juges d'y statuer séparément ;

Que ce Code n'a pas, en ce qui concerne les simples délits, déterminé un mode de procéder différent de celui qui, dans son art. 307, se rapporte au jugement de plusieurs accusés d'un même crime ;

Que, dans ce cas, la jonction des procédures est, tant pour le procureur général que pour le président des assises, une faculté et non une obligation ;

Qu'il en doit être ainsi, à plus juste titre, quand de plusieurs délinquants un seul a pu être immédiatement traduit en justice, les autres étant restés inconnus ;

Que l'ajournement forcé de toute autre poursuite se rattachant au même délit ne saurait avoir pour effet de priver celui dont la cause est prête à recevoir jugement des immunités que lui assure sa situation personnelle, et la découverte ultérieure de ses complices rendre force et vie à une action qui, si elle est couverte par la prescription, se trouve irrévocablement éteinte ;

Rejette ce moyen.

Mais, en ce qui touche le second moyen tiré de la violation de cette règle, qu'une citation donnée devant un juge incompétent n'en est pas moins, dans certains cas, interruptive de la prescription :

Attendu que des actes de poursuite ou d'instruction, émanés d'une partie ayant caractère pour poursuivre et pour instruire sur le fait du délit considéré en lui-même, sont des actes valables, et qu'ils ont un caractère juridique, quel que soit le tribunal qui, à raison de la qualité du prévenu, devra postérieurement en connaître ;

Qu'ils établissent donc légalement que l'action de la justice a été mise en exercice, et que, lorsqu'ils précèdent l'expiration du délai assigné à la prescription, ils en arrêtent le cours ;

Attendu qu'en matière de délit de pêche, l'administration des eaux et forêts a été investie, par l'art. 36 de la loi du 15 avril 1829, du droit *d'exercer conjointement avec les officiers du ministère public toutes les poursuites et actions en réparation de ces délits ;*

Que, si l'art. 479 du Code d'instruction criminelle établit une exception à l'exercice de ce droit, en créant, pour une certaine classe de délinquants, une juridiction privilégiée devant laquelle le procureur général a seul le pouvoir de les traduire, il ne s'ensuit pas que la citation donnée, à la requête de ladite administration, devant un tribunal qui n'était incompétent qu'à raison de la qualité du prévenu, n'ait pu constituer un acte valable de nature à interrompre la prescription ;

Qu'ainsi l'arrêt attaqué, en refusant ce caractère et cet effet à la citation du 13 février 1845, qui appelait le sieur Marteau, prévenu d'un délit de pêche, devant le tribunal correctionnel de Châtellerault, a violé les art. 637 et 638 du Code d'instr. crim., et faussement appliqué l'art. 479 du même Code ; — casse et renvoie devant la Cour d'Angers.

Du 18 avril 1846. — C. cass., ch. crim. — MM. Laplagne-Barris, prés. — Rocher, rapp. — Quénault, av. gén. — Chevalier, avocat.

1° LISTE DU JURY. — NOTIFICATION. — DATE. — SURCHARGE. — NULLITÉ.
2° HUISSIER. — FAUTE. — FRAIS. — CONDAMNATION.

1° *La notification de la liste des jurés à l'accusé est nulle, ainsi que tout ce qui s'en est suivi, lorsqu'une surcharge non approuvée rend incertaine la date de cette notification.* (*Cod. inst. crim., art.* 395) (1).

(1) Conf. cass. 25 février 1843, Bull. n° 45.

2° *Cette surcharge sans approbation constitue, de la part de l'huissier, une faute grave qui peut faire mettre à sa charge les frais de la nouvelle instruction, lorsque la première est annulée.* (*Cod. inst. crim., art.* 415.)

Ministère public contre Simier.

Dans l'espèce, l'accusé avait épuisé son droit de récusation, et ne s'était nullement plaint de ce que la liste du jury ne lui eût pas été notifiée en temps utile.

ARRÊT.

Vu l'art. 395 C. inst. crim., ainsi conçu : « La liste des jurés sera notifiée à chaque accusé la veille du jour déterminé pour la formation du tableau ; cette notification sera nulle, ainsi que tout ce qui aura suivi, si elle est faite plus tôt ou plus tard. »

Attendu que cette notification est nécessaire pour donner à l'accusé les moyens d'exercer utilement les récusations qui lui sont accordées par la loi, et que dès lors elle intéresse sa défense ;

Attendu, en fait, que la notification faite à l'accusé dans l'espèce et jointe au dossier, contient une surcharge dans l'expression de sa date ; que cette surcharge n'a point été approuvée, conformément à l'art. 78 du Code précité, et qu'ainsi il n'est pas constaté authentiquement que la liste des jurés a été notifiée à l'accusé le 6 février, *veille* des débats ;

Par ces motifs, la Cour casse et annule ladite notification, la formation du jury, les débats, la déclaration du jury et l'arrêt de condamnation intervenu sur ces débats, les 7, 8 et 9 février 1846, dans le procès criminel poursuivi contre Martin Simier devant la Cour du département de la Vienne ;

Et, pour être procédé à de nouveaux débats et à un nouveau jugement sur l'accusation portée contre lui, le renvoie en état de prise de corps devant la Cour d'assises du département des Deux-Sèvres ;

Et vu l'art. 415 du Code d'instruction criminelle ;

Attendu que la présente annulation provient de la faute très-grave de l'huissier instrumentaire ;

La Cour ordonne que les frais de la procédure à recommencer seront et demeureront à la charge de Saget, huissier audiencier près la Cour royale, demeurant à Poitiers.

Du 13 mars 1846. — C. cass., ch. crim. — MM. Laplagne-Barris, président. — Isambert, rapporteur. — Boissieux, avocat général.

BACS PUBLICS. — BAIL A FERME. — ACTION EN INDEMNITÉ OU EN RÉSILIATION. — COMPÉTENCE. — ADMINISTRATION DES CONTRIBUTIONS INDIRECTES. — PRÉFETS. — BÉNÉFICE DU PREMIER DEGRÉ DE JURIDICTION.

Les demandes du fermier d'un bac de l'État, tendant à l'obtention d'une indemnité, ou à la résiliation de son bail, par suite de non-jouissance, sont purement civiles, et doivent être appréciées par les tribunaux civils (1).

Mais l'administration des contributions indirectes n'est point partie capable pour défendre à ces demandes; ses fonctions se bornent à opérer la perception des fermages dus par l'adjudicataire du bac.

Le préfet, qui n'a pas été assigné en première instance par le fermier, a la faculté, en cause d'appel, de réclamer le bénéfice du premier degré de juridiction.

Chapuis contre l'administration des contributions indirectes et le préfet de la Vienne.

En l'année 1840, Chapuis se rendit adjudicataire de la ferme du bac de Clan, moyennant 950 fr. par an, payables par trimestre et d'avance. L'adjudication eut lieu publiquement devant le préfet de la Vienne.

Ce fermier n'ayant pas payé le premier terme, échu le 1er janvier 1843, la régie des contributions indirectes décerna contre lui une contrainte, le 28 mars suivant; cet acte fut suivi de deux commandements et d'une saisie-exécution.

Chapuis forma opposition à ces poursuites; il motiva son opposition sur ce que les abords de son bac avaient été rendus

(1) *Sic* Cormenin, Appendice, v° *baux*, n° 3.— *V.* un arrêt de cassation du 6 août 1829, Baudouin.

fort difficiles par le fait même de l'administration ; un pont devant être incessamment construit à Clan, les matériaux qui devaient servir à cette construction avaient, disait-il, été déposés sur le chemin conduisant au bac, ce qui rendait la circulation presque nulle.

La régie l'assigna devant le tribunal civil de Poitiers, pour voir déclarer son opposition nulle, non recevable ou mal fondée. Le 16 août 1843, un jugement prononça la nullité demandée, attendu qu'il s'agissait de l'application des art. 43, 44, 45 du décret du 1er germinal an XIII, et que Chapuis n'avait pas fait suivre l'opposition de l'assignation par laquelle il devait appeler la régie devant le tribunal.

Nouvelle opposition de Chapuis, à la date du 1er septembre 1843, contenant le renouvellement de ses griefs; il soutenait que l'empêchement de jouir de la chose affermée venait du gouvernement lui-même, qui cependant était bailleur, le bac étant devenu tout à fait inutile par suite des mesures prises pour la construction du pont par les agents de l'administration supérieure. Par le même exploit, il assigna le directeur des contributions indirectes devant le tribunal de première instance, afin de voir prononcer la nullité de la contrainte du 28 mars 1843 et des actes subséquents de la procédure.

La régie des contributions indirectes répondit qu'aux termes de l'art. 4 du décret du 5 germinal an XII, elle n'avait d'autre mission que celle de recouvrer les prix de ferme des bacs et passages; mais que le préfet seul, sur l'avis de l'ingénieur en chef, était chargé de statuer sur toutes demandes se rattachant à leur exploitation, sur les indemnités qui pourraient être réclamées par les fermiers, etc. Elle concluait à l'incompétence.

Jugement du tribunal de Poitiers, du 26 juin 1844, qui admet le déclinatoire.

Appel de Chapuis. Il intime en Cour royale le préfet de la Vienne, qui n'avait pas figuré dans les débats de première instance.

Celui-ci élève une fin de non-recevoir, résultant de ce qu'on ne pouvait le priver du premier degré de juridiction.

Me *Bouchard*, pour Chapuis, excipe des dispositions mêmes

du décret du 1er germinal an XIII pour repousser l'incompétence, ainsi que de la loi du 6 frimaire an VII.

Au fond, disait-il, l'administration est soumise au principe qui veut que chacun soit responsable de ses propres faits, et que l'on trouve exprimé fort énergiquement dans l'art. 1628 du Code civil.

L'appelant offrait subsidiairement de prouver par témoins les empêchements graves qui s'opposaient à la jouissance de sa ferme.

Me *Pervinquière*, pour l'administration des contributions indirectes, soutient l'incompétence des tribunaux civils; l'interprétation et l'exécution d'un bail administratif, dit-il, rentre dans les attributions de l'autorité administrative.

M. l'avocat général a pensé que les lois sur la matière semblaient commander cette solution; en toute hypothèse, il a cherché à démontrer que l'administration des contributions indirectes, uniquement chargée du recouvrement des fermages, ne pouvait répondre aux demandes de Chapuis, et que, quant au préfet, il était impossible de rejeter la fin de non-recevoir basée sur la tardiveté de sa mise en cause.

ARRÊT.

Attendu qu'il résulte de l'exploit d'opposition formée à la contrainte décernée par l'administration des contributions indirectes contre Chapuis, et des autres pièces de la procédure, que le tribunal de Poitiers, dont le jugement est attaqué, a été saisi : 1° de la question de savoir s'il devait y avoir diminution dans le prix du bail consenti à Chapuis par le préfet de la Vienne; 2° si ce bail devait être résilié;

Attendu que, cette matière étant purement civile, le tribunal devait statuer sur les demandes qui lui étaient soumises, et ne pas se déclarer incompétent;

Attendu que, la matière étant en état de recevoir une solution définitive, il y a lieu d'évoquer et de statuer par un seul et même arrêt, aux termes de l'art. 473 du Code de procédure civile;

Attendu que les fonctions de l'administration des contributions indirectes se bornent à percevoir les droits qui lui sont dus, et qu'elle n'était pas partie capable pour défendre à l'action intentée par Chapuis;

En ce qui touche le préfet de la Vienne :

Attendu qu'il a été appelé pour la première fois devant la Cour ; qu'il ne peut pas être privé du premier degré de juridiction, qu'il y a donc lieu de déclarer à son encontre l'appel de Chapuis non recevable, et de mettre le préfet de la Vienne hors de cause et de procès ;

Dit qu'il a été mal jugé par le jugement dont est appel en ce qu'il s'est déclaré incompétent; évoquant, déclare Chapuis non recevable dans son opposition formée contre la contrainte décernée contre lui par l'administration des contributions indirectes; déclare non recevable l'appel interjeté par Chapuis contre le préfet de la Vienne; met celui-ci hors de cause, condamne Chapuis aux dépens, etc.

Du 29 janvier 1846.—Cour royale de Poitiers, 1re ch. civ. — MM. Barbault de la Motte, prés. — Barthélemy, cons. rapp.—Béra, av. gén.—Bouchard et Pervinquière, avocats. — Bouchard jeune, Jolly et Martineau, avoués.

APPEL CORRECTIONNEL. — JUGEMENT PAR DÉFAUT. — OPPOSITION. — SIGNIFICATION. — DÉLAI.

La signification d'un jugement par défaut rendu en matière correctionnelle fait courir à la fois, et du même jour, le délai d'opposition et celui d'appel. Ainsi l'appel de ce jugement peut être interjeté, par la partie condamnée, avant l'expiration du délai d'opposition, par conséquent avant la signification même de ce jugement. (Cod. instr. crim., art. 187 et 203; Cod. proc. civ., art. 443 et 445; Av. du cons. d'Ét. du 18 fév. 1806) (1).

(1) Conf. crim. cass. 19 vent. an XI, D. A. 1-572; *id.* 22 janv. 1825, D. 25-1-207; *id.* 19 avril et 31 août 1833, D. 33-1-371 et 240, 34-1-55; crim. rej. 23 sept. 1841, D. 42-1-86; Merlin, *Quest. de droit*, vo *appel*, §. 8, art. 4, no 2.

Contr. Colmar, 24 oct. 1823, D. A. 1-550; Av. du cons. d'État du 18 fév. 1806; Legraverend, t. 2, p. 349.

Les nombreux arrêts intervenus sur cette question prouvent qu'elle n'est pas sans difficulté.

19 novembre 1836, jugement du tribunal correctionnel de Civray, qui, sur la plainte du sieur Pellegrin, condamne par défaut la femme Pellegrin à quinze mois de prison et à 5,000 fr. de dommages-intérêts envers son mari, pour délit d'adultère.

26 novembre, appel par la femme Pellegrin.

Contre cet appel, une fin de non-recevoir fut soulevée par le ministère public, résultant de ce que l'appel ayant été déclaré avant toute signification du jugement, c'était par la voie de l'opposition, et non par la voie de l'appel, que la femme Pellegrin devait se pourvoir pour faire rapporter ce jugement.

C'est un principe consacré par l'art. 455 du Code de procédure, a dit M. l'avocat général, *que les appels des jugements susceptibles d'opposition ne sont point recevables pendant la durée du délai pour l'opposition.* Et pourquoi cela? c'est parce que, comme le dit fort bien un avis du conseil d'Etat du 18 février 1806, « l'appel étant une voie introduite pour faire réformer les erreurs des premiers juges, on ne doit y recourir que lorsque la partie lésée n'a plus les moyens de les faire revenir eux-mêmes sur leur jugement. » La voie de l'opposition étant plus respectueuse envers le juge que celle de l'appel, il est rationnel qu'on ne recoure à celle-ci qu'à défaut de la première. Et comme il s'agit là d'un principe philosophique, il faut appliquer la règle aux matières correctionnelles comme aux matières civiles, à moins que la loi n'en ait disposé autrement. Or, loin que notre législation criminelle ait disposé, sur ce point, autrement que la législation civile, l'avis précité du conseil d'État, intervenu précisément sur la question, a déclaré, par la raison donnée plus haut, que l'appel des jugements correctionnels n'était pas recevable pendant les délais de l'opposition.

On a dit (et c'est la Cour de cassation) que cet avis du conseil d'État avait été implicitement abrogé par l'art. 203 du Cod. d'instr. crim., qui prononce la déchéance de l'appel, si la déclaration n'en a été faite dans les dix jours de la prononciation du jugement, s'il est contradictoire, et, s'il est par défaut, dans les dix jours de sa signification à la partie condamnée. Puisque le délai d'appel contre un jugement par défaut court, non de l'expiration du délai d'opposition, comme dans le cas de l'article 443 Cod. proc., mais du jour de la signification de ce jugement au condamné, c'est la preuve, a-t-on dit, que l'appel peut être interjeté pendant le délai d'opposition; autrement il ne serait pas vrai qu'on eût dix jours pour faire appel.

L'argument, ainsi appuyé sur le texte de la loi, a de la force, on n'en disconvient pas; cependant, si l'on fait attention que l'art. 194 du Code du 3 brumaire an IV ne donnait non plus que dix jours, à partir de la prononciation du jugement, pour en faire appel, et cela, sans distinguer si le jugement était contradictoire ou par défaut; que le conseil d'État n'a pas hésité, d'une part, à consacrer le droit d'opposition aux jugements correctionnels rendus par défaut, malgré le silence du Code de brumaire sur ce point; de l'autre, à déclarer que l'appel de ces jugements ne serait pas recevable tant qu'ils pourraient être attaqués par l'opposition, l'argument cesse d'être aussi concluant qu'il le paraissait au premier abord. Et quand il n'apparaît, dans le Code de 1808, d'aucune dérogation à l'avis du conseil d'État du 18 février 1806, qui avait force de loi, d'après les règles du temps, ne faut-il pas en conclure que les auteurs du Code d'instruction criminelle ont entendu maintenir le principe posé dans cet avis, et qui était déjà la règle consacrée par l'art. 455 Cod. proc. civ.? Auraient-ils manqué de s'en expliquer, s'ils avaient eu une intention contraire? Le texte des lois doit toujours s'éclairer par leur esprit.

Merlin objecte que, si le délai d'appel ne courait pas avant l'expiration du délai d'opposition, il en résulterait, de toute nécessité, que le délai d'appel d'un jugement par défaut serait de quinze jours, à compter de la signification du jugement; que cependant la loi le limite impérieusement à dix jours. (Quest. de droit, v° *appel*, § 8, art. 4, n° 2.) — Ce n'est pas tout à fait, répond M. l'avocat général, la conséquence que nous en voulons tirer. Le délai d'appel ne sera que de dix jours, puisqu'ainsi l'a voulu la loi; seulement dans cet unique délai se confondront et le délai d'opposition et celui d'appel. De cette manière, il est vrai, le délai d'appel se trouve réduit à cinq jours utiles, et il eût été plus logique de dire que le délai d'appel, pour les jugements par défaut, serait de cinq jours, à partir de l'expiration du délai d'opposition; mais on a calqué la rédaction de l'art. 203 sur celle de l'art. 194 du Code de brumaire, sous la préoccupation de cette idée, qu'il ne fallait pas augmenter les délais de recours accordés contre les jugements correctionnels, la matière exigeant célérité. Mais de là il ne ressort aucun grief pour la partie condamnée, puisque ce sont toujours dix jours qui lui sont accordés, depuis le moment où le jugement lui est connu, pour examiner si elle doit y former opposition ou en interjeter appel.

Contre la fin de non-recevoir soulevée par M. l'avocat général, on invoque la jurisprudence, que l'on peut considérer, dit-on, désormais comme bien assise sur ce point.

ARRÊT.

La Cour, — attendu que la seule question qui se présente à examiner, quant à présent, est celle de savoir si la fin de non-recevoir proposée par M. l'avocat général contre l'appel interjeté avant l'expiration des délais d'opposition, est fondée;

Attendu, à cet égard, que des art. 187 et 203 Cod. d'instr. cr. il résulte que la signification du jugement par défaut rendu en matière correctionnelle, fait courir à la fois, et du même jour, le délai d'opposition et celui d'appel; — que les dix jours donnés pour faire appel, en ce cas, sont nécessairement dix jours utiles, dès que la loi n'a pas manifesté une intention contraire, d'après la règle *Contrà non valentem agere non currit præscriptio;* or, si l'appel ne pouvait être interjeté pendant les cinq jours de délai accordés pour l'opposition, le délai d'appel ne serait, en réalité, que de cinq jours, quand la loi en accorde dix, en termes exprès;

Qu'en admettant que, parfois, le Code de procédure civile pût, soit comme règle, soit comme raison écrite, être appliqué au correctionnel, ce ne pourrait être que dans des matières sur lesquelles le Code d'instruction criminelle est muet; que cela ne se rencontre pas dans l'espèce dont il s'agit, où il est clairement expliqué, contrairement à l'art. 443 Cod. proc. civ., que le délai accordé pour faire appel doit courir, non à partir de l'expiration du délai d'opposition, mais du même instant que celui accordé pour l'opposition ; d'où il faut conclure que l'art. 455 Cod. proc. civ. est sans application à la cause actuelle ;

Sans avoir égard à la fin de non-recevoir proposée, reçoit l'appel de la femme Pellegrin, etc.

Du 16 janvier 1857. — Cour de Poitiers, ch. correc. — MM. Liége d'Iray, prés. — Flandin, av. gén., concl. contr. — Mes Pontois et Calmeil, avocats.

MARIAGE. — CONSENTEMENT. — VIOLENCE. — NULLITÉ.

Est nul, pour défaut de consentement, le mariage contracté par une jeune fille de seize ans, lorsqu'il apparaît que son consentement n'a été donné qu'à la suite de scènes, fréquemment renouvelées, de brusquerie, d'emportement, de menaces, auxquelles se sont jointes des voies de fait. De pareils procédés sont constitutifs de la violence et ne peuvent être taxés de crainte purement révérentielle. (*C. civ., art.* 180, 1109, 1111, 1112 *et* 1114.)

Il n'importe, d'ailleurs, que ces violences ne se soient pas produites au moment même du contrat, mais antérieurement. (Implicitement résolu.)

La dame Despiet contre son mari.

Bien que cette solution soit moins la consécration d'un principe de droit qu'une appréciation de circonstances abandonnée au pouvoir discrétionnaire du juge, l'affaire nous a paru cependant, par le dramatique des faits et par la contrariété des décisions auxquelles elle a donné lieu, mériter de trouver place dans ce Recueil. C'est d'ailleurs, quoique les procès de ce genre soient fort rares, un précédent qu'il peut être utile de consulter.

M. et Mme Merle habitent la petite ville de Langon. En 1843, ils conçurent le projet d'unir leur fille unique, Larissa, alors âgée de seize ans, à M. Despiet, notaire à Bordeaux, qui en avait trente-deux.

Les conditions de fortune, d'éducation, de position sociale, rendaient ce mariage fort sortable.

M. et Mme Merle se rendirent à Bordeaux avec leur fille vers la fin de janvier. Celle-ci ignorait alors le projet d'établissement que ses parents avaient formé pour elle ; le père ne s'en ouvrit à sa fille que dans le courant de février.

Mlle Merle avait vu M. Despiet, et il ne lui avait pas plu. Aussi repoussa-t-elle les premières ouvertures qui lui furent faites à son sujet, en déclarant qu'elle ne consentirait jamais à ce mariage. Mais le père insista, et on verra qu'il alla jusqu'aux voies de fait pour contraindre la volonté de sa fille.

Il fallait brusquer le mariage pour triompher de la résistance de celle-ci.

M. Despiet, qui ignorait ce qui se passait dans l'intérieur de la famille Merle, écrivit, le 27 février, au nom de M. Merle, à M. Coycault, notaire et maire de Langon, de tenir prêts pour le 1er mars le contrat et l'acte civil du mariage, et de garder le secret, afin d'éviter la foule des curieux. On devançait même ainsi d'un jour la célébration du mariage, car les invitations à la famille n'avaient été faites que pour le 2 mars.

La famille Despiet et la famille Merle partirent de Bordeaux, le 1er mars, pour se rendre à Langon, où l'on arriva à cinq heures du soir. On prévint à la hâte les parents et les amis qui demeuraient dans la ville ; et, le même soir, le contrat de mariage fut signé et le mariage célébré devant l'officier de l'état civil.

Un témoin raconte ainsi les circonstances de ce mariage :

« Après la signature du contrat, et vers neuf heures du soir, les assistants furent avertis qu'on allait se rendre à la mairie pour la célébration du mariage civil. La nuit était obscure et pluvieuse ; on ne fit point allumer de falot ; Mlle Merle n'avait point fait de toilette ; l'hôtel de ville n'était point éclairé ; tout cela avait un caractère mystérieux qui me surprit. »

Il y eut entre le mariage civil et le mariage religieux un intervalle de quarante-six jours, pendant lequel Mlle Merle manifesta de plus en plus sa résistance à l'union pour laquelle on faisait, disait-elle, violence à ses sentiments.

Le mariage religieux fut néanmoins célébré le 16 avril.

Mais le 18 juillet, avant toute cohabitation des époux, une action fut introduite par Mlle Merle, devant le tribunal civil de Bordeaux, en annulation de son mariage, action fondée sur des faits de violence dont elle demandait à faire preuve par les voies de droit.

Un interlocutoire du 24 juillet reconnut la pertinence des faits articulés, au nombre de vingt-deux, et admit la preuve offerte.

Voici les faits les plus saillants qui résultent de l'enquête :

La fille Mansineau, domestique des époux Merle, dépose :

« Mlle Merle était venue, avec son père et sa mère, passer le carnaval à Bordeaux. Je les avais accompagnés en qualité de domestique. Je m'apercevais que la demoiselle était fort triste, que son père la grondait souvent, se mettait dans des colères incroyables. J'ignorais le motif de tout cela. Cependant je remarquai que, lorsque M. Despiet venait rendre visite, mademoiselle pleurait lorsqu'il était sorti, et que c'était alors qu'elle était grondée. Le lendemain du mariage civil, Mme Despiet me dit qu'on l'avait mariée malgré elle, qu'elle était bien malheureuse...

» Depuis le mariage civil jusqu'au mariage religieux, j'ai remarqué que Mme Despiet pleurait souvent, et j'ai entendu son père et sa mère, mais principalement son père, la gronder et lui faire des menaces.

» Ce fut surtout le jour du mariage religieux que Mme Despiet manifesta le plus grand désespoir. Je la trouvai déshabillée, les cheveux en désordre ; elle se frappait la tête partout, disant qu'elle était bien malheureuse... »

M. Labat, un autre témoin, non parent de la famille Merle, dépose :

« Lorsque la famille Merle résidait à Bordeaux, au mois de février dernier, j'allais fréquemment la visiter. Un jour, au moment où j'allais entrer dans le salon, dont la porte était entr'ouverte, je vis M. Merle lancer à sa fille un coup de pied et un coup de poing ; elle en fut frappée ; elle s'enfuit en pleurant dans un autre appartement. Je témoignai à M. Merle toute ma surprise d'une conduite aussi extraordinaire envers sa fille ; il me répondit : « Je veux faire son bonheur en la mariant avec M. Despiet, et je ne puis lui arracher son consentement. Il me pria de garder le secret sur ce que j'avais vu..... »

La maîtresse de piano, Mme Guérin, dépose de faits du même genre :

« Je donnais habituellement des leçons de musique à Mlle Merle. Je ne fus point prévenue de son mariage civil. Étant allée le lendemain chez elle, je la trouvai très-pâle, et je remarquai qu'elle éprouvait un tremblement convulsif... Depuis ce moment jusqu'à la célébration du mariage religieux, j'ai remarqué l'état de tristesse de Mme Despiet; elle fut même malade dans cet intervalle. La conduite de ses parents avait également changé envers elle; on avait à son égard des manières brusques, et, dans plusieurs circonstances, j'ai vu sa mère lui lancer des coups de poing, lorsque jusqu'à ce moment Mlle Merle avait été adorée de ses parents... »

M. Guérin, boulanger, non parent, dépose :

« Le 1er mars dernier, vers sept heures du soir, je me rendis chez M. Merle, auquel je voulais donner une somme d'argent dont je suis débiteur envers lui. Je montai par un escalier de service pour me rendre dans l'appartement où je savais le trouver. J'ignorais que le mariage dût être célébré ce jour-là; j'avais au contraire appris qu'il était fixé au 2 mars. En approchant de l'appartement où était M. Merle, je l'entendis qui disait : « Larissa ! ne me contrarie pas ! tu ne sais pas à quels emportements tu me porterais, si tu ne disais pas oui ! » Je ne comprenais pas bien les réponses de Mlle Merle ; mais j'entendais qu'elle disait : « Mais, mon père! je t'en prie! » Au moment où j'entrai dans l'appartement, je vis M. Merle repousser rudement sa fille, et celle-ci, rejetée en arrière, appuya une main sur le plancher. Je crois que tout son corps ne porta pas. Je ne pus m'empêcher de dire : « M. Merle! que faites-vous? » Il vint à moi et me dit : « Croyez bien que tout ce que je veux est pour le bonheur de ma fille. Je vous en prie, ne dites rien de ce que vous venez de voir. »

M. Larquey, avocat, non parent :

« J'arrivai à Langon, la veille du mariage religieux, vers sept heures du soir. Tous les invités, parents et amis, arrivèrent successivement. Ils étaient consternés. Je fus surtout frappé de l'abattement de la jeune épouse... Avant la cérémonie religieuse, M. Merle vint à moi d'un air désolé. Il me dit que sa fille était désespérée ; qu'il craignait qu'elle ne voulût pas se rendre à l'église. Il me demanda s'il ne serait pas possible de faire annuler le mariage civil? Je lui répondis qu'il n'y aurait aucun moyen de nullité à proposer, à moins qu'il ne fût justifié que le consentement de sa fille n'avait pas été libre; mais j'ajoutai que je ne pensais pas qu'il l'eût violentée. « Tu pourrais te tromper, répliqua M. Merle, avec vivacité : qui t'a dit que je n'ai pas employé la contrainte? » Je persistai à ne pas y croire. Je lui conseillai de ne pas arrêter le mariage religieux; et, pour l'y décider, je lui dis que quinze jours de cohabitation suffiraient sans doute pour faire cesser ce que je croyais être une simple répugnance de la part d'une épouse de seize ans. »

M. Catellan, cousin de M. Merle :

« Je me trouvai dans la salle de la mairie, placé de manière à voir la figure de Mlle Merle, et je remarquai que, pendant que le maire lui lisait le chapitre du Code civil sur les devoirs respectifs des époux, sa physionomie se contractait et qu'elle faisait des signes de tête négatifs... En sortant, je lui dis que, si elle avait besoin d'un témoin pour affirmer qu'elle n'avait pas promis obéissance à son mari, je lui en servirais. Elle ne me répondit pas... Lui ayant un peu plus tard adressé la même observation, elle me dit : « J'ai bien eu envie, lorsque le maire m'a interrogée, de répondre non, mais je n'ai pas osé... »

Mme Contereau, alliée de la famille Merle :

« Mlle Merle ne me confiait ses peines et son désespoir que lorsque j'étais seule avec elle; elle se taisait aussitôt que son père ou sa mère survenaient, me disant combien elle était malheureuse, et que sa volonté était comprimée... »

Mme Brannens, tante par alliance :

« J'ai souvent entendu M. Merle dire à sa fille : « Je ferai ton bonheur malgré toi...; tu feras la volonté de ton père. »

» Quelques jours avant la célébration du mariage religieux, Mlle Merle se plaignit d'avoir été frappée par son père, à l'occasion de la résistance qu'elle apportait à son mariage. »

Nous citerons une dernière déposition, celle du maire, M. Coycault, non parent :

« Le 27 février, M. Despiet m'écrivit qu'il se rendrait à Langon, avec la famille Merle, le 1er mars, et il m'invitait à tout préparer pour que, le même jour, le contrat de mariage fût signé et l'acte civil célébré immédiatement après. Il m'engageait, au nom de M. Merle, à garder le secret pour éviter la foule des curieux. La famille Despiet et la famille Merle arrivèrent, en effet, le 1er mars. Le contrat de mariage fut signé et le mariage fut célébré dans la soirée, presque aussitôt après. Les invitations de M. Merle avaient été faites pour le 2 mars, et cette circonstance avait écarté les personnes qui auraient pu affluer à la mairie. Comme notaire, j'avais reçu le contrat, et étant alors maire de Langon, je dus procéder au mariage. J'avais remarqué, sans y attacher une grande attention, que Mlle Merle n'était pas dans son état de calme habituel. Pendant quelques instants, elle paraissait abattue, et aussitôt après elle paraissait surexcitée comme pour se contraindre à faire bonne contenance. Lorsque je demandai à Mlle Merle si elle acceptait M. Despiet pour époux, elle me répondit : Oui, monsieur ; mais cette réponse fut dite d'un ton si sec et si bref, que j'en fus frappé, et que je doutai que ce fût le résultat d'un consentement libre et spontané. Très-certainement j'aurais réitéré ma demande, si les époux avaient été dans un eautre position sociale ; mais je craignis de blesser les convenances ; car la réponse de Mlle Merle avait été loin de me satisfaire... »

M. Despiet, frappé sans doute de la gravité des faits révélés par l'enquête, renonça à faire une contre-enquête, et, sur la demande en nullité du mariage, déclara s'en rapporter à justice.

Le mariage, nonobstant ce, fut maintenu par jugement définitif du 29 août, rendu sur les conclusions conformes du ministère public, et dont voici le texte :

« Attendu qu'aux termes des articles 180 et 181 du Code civil, le mariage qui a été contracté *sans le consentement libre* de l'un des époux peut être attaqué par celui-ci, et que l'action en nullité peut être formée dans les six mois, à partir du jour où l'époux a repris sa pleine liberté, et conséquemment, dans tous les cas, dans les six mois du jour du mariage ;

» Attendu que les principes généraux sur la nullité des contrats par défaut de consentement sont essentiellement applicables au mariage ; qu'il n'y a point de consentement valable s'il a été extorqué par violence (art. 1109 du Code civil); que l'article 1111 dispose que la violence exercée contre celui qui a contracté l'obligation est une cause de nullité, quoiqu'elle ait été exercée par un tiers autre que celui au profit duquel la convention a été faite;

» Attendu que toute espèce de violence n'est pas suffisante pour opérer la nullité du consentement;

» Qu'il est nécessaire qu'elle soit de nature à faire impression sur une personne raisonnable, et qu'elle puisse lui inspirer la crainte d'un mal considérable et présent, eu égard à l'âge, au sexe et à la condition des personnes (art. 1112 du Code civil);

» Qu'ainsi la violence que l'on invoque pour invalider le contrat doit demeurer soumise à deux conditions essentielles, la crainte d'un grand mal, d'un mal considérable... *metum accipiendum, non quemlibet timorem, sed majoris malitatis* (ff. l. 4, titre 2, l. 5); la crainte d'un mal actuel et présent au moment du contrat..., *metum præsentem* (L. 9, ff. *eodem titulo*);

» D'où il suit qu'il n'est pas vraisemblable que la contrainte ait été exercée, toutes les fois que l'on a pu recourir à quelqu'un qui aurait empêché la violence, ou lorsque l'on a pu réclamer la protection du droit public. *Vis autem est majoris rei impetus qui repelli non potest* (L. 2 et 25, au titre précité);

» Attendu que la seule *crainte révérentielle* est insuffisante pour annuler le contrat, lorsqu'il n'y a pas eu de violence de cette nature (art. 1114 Code civil);

» Attendu que, pour rechercher si le consentement donné par la dame Despiet au mariage qu'elle a contracté lui a été arraché par violence, il est nécessaire de diviser les faits dont elle a été admise à faire la preuve en trois périodes distinctes : les faits qui ont précédé le mariage civil, les faits qui ont accompagné ce mariage, et les faits qui l'ont suivi; que c'est ainsi seulement que l'on peut espérer d'arriver à la manifestation de la vérité, et de reconnaître si ces faits ont une gravité réelle, ou si leur faiblesse n'a pas été démontrée en les réunissant en faisceau et les coordonnant avec habileté;

» Attendu, sur les faits antérieurs au mariage civil, que la détermination prise par M. et Mme Merle de marier leur fille avec M. Despiet avant de l'avoir conduite à Bordeaux pour la mettre en relation avec celui-ci, n'établit pas une présomption de la violence et de la contrainte invoquée;

» Que l'insistance du père de famille pour *arracher un consentement* qui n'aurait pas été spontané, que sa volonté manifestée de vouloir faire le bonheur de sa fille *malgré elle*, démontrent *une résistance* opposée aux désirs du sieur Merle, sans fournir la preuve des violences qui lui sont imputées;

» Que le fait déclaré par le témoin Labat est un acte blâmable, sans doute, et déplorable; que, sans adopter entièrement la pensée des jurisconsultes qui rejettent, comme inutiles, tous les faits antérieurs au contrat, quand ils ne se rattachent pas à des faits qui auraient éclaté au moment même de l'acte, il est cependant indispensable de faire remarquer que cette violence a été exercée, lorsque la demoiselle Merle résidait encore à Bordeaux, plus d'une semaine, plusieurs semaines peut-être, avant la célébration du mariage; que ce fait est seul, isolé, raconté par un témoin unique, et que, dès lors, on ne peut le considérer comme le mal considérable dont la loi veut faire résulter la violence qui invalide le consentement;

» Que le fait dont dépose le sieur Guérin est dépourvu de ce même caractère; qu'il faut en déduire que la demoiselle Merle, résignée à se conformer aux désirs de sa famille, priait son père de ne pas exiger d'elle l'accomplissement d'un acte auquel elle se soumettait par une déférence révérentielle, et que celui-ci l'aurait poussée assez rudement pour la renverser; que l'on ne saurait trouver, dans un pareil acte, une violence volontaire dictée par la détermination inébranlable d'imposer une *contrainte irrésistible*, mais plutôt un mouvement irréfléchi, exécuté pour se soustraire à des prières auxquelles on n'était pas habitué de résister;

» Attendu, sur les faits qui ont accompagné le mariage civil, que la précipitation apportée dans les apprêts du contrat et dans la célébration du mariage est suffisamment expliquée par le désir manifesté au notaire et au maire, au nom de la famille, d'éviter les empressements de la curiosité publique, toujours vivement excitée dans les petites localités par une semblable cérémonie; que la tristesse et l'abattement dans lesquels paraissait plongée de temps en temps la demoiselle Merle, ses inquiétudes et son exaltation, doivent être attribués à ce qu'elle consentait à ce mariage pour complaire à ses parents, et parce qu'elle n'avait pas assez consulté peut-être, ainsi que le dépose son oncle M. Duran de Larissa; que les signes de tête négatifs qu'elle aurait faits pendant la lecture du chapitre du Code civil relatif aux devoirs des époux, se comprennent, lorsque la loi impose à la femme une obéissance et une soumission qui ne sont pas absolument dans nos mœurs et dans nos habitudes, et sur lesquelles surtout on n'a pas réfléchi à l'âge de la demoiselle Merle; que c'est ainsi d'ailleurs que cet acte avait été interprété par les deux témoins qui en ont déposé, les sieurs Catellan et Béchade; que ces signes de tête négatifs ne se sont pas reproduits, lorsque la demoiselle Merle a été interpellée par l'officier de l'état civil pour savoir si elle acceptait le sieur Despiet pour époux; qu'en présence de sa famille et des étrangers accourus, elle a répondu affirmativement; qu'il importe peu que sa voix ait été plus ou moins sèche et brève, quand une dénégation facile suffisait pour la soustraire à la contrainte qu'elle aurait subie; qu'il est impossible de croire, ainsi que la demoiselle Merle l'a déclaré, au retour de la mairie, au sieur Catellan, qu'elle ait eu la volonté de répondre négativement à l'officier de l'état civil, et qu'elle ne l'ait pas osé; qu'à l'âge de la demoiselle Merle, et dans la condition sociale à laquelle elle appartient, personne n'ignore que l'on ne peut être contraint à un mariage forcé, et que d'ailleurs la puissance de volonté dont la dame Despiet a fait preuve depuis cette époque démontre jusqu'à l'évidence la plus claire que le courage ne lui eût pas manqué pour manifester sa pensée; qu'en se présentant, le 1er mars dernier, devant le maire de Langon, elle savait qu'il dépendait entièrement d'elle-même d'énoncer une volonté négative au mariage qu'on désirait lui faire contracter;

» Attendu qu'ici se présentent les considérations les plus graves pour établir que la demoiselle Merle n'a pas subi la violence dont elle prétend avoir été victime;

» Que le mariage a été célébré publiquement et dans la maison commune, circonstance qui à elle seule détruit la présomption de contrainte; que ce n'est pas M. Merle qui conduit sa fille à la mairie; il ne l'eût pas abandonnée, s'il n'eût obtenu son consentement que par des violences coupables, car un mot pouvait lui faire perdre le fruit de sa conduite; c'est le chef de la famille Merle, M. Brannens aîné, homme justement considéré, qui couvre de son patronage mademoiselle Merle et la conduit librement devant le maire, et elle ne lui parle pas des violences qui auraient arraché un consentement qu'elle ne voulait pas donner; que le sieur Brannens, assigné comme témoin, a déposé que, si elle lui en avait parlé, il se serait empressé de la reconduire chez elle, au lieu de la présenter au maire de Langon; que mademoiselle Merle aurait trouvé la même protection auprès de tous ses parents, auprès surtout de plusieurs d'entre eux qui lui portent un attachement sans bornes, et qui exercent dans la famille l'influence que commande leur caractère; que cependant, et pendant qu'elle était encore à Bordeaux, elle avait dit au témoin Labat que son père voulait la contraindre à épouser un homme qu'elle n'aimait pas et qu'elle n'aimerait jamais; que cette confidence faite à un étranger, elle n'en fait part à aucun de ceux qui pourraient la défendre, nouvelle preuve manifeste que cette contrainte n'était pas pour elle un mal considérable et ne se traduisait pas en violences; qu'au retour de la mairie, où la dame Despiet, née Merle, venait de signer un acte de mariage en ajoutant à son nom la qualification d'épouse, il paraît bien qu'elle a dit à la dame Brannens les paroles que ce témoin rapporte, mais qu'elle aurait pu les lui dire avant d'aller à la mairie; — qu'enfin, si, à la mairie, la dame Despiet, née Merle, a manifesté, ainsi que le dépose le témoin Cabireau, le désir de voir arriver promptement le maire, ce sentiment exclut l'idée de toute violence;

» Attendu qu'en présence de ces considérations, et lors même qu'on admettrait les deux faits allégués par les témoins Labat et Guérin, quoique leur insuffisance ait été démontrée, il faudrait reconnaître que les violences dont se plaint la demoiselle Merle n'auraient pu invalider le consentement qu'elle a donné au mariage par elle contracté, puisqu'elle aurait pu repousser la contrainte exercée sur sa volonté, en recourant à l'appui et en se réclamant de la protection de ses parents;

» Attendu, sur les faits qui ont suivi le mariage civil, qu'il est juste de reconnaître que, postérieurement à cet acte, la répugnance de la dame Despiet pour son mari s'est manifestée de plus en plus jusqu'au moment du mariage religieux; que, dans l'intervalle trop long que sa famille eut l'imprudence de laisser écouler entre le mariage civil et le mariage religieux, cette répugnance se dévoila dans un grand nombre de circonstances; que, le jour de ce mariage religieux, Mme Despiet *s'abandonna au chagrin le plus violent*, et fit connaître à plusieurs de ses parents l'intention dans laquelle elle était *de ne pas donner son consentement au mariage religieux* et de ne pas se rendre à l'église;

» Attendu que, quelque graves que soient tous les faits reproduits par l'enquête, ils sont sans force contre l'acte qui les a précédés; que le mariage civil étant le seul lien légal, il faut établir la non-liberté du consentement avant cet acte et au moment de cet acte, et que cette preuve a manqué;

» Que l'on objecte vainement que la dame Despiet ne se croyait pas irrévocablement liée par le mariage contracté devant l'officier de l'état civil; que, dans sa position et avec l'éducation qu'elle a reçue, elle ne pouvait pas ignorer que le mariage civil était indissoluble; qu'on lui avait enseigné que la cérémonie religieuse n'était que le complément de cet acte solennel; qu'en admettant même qu'elle ait eu cette pensée, ce ne serait pas un moyen suffisant pour rompre un contrat dont elle n'aurait pas compris toute la portée;

» Attendu que, si l'on ajoute aux considérations qui précèdent que l'enquête à laquelle a fait procéder la dame Despiet n'a pas eu de contradicteur; que les deux époux se réunissent pour faire déclarer la nullité de leur mariage; que les témoins appelés, tous honorables, mais parents de la demoiselle Merle, ou amis de sa famille, n'ont vu les faits dont ils ont déposé que sous l'influence du chagrin de la dame Despiet, avec le désir de la voir rendue à la liberté, et qu'ils ont pu se laisser entraîner, sans trahir la vérité, à rendre compte de leurs impressions; que mademoiselle Merle, fille unique, était adorée de son père; que le sieur Merle, pour complaire aux volontés de sa fille, laisse aujourd'hui occuper les faits qui portent atteinte à sa dignité d'homme et de père; l'on restera convaincu que la dame Despiet n'a jamais été exposée aux violences qu'elle prétend avoir été exercées pour arracher son consentement ;

» Attendu que, quelle que soit la position que se sont faite les mariés Despiet, les magistrats ne peuvent se laisser dominer par des considérations qui affaibliraient l'autorité de la loi dont l'application leur est confiée ; que le mariage est le lien de la famille et de la société ; qu'on ne saurait lui porter atteinte sans danger, et sans ébranler l'une et l'autre. »

Ce jugement fut confirmé, sur l'appel, par arrêt de la Cour de Bordeaux du 22 mars 1844, sur les conclusions conformes de M. le procureur général de la Seiglière, malgré une remarquable plaidoirie de Me Desèze, et une consultation délibérée en faveur de Mme Despiet par Mes de Vatimesnil, Chaix-d'Est-Ange, Paillet et Ph. Dupin, du barreau de Paris (1).

Heureusement pour Mme Despiet, l'arrêt de la Cour de Bordeaux renfermait un vice de forme résultant de ce que, pour procéder sur son appel, elle ne s'était pas pourvue, comme elle l'avait fait, au premier degré de juridiction, de l'autorisation de son mari, ou de la justice, à son défaut. L'arrêt de Bordeaux fut cassé, pour violation des art. 215 et 218 C. civ., par arrêt du 21 janvier 1845 (D. 45-1-97), et l'affaire renvoyée devant la Cour royale de Poitiers.

Devant cette Cour, comme à Bordeaux, Mme Despiet n'avait d'autre contradicteur que le ministère public, M. Despiet s'en rapportant à justice, ou plutôt se joignant à Mlle Merle pour demander la nullité du mariage.

Après l'exposé des faits, la lecture de l'enquête et du jugement, Me Ph. Dupin, avocat de Mme Despiet, discute et combat les motifs qui ont égaré, selon lui, les magistrats de première instance.

« Dès l'abord, dit-il, viennent se placer les erreurs de doctrine auxquelles se sont laissé entraîner les premiers juges, en allant puiser, dans une législation éteinte, des maximes dont

(1) L'arrêt et les plaidoiries sont rapportés dans la *Gazette des Tribunaux*, nos des 9, 10 et 16 avril 1844.

l'excessive sévérité pouvait convenir à la dureté républicaine des Romains, mais qui n'ont jamais été en harmonie avec la douceur des mœurs françaises.

» Non, pour vicier le consentement, il n'est pas nécessaire chez nous, comme chez les Romains, d'une violence impétueuse et extraordinaire, *majoris rei impetus;* d'une violence qu'il serait impossible de repousser, soit par l'invocation du droit public, soit par le recours aux magistrats, *qui repelli non potest;* d'une violence capable d'ébranler un stoïcien ou un héros, *constantem virum.*

» Notre loi française dit, au contraire, avec cette lucidité et ce bon sens équitable qui la caractérisent, qu'il n'y a point de *consentement valable*, s'il a été extorqué par la violence (article 1109); qu'il y a violence, quand les faits qui la constituent sont de nature à inspirer *la crainte d'un mal considérable et présent* (art. 1112), et qu'enfin, dans l'appréciation de ces faits, il faut avoir égard à l'*âge*, au *sexe* et à la *condition* des personnes (*Ib.*).

» Or, en fait, qui voit-on figurer dans les tristes scènes de ce procès ? Une jeune fille de seize ans, qui réunit en elle la double faiblesse et les timidités du sexe et de l'âge; roseau fragile habitué à plier sous le souffle paternel, et qui n'a point de résistance possible contre les orages et les violences qui viendront de ce côté.

» Pour briser son cœur, dompter ses volontés, user ses résistances, dicter ses paroles, forcer ses actions, il ne serait probablement pas besoin d'aller jusqu'à la brutalité des violences matérielles. Des mots durs et cruels, des scènes réitérées, des procédés acerbes, des menaces persistantes auraient peut-être la puissance de l'enlacer dans l'irrésistible étreinte d'une violence morale proclamée par les auteurs et par les commentateurs du Code, suffisante pour vicier un consentement; car le Code ne s'attache qu'au fait de la violence exercée, et non aux moyens d'action qui la produisent. »

Me *Dupin* résume les dépositions de l'enquête ; puis il s'écrie :

« Comment nier la violence en présence de ces faits ? Quand fut-elle manifestée par plus de preuves accumulées? Où trouver, à un moment quelconque, ce libre mouvement de l'esprit qu'on appelle la volonté, cet assentiment spontané qu'on nomme consentement et qui est le principe du contrat civil?

» Une erreur des premiers juges a été de rejeter les faits antérieurs et les faits postérieurs au jour de l'immolation municipale de Mlle Merle, sous prétexte que la violence doit exister au moment du contrat. Mais qui ne comprend que la violence peut dominer et vicier un contrat, sans se produire au moment même où le consentement est exprimé? »

Me *Dupin* invoque, en terminant, cette considération qu'il n'y a aucun intérêt social engagé dans ce procès, puisque ce n'est point, dans la réalité du fait, un mariage à rompre, mais une union qu'il faut empêcher de se former sous d'aussi tristes auspices (1).

Me *Grellaud*, avocat de M. Despiet, déclare n'avoir rien à dire.

« La cause actuelle, dit M. l'avocat général, a cela de singulier que la demande en nullité de mariage ne rencontre pas de contradicteur. Soit conviction, de la part du mari, que l'engagement pris envers lui n'a pas été libre, soit pur sentiment des convenances, M. Despiet ne conteste pas et déclare s'en rapporter à justice. Nous ne pouvons blâmer cette conduite; chacun de nous la comprend; la loyauté, la délicatesse ne lui en permettaient pas d'autre... Mais l'intérêt public, auquel importe tant la stabilité des mariages, ne reste pas, pour cela, sans défenseur, et c'est à nous de prendre le rôle dont M. Despiet n'a pas voulu; non pas pour nous constituer d'office, et sans examen, le contradicteur obligé de l'appelante, si nos convictions étaient contraires, mais pour empêcher que l'accord tacite, si ce n'est la collusion des époux, ne parvienne, par voie détournée, à briser un lien que la loi, d'accord avec nos mœurs, a voulu rendre indissoluble, lorsqu'il a été légalement formé. »

Examinant, à son tour, les lois romaines, sur lesquelles les premiers juges ont principalement fondé leur décision, M. l'avocat général prouve, par le rapprochement de textes nombreux : la loi 23, ff. *quod metûs causâ;* la loi 3, ff. *ex quib. caus.*

(1) Voir, pour le développement de la plaidoirie de Me *Dupin*, la *Gazette des Tribunaux* du 4 juin 1845.

maj. XXV ann. rest.; la loi 22, ff. *de ritu nupt.*, et la remarque de Godefroi sur cette loi, que les lois romaines, bien entendues, n'ont pas une autre doctrine que le Code civil sur le caractère que doit avoir la violence pour vicier les contrats; et qu'en fût-il autrement, ce ne serait pas dans le droit romain qu'il faudrait aller chercher le commentaire des dispositions de notre Code, parce que nos mœurs plus douces et le relâchement de l'autorité paternelle, moins fortement constituée chez nous que chez les Romains, se seraient, en ce point comme en beaucoup d'autres, quelque peu écartés des idées qui prévalaient dans le Digeste.

Abandonnant les lois romaines, M. l'avocat général recherche avec Domat (*Lois civ.*, tit. 18, sect. 2), avec Pothier (*des Oblig*, n°s 25 et 27), ces deux jurisconsultes moralistes dont les écrits ont plus particulièrement inspiré les auteurs du Code; avec les Décrétales (*de spons. et matrim.*, cap. 14 et 28), qu'il ne peut être hors de propos de citer, dit M. l'avocat général, lorsqu'il s'agit de nullité de mariage, puisque autrefois cette matière était essentiellement du ressort de l'Église; avec les procès-verbaux du conseil d'État enfin (Locré, t. 4, p. 524 et suiv., n°s 15, 16, 18, 57 et 58; p. 454, n° 15; et t. 12, p. 132, n° 7), quel est le véritable sens des art. 1112 et 1114 du Code civil, et il arrive à cette conséquence que le droit romain, le droit canon, les docteurs de notre ancien droit et le droit moderne, sont d'accord pour indiquer quelques règles sur le caractère que doit avoir la violence pour vicier le consentement; mais que, dans l'impossibilité de poser des principes absolus en cette matière, puisqu'ils doivent se modifier suivant l'âge, le sexe, la condition des personnes, et il faut ajouter les circonstances du fait, ils s'en remettent, en dernière analyse, à l'appréciation des tribunaux : *Hujus rei disquisitio judicis est*, comme s'exprime la loi 3, ff. *ex quib. caus. maj. XXV ann. rest.*

M. l'avocat général examine encore quelques arrêts de parlement rendus sur des demandes en nullité de mariage pour cause de violence, et cités au Rép. v^is *empêch. de mar.*, § 5, art. 1er, n° 6, ainsi que dans la Consultation imprimée pour Mme Desplein. M. l'avocat général démontre que ces arrêts, dont les recueils ne font pas connaître les circonstances de fait, ne sauraient prouver ni pour ni contre.

A l'égard de l'affaire Rapalli, dans laquelle plaidait le célèbre Cochin, et dont les détails se trouvent au tome 4 de ses OEuvres, p. 222, l'organe du ministère public établit, par une courte citation, qu'on ne saurait davantage s'en faire une arme contre la dame Despiet, attendu que, si le mariage fut maintenu par le parlement, c'est qu'il ressortait manifestement des faits de la cause que le consentement donné par la dame Rapalli avait été parfaitement libre.

« Arrivons donc à l'enquête, dit M. l'avocat général, car la cause tout entière est là. »

M. l'avocat général divise les faits en trois catégories : 1° faits antérieurs au mariage civil ; 2° faits concomitants de ce mariage; 3° faits postérieurs.

« A l'égard de ces derniers, peut-on dire, se demande M. l'avocat général, qu'il n'en doit être tenu aucun compte, parce qu'ils ne sauraient rétroagir sur le consentement qui aurait été antérieurement valablement donné? Non. Qu'à eux seuls ils ne puissent prouver la contrainte, rien de mieux ; mais ils ne sauraient être repoussés d'une manière absolue, à cause de leur relation nécessaire avec les faits antérieurs qu'ils peuvent servir à expliquer, à confirmer, à compléter. »

Après avoir passé en revue tous les faits de l'enquête, et réfuté les motifs du jugement de première instance, M. l'avocat général résume ainsi sa discussion :

« L'ensemble de ces faits, nous le disons hautement, du premier jusqu'au dernier, constitue un système d'intimidation et de contrainte persévéramment suivi par le père et la mère, combattu énergiquement, constamment par la fille; il n'y a pas eu, un seul instant, place pour la résignation filiale, pour la volonté de se soumettre, quoiqu'à regret, aux désirs de ses parents. A ces caractères, à ces signes, alors surtout que les violences physiques sont venues se joindre aux violences morales, nous ne pouvons reconnaître la crainte purement révérentielle, c'est-à-dire cette pieuse résignation d'une volonté qui s'abdique devant les volontés absolues d'un père. Mlle Merle a résisté toujours; elle a résisté tant qu'elle a pu; elle a résisté même en cédant. Lui ferons-nous un reproche d'avoir cédé? Demanderons-nous à cette jeune fille, à cette enfant de seize ans, élevée, comme toute fille bien née, dans des sentiments de docilité, de soumission craintive, de déférence respectueuse envers ses parents; idolâtrée, comme tout enfant unique, de son père et de sa mère, et les payant de retour; lui demanderons-nous une force d'âme dont n'auraient pas été capables beaucoup de cœurs plus fortement trempés que le sien? fallait-il qu'elle poussât la résistance jusqu'à la révolte; qu'elle se donnât en spectacle au monde, et qu'elle portât la discorde au sein de sa famille? »

M. l'avocat général, après d'autres développements qui se trouvent dans le *Droit*, numéro du 21 mai 1845, conclut à l'infirmation.

ARRÊT.

La Cour, — attendu, en droit, que le mariage est nul si le consentement n'a pas été libre; qu'il n'y a point de consentement s'il a été obtenu par la violence, et qu'il y a violence lorsqu'elle est de nature à faire impression sur une personne raisonnable, et peut inspirer la crainte d'exposer sa personne à un mal considérable et présent, eu égard à l'âge, au sexe et à la condition des personnes;

Attendu que les faits déclarés pertinents et admissibles par le jugement du 21 juillet 1843 ont été parfaitement établis par l'enquête à laquelle il a été procédé;

Qu'en effet, il en résulte que Larissa Merle n'a pas donné un consentement libre; que ce consentement a été arraché par la violence qui a été de nature, d'après les circonstances de la cause, à faire impression sur une jeune fille de seize ans, et a dû lui inspirer la crainte d'exposer sa personne à un mal présent et considérable; — Infirme et déclare nul le mariage contracté, le 1er mars 1843, par Despiet, notaire à Bordeaux, et Larissa Merle, devant l'officier de l'état civil de la commune de Langon; ordonne, etc.

Du 15 mai 1845. — Cour royale de Poitiers, aud. solenn., 1re et 2e ch. réunies. — MM. Moyne, premier président. — Flandin, premier avocat général, concl. conf. — Ph. Dupin et Grellaud, avocats. — Bouchard et Peyrot, avoués.

NOTAIRES. — HONORAIRES. — ACTION. — COMPÉTENCE.

Les demandes formées par un notaire en payement des honoraires qui lui sont dus par les parties qui ont requis son ministère, doivent être portées, dans tous les cas, devant le tribunal civil, alors même que la demande serait inférieure à 200 fr. (C. pr., art. 60.)

Une action de cette nature ne rentre pas dans la compétence du juge de paix.

Soulet contre Siccateau et consorts.

Me Soulet, notaire à la Rochelle, avait en cette qualité reçu plusieurs actes dans l'intérêt des sieurs Siccateau, Guérin et autres. Après avoir inutilement réclamé une somme de 160 fr. qui lui était due, il se vit dans la nécessité de recourir à la justice pour obtenir payement. Son action fut portée directement devant le tribunal civil de la Rochelle.

Les défendeurs prétendirent que la juridiction devant laquelle ils étaient appelés était incompétente. Suivant eux, les notaires étaient soumis à l'empire du droit commun, sans qu'il leur fût permis d'invoquer la disposition exceptionnelle de l'article 60 du Code de procédure.

Ce système, qui refusait aux notaires la qualification d'officiers ministériels pour ne voir en eux que des fonctionnaires publics, fut accueilli par le tribunal de la Rochelle.

Sur l'appel interjeté par M. Soulet, Me *Fey*, son avocat, a combattu cette décision en invoquant les textes de lois et les considérations qui se trouvent dans l'arrêt. Il a cité dans le cours de la discussion plusieurs autorités : Thomine-Desmazures, t. 1er, p. 151 ; Boncenne, t. 2, p. 253 ; Pigeau, Commentaire, t. 1er, p. 172 ; Rolland de Villargues, v° *honoraires*, n° 112 ; Carré, nos 276 et 276 *bis ;* Bioche, v° *taxe des notaires*, n° 13. Il a rapporté également des arrêts de Toulouse, 7 août 1819 (Avoués, t. 16, p. 818) ; Orléans, 15 mars 1832 (*id.*, t. 54, p. 68) ; et 12 décembre 1844 (Pal. 44-2-682) ; Cassation, 21 avril 1845 (Pal. 45-1-576).

M. l'avocat général Lavaur a conclu dans le même sens.

ARRÊT.

Attendu que, si les notaires sont des fonctionnaires publics, établis pour recevoir les actes et contrats auxquels les parties doivent ou veulent donner le caractère d'authenticité attaché aux actes de l'autorité publique, ils sont cependant, dans un grand nombre de cas, assimilés aux officiers ministériels, dont les principaux caractères leur sont communs;

Attendu, en effet, qu'ils ne peuvent refuser leur ministère lorsqu'il est requis dans l'ordre de leurs attributions; que leurs actes, comme ceux des avoués et des huissiers, sont soumis à la taxe, et que, si l'ordre public est intéressé à ce que ces derniers ne soient pas détournés de leurs fonctions pour aller au loin solliciter le payement de leurs frais et déboursés, le même motif existe pour les notaires;

Attendu qu'on ne pourrait, sans s'écarter de l'esprit des lois qui régissent la matière, et spécialement des articles 51 de la loi du 25 ventôse an XI, 9 du décret du 16 février 1807, 88 et 91 de la loi du 28 avril 1816 sur les finances, les priver du bénéfice que l'art. 60 du Code de procédure civile accorde aux officiers ministériels de porter leurs demandes en payement de frais devant les tribunaux où ils ont été faits;

Attendu que la matière n'étant pas disposée à recevoir une décision définitive, les parties n'ayant pas conclu sur le fond, la cause doit être renvoyée devant les premiers juges auxquels la loi attribue juridiction spéciale;

La Cour donne comme autrefois défaut contre les parties non comparantes, quoique réassignées en exécution de l'arrêt de défaut-joint du 26 novembre 1844; statuant sur l'appel interjeté par la partie de Me *Fey*, dit qu'il a été mal jugé par le jugement dont il s'agit; émendant, rejette l'exception d'incompétence accueillie par les premiers juges; renvoie la cause et les parties devant eux pour être plaidé au fond; condamne la partie de Me *Jolly* aux dépens des causes principale et d'appel, etc.

Du 27 janvier 1846. — Cour royale de Poitiers, 2e ch. civ. — MM. Vincent-Molinière, président. — Lavaur, avocat gén., concl. conf. — Fey, avocat. — Jolly et Martineau, avoués.

DEGRÉS DE JURIDICTION. — INCIDENT DE SAISIE IMMOBILIÈRE. — DEMANDE EN REMISE DE L'ADJUDICATION.

Le jugement qui rejette la demande en remise de l'adjudication formée par le saisi, dans le cours d'une procédure en saisie immobilière, n'est pas susceptible d'appel. (*Cod. proc., art.* 703.)

Poulard-Dupalais contre les époux Opterre et Grimaud-Vergnaud.

Les époux Opterre poursuivaient devant le tribunal de Poitiers une saisie immobilière contre le sieur Poulard-Dupalais. Après divers incidents, les poursuivants étaient sur le point de faire procéder à l'adjudication, laquelle avait été fixée au 25 février 1842, lorsque, le 14 du même mois, le sieur Poulard-Dupalais fit signifier des conclusions par lesquelles il demandait qu'il plût au tribunal remettre à deux mois l'adjudication des biens saisis. Il prétendait qu'avant l'expiration de ce délai, il serait en mesure de justifier que, loin d'être débiteur des poursuivants, il était leur créancier.

Le 22 février, intervint, sur ces conclusions, un jugement du tribunal de Poitiers, qui rejeta la demande en remise, et ordonna qu'il serait passé outre à l'adjudication.

Le sieur Poulard-Dupalais interjeta appel de ce jugement contre les époux Opterre. Le sieur Grimaud-Vergnaud, qui s'était rendu adjudicataire des biens saisis, intervint sur l'instance d'appel, et soutint que l'appel du sieur Poulard-Dupalais était non recevable.

Me *Bourbeau*, son avocat, pour justifier cette fin de non-recevoir, invoquait le texte de l'art. 703 du Code de procédure civile (loi du 2 juin 1841) ; cet article est ainsi conçu : « Néanmoins l'adjudication pourra être remise, sur la demande du poursuivant, ou de l'un des créanciers inscrits, ou de la partie saisie, mais seulement pour causes graves et dûment justifiées. —Le jugement *qui prononcera la remise* fixera de nouveau le jour de l'adjudication, qui ne pourra être éloigné de moins de quinze jours, ni de plus de soixante.—Ce jugement ne sera susceptible d'aucun recours. » Me *Bourbeau* faisait observer que, si la loi n'avait parlé d'une manière expresse que du jugement *qui pro-*

nonce la remise, il y avait même motif de décider lorsque le jugement *la refuse ;* qu'il ne pouvait pas se faire que le droit d'appel ne fût pas réciproque, et que, s'il n'appartenait pas à l'une des parties, il ne pouvait être concédé à l'autre ; qu'enfin le premier ou le dernier ressort étaient fixés par la nature de la demande, et non par la décision du juge dans tel sens ou dans tel autre.

A ces motifs de décider, Me *Bouin-Beaupré*, pour le sieur Poulard-Dupalais, répondait par le texte restrictif de la loi ; il faisait remarquer que le législateur avait pu refuser l'appel lorsque la remise était accordée, parce qu'alors il n'y avait qu'un simple retard, toutes choses demeurant en état ; tandis que si la remise est refusée, le droit du saisi se trouve compromis d'une manière fort grave, puisque la conséquence du jugement est de passer outre à l'adjudication. On s'explique donc parfaitement, disait-il, que la loi n'ait pas, dans cette hypothèse, enlevé la faculté d'appeler.

M. l'avocat général Flandin a conclu dans le sens de la recevabilité de l'appel.

ARRÊT.

Attendu que, par l'art. 703 du Code de procédure civile, le droit de demander la remise de l'adjudication appartient à la partie saisie, au poursuivant et autres créanciers ;

Attendu que, pour connaître le sens du dernier paragraphe de cet article, il faut rapprocher ce paragraphe de toutes les autres dispositions du même article ; que, si ce paragraphe semble se référer à ces mots, *le jugement qui prononcera la remise*, il se rapporte plus naturellement, non-seulement au jugement qui accorde la remise, mais encore au jugement, en général, qui statue d'une manière quelconque sur la demande en remise ;

Qu'en effet, dans cet article, c'est de la demande en remise qu'il est essentiellement question ; que les droits des parties intéressées sont mis sur la même ligne, soit qu'on accorde, soit qu'on refuse la remise ; que la nouvelle disposition de la loi qui n'admet pas l'appel est salutaire dans tous les cas, puisqu'elle a pour objet d'éviter les frais, en proscrivant des incidents qui sont presque toujours présentés dans le but d'arrêter la marche de la justice ;

Que tel est, d'ailleurs, l'esprit qui a dirigé le législateur dans les modifications qui viennent d'être apportées à la procédure sur les saisies immobilières ;

Attendu que l'intervention de Grimaud est régulière et fondée ;

La Cour donne acte à Grimaud de son intervention, et, statuant tant sur ladite intervention que sur les demandes des autres parties, déclare l'appelant non recevable dans son appel.

Du 22 juin 1842. — Cour royale de Poitiers, 1re ch. civ. — MM. Moyne, premier président. — Flandin, avocat général, concl. cont. —Bourbeau et Bouin-Beaupré, avocats. —Rouillé, Ranc et Peyrot, avoués.

CHEMIN DE FER. — EXTRACTION DE MATÉRIAUX. — TRAITÉ. — COMPÉTENCE.

Une entreprise de chemin de fer est un acte de commerce. Tout litige relatif à l'extraction des matériaux nécessaires à la confection de cette voie, lorsqu'il s'élève à la suite d'une convention arrêtée entre l'entrepreneur et le propriétaire des matériaux, est de la compétence des juges consulaires.

La juridiction administrative n'est compétente qu'en l'absence de toute convention préalable. (Loi du 28 pluv. an VIII, art. 4.)

Martineau contre Blanchet.

Sylvain Blanchet, adjudicataire des terrassements du chemin de fer tracé entre les Ormes et Châtellerault, alléguait être convenu avec Martineau de la cession à son profit d'un vaste terrain dans lequel il prendrait les cailloux et la pierre qui lui étaient nécessaires. Il devait payer 270 fr. par 9 ares 75 centiares.

Le marché semblait avoir été exécuté par l'extraction d'une grande quantité de matériaux.

Blanchet, toutefois, n'avait fait aucun payement.

12 décembre 1845, assignation devant le tribunal de commerce de Châtellerault, à la requête de Martineau. Blanchet se défend en excipant d'une double incompétence. En premier

lieu, dit-il, un entrepreneur de chemin de fer n'est pas commerçant; en second lieu, le conseil de préfecture est seul compétent pour statuer sur un litige relatif à des extractions de matériaux destinés à la confection d'une voie publique.

Après enquêtes sur les conventions intervenues entre les parties, jugement du 17 janvier 1846, qui retient la cause, après avoir repoussé les moyens d'incompétence, et qui, au fond, fait droit à la demande de Martineau.

Appel de la part de Blanchet.

Me *Lepetit*, dans son intérêt, a contesté l'existence de toute convention antérieure à l'extraction des matériaux. La cession d'un terrain ne pourrait, dans aucun cas, former la matière d'un litige appréciable par des juges consulaires; en réalité, il s'agit uniquement de la fixation d'une indemnité due à raison de l'enlèvement de matériaux employés à la confection d'une route par un entrepreneur de travaux publics. Cette fixation rentre dans les attributions du conseil de préfecture, d'après les dispositions de l'art. 4 de la loi du 28 pluviôse an VIII.

Me *Calmeil*, pour Martineau, a répondu, d'abord, que la jurisprudence de la Cour de cassation et la doctrine proclament actes de commerce toutes entreprises se rattachant à la confection d'un chemin de fer; en second lieu, que les documents présentés aux premiers juges établissent positivement l'existence d'un traité intervenu entre Blanchet et Martineau *antérieurement à l'extraction des matériaux*, et déterminant le prix de ces matériaux.

M. l'avocat général a émis la même opinion sur le caractère commercial de l'entreprise de Blanchet. La convention *antérieure*, articulée par Martineau, et que les premiers juges ont considérée comme prouvée, lui semble tout à fait exclusive de la compétence administrative. Le conseil de préfecture n'a juridiction, pour fixer l'indemnité due au propriétaire, que quand les parties ne l'ont pas réglée par avance; ce tribunal exceptionnel ne peut être investi du droit d'apprécier la validité et les effets d'un contrat civil.

ARRÊT.

Attendu que l'entreprise de travaux de terrassement d'un

chemin de fer, de la part d'un entrepreneur de travaux publics, constitue un acte de commerce ;

Attendu que, si les conseils de préfecture doivent statuer sur les demandes en évaluation d'indemnités, d'après les dispositions de la loi du 28 pluviôse an VIII, il en est autrement lorsque les parties ont traité sur le montant de l'indemnité ; et que, dans ce cas, les tribunaux sont compétents pour statuer sur les conséquences de ces traités ;

Attendu qu'il est prouvé, par les dépositions des témoins entendus devant les premiers juges, que l'appelant et l'intimé sont convenus de soumettre la question de l'indemnité à la décision des experts ;

Adoptant, au surplus, en ce qui touche l'incompétence, et en ce qui touche le jugement interlocutoire du 3 janvier dernier, les motifs des premiers juges ;

Confirme, etc.

Du 28 avril 1846. — Cour royale de Poitiers, 1re ch. civ. — MM. Barbault de la Motte, président. — Béra, avocat général, concl. conf. — Lepetit et Calmeil, avocats. — Drouin et Jolly, avoués.

RECTIFICATION DES REGISTRES DE L'ÉTAT CIVIL. — ERREURS OU OMISSIONS D'INTÉRÊT PUBLIC. — ACTION DU PROCUREUR DU ROI.

Le ministère public a qualité pour requérir d'office la rectification des registres de l'état civil, toutes les fois que les erreurs ou omissions qui y ont été commises intéressent l'ordre public. (Avis du conseil d'État du 12 brumaire an XI.)

La rectification intéresse l'ordre public, lorsque, dans un certain nombre d'actes de naissance, on ne trouve pas la mention, soit du sexe de l'enfant, soit des noms des pères et mères, ou que ces actes indiquent des individus du sexe masculin comme étant du sexe féminin.

Le procureur du roi de Jonzac.

Première espèce.

Le procureur du roi près le tribunal de Jonzac avait exposé, dans un réquisitoire, que vingt-huit individus de la commune de Fontaine avaient été portés sur les registres de cette commune comme étant du sexe féminin, quand ils étaient notoirement du sexe masculin. Il avait demandé qu'une enquête constatât les faits par lui articulés, et qui s'étaient passés de l'année 1806 à l'année 1816.

Le tribunal de Jonzac l'ayant déclaré non recevable dans son action, appel de cette décision a été interjeté par la partie publique.

M. l'avocat général Béra a soutenu cet appel devant la Cour.

Le ministère public, a-t-il dit, doit demander d'office la rectification des registres de l'état civil, en deux hypothèses signalées par des textes de loi formels : 1° quand la rectification intéresse l'ordre public ; 2° quand elle intéresse des personnes notoirement indigentes. (Avis du conseil d'Etat du 12 brumaire an XI, et loi du 25 mars 1817, art. 75.)

La seule question à se poser est donc celle-ci : La rectification demandée est-elle d'intérêt public ? La réponse ne peut être douteuse ; il s'agit de rendre *légalement* leur sexe à vingt-huit individus qui en ont été dépouillés par une erreur de l'officier de l'état civil ; ces individus peuvent être appelés à plusieurs services publics ; ils peuvent faire partie de l'armée, de la garde nationale, du jury, etc. ; il importe à l'État que les registres civils constatent leur véritable position dans la société.

ARRÊT.

Attendu que, d'après les faits présentés par le ministère public, vingt-huit individus dénommés dans le réquisitoire du procureur du roi, nés dans la commune de Fontaine, auraient été inscrits comme étant d'un sexe qui n'est pas le leur ;

Attendu que la rectification des registres de l'état civil, dans ce cas, est un intérêt d'ordre public, et qu'ainsi l'action du ministère public agissant d'office est recevable ;

La Cour met l'appellation et ce dont est appel au néant ; émendant, etc., dit qu'il sera procédé à une enquête, lors de laquelle le ministère public prouvera par témoins, etc. ; renvoie devant le tribunal de Jonzac pour être procédé à ladite enquête.

Du 9 mai 1843. — Cour royale de Poitiers, 1re ch. civ. — MM. Moyne, premier président.—Béra, avocat général, concl. conf.

Deuxième espèce.

1er mars 1846, nouvelles réquisitions de M. le procureur du roi de Jonzac tendant à la rectification de trente actes de naissance de la commune de Polignac, dans lesquels *la mention du sexe de l'enfant et les noms des pères et mères* avaient été omis.

9 mars 1846, jugement du tribunal ainsi conçu :

« Attendu que les actes de l'état civil sont de la plus haute » importance pour la tranquillité, l'honneur et la prospérité » des familles; qu'il importe de n'y toucher qu'avec la plus » grande réserve; que l'intérêt public le demande et le veut » ainsi ;

» Attendu que, dans une matière aussi grave, il n'est pas » permis de se mettre en dehors des prescriptions de la loi; que » l'article 53 du Code civil détermine quels sont les pouvoirs » et les devoirs du ministère public ; qu'il ne lui donne pas le » droit de demander la rectification d'un ou de plusieurs actes » de l'état civil, d'où il faut conclure que ce droit ne lui » appartient pas ;

» Attendu que la rectification d'un acte de l'état civil, demandée à l'insu des personnes que cet acte concerne, pourrait » apporter la plus grande perturbation dans les familles; que » ce serait d'ailleurs une œuvre stérile, et qu'il faudrait toujours en revenir à l'acte qu'on aurait voulu réformer, puisque, suivant l'art. 100 du même Code, le jugement de rectification ne peut, dans aucun temps, être opposé aux parties » intéressées qui ne l'auraient point requis, ou qui n'y auraient » point été appelées ;

» Le tribunal déclare M. le procureur du roi non recevable, » et dit qu'il n'y a pas lieu de faire droit à ses réquisitions. »

Appel du ministère public.

M. l'avocat général Béra a dit, en soutenant cet appel : Le tribunal se trompe, quand il avance que le Code civil refuse au ministère public le droit de requérir d'office la rectification ; le Code se tait à cet égard; mais l'avis du conseil d'État du 12 brumaire an XI est tout à fait explicite; ce texte légal ne fait d'ailleurs que proclamer une faculté qu'il était impossible de dénier à l'organe officiel des intérêts sociaux. Il ne faut pas perdre de vue que la régularité des registres de l'état civil n'intéresse pas seulement les familles, mais encore l'Etat, puisque les personnes doivent aussi être envisagées au point de vue de leurs devoirs envers le pays, et que ces devoirs sont précisément déterminés d'après les constatations monumentées par les registres.

Sauf le cas d'indigence, le procureur du roi ne peut agir que quand il s'agit d'un intérêt public; son action ne portera aucun trouble dans les familles; car, de deux choses l'une : ou les parties intéressées seront appelées, et alors la rectification sera contradictoire et définitive; ou elles ne le seront pas, et alors, conformément à l'art. 100 du Code civil, la rectification ne pourra préjudicier aux personnes qui auront intérêt à la contester.

ARRÊT.

Vü la loi du 25 mars 1817, art. 75;

L'avis du conseil d'Etat du 12 brumaire an XI;

Attendu qu'il est allégué par le ministère public que, d'après la vérification des registres de l'état civil de la commune de Polignac, il est reconnu que trente actes de naissance sont incomplets comme n'énonçant ni le sexe des enfants, ni les noms des pères et mères;

Attendu que la tenue régulière des registres de l'état civil est d'ordre public, et que la rectification de ces registres présente le même intérêt, soit sous le rapport du recrutement de l'armée, soit sous celui de l'organisation de la garde nationale;

Attendu, dès lors, que le ministère public a action pour demander d'office la rectification d'actes informes; ce que, cependant, les premiers juges ont refusé;

La Cour met l'appellation et ce dont est appel au néant; émendant, déclare recevable l'action du ministère public, etc.; ordonne qu'il sera procédé à l'enquête demandée devant le tribunal de Jonzac, tribunal d'attribution, etc.

Du 26 mai 1846. — Cour royale de Poitiers, 1re ch. civ. — MM. Moyne, premier président. — Béra, avocat général, concl. conf.

AVOUÉ. — DISTRACTION DE DÉPENS. — AVANCES REÇUES. — CRÉANCE PERSONNELLE.

L'effet d'un arrêt ou d'un jugement qui accorde à un avoué la distraction des dépens à son profit, est de le constituer créancier de la totalité des dépens *dus par la partie qui succombe : un à-compte versé dans ses mains à l'avance par son client ne peut être retranché de cette créance personnelle, sauf à l'avoué à restituer l'à-compte au client.* (C. proc., art. 133.)

Toute saisie-arrêt pratiquée par un créancier du client dans les mains de la partie qui succombe porte à faux, cette partie étant devenue débitrice de l'avoué qui a obtenu la distraction, et ne l'étant point de son adversaire, même pour la portion d'avances déboursée par ce dernier.

Me Devars contre Me Gouron-Boisvert et le receveur général Reynier.

Dans un procès jugé par la Cour, entre Me Gouron-Boisvert, avoué à Bourbon-Vendée, et le sieur Bironneau, la distraction des dépens est ordonnée au profit de Me Devars, avoué de Bironneau, qui gagne son procès.

M. Reynier, receveur général de la Vendée, créancier de Bironneau, saisit-arrête dans les mains de Gouron-Boisvert la portion de dépens qu'il peut devoir à Bironneau, prélèvement fait de la créance de l'avoué Devars.

Il est reconnu par toutes parties que les avances faites par Bironneau à son avoué, Me Devars, s'élèvent à 105 fr.

7 mars 1846, commandement à Gouron-Boisvert, requête Devars, d'avoir à payer *la totalité* des dépens dont il a été fait distraction.

Opposition de Gouron-Boisvert, motivée sur la saisie-arrêt. Il demande qu'on déduise les 105 fr., qui ne peuvent faire partie des dépens dont Me Devars est personnellement créancier.

Me *Devars,* considérant ce litige comme se rattachant à l'interprétation et à l'exécution de l'arrêt qui a ordonné à son profit la distraction des dépens, appelle devant la Cour royale le sieur Gouron-Boisvert, opposant au commandement, et le sieur Reynier, créancier saisissant.

Dans son intérêt, Me *Grellaud* a dit : L'effet de la distraction ordonnée a été de rendre l'avoué qui l'avait obtenue personnellement créancier des dépens dus à son client Bironneau. Il a donc été fondé à faire des actes de poursuites pour en opérer le recouvrement. Toutefois il n'a cessé de reconnaître qu'une somme de 105 fr. lui avait été avancée par Bironneau ; mais c'est à celui-ci qu'il en devait compte, et il ne pouvait en disposer sans son assentiment. La saisie-arrêt ne pouvait donc être utilement faite par un créancier de Bironneau dans les mains de Me Gouron-Boisvert, puisque ce dernier n'était pas débiteur de Bironneau, mais de l'avoué Devars. Au surplus, Me *Grellaud* renouvelait l'offre de son client de remettre les 105 fr. à M. le receveur général Reynier, à la condition que ce créancier rapportât le consentement de Bironneau à ce versement.

Les conclusions des adversaires de Me Devars tendaient à ce que la Cour restreignît la portée de la distraction de dépens, en ce sens qu'elle ne s'appliquât qu'aux *sommes réellement dues à l'avoué, au jour de la prononciation de l'arrêt.*

M. l'avocat général Béra a commencé par reconnaître la gravité de la question soulevée par le débat.

La distraction des dépens accordée par le juge doit-elle compendre tous les dépens dus par la partie qui succombe, ou seulement la *portion des dépens due à l'avoué, déduction faite de ce qu'il a reçu de son client ?*

Le législateur, en autorisant la demande en distraction, a voulu donner aux avoués une garantie qui les encourageât à faire des déboursés importants dans les causes dont la justice leur semble démontrée ; il a eu évidemment pour but de faciliter l'accès des tribunaux au bon droit, et de préserver ces officiers ministériels de la mauvaise foi et des engagements antérieurs de leurs clients. Mais cette garantie ne doit-elle pas être limitée comme l'intérêt même qu'elle a pour objet de sauvegarder ? En l'étendant à tout ce qui dépasse la créance *vraie* de l'avoué, ne donne-t-on pas à la pensée législative une portée, une compréhension qu'elle ne pouvait avoir ? Or la créance dont l'arrêt de distraction doit assurer la rentrée ne se compose que des déboursés *réels* et des honoraires de l'avoué. Il semble que les à-comptes versés par le client dans ses mains doivent tout d'abord en être déduits.

Toutefois ces considérations graves fléchissent devant le texte de l'art. 133 du Code de proc. civ. Dans les paroles de la loi, point de distinction : « Les avoués pourront demander la dis» traction des dépens à leur profit, en affirmant qu'ils ont fait » la plus grande partie des avances. » Pour que l'attribution des dépens, c'est-à-dire de *tous les dépens*, soit concédée à l'avoué, une seule condition est imposée, c'est *qu'il ait fait la plus grande partie des avances.* Les à-comptes déboursés par le client, quand ils ne dépassent pas la moitié des déboursés, ne peuvent donc influer sur la distraction ordonnée : on doit supposer que le législateur a voulu éviter une liquidation entre l'avoué et le client, qui, dans chaque procès, pourrait appeler l'attention des tiers intéressés, et motiver de nouveaux litiges.

Il faut subir le texte impératif de l'art. 133, et reconnaître que Me Devars étant devenu créancier de tous les dépens dus par Me Gouron-Boisvert, celui-ci n'avait nulle raison d'en refuser le payement, et que la saisie-arrêt faite dans ses mains portait à faux.

ARRÊT.

Attendu que Devars, avoué de Bironneau, a obtenu distraction des dépens, après avoir affirmé en avoir avancé la plus grande partie, contre Gouron-Boisvert;

Attendu que Devars ayant fait faire commandement à Gouron-Boisvert d'avoir à lui payer les frais taxés, celui-ci a formé opposition à ce commandement, fondée sur ce que Reynier, créancier de Bironneau, avait fait saisir-arrêter entre les mains dudit Gouron-Boisvert ce que celui-ci devait à Bironneau ;

Attendu que Devars, ayant obtenu distraction des dépens, est devenu créancier de Gouron-Boisvert, sauf à compter avec Bironneau pour les sommes dont celui-ci avait fait les avances ;

Attendu, dès lors, que Reynier ne pouvait saisir ces sommes attribuées à Devars ;

La Cour déboute Gouron-Boisvert de son opposition, et ordonne que les contraintes seront continuées jusqu'à l'entier payement des causes pour lesquelles elles ont procédé; condamne Gouron-Boisvert aux dépens envers toutes les parties, etc.;

Donne acte, au surplus, à Devars de la déclaration qu'il a faite, qu'il consent à payer entre les mains de Reynier la somme de cent cinq francs qui revient à Bironneau, à la charge par Reynier ou Gouron-Boisvert de rapporter la preuve du consentement de Bironneau à cet égard.

Du 20 mai 1846. — Cour royale de Poitiers, 1re ch. civ. — MM. Moyne, premier prés. — Béra, av. gén., concl. conf. — Grellaud, avocat. — Jolly, Devars, Rouillé, avoués.

MINISTÈRE PUBLIC. — COMMUNICATION. — TRIBUNAL CIVIL REMPLAÇANT LE TRIBUNAL DE COMMERCE.

Le ministère public ne fait pas partie du tribunal civil constitué comme tribunal de commerce, et il ne doit pas être entendu dans les cas prévus par l'art. 83 du Code de procédure.

Le procureur du roi de Jonzac.

A l'audience du 12 mai 1846, au moment où le tribunal civil de Jonzac allait ouvrir son audience commerciale, M. Perrin, procureur du roi, prit des conclusions tendant à être admis à porter la parole dans les affaires de commerce. Le tribunal renvoya à huitaine pour prononcer sur cette difficulté, et le 19 mai il rendit le jugement suivant :

JUGEMENT.

« Attendu qu'à cause de leur nature et de la célérité avec laquelle doivent être jugées les affaires de commerce, le législateur a créé pour elles des lois spéciales, un tribunal spécial, une procédure spéciale ;

» Qu'en établissant, dans l'art 640 du Code de commerce,

que, dans les arrondissements où il n'y aurait pas de tribunaux de commerce, les juges du tribunal civil en exerceraient les fonctions et connaîtraient des matières attribuées aux juges de commerce, le législateur n'a pas entendu créer pour ces arrondissements une exception qui placerait les justiciables dans deux catégories, en leur imposant de suivre des formes différentes et en leur donnant plus de garantie, selon qu'ils habitent un arrondissement où se trouve constitué un tribunal de commerce proprement dit, ou qu'ils habitent un arrondissement où le tribunal civil remplit les fonctions du tribunal de commerce;

» Attendu que telle n'a pas été l'intention du législateur, car il est facile de comprendre tous les inconvénients qui résulteraient d'un pareil état de choses; que, d'ailleurs, la lettre, comme l'esprit de la loi, résiste à cette supposition; qu'en effet, dans l'article plus haut cité, on voit que, dans les arrondissements où il n'y a pas de tribunaux de commerce, les juges du tribunal civil exerceront les fonctions attribuées aux juges de commerce; qu'en se servant de ces expressions, *les juges*, il est clair que le législateur entendait créer un tribunal commercial avec des juges tenant leurs pouvoirs du roi au lieu de l'élection; que ce qui confirme encore cette vérité, c'est que, dans l'art 641, il est dit que l'instruction, dans ce cas, aura lieu dans les mêmes formes que devant les tribunaux de commerce: or il est impossible, avec le concours et l'assistance du ministère public, de procéder dans les délais et dans les formes tracées pour les matières de commerce. En effet, le ministère d'avoué étant interdit devant les tribunaux de commerce, quand, comment et par qui les communications au ministère public devront-elles être faites?

» Si on impose aux parties elles-mêmes ou à leurs fondés de pouvoir spécial l'obligation de communiquer au ministère public, quel délai leur impartira-t-on pour faire cette communication? Ce ne peut être dans le délai fixé par le règlement de 1808, puisque ce délai est incompatible avec le délai réglé par l'art. 416 du Code de procédure pour les ajournements en matière de commerce: on le voit, avec l'adjonction du ministère public, on serait conduit à pratiquer des formes de procédure impossibles avec les règlements actuels, et qui, dès lors, tomberaient dans l'arbitraire, ce qu'on ne saurait admettre ;

» Par ces motifs, le tribunal, statuant sur les réquisitions du ministère public, dit que son concours est inutile pour la composition du tribunal jugeant commercialement, et qu'ainsi il n'a pas le droit de porter la parole dans ce cas.

» Du 19 mai 1846. — Tribunal de Jonzac. — MM. Flornoy, président. — Perrin, procureur du roi. »

Observations. — Cette solution est en sens contraire de celle qui a été consacrée par un arrêt de la Cour de cassation en date du 21 avril 1846. Nous croyons devoir compléter les développements que comporte cette grave question, en mettant sous les yeux de nos lecteurs la dissertation suivante, qui nous a été communiquée, sur notre demande, par M. Bourbeau, professeur à la faculté de droit. Cette dissertation est imprimée dans le tome 2 de la continuation de la Théorie de la procédure civile, qui doit paraître prochainement. On y trouvera la discussion des motifs qui ont servi de base aux conclusions de M. le procureur général Dupin, et sur lesquels s'appuie la doctrine de la Cour suprême :

« Le ministère public n'a pas de représentant devant les tribunaux de commerce (1). Il n'y a donc pas à faire l'application des textes qui déterminent les cas dans lesquels la communication doit avoir lieu. — Lorsqu'un tribunal civil exerce les fonctions de tribunal de commerce, dans les arrondissements où les causes commerciales n'ont pas de juges spéciaux, l'instruction doit être la même que devant les tribunaux de commerce. Il en résulte donc que la communication au ministère public, impossible devant les tribunaux de commerce, ne doit pas avoir lieu, lorsque le tribunal civil juge en matière commerciale, si l'on veut arriver à cette identité des formes de l'instruction dont l'article 641 du Code de commerce impose l'observation.

(1) Code de commerce, art. 617.

» Cependant la Cour de cassation vient de juger que le ministère public fait partie intégrante du tribunal civil jugeant en matière commerciale, dans les villes où il n'existe pas de tribunal de commerce (1). — La conséquence de cet arrêt, c'est que le ministère public doit être entendu dans les affaires dont l'art. 83 du Code de procédure ordonne la communication au procureur du roi.

» Cette conséquence a été proclamée par le rapporteur et par M. le procureur général Dupin, dans son réquisitoire. Placés à des points de vue différents : — l'un opposant comme objection aux prétentions du ministère public, cette intervention active qu'il faudrait accepter de sa part, et le danger d'introduire dans le jugement des procès commerciaux un élément qui brise l'identité de formes que la loi commande ; — l'autre accueillant cette conséquence de son principe pour qu'il ne dégénérât pas en une pure abstraction ; — ils se sont trouvés d'accord pour reconnaître que, si le ministère public fait partie du tribunal civil jugeant en matière commerciale, il aura le droit et quelquefois l'obligation de conclure comme dans les matières ordinaires.

» Aussi, pour dénier au ministère public le droit de conclure, faut-il contester même la nécessité de sa présence, lorsque le tribunal civil se transforme en tribunal de commerce. L'une de ces solutions domine l'autre : à moins qu'on ne veuille se résoudre à faire de la présence du ministère public un vain simulacre d'autorité, un instrument impuissant et superflu dans l'administration de la justice, comme ce glaive émoussé par le temps et rongé par la rouille, que l'on conservait à Marseille dans le temple de la loi, symbole d'une justice dont il n'était pas en état de servir les vengeances (2).

» Cette nécessité de l'adjonction du ministère public, je la

(1) Arrêt du 21 avril 1846 ; v. les observations de M. Pataille, rapporteur, et les conclusions de M. le procureur général Dupin, dans le *Moniteur* du 22 avril 1846, et dans le journal *le Droit* des 22 et 25 avril.

(2) « *A conditâ urbe, gladius est ibi quo noxii jugulantur, rubigine quidem exesus, et vix sufficiens ministerio, sed index, in minimis quoque rebus, omnia antiquæ consuetudinis monumenta servanda.* » Valère Maxime, liv. 2, chap. 6, n° 7.

conteste. Il n'y a pas de place pour lui dans la composition du tribunal civil jugeant en matière commerciale, parce qu'il n'a pas d'attributions à exercer. La communication au ministère public est une forme de l'instruction ; admettre le ministère public à conclure, c'est imposer à la procédure commerciale des retards incompatibles avec l'un de ses caractères essentiels, la rapidité de l'instruction. Aussi la question me paraît-elle tranchée par le texte de l'article 641 du Code de commerce. On n'a jamais sérieusement contesté que, par application de ce texte, le ministère des avoués doive être interdit devant les tribunaux civils jugeant en matière commerciale. Cependant les seuls éléments de cette solution acceptée sont, d'un côté, les articles 414 du Code de procédure et 627 du Code de commerce, portant que le ministère des avoués est interdit *devant les tribunaux de commerce*, et, d'un autre côté, l'article 641 du Code de commerce, qui veut que l'instruction devant les juges du tribunal civil ait lieu dans la même forme que devant le tribunal de commerce, lorsqu'ils en exercent les fonctions. Le ministère des avoués est-il donc plus inconciliable avec la nécessité d'observer les formes d'instruction prescrites pour les tribunaux de commerce, que ne le serait l'intervention active du ministère public? Non, sans contredit; vous aurez un mandataire légal à la place d'un simple fondé de pouvoir ; mais cette modification restera sans influence sur les formes de la procédure. Cependant on se soumet au principe de l'uniformité en enlevant aux avoués leur privilége, parce que ce privilége s'efface devant les tribunaux de commerce. L'adjonction du ministère public et son droit de conclure seraient bien plus incompatibles avec les règles tracées pour la procédure commerciale : comment appliquer, par exemple, la disposition de l'article 83 du règlement du 30 mars 1808, qui veut que, dans les causes contradictoires, les pièces soient communiquées au ministère public trois jours avant celui indiqué pour la plaidoirie, tandis qu'à raison de l'urgence des affaires commerciales, la loi n'exige que le délai d'un jour franc entre l'assignation et les plaidoiries ? Où serait d'ailleurs cette uniformité dont parle l'article 641 du Code de commerce? Si le ministère public était obligé de conclure, l'omission de ses conclusions ne constituerait-elle pas *un vice de forme?* Ainsi le jugement rendu par le tribunal civil, en matière commerciale, serait annulable pour une cause qui ne pourrait être invoquée, si le jugement émanait d'un tribunal de commerce.

» On objecte que l'article 640 du Code de commerce ayant attribué la connaissance des affaires commerciales aux juges du tribunal civil, lorsqu'un tribunal de commerce n'est pas établi dans leur arrondissement (1), il faut que le tribunal fonctionne avec tous les éléments qui le constituent; que ce serait lui faire subir une mutilation que d'écarter de sa composition le représentant du ministère public. Cette objection porte à faux; l'art. 640 ne dit pas qu'à defaut de tribunal de commerce, la connaissance des affaires commerciales *restera aux juges civils* (2); ce n'est pas comme juridiction *ordinaire*, exerçant sa compétence sur les matières qu'un texte spécial ne lui a pas enlevées, c'est comme juridiction *exceptionelle*, investie par une attribution expresse, que le tribunal civil est alors appelé à juger. Tribunal exceptionnel quant à sa compétence, loin de s'étonner que son organisation soit en même temps exceptionnelle, il faut le présumer au contraire.

» Pour appliquer, en effet, les principes déclarés communs aux tribunaux de commerce et aux tribunaux civils jugeant en matière commerciale, n'est-on pas obligé d'admettre que le tribunal civil exerçant ses attributions ne pourrait procéder à une vérification d'écritures, statuer sur une inscription de faux, ou sur les contestations élevées à propos de la qualité d'héritier, mais qu'il devra renvoyer le jugement de ces incidents *aux tribunaux ordinaires* (3)? Ce n'est donc pas un tribunal ordinaire qui se trouve saisi du fond : autrement sa juridiction pourrait s'exercer sur ces difficultés accessoires. Et si, tout en reconnaissant que le tribunal civil, saisi d'une affaire commerciale, doit s'abstenir de statuer sur l'incident et surseoir au jugement du fond, on veut en même temps maintenir son carac-

(1) La loi du 24 août 1790, tit. 12, art. 13, contenait une disposition semblable.

(2) Expressions de M. le procureur général Dupin dans ses conclusions du 21 avril 1846.

(3) V. mes explications sur les articles 426 et 427 du Code.

tère de tribunal ordinaire, je demande quelle est la valeur et la moralité d'un semblable système qui nous montrerait un tribunal constitué comme juridiction ordinaire, ayant, non pas des attributions restreintes, mais des attributions de plus, se dessaisissant lui-même pour exercer plus tard sa juridiction, sur la même difficulté, en vertu des mêmes pouvoirs, avec la même organisation, les mêmes juges siégeant en la même qualité. La loi ainsi comprise et appliquée ne serait plus qu'une capricieuse fantaisie contre laquelle protesteraient la raison et l'intérêt sacrifié du justiciable.

» Mais il faut l'entendre autrement. Les juges civils remplaçant les juges de commerce ne sont plus des juges ordinaires, ce sont des juges d'exception. Ils s'organisent en tribunal de commerce, et, si vous voulez savoir quelle est cette organisation, ne vous reportez pas aux principes de l'institution primitive des tribunaux civils, mais consultez uniquement l'institution qui sert de type à leur transformation. Alors il sera facile de comprendre pourquoi, devant ce tribunal constitué à l'image du tribunal de commerce, on suit les règles introduites en vue de cette organisation spéciale; pourquoi les officiers ministériels ne sont plus des intermédiaires légaux entre la partie et le juge; pourquoi sa compétence est restreinte et ne peut s'étendre à certains incidents; pourquoi ses jugements produisent les effets attribués aux jugements des tribunaux de commerce (1) : on se convaincra que le but de la loi a été de donner aux commerçants qui plaident, à la place d'un tribunal composé de commerçants, un tribunal qui lui ressemble, où le plaideur croie trouver encore la justice familière de ses pairs, devant lequel ses habitudes judiciaires ne soient pas froissées par un appareil inaccoutumé. La conséquence, c'est que le ministère public n'a pas de rôle à remplir devant le tribunal ainsi transformé; c'est une juridiction spéciale, comme celle du juge des *référés* qui s'exerce sans adjonction du ministère public.

» Il existe une controverse qui n'a pas peu contribué à jeter de l'obscurité sur le point que j'examine. On sait que la Cour de cassation décide que, même dans les lieux où il existe un

(1) Code de commerce, art. 641.

tribunal de commerce, le tribunal civil, s'il est saisi d'une affaire commerciale, peut juger valablement en vertu du consentement exprès ou tacite des parties. Le motif de cette jurisprudence, c'est que le tribunal civil serait le juge d'origine, et que la règle exceptionnelle n'étant pas invoquée, le principe de la juridiction ordinaire doit reprendre naturellement son empire. Partant de cette idée, on n'a vu dans la juridiction attribuée au tribunal civil, à défaut de tribunal de commerce, que le retour au droit commun devenu nécessaire par l'impossibilité de recourir à la juridiction exceptionnelle; de même qu'il serait légitimé par le consentement des parties, dans les lieux où la juridiction exceptionnelle est constituée.

» En admettant, pour le besoin du raisonnement, la vérité de cette doctrine, qui consacrerait au profit des tribunaux civils le privilége d'une absorbante domination, comment n'a-t-on pas vu que l'exercice de ce droit, tel que le comprennent ceux qui le réclament, fournirait un argument de plus à la thèse que je soutiens ?

» Certes, il n'y a pas à s'y méprendre : si le tribunal civil, en vertu de sa *plénitude de juridiction*, peut retenir la connaissance des affaires commerciales, faute par les parties d'avoir proposé l'exception déclinatoire, c'est sa juridiction *ordinaire* qu'il exerce, juridiction prorogée en vertu de la volonté présumée des parties, mais non pas transformée à raison de la matière qui lui serait soumise.

» Aussi les auteurs et les arrêts qui maintiennent cette doctrine l'entendent-ils en ce sens que l'on doit procéder, dans ce cas, suivant les formes ordinaires, avec le ministère des avoués; que le jugement ne produira d'autres effets que ceux d'un jugement rendu sur les matières civiles; que notamment l'exécution provisoire, la contrainte par corps, ne seront prononcées que suivant les règles imposées à la juridiction civile; que la compétence du tribunal s'exercera même sur les incidents qui échappent à la juridiction commerciale. — Dans cette hypothèse, il faut admettre sans doute l'adjonction du ministère public, car c'est bien le tribunal civil, avec son organisation ordinaire, qui fonctionne et qui juge.

» Comparez ces attributions du tribunal civil jugeant, en

vertu du consentement des parties, les affaires commerciales, avec les attributions qu'il exerce en vertu de la disposition de l'art. 640 du Code de commerce; et cette théorie de la plénitude de juridiction, théorie que je crois erronée, mettra dans un nouveau jour cette incontestable vérité, savoir, que le tribunal civil exerçant les fonctions attribuées aux juges de commerce, dans les arrondissements où il n'y a pas de tribunal de commerce, est une juridiction exceptionnelle constituée en vertu d'une loi spéciale; on comprendra en même temps pourquoi les Cours royales, jugeant les appels des tribunaux de commerce, conservent les formes de leur procédure, leurs avoués, leur organisation, parce qu'elles exercent leurs fonctions normales en vertu de leur institution originelle, et non pas en vertu d'une sorte de subrogation de pouvoirs.

« Depuis cinquante-six ans, a dit M. Dupin, on a toujours entendu et exécuté la loi en ce sens que le tribunal civil jugeant les affaires de commerce fonctionnerait conformément aux lois de son organisation, c'est-à-dire avec l'adjonction du ministère public dans tous les cas où il a le droit ou le devoir d'intervenir. Or l'usage est le meilleur interprète des lois : *optima legum interpres consuetudo.* » Je n'entends pas récuser l'autorité de l'usage, ni l'affaiblir en répétant « que le principal effect de sa puissance, c'est de nous saisir et empiéter de telle sorte qu'à peine soit il en nous de nous r'avoir de sa prinse et de rentrer en nous pour discourir et raisonner de ses ordonnances (1); » mais il sera permis du moins de contester l'universalité de l'usage sur lequel s'appuie M. Dupin. Plusieurs avis émanés de la chancellerie, notamment le 17 avril 1834 et le 5 avril 1838, sur la question que j'examine, seraient une preuve suffisante que l'usage dont on parle n'est pas universellement accepté. Serait-ce trop s'avancer d'aller même jusqu'à dire que c'est l'usage contraire qui a prévalu dans la pratique? Dans le ressort de la Cour royale de Poitiers, notamment, jamais le ministère public n'a été considéré comme partie intégrante du tribunal civil remplaçant le tribunal de commerce.—Il y a des positions élevées dans lesquelles l'étendue des horizons que le

(1) Montaigne, Essais, liv. 1, chap. 22.

regard embrasse ne permet pas de saisir le mouvement qui s'opère dans chaque partie de l'ensemble, et de reconnaître la diversité des détails.

» On s'étonne que l'intérêt privé, « si habile à contredire tout ce qui le choque, le blesse et lui offre chance d'échapper à la chose jugée (1), » n'ait pas une seule fois soulevé la question; mais que prouve cette observation, s'il est certain que, dans un grand nombre de tribunaux, la loi ait toujours été entendue en ce sens que le ministère public n'a aucune attribution à exercer devant le tribunal civil faisant fonctions de tribunal de commerce? Comment supposer que le silence du plaideur soit l'aveu de son impuissance à lutter contre la doctrine de l'adjonction du ministère public, lorsqu'on voit des jurisconsultes éminents ne pas craindre d'accepter la responsabilité de cette doctrine devant laquelle reculerait la témérité du plaideur?

« Dans le cas exceptionnel où il n'y a pas de tribunaux de commerce dans l'arrondissement où siége le tribunal civil, dit M. Benech, ce dernier tribunal ne connaît pas des affaires commerciales comme tribunal civil, mais comme tribunal de commerce. Il dépose son caractère ordinaire pour revêtir celui de juridiction commerciale; les formes ordinaires de la procédure civile se voilent pour faire place à des formes spéciales: le caractère des avoués s'efface et ne jouit plus d'aucun privilége; il n'est pas jusqu'au ministère public qui ne soit dessaisi de ses attributions (2). »

» M. Boitard s'exprime ainsi : « Le tribunal civil jugeant comme tribunal de commerce écoute les parties et les juge, sans assistance du ministère public; écoute les parties et les juge sans présence, sans assistance d'avoués; en un mot, le tribunal civil, dans le cas de l'article 640 du Code de commerce, n'est pas constitué comme tribunal civil jugeant civilement (3). »

» MM. Carré et Chauveau développent la même doctrine (4).

» M. Rodière établit, en termes formels : « que le tribunal

(1) Conclusions de M. le procureur général Dupin.

(2) Traité des tribunaux civils de première instance, page 45.

(3) Leçon 46, sur l'art. 427.

(4) Lois de la procédure, questions 410 et 1529.

civil siégeant commercialement n'a ni avoués, ni ministère public (1). »

» On pourrait multiplier les citations ; c'en est assez pour absoudre du moins les jurisconsultes d'avoir laissé passer, sans protester contre elle, cette pratique universelle des tribunaux dont M. Dupin invoquait l'autorité. »

BIBLIOGRAPHIE.

JURISPRUDENCE GÉNÉRALE DU ROYAUME, OU RÉPERTOIRE MÉTHODIQUE ET ALPHABÉTIQUE DE LÉGISLATION, DE DOCTRINE ET DE JURISPRUDENCE, en matière de droit civil, commercial, criminel, administratif, de droit des gens et de droit public; nouvelle édition ; par M. DALLOZ aîné, avec la collaboration de M. ARMAND DALLOZ, son frère, et celle de plusieurs jurisconsultes.

Nous avons attendu, pour porter un jugement sur la nouvelle édition de la *Jurisprudence générale* de M. Dalloz, que nous ayons pu parcourir les deux volumes qui en ont déjà paru, afin que ce jugement fût, de notre part, le résultat d'un examen sérieux. C'est une œuvre de critique que nous avons prétendu faire, non, comme il arrive trop souvent, un acte de pure courtoisie ; et notre impartialité, nous l'espérons, ne se laissera pas imposer par les liens d'amitié qui existent, depuis des années, entre l'auteur et nous.

Collaborateur de M. Dalloz pour la première édition, nous sommes totalement étranger à la seconde; nous pouvons donc parler de celle-ci avec une entière liberté, avec d'autant plus de liberté que l'ouvrage s'est transformé dans l'édition nouvelle, et que le plan s'en est singulièrement agrandi. La jurisprudence, en effet, qui tenait la première place dans l'ouvrage, à l'origine, n'y occupe plus aujourd'hui que la seconde.

Nous avions, avant 1824, des arrêtistes qui recueillaient, année par année, les décisions des Cours de justice ; mais personne, avant M. Dalloz, n'avait eu l'idée de rassembler ces matériaux épars, de les réunir et de les coordonner pour en

(1) Tome 2, page 288.

former un corps de doctrine, et constituer ainsi ce qu'on appelle la *jurisprudence*.

Ajoutant à l'utilité de ce premier travail, M. Dalloz, qui sentait que la jurisprudence, pour n'être pas un guide trompeur, avait besoin d'être éclairée par la critique, fit précéder les arrêts d'un précis ou résumé dans lequel étaient appréciées et conférées entre elles les solutions les plus importantes fournies par ces arrêts.

Les premiers volumes furent rédigés sur ce plan. Mais bientôt l'auteur trouva ce cadre trop restreint: il joignit à la critique des arrêts un exposé doctrinal de la matière, et y ajouta le texte des principales lois : l'ouvrage, dès lors, ne fut plus un simple recueil d'arrêts, mais, comme l'indiquait son titre, un *Répertoire méthodique et alphabétique de législation, de doctrine et de jurisprudence.*

Un ouvrage assis sur d'aussi larges bases fit révolution dans la science ; il obtint, par son utilité comme par le mérite de son exécution, le plus grand et le plus légitime succès. Contrefait en Belgique et traduit à Naples, il contribua plus qu'aucun autre à étendre ce cosmopolitisme français qui assure à nos idées, en Europe, la même domination qu'autrefois à nos armes.

Mais c'est le propre des ouvrages de jurisprudence de vieillir promptement. Des questions s'épuisent, de nouvelles surgissent; la législation, sur plusieurs points, se transforme ou se modifie ; reflet des mœurs, la jurisprudence, d'ailleurs, doit se modifier comme elles : il vient donc un temps où il faut fondre en entier le vieil édifice pour le rajeunir et faire entrer dans sa reconstruction les éléments nouveaux que les annalistes ont recueillis.

C'est ce qui est arrivé pour la *Jurisprudence générale*, dont la première édition, du reste, se trouvait épuisée depuis longtemps.

Le plan suivi pour cette seconde édition en fait comme une œuvre nouvelle.

Dans la première édition, les arrêts, soit qu'ils prissent place dans le texte, soit qu'ils fussent rejetés en note, formaient une partie distincte, entièrement séparée de l'exposé doctrinal; dans la seconde, ils s'incorporent, en quelque sorte, avec lui; ils se classent au fur et à mesure des développements théoriques, et n'arrivent que comme applications des propositions qui sont formulées dans le texte.

Cette disposition a permis à l'auteur de retrancher les sommaires qui se mettaient en tête des arrêts pour en détacher le point jugé, et qui faisaient double emploi dans la première édition, par la reproduction fréquente des mêmes propositions dans l'exposé théorique. C'est une économie qui avait de la valeur dans un ouvrage de la nature de celui de M. Dalloz, ouvrage où devait entrer une si prodigieuse quantité de matériaux.

Cette disposition a encore permis de donner à la rédaction des arrêts plus de concision. Pour les uns, on s'est borné au texte pur, toutes les fois qu'il a paru que le texte pouvait se passer de l'exposé des points de fait et de droit. Pour les autres, on a réduit le point de fait à ce qu'il y avait d'essentiel, et retranché de la discussion tous développements oiseux qui n'auraient été que la répétition d'arguments déjà produits dans la partie doctrinale de l'ouvrage. Cette concision était une condition indispensable pour la reproduction d'une masse si considérable de documents judiciaires, qui embrassent un intervalle de plus d'un demi-siècle, et auxquels l'auteur annonce qu'il a ajouté plus de 6,000 arrêts inédits de la Cour de cassation.

La nouvelle édition s'est également enrichie d'un grand nombre de textes législatifs et d'autres documents pouvant servir à l'intelligence de la loi : on y a joint notamment les *rapports* et les *exposés des motifs*, toujours si utiles à consulter, quand on veut se pénétrer de l'esprit du législateur. Ces documents, dont nos Codes, qui pourtant se trouvent dans les mains de tout le monde, n'ont pas même été exceptés, sont classés sous chaque article du Répertoire, de sorte que le lecteur a sous les yeux l'ensemble des textes qui régissent la matière, le commentaire de ces textes, et les diverses applications qui en ont été faites par les Cours de justice.

Des tables sommaires, semblables à celles qui, dans l'excellent Dictionnaire de M. A. Dalloz, rendent les recherches si faciles, sont jointes à chaque article pour suppléer aux tables générales, qui ne pourront être publiées qu'après l'achèvement de l'ouvrage. Ces tables sommaires suffiront même bien souvent au lecteur.

Enfin l'auteur annonce, comme introduction à l'ouvrage, une *Histoire générale du droit français*, qui en remplira le premier volume.

L'esprit est effrayé du labeur immense que suppose la réalisation d'un pareil plan, qui n'a d'équivalent ni dans le droit ancien, ni dans le droit moderne ; et M. Dalloz a raison de dire, dans la remarquable préface qu'il a placée en tête de son second volume, que cette *nouvelle édition est comme une encyclopédie du droit et presque une bibliothèque de jurisprudence.*

Son livre, en effet, pourrait suppléer à tous les livres. Au point de vue de la législation, il doit contenir tout ce qu'il y a d'usuel dans le *Bulletin des Lois.*—Au point de vue de la doctrine, il doit présenter sur chaque partie du droit civil, du droit commercial, de la procédure civile et criminelle, du droit pénal, du droit public, du droit administratif, du droit des gens, et sur les matières spéciales qui sont en si grand nombre, des traités théoriques fort étendus pour lesquels l'auteur a mis à profit les travaux de ses devanciers.— Au point de vue de la jurisprudence, enfin, il sera plus complet qu'aucun autre recueil ne saurait l'être, n'eût-il sur eux que l'avantage de venir le dernier.

Il faut voir maintenant comment un plan si vaste a été exécuté.

Tout d'abord, nous remarquons que l'auteur, pour assurer à son ouvrage tous les genres d'utilité, en a fait un lexique des termes de droit en même temps qu'un répertoire destiné à traiter méthodiquement de chaque matière.

Sous ce rapport, il y a peut-être un peu de luxe; et M. Dalloz, qui vise, avant tout, à l'utilité pratique, aurait pu se borner à donner l'explication des termes encore en usage, et négliger tous ceux qui n'avaient cours que dans quelques coutumes particulières. On regrette la place, si petite qu'elle soit, qu'occupe la définition de locutions surannées qu'il est si peu essentiel de connaître.

M. Dalloz s'est abstenu, avec raison, de trop morceler les matières; mais, pour ne pas priver son ouvrage des avantages que présente la forme du dictionnaire pour la promptitude et la facilité des recherches, il a multiplié les mots de renvoi, mais peut-être encore à l'excès, tant on le trouve soucieux de bien mériter de son lecteur !

Ce désir d'être complet, auquel cède trop facilement l'auteur, lui a fait admettre aussi, dans son ouvrage, tel document dont la valeur scientifique n'était pas assez grande, à notre avis, pour qu'il dût y trouver place. Ainsi, au mot *agent diplomatique* sont rapportées plusieurs ordonnances dont l'objet est de régler les traitements des fonctionnaires de cet ordre. Ne semble-t-il pas que ce soient là des documents d'une nature trop transitoire pour mériter de figurer ailleurs qu'au *Bulletin des Lois?*

Nous ne pousserons pas plus loin la critique sur ce point, de peur de nous montrer d'un goût trop difficile ; car c'est d'un excès de richesses que nous nous plaignons, et il y aurait plutôt à louer qu'à blâmer les scrupules de l'écrivain.

C'est dans sa partie capitale qu'il faut apprécier l'œuvre de M. Dalloz, au lieu de chicaner l'auteur sur des points accessoires. Or, ce qui distingue surtout la seconde édition de la première, ce qui en fait comme une œuvre toute nouvelle, ce sont les développements qu'a reçus, dans cette édition, la partie théorique de l'ouvrage. La jurisprudence, comme nous l'avons dit, bien qu'elle en soit un élément considérable, n'y occupe pourtant que la seconde place. L'esprit du livre a changé : ce n'est plus un ouvrage de jurisprudence que M. Dalloz présente au public, c'est un ouvrage théorique et pratique à la fois ; les matières du droit administratif et du droit public, du droit des gens et du droit criminel, sont traitées avec le même soin, avec la même étendue, que celles du droit commercial ou du droit civil ; c'est, en un mot, le monument le plus vaste et le plus complet qui ait encore été élevé à la science du droit.

Parcourez les articles que renferment les tomes 2 et 3 du Répertoire de M. Dalloz ; voyez notamment les mots *absence*, *abus de confiance*, *acquiescement*, *action possessoire*, *agent diplomatique*, *amnistie* : dans quel autre auteur, sans excepter le Répertoire de Merlin, trouverez-vous des développements aussi complets sur chacun de ces sujets ? Et l'ouvrage de M. Dalloz n'est pas une pure compilation, une série de propositions extraites des arrêts intervenus sur la matière ; c'est une œuvre plus personnelle, et dans laquelle l'esprit de critique n'a jamais fait défaut à l'auteur pour l'appréciation des précédents judiciaires et des opinions des jurisconsultes qui ont écrit avant lui.

Aux yeux de plusieurs, les ouvrages du genre de celui de M. Dalloz ont un grand tort, c'est de rendre l'esprit paresseux, de le détourner des voies de la science, de le rendre timide ou de le fausser par la trop grande autorité accordée aux décisions judiciaires.

Pour qui, sans doute, n'apporte, dans l'étude de la jurisprudence, aucun discernement, l'objection est fondée ; mais le danger n'est-il pas le même pour ceux qui ont une foi trop aveugle dans les paroles de l'école ? L'étude de la jurisprudence a cela de bon qu'elle préserve de l'esprit de système, qu'elle tempère les idées trop absolues, et rend les opinions plus sûres. Combien doivent à la jurisprudence, qui se montrent ingrats envers elle ! Qui fait mieux pénétrer dans l'esprit de la loi, qui en fait mieux reconnaître les imperfections et les lacunes, que les innombrables contestations qui sont portées devant les tribunaux ? Où la loi est-elle mieux étudiée, où les questions sont-elles plus approfondies que dans ces débats où la contradiction s'établit entre les avocats des parties, et où l'opinion des juges est éclairée par la voix toujours impartiale de l'officier du parquet ?

Sans doute il ne faut pas avoir une confiance illimitée dans les arrêts ; mais, comme le dit avec une grande raison M. Dalloz : « Est-il beaucoup d'auteurs dont l'opinion ne soit balancée par l'arrêt d'une Cour royale ? En est-il beaucoup dont l'autorité doctrinale puisse égaler celle du conseil d'État, et surtout celle de la Cour de cassation ? »

Pour nous, nous avons toujours retiré un grand fruit de l'étude de la jurisprudence, et nous la recommanderons, non pas seulement à ceux qui sont voués, par leur profession, à la défense des intérêts d'autrui, mais à ceux-là même qui font de la science du droit une étude toute spéculative, qu'ils l'enseignent dans les chaires ou dans les livres. Si pénétrant que soit leur esprit, la jurisprudence leur fournira toujours, pour le commentaire de la loi, plus de cas douteux, et, pour la solution de ces cas douteux, plus d'arguments que la méditation ne leur en fera découvrir. Non, certes, que nous prétendions qu'il ne faille étudier le droit que dans la jurisprudence ; nous ne sommes pas à ce point oublieux envers les Domat, les Pothier, les Merlin, les Toullier, les Troplong ! Et ce n'est pas non plus l'avis de M. Dalloz, puisqu'il a donné à la partie doctrinale une si grande place dans son ouvrage.

M. Dalloz est un guide qu'on peut suivre avec sécurité. Ni trop timides, ni trop hardies, ses opinions se tiennent toujours entre ces deux extrêmes. Dans les matières pénales, une fausse philanthropie ou un vain désir de popularité ne l'égarent pas dans des doctrines qui, sous couleur de corriger le prétendu draconisme de nos Codes, n'ont d'autre résultat que d'énerver la loi. En le lisant, on reconnaît de suite en lui le jurisconsulte-praticien, dont la science, puisée à bonne source, s'est assouplie au contact des affaires, pendant un long exercice de la profession d'avocat aux conseils du roi et à la Cour de cassation, et s'est vivifiée à ce double foyer de lumière dont l'éclat se reflète aujourd'hui dans son ouvrage.

Nous n'examinerons point ici lequel est préférable, pour un ouvrage de jurisprudence, de l'ordre méthodique adopté par M. Dalloz, ou de l'ordre chronologique que maintiennent et défendent d'autres recueils. La question a été jugée lors de la publication de la première édition de la *Jurisprudence générale*, et les avantages de l'ordre méthodique sont trop manifestes pour que nous nous arrêtions à les discuter. Cette distribution des matières était d'ailleurs commandée à M. Dalloz par la nature même de son ouvrage.

M. Dalloz, dans la nouvelle édition, a résolu, en partie, l'objection qui était tirée, contre l'ordre méthodique, de l'impossibilité de scinder les arrêts, quand ils statuent, comme il arrive souvent, sur des questions qui n'ont entre elles rien de commun. L'auteur, qui, dans la première édition, s'était tenu trop scrupuleusement au principe qu'il vaut mieux se résigner à l'inconvénient d'une classification incomplète que de s'exposer au danger d'isoler les uns des autres des textes qui s'enchaînent et se lient, a pris dans celle-ci un moyen terme. Il sépare les questions toutes les fois que l'arrêt statue par des chefs bien distincts et qui n'ont aucune corrélation : le fractionnement est évidemment alors sans inconvénient. Dans le cas contraire, ou lorsque chaque question, pour son éclaircissement, demanderait un nouveau récit des faits, il publie l'arrêt en un seul contexte, mais reprend chaque question pour la traiter dans le lieu qui lui est propre.

L'exécution typographique des deux volumes déjà publiés de la *Jurisprudence générale* ne laisse rien à désirer. Choisir un caractère assez compacte pour faire entrer dans chaque volume beaucoup de matière, et poutant d'un œil assez gros pour que les vues qui ont vieilli n'eussent point à s'en plaindre, était un problème technique assez difficile : il ne pouvait être plus heureusement résolu.

Nous demandons à l'auteur la permission de lui indiquer une petite lacune à combler. Un index dont nous avons souvent regretté l'absence dans le Répertoire de Merlin, un index, placé en tête de chaque volume, de tous les articles qu'il renferme, nous paraîtrait fort utile pour diriger les recherches du lecteur.

L'ouvrage de M. Dalloz est publié avec la collaboration de M. Armand Dalloz, son frère, et celle de plusieurs jurisconsultes. Les forces d'un seul homme, en effet, n'y eussent pas suffi. M. A. Dalloz est auteur du *Dictionnaire général et raisonné de législation, de doctrine et de jurisprudence*, ouvrage qui est entre les mains de tout le monde, qu'on cite journellement au palais, et où l'esprit de méthode et d'analyse a pu seul faire entrer et classer, sans confusion, l'incommensurable quantité de documents et de solutions qu'il renferme.

A M. A. Dalloz revient donc une partie des remercîments que nous devons à l'auteur de la *Jurisprudence générale* pour une œuvre qu'il faut classer au rang des plus éminentes et des plus utiles, qui honorera le nom des deux frères, et dont ils pourront dire, avec un juste orgueil :

Exegi monumentum ære perennius;
Non omnis moriar...

FLANDIN, *premier avocat général.*

CHASSE. — GARDES. — MAXIMUM DE LA PEINE.

Les gardes champêtres qui se rendent coupables d'un délit de chasse doivent subir le maximum de la peine, alors même que le délit n'a pas été commis sur le territoire de la commune dans laquelle ils exercent leurs fonctions. (Art. 7 et 12 de la loi du 3 mai 1844.)

Le ministère public contre Auguste Chouard.

Auguste Chouard est tout à la fois garde champêtre de la commune de la Chapelle-Moulière et garde particulier des propriétés de M. de Sévelinge, situées dans la commune de Bonnes.

Cité devant la première chambre civile de la Cour royale pour avoir chassé sans permis de chasse et en temps prohibé, les 8 et 9 avril 1846, il a été prouvé par témoins qu'il avait commis les délits qui lui étaient imputés, sur des propriétés dépendant de la commune de Bonnes.

En requérant contre lui l'application de la loi du 3 mai 1844, M. l'avocat général Béra a fait observer à la Cour que l'interprétation du dernier paragraphe de l'art. 12 de cette loi avait fait naître des opinions diverses dans la doctrine et dans la jurisprudence.

Ce paragraphe dispose « que les peines déterminées par les » articles 11 et 12 seront toujours portées au maximum, lors- » que les délits auront été commis par les gardes champêtres » ou forestiers des communes, ainsi que par les gardes fores- » tiers de l'État et des établissements publics. »

Malgré l'énergique précision de ce texte, M. Berriat St-Prix (1), MM. Gillon et de Villepin (2), et un arrêt de la Cour de Rouen du 30 août 1844 (3), ont professé la doctrine que le législateur de 1844 n'avait voulu que corroborer les dispositions de l'art. 198 du Code pénal, qui n'exige l'application du maximum des peines qu'autant que les coupables ont commis les délits *qu'ils étaient chargés de surveiller ou de réprimer.*

Ce système est évidemment erroné ; ce n'est pas dans des cir-

(1) Législation de la chasse, p. 156.

(2) Nouveau Code des chasses, n° 334.

(3) Journal criminel de Morin et Chauveau, 1845, p. 27.

constances de localité que se puise la gravité du délit, mais dans la qualité du délinquant lui-même. Quand l'art. 7 prohibe la délivrance d'un permis de chasse à tout garde champêtre, il le fait d'une manière absolue; il déclare leur interdire sans distinction la chasse soit dans leur commune, soit dans toutes autres. S'ils enfreignent cette interdiction, en quelque lieu que ce soit, leur délit revêt un caractère de gravité que la loi punit des sévérités du maximum. L'article 12 ne permet ni commentaires, ni distinctions, ni exceptions; le commandement législatif est aussi clair que compréhensif; aussi la Cour de cassation a-t-elle cassé, le 4 octobre 1844, l'arrêt de la Cour de Rouen, par les motifs que l'on vient de déduire (1).

Que Chouard ait chassé sur le territoire de la commune de Bonnes ou sur celui de la commune de la Chapelle-Moulière, peu importe; par cela seul qu'il est garde champêtre, il a encouru le maximum.

ARRÊT.

Attendu qu'il est prouvé par les dépositions des témoins, etc.;

Attendu que ces faits constituent deux délits de chasse commis dans la commune de Bonnes, dans un temps prohibé, sans permis de chasse et sur des terres encore couvertes de leur récolte;

Attendu que ces délits sont prévus et punis par les articles 1, 11, 12, 16 et 17 de la loi du 3 mai 1844; qu'il importe peu que le délit ait été commis dans la commune de Bonnes, dont Chouard n'était pas le garde champêtre; que les expressions finales de l'art. 12 sont générales et absolues, et que le maximum doit être appliqué au garde champêtre en raison de sa qualité, quelle que soit la commune où il a chassé;

Attendu que le fusil, etc.;

La Cour déclare Auguste Chouard, garde champêtre de la commune de la Chapelle-Moulière, coupable, etc.; le condamne en 200 fr. d'amende, etc.

Du 18 juin 1846. — Cour royale de Poitiers, 1re ch. civ. — MM. Barbault de la Motte, président. — Béra, avocat général, concl. conf.

(1) Journal criminel, *loco citato*.

VOIRIE. — BALAYAGE. — CASERNE. — CONCIERGE.

Tout concierge d'un établissement public est, en sadite qualité, substitué au propriétaire, quant aux obligations de police de la nature de celles dont il s'agit au n° 3 de l'art. 471 C. pén. pour le nettoiement de la voie publique. En conséquence, lorsqu'un règlement de police astreint les propriétaires ou locataires des maisons situées sur la voie publique à balayer la voie publique au-devant de leurs maisons, boutiques, murs de clôture, etc., le concierge d'une caserne est tenu de cette obligation dans toute l'étendue de la façade et des murs de clôture de la caserne.

Le ministère public contre Leroux.

Un procès-verbal rédigé par un sergent de ville constatait que le sieur Leroux, concierge de la caserne dite de Sainte-Catherine à Poitiers, s'était borné à nettoyer la partie de la voie publique au-devant de la porte principale de cet établissement, mais qu'il avait négligé de balayer dans tout le pourtour de la caserne. Par suite, le sieur Leroux fut traduit devant le tribunal de simple police du canton de Poitiers, ainsi que plusieurs autres individus, inculpés de la même contravention. Le jugement n'offrant d'intérêt qu'en ce qui concerne le sieur Leroux, nous ne donnons que cette partie.

JUGEMENT.

En ce qui touche le sieur Leroux :

Vu l'article 263 de l'arrêté du maire en date du 30 juin 1845, ainsi conçu : « Les *propriétaires* ou *locataires* des maisons situées sur la voie publique sont tenus de balayer ou faire balayer complétement et régulièrement, tous les jours, la voie publique au devant de leurs maison, boutique, cour, jardin, murs de clôture et autres emplacements quelconques ; »

Attendu que, dans l'espèce, le sieur Leroux n'est point propriétaire ;

Attendu qu'en sa qualité de concierge, l'arrêté précité ne lui impose aucune obligation ;

Attendu que, comme locataire, il ne peut être tenu de balayer qu'au devant de la porte principale de l'établissement ;

Attendu qu'il résulte du rapport du sergent de ville Michel Raymond que ledit Leroux s'est conformé à cette obligation ;

Par ces motifs, le tribunal annule la poursuite.

Du 13 mars 1846. — Tribunal de police de Poitiers.

Pourvoi en cassation de la part du ministère public.

ARRÊT.

Vu l'art. 471, n° 3, du Code pénal, lequel est ainsi conçu : « Seront punis d'amende depuis un franc jusqu'à cinq francs » inclusivement.... ceux qui auront négligé de nettoyer les » rues ou passages, dans les communes où ce soin est laissé à » la charge des habitants ; »

Vu l'art. 263 du règlement général de police de la ville de Poitiers du 30 juin 1845, lequel est ainsi conçu :

« Les propriétaires ou locataires des maisons situées sur la » voie publique sont tenus de balayer ou faire balayer com» plétement et régulièrement, tous les jours, la voie publique » au devant de leurs maisons, boutiques, murs de clôture et » autres emplacements quelconques ; »

Attendu que l'obligation imposée par ledit article du règlement de police précité de la ville de Poitiers aux propriétaires ou locataires s'applique nécessairement à tout concierge d'un établissement consacré à un service public, parce que, dans ce cas, le concierge d'un tel établissement se trouve virtuellement, en ladite qualité, substitué au propriétaire, quant aux obligations de police de la nature de celles dont il s'agit dans le n° 3 de l'art. 471 du Code pénal, et qu'il est par conséquent tenu de s'y conformer, sous les peines portées audit article ;

Attendu que le jugement attaqué reconnaît, en fait, que le sieur Leroux est *concierge* de la caserne dite de Sainte-Catherine à Poitiers, et qu'il habite aussi cet établissement comme *locataire;* que ledit jugement déclare qu'en qualité de concierge le règlement de police précité ne lui impose aucune obligation, et que, comme locataire, il ne peut être tenu de balayer qu'au devant de la porte principale de l'établissement, et qu'il s'est fondé sur ce que ledit Leroux s'est conformé à cette dernière obligation, pour le relaxer des fins de la poursuite dirigée contre lui ;

Et attendu qu'il résulte d'un procès-verbal régulier dressé le 4 mars 1846 par un sergent de la ville de Poitiers, que ledit Leroux, *concierge de la caserne* ci-dessus désignée, a négligé de balayer le pavé au devant du mur de clôture de ladite caserne, ainsi que le ruisseau du côté de la rue du Petit-Séminaire, le côté de la rue Derrière-le-Petit-Séminaire, et enfin le côté du plan du Calvaire; que conséquemment ledit Leroux était passible des peines attachées par la loi à cette contravention; — que, dès lors, le tribunal saisi de la poursuite dirigée contre lui à ce sujet devait lui faire l'application de ces peines ;

Et qu'en le renvoyant de la plainte par les motifs ci-dessus relatés, le jugement attaqué a violé l'art. 263 du règlement de police de la ville de Poitiers, et le n° 3 de l'art. 471 du C. pénal;

Par ces motifs, la Cour casse.

Du 30 mai 1846. — Cass., ch. crim. — MM. Dehaussy de Robécourt, rapporteur. — Quénault, avocat général.

BANQUEROUTE SIMPLE. — SOCIÉTÉ COMMERCIALE. — CHOSE JUGÉE. — COMPÉTENCE.

La juridiction civile et la juridiction criminelle exercent leur action d'une manière indépendante l'une de l'autre; les décisions qu'elles rendent se trouvent circonscrites, quant à leurs effets, dans les limites qui séparent ces juridictions (1). *En conséquence, un tribunal correctionnel peut, sans violer la chose jugée, décider que plusieurs prévenus de banqueroute simple étaient associés, bien que la juridiction commerciale ait jugé le contraire* (2).

Les tribunaux correctionnels sont compétents pour rechercher et constater, sur une poursuite en banqueroute simple, l'existence d'une société commerciale entre les prévenus (3).

(1) Par application de ce principe, il a été jugé que le banqueroutier simple ou frauduleux peut être poursuivi d'office et avant tout jugement déclaratif de faillite. Cass., 19 avril et 7 novembre 1811, 14 juillet 1814, 30 janvier 1824, 15 avril 1825, 22 janvier, 16 septembre et 3 novembre 1831 (J. P. à leur date); 11 août 1837 (1837-2-427); 29 mars et 26 mai 1838 (1840-1-203 et 1838-2-188). Conf. Legrav., t. 1er, chap. 1er, *dispositions préliminaires*, sect. 2, *de l'action publique*; Merlin, Rép., v° *faillite*, sect. 2, § 2, art. 8; Mangin, *Action publique*, t. 1er, p. 362, et Chauv. et Hélie, t. 7, p. 236.

(2 et 3) Il avait été déjà jugé que la poursuite en banqueroute simple

L'art. 42 du Code de commerce ayant statué que l'absence des formalités qu'il prescrit pour la validité des sociétés en commandite et en nom collectif ne peut être opposée aux tiers, les tribunaux correctionnels ont le droit de puiser la preuve de l'existence d'une société de ce genre dans les faits qui résultent de l'instruction et des débats.

Il n'est pas nécessaire que le jugement qualifie la société qui existait entre les prévenus ; il suffit qu'il relève tous les éléments constitutifs d'une société commerciale.

Le ministère public contre Gaudin père et fils.

Le 4 juillet 1845, le tribunal de commerce de Saintes déclare en état de faillite Gaudin-Belcour père, banquier à Saintes.

Quelque temps après, le syndic demande que les deux enfants, Édouard et Achille Gaudin, soient déclarés les associés de leur père, et, comme lui, en faillite. Jugement qui repousse cette demande et la déclare mal fondée.

Malgré cette décision, la chambre du conseil du tribunal civil de Saintes, les considérant comme associés de leur père, les renvoie tous trois devant la juridiction correctionnelle, sous la prévention de banqueroute simple, ou tout au moins les deux enfants sous la prévention de complicité de la banqueroute du père.

A la première audience, et avant qu'il soit procédé aux débats, les fils Gaudin demandent acte de ce qu'ils n'entendent pas accepter le débat comme associés, et de ce qu'ils protestent contre cette qualité qui leur a été donnée par l'ordonnance de mise en prévention, et ils concluent à ce que le tribunal se déclare incompétent.

peut avoir lieu, quoique la déclaration de faillite ait été rétractée ou rapportée. C. roy. Metz, 14 mai 1833 (J. P. à sa date). Le tribunal correctionnel est compétent pour déclarer le fait de cessation de payements d'un commerçant, lors même que la juridiction civile a décidé que ce commerçant n'était pas en faillite. Cass. rej., 23 avril 1841, Bull. n° 115.

Il a été également décidé que le jugement du tribunal de commerce qui déclare un individu en état de faillite, n'a point l'autorité de la chose jugée devant les tribunaux de répression, et ne met point obstacle à ce que sa qualité de commerçant failli soit examinée de nouveau devant eux. Cass., 23 novembre 1827 (J. P. à sa date).

Sur ces conclusions, le tribunal correctionnel de Saintes rend, le 13 décembre 1845, le jugement suivant :

« Attendu que l'ordonnance de la chambre du conseil met en prévention Edouard et Achille Gaudin comme associés de leur père; — que cette ordonnance n'a point été attaquée; — que ce n'est qu'après l'instruction faite à l'audience qu'il y aura lieu d'examiner si oui ou non les enfants Gaudin se sont rendus coupables du délit qui leur est reproché;

» Le tribunal maintient les qualités des prévenus telles qu'elles sont établies dans ladite ordonnance, donne acte à Me *Vacherie* et à Me *Luraxe*, avocats d'Édouard et d'Achille Gaudin, de leurs protestations, se déclare compétent, et ordonne qu'il sera passé outre aux débats. »

A la suite de ce jugement, les témoins sont entendus, puis, à la date du 9 janvier 1846, jugement qui condamne Gaudin-Belcour père, Édouard et Achille, ses deux enfants, pour banqueroute simple. Relativement à ces deux derniers, le jugement est ainsi conçu :

« En ce qui touche Édouard et Achille Gaudin :

» Attendu qu'avant de rechercher s'ils se sont rendus coupables de banqueroute simple, il convient d'examiner dans quelle qualité ils travaillaient dans la maison de leur père;

» Attendu qu'au point de vue de l'intérêt public, le procureur du roi a le droit incontestable de prouver par tous les moyens que la loi met en son pouvoir, les faits qui portent préjudice à la société et qui constituent des crimes et des délits; que, d'un autre côté, les tribunaux répressifs n'ont point à se préoccuper des décisions rendues par une autre juridiction et dans un intérêt purement privé;

» Attendu qu'Édouard et Achille sont prévenus de banqueroute simple, comme ayant agi en qualité d'associés de Gaudin-Belcour; que dès lors le tribunal a le pouvoir de rechercher s'il existait, en effet, une société entre eux et leur père;

» Attendu que, si on consulte les documents fournis par la procédure et les débats, il est impossible de ne pas reconnaître qu'Édouard et Achille Gaudin étaient, non les commis et mandataires de leur père, mais bien ses véritables associés (suivant les faits d'où en résulte la preuve). »

Appel de la part des Gaudin. 27 février 1846, jugement du tribunal correctionnel de Niort qui confirme en adoptant les motifs des premiers juges.

Pourvoi en cassation de la part des Gaudin fils.

ARRÊT.

La Cour, — sur le premier moyen tiré de la violation prétendue des règles de la compétence et d'un prétendu excès de pouvoir, en ce que le tribunal correctionnel, dans l'espèce, s'est attribué le pouvoir de rechercher s'il n'avait pas existé une société entre les deux frères Gaudin et leur père, négociant failli; en quoi il a empiété sur les attributions du juge civil ou consulaire, qui avait compétemment jugé la question dans un sens contraire; ce qui constituerait, suivant les demandeurs, un excès de pouvoir ou la violation des règles de la compétence;

Attendu, en droit, que la juridiction civile et la juridiction criminelle exercent leur action d'une manière indépendante l'une de l'autre; que les décisions qu'elles rendent se trouvent circonscrites, quant à leurs effets, dans les limites qui séparent ces juridictions; qu'il suit de là que ces décisions n'ont la force et l'autorité de la chose jugée que relativement à la matière dont la connaissance appartient à la juridiction dont elles sont émanées, et entre les parties avec lesquelles ces décisions ont été rendues;

Attendu, en fait, que la juridiction correctionnelle, ayant à prononcer sur la poursuite du délit de banqueroute simple intentée par le ministère public contre Gaudin-Belcour père et Édouard et Achille Gaudin ses fils, était compétente pour rechercher et pour apprécier, sous le point de vue pénal, les faits constitutifs de l'état de faillite, la qualité des inculpés, les infractions à la loi commerciale pouvant constituer le délit de banqueroute simple, et enfin la part plus ou moins active que chacun des inculpés avait prise dans la gestion des affaires commerciales de la maison tombée en faillite;

Attendu que, si l'article 42 du Code de commerce a établi, pour la validité des actes de société en nom collectif et en commandite, des formalités et des conditions dont il a prescrit l'accomplissement à peine de nullité, cet article déclare expressément aussi que le défaut de ces formalités ne pourra être opposé à des tiers par les associés ;

Attendu qu'en l'absence d'acte de société commerciale entre Gaudin-Belcour et ses deux fils sus-nommés, le tribunal de police correctionnelle était compétent pour rechercher et pour apprécier, dans les faits qui sont résultés de l'instruction et des débats, les éléments divers de nature à prouver que lesdits Gaudin fils avaient été associés de leur père dans la maison de commerce tombée en faillite, et qu'en se livrant à cette appréciation, le tribunal correctionnel n'a violé ni les règles de la compétence, ni les principes légaux relatifs à la preuve des contrats commerciaux ;

Sur le second moyen, tiré de la fausse application des articles 585 et 586 du Code de commerce et 402 du Code pénal, en ce que le jugement attaqué a déclaré l'existence d'une société entre les frères Gaudin et leur père, sans spécifier quelle nature de société il jugeait avoir existé entre eux ; que cette spécification était cependant nécessaire pour les déclarer responsables, au point de vue pénal, du défaut de tenue de livres et des autres infractions constitutives de la banqueroute simple, et pour leur faire l'application de la peine édictée par la loi contre ce délit ;

Attendu que le jugement attaqué a formellement déclaré qu'Édouard et Achille Gaudin étaient, non les commis et mandataires de leur père, mais bien *ses véritables associés ;* qu'il a également constaté que ce dernier, *ancien négociant en marchandises, n'avait, de son propre aveu, aucune connaissance des affaires de banque ; que c'est dans l'intérêt de ses enfants, Edouard et Achille, qu'il a fondé sa maison ; que ceux-ci l'ont organisée, qu'ils en ont été les gérants et presque les uniques administrateurs; qu'Édouard surtout en dirigeait toutes les opérations ;*

Attendu qu'en relevant ces faits, le jugement attaqué a suffisamment spécifié et déclaré que la société qu'il a reconnu avoir existé entre Gaudin-Belcour et ses deux fils était une société commerciale en nom collectif, et qu'il a ainsi caractérisé avec précision la participation active que chacun des demandeurs en cassation a eue aux affaires commerciales de ladite société ; qu'il suit de là qu'en leur attribuant la part de responsabilité pénale qui leur appartenait dans les infractions au Code de commerce constitutives de la banqueroute simple, et en les déclarant coupables de ce délit, ledit jugement a fait une juste application des art. 585, 586 du Code de commerce et 402 du Code pénal ;

Rejette.

Du 22 mai 1846. — C. cass., ch. crim. — MM. Dehaussy de Robécourt, rapp. — De Boissieux, avocat général. — Morin, avocat.

1° ENQUÊTE. — MATIÈRE SUSCEPTIBLE D'APPEL. — NULLITÉ. — JUGEMENT.

2° JUGEMENT. — CHEFS DIVERS. — NULLITÉ PARTIELLE.

3° ENQUÊTE SOMMAIRE. — CHOSE JUGÉE.

En matière susceptible d'appel, toute enquête doit être constatée par un procès-verbal régulier, à peine de nullité du jugement intervenu à la suite de l'enquête.

Il ne pourrait y avoir exception à cette règle qu'autant que la Cour royale, trouvant, dans la cause, des éléments suffisants de solution, indépendamment de l'enquête ordonnée, évoquerait et statuerait sur les documents déjà acquis au procès.

Un jugement rendu sur plusieurs chefs de demande peut être conservé dans sa partie relative aux chefs pour lesquels il n'y a pas de mesures préparatoires à ordonner, alors même qu'il est annulé pour le surplus.

Lorsqu'un jugement qui, par erreur, a ordonné, en matière ordinaire, qu'une enquête serait faite dans la forme des enquêtes sommaires, a acquis l'autorité de la chose jugée, par suite de l'acquiescement exprès ou tacite des parties, la Cour royale, tout en réformant le jugement qui a suivi l'enquête, et en renvoyant devant un autre tribunal pour que cette enquête soit recommencée et constatée par procès-verbal, doit respecter la décision qui a prescrit la confection de l'enquête dans la forme des enquêtes sommaires.

Milon contre Epagnoux et Benoit.

En vertu d'un bail verbal, le sieur Milon ajourne les sieurs

Epagnoux et Benoît, ses fermiers, devant le tribunal civil des Sables-d'Olonne, afin d'avoir payement d'une somme de 700 fr. due pour fermages.

Les défendeurs forment une demande reconventionnelle de 1,500 fr., prétendant qu'ils n'ont pas joui de la chose louée, qu'ils ont droit d'exiger des réparations considérables, etc.

Milon, bailleur, de son côté, conclut additionnellement à une somme de 1,500 fr. pour dommages-intérêts qu'il demande aux fermiers, par suite de la négligence qu'ils ont apportée dans la conservation de la chose louée.

5 janvier 1846, jugement qui ordonne la preuve des faits articulés par les parties à l'appui de leurs demandes reconventionnelle et additionnelle; l'enquête doit être faite *dans les formes sommaires.*

Ce jugement est exécuté; des reproches sont élevés contre quelques témoins produits; 9 février 1846, autre jugement qui statue sur ces reproches.

L'enquête sommaire n'est point rédigée par écrit.

16 février 1846, jugement définitif qui rejette les demandes additionnelle et reconventionnelle, et condamne seulement les fermiers au payement des 700 fr., objet de la demande primitive du sieur Milon.

Appel par les fermiers des trois jugements des 5 janvier, 9 février et 16 février 1846.

Dans leur intérêt, Me *Bourbeau* a fait observer qu'il s'agissait évidemment d'une matière susceptible d'appel, en raison des conclusions prises par les parties postérieurement à la demande primitive; une double erreur a été commise par les premiers juges; l'enquête en effet devait être faite comme en matière ordinaire, et, en toute hypothèse, procès-verbal devait en être régulièrement dressé, pour que les résultats pussent être appréciés au second degré de juridiction. La Cour doit donc annuler le jugement rendu sur une enquête qui pour elle n'existe pas, réformer également les jugements qui l'ont précédée, et renvoyer la cause devant un autre tribunal, où il sera procédé conformément aux exigences des lois de procédure.

Pour Milon, Me *Calmeil* a reconnu que l'enquête faite en

première instance devait être constatée par un procès-verbal, et que, sous ce rapport, le jugement définitif du 16 février pouvait être annulé; mais il a soutenu : 1° que les jugements interlocutoires des 5 janvier et 9 février 1846 étaient devenus chose jugée par l'exécution volontaire des parties; qu'ainsi il était irrévocablement décidé *que l'enquête devait être accomplie dans la forme sommaire;* 2° que le jugement du 16 février devait être respecté *au chef qui avait accueilli la demande principale de* 700 *fr.* Il s'est étayé, pour soutenir cette dernière proposition, d'un arrêt de cassation du 2 avril 1825 (Sirey, t. 45, p. 509), qui établit en principe que les juges d'appel ne sont pas obligés de prononcer la nullité d'un jugement rendu sur une procédure irrégulière, toutes les fois que les documents acquis au procès, indépendamment de cette procédure, leur semblent suffisants pour asseoir une décision. Le litige ne porte pas sur les 700 fr. de loyers demandés par Milon; les sommes qu'on voudrait opposer en compensation ne sont ni liquides, ni exigibles; il y a lieu provisoirement de donner suite à la condamnation intervenue à ce sujet.

M. l'avocat général Béra a pensé que le contrat judiciaire par lequel les parties s'étaient liées, quant à la forme de l'enquête, avait une telle puissance que les magistrats eux-mêmes devaient le respecter, bien que la matière fût évidemment *ordinaire.* Des considérations d'ordre public pourraient seules déterminer les tribunaux à briser ce lien; mais il est difficile d'établir que, dans l'espèce, l'ordre public soit intéressé à ce que l'enquête soit faite dans la forme ordinaire plutôt que dans la forme sommaire, l'une et l'autre forme donnant aux parties toutes les garanties désirables. Les jugements interlocutoires *acquiescés* ne peuvent donc être réformés en appel.

Quant au jugement définitif, il faut suivre la maxime : *Tot capita, tot sententiæ.* La demande des 700 fr. n'a jamais été contestée; elle ne doit pas être neutralisée par des dommages-intérêts tout à fait hypothétiques, qui ne peuvent être que le résultat de procédures longues et dispendieuses. Le jugement ne peut être mis au néant que pour ce qui constitue véritablement le litige; la compensation n'a lieu qu'entre dettes également liquides et exigibles.

La Cour ne peut évoquer en vertu de l'art. 473 C. pr. civ., car le procès n'est pas en état; il ne fournit aucun élément d'une solution juridique des autres chefs sur lequel il a été statué. Une enquête est indispensable; la Cour en prescrira la confection.

ARRÊT.

Attendu que le jugement du 5 janvier, qui avait ordonné qu'il serait procédé sommairement aux enquêtes, a été exécuté volontairement par toutes parties qui ont fait entendre des témoins; qu'il est souverainement jugé que les enquêtes doivent être sommaires, et que l'appel de ce jugement est non recevable;

Attendu que le jugement du 9 février 1846 a admis un reproche, sur les conclusions conformes d'Épagnoux, contre un témoin produit par Milon; que dès lors l'appel de ce jugement de la part d'Épagnoux est non recevable;

En ce qui touche le jugement du 16 février dernier :

Attendu que le jugement interlocutoire ne lie pas le juge; que les demandes des parties étaient distinctes, et qu'il y avait litiges divers, indépendants les uns des autres;

Attendu que les demandes de Milon relativement à la somme de 700 fr. pour prix de ferme, et celle de 40 fr. pour menus suffrages, résultent d'un bail verbal, et qu'elles n'ont jamais été contestées par Epagnoux; qu'il y a donc lieu d'y faire droit quant à présent, d'après les documents actuels du procès, et de confirmer, quant à ce, le jugement du 16 février dernier;

Attendu que les demandes d'Epagnoux n'étaient pas liquides, qu'elles ne pouvaient être compensées avec celles de Milon; qu'il y avait lieu de procéder à des enquêtes pour apprécier le mérite des demandes de l'appelant;

Attendu que le jugement du 16 février étant susceptible d'appel, il devait être dressé procès-verbal conformément aux prescriptions de l'art. 411 du Code de procédure civile;

Attendu que cette formalité n'ayant pas été remplie, il y a lieu d'annuler en partie le jugement du 16 février, et de renvoyer la cause, qui n'est pas en état en cette partie, devant un autre tribunal;

. . . .

La Cour déclare l'appel non recevable en ce qui touche les jugements des 5 janvier et 9 février derniers, met au néant l'appel du jugement du 16 février dernier, en ce qui concerne le prix de ferme de 700 fr. et les menus suffrages, etc.; dit qu'il a été bien jugé quant à ces chefs; annule le jugement du 16 février dernier dans ses autres dispositions; renvoie toutes parties devant le tribunal civil de Bourbon-Vendée, d'après les errements de la procédure existant après le jugement du 9 février, pour être procédé *sommairement* aux enquêtes et contre-enquêtes ordonnées sur les faits admis par le jugement du 9 janvier dernier, etc.

Du 25 juin 1846. — Cour royale de Poitiers, 1re ch. civ. — MM. Barbault de la Motte, président. — Béra, avocat général, concl. conf. — Bourbeau et Calmeil, avocats. — Rouillé et Jolly, avoués.

1° DESSERVANT. — INVENTION. — DÉPÔT AUX MAINS DE L'AUTORITÉ SUPÉRIEURE. — MISE EN DEMEURE. — FIN DE NON-RECEVOIR. — 2° CERTIFICAT D'UN ÉVÊQUE OU DE SON REMPLAÇANT. — FOI. — DATE CERTAINE.

Un curé ou desservant, qui trouve un objet dans le tabernacle d'un des autels de son église, n'est soumis qu'aux obligations de l'inventeur *ordinaire; si, avant d'être régulièrement mis en demeure par le soi-disant propriétaire de l'objet trouvé, il le dépose aux mains de l'évêque diocésain, il est fondé à opposer à l'action en restitution formée contre lui, une fin de non-recevoir résultant de ce qu'il n'est plus détenteur de la chose.*

Le certificat émané d'un vicaire général administrant le diocèse en l'absence de l'évêque fait foi des faits et des dates qu'il constate.

Epoux Laglaine contre l'abbé Lagarde.

M. Bellineau, devenu veuf à l'âge de 60 ans, entra dans les ordres et fut nommé desservant de la paroisse d'Usseau. Il aimait les lettres, et il composa plusieurs écrits dont quelques amis connaissaient l'existence.

Il mourut en 1843, laissant pour unique héritière la dame Laglaine, sa fille. Il fut remplacé dans sa cure par l'abbé Lagarde.

En 1845, celui-ci trouva dans un tabernacle de l'autel de la Vierge de l'église d'Usseau un manuscrit qui y avait été placé par le curé Bellineau.

Informé de cette circonstance, la dame Laglaine demanda au curé Lagarde l'œuvre de son père. Cet ecclésiastique trouva des difficultés à cette remise : en déposant le manuscrit dans un tabernacle, le défunt n'avait-il pas manifesté l'intention de confier son œuvre à son successeur, qui seul pouvait ouvrir ce lieu destiné à recevoir les vases sacrés ?

Des négociations furent ouvertes, mais elles furent infructueuses. Un certificat atteste que, le 19 octobre 1845, l'abbé Lagarde déposa au secrétariat de l'évêché de Poitiers le manuscrit par lui trouvé dans le tabernacle de l'autel de la Vierge. Ce certificat est signé par M. le vicaire général de Rochemonteix, qui, le 19 octobre 1845, remplaçait l'évêque diocésain, alors en voyage, dans l'administration du diocèse.

Le 22 octobre 1845, la dame Laglaine fit sommation au curé Lagarde de remettre le manuscrit.

Quelques jours plus tard, elle l'appela en bureau de paix, lui annonçant l'action en restitution qu'elle allait former contre lui. Devant le juge conciliateur, le curé répondit qu'il avait déposé le manuscrit au secrétariat de l'évêché.

Devant le tribunal de Châtellerault, il opposa une fin de non-recevoir, motivée sur ce qu'il n'était plus détenteur de la chose en litige.

La dame Laglaine offrit de prouver que l'abbé Lagarde s'était emparé du manuscrit, et qu'il en était encore détenteur quand l'héritière de l'auteur en avait fait la réclamation.

Ces deux faits n'étaient pas niés par le défendeur.

Par jugement du 16 février 1845, le tribunal, considérant que le curé Lagarde avait pu et dû déposer entre les mains de l'évêque, son supérieur, des écrits trouvés dans un tabernacle ; qu'il n'appartient pas à un simple desservant de juger la destination que l'abbé Bellineau avait voulu leur donner en les plaçant dans ce lieu sacré; que n'étant plus détenteur de la chose par lui découverte, c'était mal à propos que la dame Laglaine avait formé une action contre lui, et que c'était à l'évêque qu'elle devait s'adresser; le tribunal, disons-nous, déclara la demande non recevable.

Appel de la dame Laglaine.

Dans son intérêt, Me *Orillard* a commencé par établir qu'il fallait écarter du procès toute préoccupation relative à la qualité d'ecclésiastique dont le défendeur est revêtu. La dame Laglaine, mue par un puissant intérêt, celui d'une fille réclamant l'œuvre d'un père connu par son instruction et son amour des lettres, agit contre M. Lagarde simple particulier, qui s'est emparé de cette œuvre. La circonstance de la découverte du manuscrit dans un tabernacle, alors même qu'elle serait vraie, ne pourrait enlever à l'héritier son droit de propriété; mais cette circonstance n'est même pas exacte; c'est dans *un placard* de l'église que le manuscrit avait été déposé.

Comme détenteur, M. Lagarde a été mis en demeure d'opérer la restitution dès le 22 octobre 1845. Il n'avait point la faculté de disposer des papiers qu'il ne voulait pas rendre, et de les porter au secrétariat de l'évêché; c'est sur lui que pèse la responsabilité qu'il veut rejeter sur autrui. La dame Laglaine n'aurait aucun titre pour réclamer à l'évêque les écrits de son père. Le tribunal semble attribuer à ce prélat une sorte de juridiction extraordinaire que nos lois méconnaissent.

Le dépôt à l'évêché n'est même pas constaté d'une façon régulière. Le certificat déclarant qu'il a eu lieu *le* 19 *octobre* 1845 n'a point date certaine avant l'enregistrement, qui en a été opéré *le* 16 *février* 1846 *seulement*.

Par des conclusions subsidiaires, Me *Orillard* demandait, en toute hypothèse, que ce certificat fût déposé au greffe de la Cour, et que le greffier fût autorisé à lui en délivrer copie.

Me *Bouchard*, pour le curé Lagarde, a dit qu'il fallait réduire cette affaire à ses véritables proportions, et la dégager de tout esprit de parti. L'abbé Lagarde a trouvé un manuscrit dans un tabernacle; il a pu penser que l'auteur l'avait destiné au curé qui lui succéderait; dans le doute, il a porté la chose trouvée à son supérieur, le priant de prendre une détermination à ce sujet. Il ne se prétend pas propriétaire, et il n'est pas détenteur. Evidemment l'action dirigée contre lui est non recevable.

Le certificat de M. le vicaire général de Rochemonteix, émané d'un haut fonctionnaire ecclésiastique, fait foi de ce qu'il atteste, et il constate que, dès le 19 octobre 1845, le secrétaire de l'évêché avait reçu le manuscrit.

M. l'avocat général Béra a cherché d'abord à rendre à ce procès la couleur judiciaire que la presse parisienne avait essayé de lui enlever. Il a reconnu que la demande de la dame Laglaine implorant de la justice la restitution des derniers écrits de son père avait pour base un intérêt digne de faveur.

La seule question à se faire, a-t-il dit, est celle-ci : A-t-elle agi comme elle devait le faire pour parvenir à son but ?

Quels sont les droits et les devoirs de l'abbé Lagarde ? Évidemment il n'est point *dépositaire*, il n'est qu'*inventeur* du manuscrit; et c'est dans un *tabernacle d'autel* que la découverte a eu lieu; cette circonstance est reconnue par l'avoué de la dame Laglaine dans l'opposition qu'il a faite aux qualités du jugement de première instance.

Inventeur, l'abbé Lagarde était-il obligé de conserver la chose trouvée? Lui était-il défendu de la porter à son supérieur l'évêque diocésain, afin que celui-ci appréciât la destination que l'abbé Bellineau avait voulu donner à son œuvre? La négative n'est pas douteuse.

Un lien toutefois pouvait judiciairement être créé entre lui et l'héritière. Avant qu'il se fût dénanti du manuscrit, une mise en demeure pouvait l'en rendre responsable. Cette mise en demeure est advenue, mais le 22 octobre 1845 seulement, et dès le 19, c'est-à-dire trois jours auparavant, le manuscrit avait été reçu au secrétariat de l'évêché.

Il faut remarquer que l'abbé Lagarde n'a pu annoncer ce dépôt au moment même de la sommation; car cette sommation, faite en son absence, a été portée et laissée à la mairie, conformément à la loi.

Mais quelques jours plus tard, et lors du passage en conciliation, il s'est empressé d'avertir la dame Laglaine de ce qu'il avait fait. Ainsi, avant tout commencement d'action, cette dame savait que le défendeur n'était plus détenteur du manuscrit.

Ne devait-elle pas prendre acte de sa déclaration, et agir ensuite contre qui de droit ?

En s'obstinant à diriger contre lui ses poursuites, elle s'est exposée à voir repousser sa demande par la fin de non-recevoir que le tribunal a dû accueillir.

Mais si la solution du procès dépend de la date du dépôt au secrétariat de l'évêché, cette date est-elle régulièrement constatée par le certificat produit ?

Le certificat émane du vicaire général qui administrait le diocèse pendant un voyage du prélat. Il doit donc être assimilé à une déclaration signée par l'évêque lui-même. Il nous semble impossible de refuser à une pièce de cette nature l'authenticité qu'on lui conteste. Elle fait foi des dates et des faits qu'elle relate.

Quant aux conclusions subsidiaires, elles doivent être accueillies. Il faut que l'héritière puisse avoir un titre à l'appui de la demande qu'elle dit avoir l'intention de former contre le détenteur actuel.

Le dépôt au greffe du certificat peut être ordonné.

ARRÊT.

Attendu qu'avant d'appliquer les principes de droit à la cause, il devient indispensable de fixer la position du sieur Lagarde ;

Attendu qu'il n'est pas dépositaire forcé ou volontaire, et que les principes du dépôt ne lui sont pas applicables ;

Attendu qu'il a été reconnu par les époux Laglaine, lors de leur opposition aux qualités du jugement, que le sieur Lagarde avait trouvé les manuscrits dans le tabernacle de l'autel de la Vierge ;

Attendu qu'il s'est écoulé deux années depuis le décès du curé Bellineau, jusqu'au moment où les manuscrits ont été trouvés par Lagarde, et que si la clef du placard où étaient déposés les manuscrits avait été confiée à la dame Laglaine, ainsi qu'elle le prétend, elle ne serait pas restée aussi longtemps à faire la recherche de ces manuscrits; que cette allégation est donc invraisemblable ;

Attendu que deux copies de ces manuscrits ont été données par le curé Bellineau à deux ecclésiastiques de ce diocèse, et que l'abbé Lagarde a été autorisé à penser qu'il devait remettre ces manuscrits à son supérieur, l'évêque de Poitiers, en considérant surtout le lieu où les manuscrits avaient été trouvés, et en appréciant les intentions de l'abbé Bellineau, son prédécesseur dans la cure d'Usseau ;

Attendu que, le 22 octobre 1845, il a été fait sommation au sieur Lagarde, à la requête des époux Laglaine, de remettre les manuscrits dont il s'était emparé ; que l'huissier n'ayant trouvé ni le sieur Lagarde, ni parents, ni domestiques, ni voisins, a délaissé la copie au maire ;

Attendu que le sieur Lagarde n'a pas été en mesure de répondre à cette sommation ;

Attendu que, le 8 novembre 1845, le sieur Lagarde, en comparaissant en conciliation devant le juge de paix, n'a réclamé aucun droit à la propriété de ces manuscrits, et qu'il a déclaré positivement que n'ayant aucun avantage à les retenir entre ses mains, il les avait déposés au secrétariat de l'évêché de Poitiers ;

Attendu que les époux Laglaine, avant d'assigner Lagarde à comparaître devant le tribunal de première instance, devaient le mettre en demeure de justifier du dépôt qu'il avait fait au secrétariat de l'évêché de Poitiers ;

Attendu qu'il est prouvé par un certificat délivré par M. de Rochemonteix, vicaire général, remplaçant l'évêque de Poitiers, que l'abbé Lagarde, desservant d'Usseau, a remis, le 19 octobre 1845, au secrétariat de l'évêché de Poitiers, pour y demeurer en dépôt, un rouleau de papier qu'il a dit contenir des poésies de l'abbé Bellineau, desservant d'Usseau, son prédécesseur, et avoir été par lui trouvé dans un des tabernacles de son église ;

Attendu que cette reconnaissance du 23 janvier 1846, enregistrée le 16 février 1846, date du jugement, ayant été délivrée par M. de Rochemonteix, remplissant des fonctions publiques, doit faire pleine foi de son contenu, quoiqu'elle n'ait eu date certaine qu'à partir du 16 février ;

Attendu que le sieur Lagarde n'a été assigné qu'en qualité

de propriétaire ou de détenteur, et que, ne réunissant aucune de ces qualités, la demande des époux Laglaine doit être déclarée non recevable ;

Attendu que les appelants peuvent avoir un intérêt à faire tel usage que de droit du certificat délivré par M. de Rochemonteix ; qu'il y a donc lieu d'en ordonner le dépôt au greffe pour qu'il en soit délivré expédition ;

Par ces motifs seulement, la Cour

Dit qu'il a été bien jugé, mal et sans griefs appelé ; ordonne que le jugement dont est appel sortira son plein et entier effet, et sera exécuté suivant sa forme et teneur ;

Faisant droit aux conclusions subsidiaires des appelants, ordonne que le certificat délivré, le 23 janvier 1846, par M. de Rochemonteix, remplaçant l'évêque de Poitiers, lequel certificat a été enregistré le 16 février dernier, sera et demeurera déposé au greffe de la Cour, afin qu'une expédition puisse en être délivré aux époux Laglaine ; les condamne à l'amende et aux dépens, etc.

Du 24 juin 1846. — Cour royale de Poitiers. — MM. Barbault de la Motte, président. — Béra, avocat général, concl. conf. — Orillard et Bouchard, avocats. — Jolly et Bouchard jeune, avoués.

MENDICITÉ. — SURVEILLANCE.

Le renvoi sous la surveillance de la haute police, prononcé contre les mendiants par l'art. 282 *C. pén., n'est pas applicable aux mendiants mentionnés dans les art.* 274 *à* 276, *mais seulement à ceux qui ont mendié avec les circonstances aggravantes indiquées dans les art.* 277 *et suiv. dudit Code.*

Frémont contre le ministère public.

La jurisprudence de la Cour de cassation est contraire ; mais les Cours royales, et particulièrement la Cour de Poitiers, luttent avec persistance contre cette jurisprudence.

Dans le sens de la solution qui précède, *voy.* Bourges, 2 mars 1837 ; Bordeaux, 24 janvier 1838 ; Poitiers, 27 mars,

31 mars et 2 avril 1838 (D. 38-2-123); Nancy, 9 mars 1838 (D. 39-2-155); Dupin, Rép. (D. 37-1-221); Théor. du Code pén., t. 5, p. 77 et suiv.

En sens contraire, crim. cass., 11 août et 8 octobre 1836; ch. crim., 8 avril 1837; crim. cass., 11 août et 28 septembre 1837 (D. 37-1-131, 170, 221 et tab. 185); ch. réun., 22 janvier 1838; crim. cass., 9 et 24 mars, 6 avril, 17 et 24 mai 1838; ch. réun., 26 juin 1838 (D. 38-1-286, 337 et tab. 283); ch. réun., 24 novembre 1838 (D. 39-1-85); crim. cass., 25 mars 1843 (D. 43, tab. 406); crim. cass., 2 décembre 1843 (D. 44, tab. 259).

ARRÊT.

La Cour, — attendu que la mise en surveillance prononcée par l'article 282 du Code pénal s'applique seulement aux mendiants condamnés avec l'une des circonstances aggravantes prévues par les art. 277 et suiv., qui précèdent ce même article 282;

Que cela résulte évidemment de l'esprit et de l'économie de la loi, qui, après avoir, par des dispositions spéciales consignées dans des paragraphes distincts ayant chacun leur rubrique propre, pourvu à la répression de deux délits que jusque-là elle avait pris soin de ne pas confondre, les considère ensuite sous un point de vue où les mêmes circonstances les rendent également dangereux pour la société; qu'il a été d'une conséquence nécessaire qu'ils fussent soumis aux mêmes peines; ce qui a fait l'objet des dispositions contenues aux art. 277 et suiv., dont le législateur a déterminé la portée et les limites, en les plaçant sous une rubrique particulière, la rubrique: *Dispositions communes aux vagabonds et mendiants;*

Que, dans cet ordre de choses, objet des dispositions communes, il a bien fallu, pour qu'il y eût identité de peines comme il y avait assimilation de délits, que les mendiants condamnés fussent soumis à la surveillance, puisque cette peine, déjà portée contre le vagabondage en général, dans le paragraphe spécial à ce délit, n'avait pas été édictée de même dans le paragraphe spécial à la mendicité; de là cet article 282, prononçant la mise en surveillance contre les mendiants condamnés aux peines portées *par les articles précédents*, c'est-à-dire par les articles qui précèdent sous la même rubrique, et non pas en dehors de cette rubrique ;

Que ce qui prouve invinciblement que l'art. 282, lorsqu'il parle *des articles précédents*, ne se réfère pas, comme on l'a prétendu, à ceux qui composent le paragraphe 3, c'est l'impossibilité de concilier la mise en surveillance avec la disposition de l'article 274, portant que le condamné sera, après l'expiration de sa peine, conduit au dépôt de mendicité ; car, l'une et l'autre mesure ayant leur effet à partir du moment où la peine est expirée, il est évident que, si l'on exécute celle qui est prescrite par l'article 274, et dont la durée est indéterminée, il ne peut pas y avoir place pour la mise en surveillance prononcée par l'article 282 ;

Que l'argument pris du rapprochement des art. 276 et 278 s'évanouit avec l'assimilation sur laquelle il est fondé ; qu'il est bien vrai que ces deux articles prononcent le même emprisonnement pour les faits sur lesquels ils statuent respectivement, mais qu'il n'en résulte pas que les faits aient le même caractère ; que, s'ils avaient le même caractère, il eût été fort inutile d'en faire deux dispositions placées dans deux paragraphes différents ; il eût suffi d'ajouter la circonstance qui a motivé l'article 278, à celles qui sont comprises dans l'article 276 ; qu'on ne l'a pas fait ainsi, parce que ces circonstances respectivement constitutives de l'un et de l'autre article diffèrent essentiellement ; et elles diffèrent en ce que la circonstance qui fait l'objet de l'article 278 est fondée sur une présomption de vol qui la rend infiniment plus grave qu'aucune de celles qui constituent l'article 276 ; que ce délit étant plus grave dans ce cas, il fallait aussi une répression plus sévère, et que c'est pour cela qu'on en a fait une disposition particulière, qui, par la place qu'elle occupe dans la loi, reçoit son complément de l'article 282 ; d'où il suit que ce rapprochement des art. 276 et 278 se retourne précisément contre l'opinion de ceux qui s'en sont étayés, et vient confirmer de plus fort la doctrine que l'on consacre ici ;

Que le tribunal d'où vient l'appel a donc mal jugé en infligeant au prévenu la mise en surveillance pour un fait de mendicité qui ne retombait pas sous l'application des articles 277 et suiv. du Code pénal;

Attendu, au surplus, qu'il existe dans l'affaire des circonstances atténuantes;

Dit qu'il a été bien jugé par le jugement dont est appel, au chef par lequel Jean Frémont a été condamné à la peine d'emprisonnement; néanmoins réduit à trois mois la durée de cet emprisonnement; dit mal jugé en la disposition par laquelle le condamné a été soumis à subir, à l'expiration de sa peine, la mise en surveillance de la haute police; réforme et ordonne que le jugement, quant à ce, n'aura aucun effet.

Du 15 janvier 1846. — Cour royale de Poitiers, ch. des appels de police correctionnelle. — MM. Macaire, président. — Flandin, premier avocat général, concl. contr. — Rondeau, avocat.

Nota. La Cour, dans un arrêt postérieur du 11 juillet (Marie Martin contre le ministère public), a confirmé sa jurisprudence.

BIBLIOGRAPHIE.

De la discipline des cours et tribunaux, du barreau et des corporations d'officiers publics, par Achille *Morin*, avocat au conseil du roi et à la Cour de cassation.

M. Morin, avocat à la Cour de cassation, successeur de notre compatriote M. Adolphe Chauveau, vient de publier un Traité de la discipline judiciaire. Cet ouvrage, en coordonnant les textes épars et les décisions diverses qui se rattachent à l'organisation et à la compétence du pouvoir disciplinaire, vient de combler une lacune que des tentatives moins heureuses avaient laissée subsister. M. Carnot avait fait paraître, en 1825, un livre sur le même sujet; ce livre n'avait d'autre importance que celle d'une collection de décrets, de règlements et de tarifs. M. Morin a le premier soumis les mêmes éléments à l'unité de la doctrine, et ramené sous la loi des principes généraux des textes successivement éclos entre lesquels il était difficile de montrer un lien.

L'organisation de chacune des institutions diverses qui viennent prendre place dans le cadre qu'il a tracé forme une partie importante du livre de M. Morin ; beaucoup de recherches historiques, une science d'érudit, un style vif et concis, jettent un véritable attrait sur cette revue de nos institutions judiciaires, et sur l'examen des éléments qui constituent ces corporations multiples fonctionnant avec la justice ou se rattachant à son administration.

Lorsque des intérêts identiques parviennent à se grouper en cherchant à se protéger mutuellement par la puissance de leurs forces collectives, la corporation s'établit; c'est une société partielle qui se forme au milieu de la société générale. Bientôt elle se constitue à l'image de celle-ci ; elle a ses tribunaux et ses lois. Le plus souvent on trouve la juridiction exercée pour le maintien de l'institution par le ministère intéressé de ceux qui la composent; et rien ne met plus en relief la solidarité d'honneur qui unit entre eux les membres de l'agrégation que ces chambres de discipline chargées de maintenir, dans l'intérêt du corps, les lois qu'impose à chacun d'eux sa dignité personnelle.

M. Morin a divisé son ouvrage en deux parties principales.

Dans la première partie, il trace les règles *spéciales* à chaque corps ou compagnie. Dans cette première partie, il fait connaître, pour chaque corporation, l'historique de son institution et son organisation actuelle, les juridictions disciplinaires établies, l'étendue et les limites des pouvoirs respectifs, avec l'indication des mesures autorisées, des poursuites possibles, des formes spécialement exigées et des peines applicables. Il rappelle les devoirs professionnels imposés aux membres de chaque corporation ; mais il parle aussi de leurs droits et de leurs prérogatives, et l'on reconnaît à la lecture de son livre qu'il s'est inspiré de ces sentiments d'indépendance et de fierté legitime que donne la profession qu'il exerce.

Dans cette première partie, M. Morin établit les règles spéciales concernant les membres des Cours et tribunaux et les officiers de police judiciaire ; les avocats, les avoués, les huissiers, les commissaires-priseurs, les gardes du commerce, les notaires, les agents de change et courtiers, ces notaires du commerce, comme les appelle M. Morin.

La deuxième partie contient des principes *généraux*, c'est-à-dire des règles communes à plusieurs classes de corporations. Ici l'auteur expose d'une manière théorique les principes relatifs à l'action disciplinaire, son objet, sa nature, son indépendance et son exercice. Il indique les règles de hiérarchie entre les différents pouvoirs, les conseils de discipline, les chambres syndicales, les tribunaux, les ministres compétents.

L'ouvrage de M. Morin sera bientôt entre les mains de tous ceux qui veulent connaître la mesure de leurs droits et de leurs devoirs, comme appartenant à une corporation ou à une compagnie judiciaire. Il est rare, de nos jours, qu'un livre apprenne quelque chose, non que les lecteurs n'aient beaucoup à apprendre, mais parce que la plupart des livres sont composés avec cette science vulgaire que l'on reconnaît bientôt malgré les formes nouvelles sous lesquelles elle est reproduite. L'ouvrage publié par M. Morin est rempli de faits, de discussions, de textes qui, pour la plupart des lecteurs, auront l'attrait de l'imprévu. Il faut sans doute attribuer à la nature du sujet qu'a choisi M. Morin une part de ce mérite ; mais on doit reconnaître qu'il faut en reporter la part la plus grande à la sagacité de ses aperçus et à ses consciencieuses recherches.

O. BOURBEAU, *bâtonnier de l'ordre des avocats et professeur à la faculté de droit.*

PEINE. — CUMUL. — DOUBLE DÉLIT.

Lorsque le prévenu est convaincu de deux délits, et que le minimum *de la peine la plus forte est inférieur au* minimum *de la peine la plus faible, c'est ce dernier* minimum *qui doit être appliqué.* (*C. instr. crim., art.* 365) (1).

Ministère public contre Bouhet.

Le tribunal correctionnel de Niort, par jugement du 5 juin 1846, avait déclaré René Bouhet coupable : 1° d'avoir porté

(1) Conf. crim. cass. 10 avril 1841, D. 41-1-365.

un coup de poing au sieur Hyppeau ; 2° d'avoir chassé, la nuit, avec des engins prohibés. En réparation de ces deux délits, René Bouhet avait été condamné, par application de l'art. 311 du Code pénal, en 16 fr. d'amende et aux dépens.

Appel du ministère public, fondé sur ce que le tribunal de Niort a méconnu les dispositions de l'article 365 du Code d'instruction criminelle, portant qu'en cas de conviction de plusieurs crimes ou délits, la peine la plus forte doit seule être appliquée.

L'art. 12 de la loi du 3 mai 1844, a dit le ministère public, punit le délit de chasse de la peine de 50 à 260 fr. d'amende. L'art. 311 du Code pénal punit les coups et blessures de six jours à deux ans de prison et d'une amende de 16 à 200 fr., ou de l'une de ces deux peines seulement. Le tribunal devait bien appliquer l'art. 311, comme portant la peine la plus forte; il pouvait aussi, sans doute, n'appliquer que l'amende; mais il ne pouvait pas en faire descendre le chiffre au-dessous du *minimum* fixé par l'art. 12 de la loi du 3 mai 1844. Il arriverait autrement qu'on serait moins puni pour deux délits que pour un seul.

Me *Duplaisset*, avocat du prévenu, a soutenu que l'art. 365, en exigeant l'application de la *peine la plus forte*, devait être ainsi interprété : « Que c'était la disposition de loi *punissant* » *le fait le plus coupable* dont on devait frapper le condamné, » quelle que fût d'ailleurs la limite du *maximum* ou du *mi-* » *nimum*. » Or, le fait d'avoir frappé étant évidemment plus coupable, et pouvant être plus sévèrement puni que le délit de chasse, c'était l'art. 311 qui devait être appliqué; le tribunal de Niort avait à choisir entre 16 fr. d'amende, *minimum* de la peine, et deux ans de prison, *maximum* de la même peine; rien ne l'obligeait à prendre un milieu entre ces deux degrés; et par cela même qu'il a appliqué la loi la plus sévère par l'étendue qu'elle permet de parcourir, il a satisfait au vœu de l'art. 365 du Code d'instruction criminelle.

ARRÊT.

La Cour, — attendu que, si la pénalité de la disposition de l'art. 311 du Code pénal, applicable au fait dont le prévenu était reconnu coupable, est plus grave que celle de l'article 12 de la loi du 3 mai 1844, qu'il avait également encourue, en ce que la durée de l'emprisonnement peut être portée, dans le premier cas, à deux années, tandis que, dans le second, elle ne peut excéder deux mois, il n'en est pas ainsi quant à l'amende; —qu'il est évident, bien que le *maximum* de cette peine soit le même pour les deux délits, qu'elle est plus forte dans le cas de l'article 12 de la loi du 3 mai, où elle ne peut pas être abaissée au-dessous de 50 fr., que dans le cas de l'art. 311 du Code pénal, où ce *minimum*, fixé à 16 fr., peut encore être réduit au moyen de l'art. 463, que la loi du 3 mai déclare inapplicable aux délits qu'elle a prévus;

Que les premiers juges, en ne condamnant le prévenu qu'à une amende de 16 fr., ont donc fait une fausse application de l'art. 365 du Code d'instruction criminelle, et qu'il y a lieu, par conséquent, d'infirmer leur décision;

Dit qu'il a été mal jugé par le jugement dont est appel, en ce qu'il n'a condamné René Bouhet qu'à 16 fr. d'amende; réformant quant à ce, condamne ledit Bouhet à l'amende de 50 fr., ainsi qu'aux frais de la cause d'appel.

Du 2 juillet 1846. — Cour royale de Poitiers, ch. corr. — MM. Macaire, président. — Flandin, premier avocat général, concl. conf. — Duplaisset, avocat.

FOURNITURES. — PRIVILÉGE. — NAVIRE.

Celui qui a fait des fournitures à un constructeur de navires ne peut réclamer le privilége de l'art. 191, n° 8, du Code de commerce, si le constructeur travaille à forfait, *et non pour son propre compte, et s'il résulte des circonstances que les tiers ont dû ou pu en avoir connaissance* (1).

Veuve Renaud et Cie et faillite Roy contre Amblard, Sicard et Robineau.

La dame veuve Renaud et Cie, négociants à Tonnay-Cha-

(1) Voir Dalloz, Jurisprudence générale, v° *hypothèques et priviléges*, tome 9, pag. 61, n° 9.

rente, avaient traité, le 8 janvier 1845, pour la construction d'un navire, avec le sieur Roy, constructeur à Marennes. Le prix, fixé à 26,500 fr., était payable, savoir: 5,000 fr. aussitôt après la pose de la quille et de l'étrave, et 20,500 fr. en billets consentis au moment de la livraison, et exigibles quarante jours après.

Roy devait prendre cinq actions de 1,000 fr. chacune à déduire sur le prix.

Le 4 avril 1845, la quille et l'étrave étaient en place sur le chantier. Le 17 septembre suivant, le navire fut mis à l'eau, mais il était loin encore de pouvoir prendre la mer.

A cette époque, le sieur Roy fut déclaré en faillite. Pour activer l'achèvement du navire, la maison veuve Renaud et Cie fut obligée de faire des avances de fonds s'élevant à 15,000 fr., de sorte qu'au moment de prendre livraison elle ne restait plus devoir que 11,500 fr.

MM. Amblard, Sicard et Robineau, négociants, qui, dans l'intervalle du 12 février 1845 au 18 août de la même année, avaient fourni à Roy des madriers, des bordages, des mâts et du fer, firent défense au syndic de la faillite de livrer le navire, prétendant avoir un privilége pour le prix de leurs fournitures, aux termes de l'art. 191, n° 8, du Code de commerce. De son côté, la maison Renaud et Cie fit sommation au syndic d'avoir à le livrer.

La cause fut portée devant le tribunal de commerce de Marennes, qui, le 27 novembre 1845, rendit le jugement suivant :

Considérant que tout entrepreneur qui construit pour le compte d'autrui, de convention arrêtée, se dessaisit, par ce fait, du droit de disposer de l'objet qu'il édifie, lequel objet devient alors la propriété de celui pour lequel il travaille;

Considérant que ce titre de propriété confère sur l'objet affecté un privilége qui prime tous ceux que la loi reconnaît aux ouvriers, fournisseurs et autres, s'ils ont eu connaissance que la construction est faite pour le compte d'autrui;

Considérant que, dans ce cas, le privilége des ouvriers, fournisseurs et autres, ne peut plus s'exercer sur l'objet même, mais seulement sur le montant de l'intérêt laissé au constructeur, et sur les sommes qui resteraient à payer ;

Considérant que cette jurisprudence a été confirmée par plusieurs arrêts ;

Considérant que le privilége est un droit accordé au petit nombre au préjudice des intérêts de la masse, et qu'en conséquence il faut qu'il soit incontestable pour que les tribunaux en accordent l'exercice ;

Considérant que l'art. 191 du Code de commerce, qui accorde privilége aux fournisseurs, ne peut s'entendre que pour des fournitures faites *ad hoc;* qu'en effet le législateur n'a pas voulu que les marchandises livrées à un constructeur longtemps avant la mise en chantier d'un navire, ainsi que celles vendues durant le cours de la construction, mais qui ont été en partie employées à un autre usage, jouissent d'un privilége au profit du vendeur; qu'ainsi il est donc tout à fait dans l'esprit de la loi de dire :

1° Que, pour qu'un fournisseur soit admis au bénéfice du privilége, il faut que les marchandises aient été par lui vendues dans le but spécial d'une construction déterminée, de manière à ce qu'il ne puisse s'élever aucun doute sur leur destination, et qu'il soit manifeste par là que le vendeur ne s'est pas contenté de la garantie personnelle de son acheteur ;

2° Que le fournisseur qui livre sa marchandise à un constructeur sans s'enquérir de l'emploi qu'il en fera témoigne ainsi qu'il a foi dans sa solvabilité, et qu'il n'entend pas se conserver de gages ;

Considérant qu'en interprétant la loi dans un sens contraire, on arriverait, en cas de faillite d'un constructeur, à privilégier tous les fournisseurs de son chantier, par suite de l'impossibilité où seraient les tribunaux d'arriver par la voie d'enquête à connaître la part de chacun dans les matières employées pour les différents travaux qui s'y exécutent à la fois ;

Considérant que, pour qu'un fournisseur conserve un privilége reconnu, il est nécessaire qu'il ne fasse aucun acte qui prouve « de sa part la volonté de renoncer à ce même privilége ; »

En ce qui touche le droit de propriété réclamé par les sieurs veuve Renault et compagnie, et la validité des payements effectués par eux :

Considérant que, dans l'espèce, le sieur Eugène Roy avait traité avec la maison veuve Renaud et compagnie, de Tonnay-Charente, pour la construction du navire *le Cognac*, ainsi qu'il en est justifié par la représentation de l'acte sous signature privée passé entre eux le 8 janvier 1845;

Considérant qu'aussitôt la mise en chantier de ce navire, il a été de notoriété dans le pays que cette construction se faisait pour le compte de la maison veuve Renaud et compagnie, ce qui était encore confirmé par l'apposition sur l'étrave du navire d'une inscription ainsi conçue : *Le Cognac; armateurs, veuve Renaud et compagnie, de Charente*, ainsi que par la présence sur les lieux et l'intervention journalière du sieur Laffarge, agent reconnu de cette maison et capitaine futur de ce navire;

Considérant que les payements faits par lesdits veuve Renaud et compagnie, de Charente, en dehors de ceux stipulés dans l'acte sous signature privée susénoncé, l'ont été dans le but d'arriver à l'achèvement du navire *le Cognac*, et que le sieur Roy n'eût certainement pas pu faire avec ses seules ressources; que d'ailleurs aucune saisie n'a été signifiée à ladite maison ;

Considérant que, depuis la faillite du sieur Roy, la maison veuve Renaud et compagnie n'a agi que par suite du dispositif du jugement déclaratif de cette faillite qui ordonne que le navire *le Cognac* sera terminé, les droits de tous réservés, et qu'il n'y a pas lieu d'apprécier aujourd'hui l'opportunité de cette partie dudit jugement, puisqu'il n'a pas été attaqué, et que tout au contraire les créanciers l'ont sanctionné par leur silence;

En ce qui touche les conclusions prises par le sieur Amblard :

Considérant qu'il ne peut être douteux pour le tribunal que le sieur Amblard eût connaissance que le sieur Roy construisait pour le compte d'autrui ;

Considérant que l'état de gêne dudit Roy était depuis longtemps notoire;

Considérant que, malgré cette double circonstance, aucun marché, aucune lettre, aucune facture, rien enfin ne justifie qu'Amblard ait fait des fournitures dans le but de servir à la construction du navire *le Cognac;*

Considérant qu'il serait aujourd'hui bien difficile, sinon impossible de justifier, par voie d'enquête, la quantité exacte pour laquelle les fournitures sont entrées dans l'édification de ce navire; que s'en rapporter pour cela à une enquête, dans laquelle les dires du constructeur devraient nécessairement avoir le plus grand poids, ce serait ouvrir la voie à des préférences, à des sympathies, même à des fraudes incompatibles avec la stricte justice;

Considérant que les fournitures ont été faites sans réserve, et qu'elles ont été confiées à la foi du sieur Roy, comme toutes celles qui avaient été faites auparavant, d'où on doit conclure que le sieur Amblard n'a jamais eu en vue, dans ses livraisons, la garantie que pouvait lui présenter le navire en construction;

Considérant que, dans le cas où le privilége serait reconnu sur tout ou partie du navire, le sieur Amblard y a renoncé volontairement en demandant au sieur Roy un mode de règlement, et en lui accordant, sans y être forcé, des termes d'échéance tels, qu'ils lui faisaient perdre forcément son gage;

Considérant que, s'il est justifié que le sieur Amblard connut l'existence d'un traité entre les sieurs Royer, veuve Renaud et compagnie, rien ne prouve qu'il en connût les clauses des payements, qui, par conséquent, n'ont pas eu d'influence sur sa conduite; que, les eût-il connues indirectement, il n'a fait aucune opposition dans les mains de MM. veuve Renaud et compagnie, et que, jusque-là, MM. veuve Renaud et compagnie restaient libres de modifier ces conditions sans avoir besoin de consulter les fournisseurs, ce qu'ils n'eussent sans doute pas été en droit de faire si le traité leur eût été signifié, parce qu'alors ils fussent devenus participants au traité pour les fournitures qu'ils eussent faites dans le but de son exécution, et les contractants n'eussent pas pu en changer les conditions sans leur concours;

Considérant que si le privilége n'a pas existé, ou s'il n'existe plus, il n'y a pas lieu à l'accorder, ni sur la chose, ni sur les sommes en provenant;

Considérant que l'opposition des sieurs Amblard à la livrai-

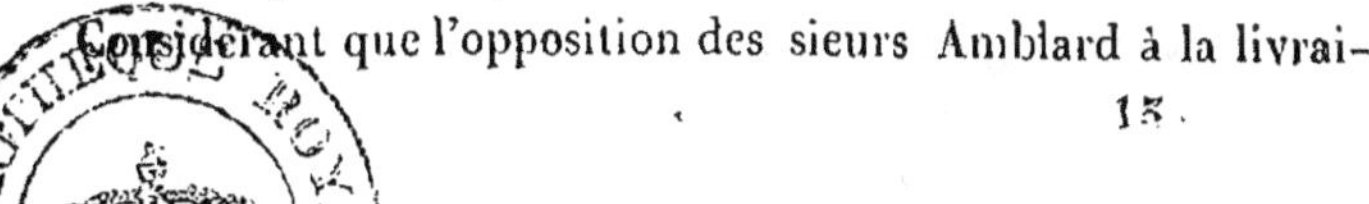

son du navire *le Cognac* n'a pas préjudicié à la maison veuve Renaud et compagnie ;

En ce qui touche les conclusions du sieur Robineau :

Considérant que le sieur Robineau a eu connaissance de l'existence du traité sus-énoncé ;

Considérant que la facture qu'il a jointe au dossier a été faite évidemment pour les besoins de la cause, puisque les billets qu'il a fait souscrire au sieur Roy pour son payement sont causés valeur reçue pour mâts et fer vendus, au lieu de l'être ainsi, valeur reçue pour mâts et fer vendus pour le navire *le Cognac*, ce qui eût été conforme à l'entête de sa facture ;

Considérant que si ces billets ainsi causés ne constituent pas novation à sa créance sur le sieur Roy, ils sont loin de constater la légitimité du privilége qu'il réclame ;

Attendu que les deux, trois, quatre, six, sept et huit considérants déduits dans l'affaire Amblard, qui précèdent, sont également applicables au sieur Robineau, dont la position est la même dans la présente cause, ce qui dispense de les répéter ;

En ce qui touche les conclusions du sieur Sicard :

Considérant que les motifs qui viennent d'être énoncés dans l'espèce du sieur Amblard, et déduits au premier, deuxième, troisième, quatrième, sixième, septième, huitième et neuvième considérants y relatifs, lui sont applicables ;

Que de même qu'Amblard il ne pouvait ignorer que le sieur Eugène Roy construisait pour un tiers ;

Qu'il n'a pris aucune mesure pour faire constater, lors de la livraison, que ses bois étaient destinés pour *le Cognac ;* qu'il serait difficile aujourd'hui de justifier d'une manière satisfaisante dans quelle proportion ils ont servi à cette construction ;

Qu'il a fait ses fournitures sans réserve, et qu'elles ont été confiées à la foi du sieur Roy ; qu'il n'a pas connu officiellement les conditions de payement du traité intervenu entre les sieurs Roy et veuve Renaud et compagnie ; que dès lors elles n'ont eu aucune influence sur sa manière d'agir, et qu'enfin son opposition n'a pas jusqu'à ce jour préjudicié à la maison veuve Renaud et compagnie ;

En ce qui touche les conclusions de Me Yon, syndic de la faillite Roy :

Considérant que c'est par la faute des sieurs Amblard, Sicard et Robineau, qu'il se trouve en cause ;

Considérant cependant que les intérêts de la faillite n'ont pas encore souffert de l'opposition des susdits défendeurs;

Par tous ces motifs, et après en avoir délibéré conformément à la loi,

Le tribunal, faisant droit et jugeant en premier ressort, déclare les sieurs veuve Renaud et compagnie, de Charente, légitimes propriétaires du navire *le Cognac*, sauf à eux à compter au sieur Yon, syndic de la faillite Roy, les sommes qu'ils doivent encore pour la construction;

Ordonne, en conséquence, que la livraison leur en sera faite par le syndic, aussitôt qu'il aura obtenu mainlevée de l'opposition faite par les sieurs Amblard, Robineau et Sicard;

Dit les sieurs Amblard, Robineau et Sicard non recevables et mal fondés dans leur opposition à la délivrance du navire *le Cognac*;

Ordonne, en conséquence, qu'ils en donneront mainlevée dans les huit jours qui suivront la signification du présent jugement, à peine de cent francs de dommages-intérêts par chaque jour de retard; qu'ils seront tenus de payer, savoir: cinquante francs aux sieurs veuve Renaud et compagnie, et la même somme au syndic de la faillite, pour les indemniser des dommages qui résulteraient pour eux de ce nouveau retard;

Déclare que les sieurs Robineau, Amblard et Sicard n'ont aucun privilége à exercer sur le navire en question, ni sur les cinq mille francs d'actions appartenant à la faillite, ni enfin sur les sommes qui sont encore dues par les sieurs veuve Renaud et compagnie;

Dit alors qu'il n'y a pas lieu d'ordonner la justification de l'emploi de leurs fournitures, ni de rechercher si c'est à tort que les sieurs veuve Renaud et compagnie ont changé le mode de payement établi dans le traité du 8 janvier dernier, bien que, dans l'esprit du tribunal et par les motifs sus-énoncés, cette question dût être résolue par la négative;

Dit encore, etc.

Appel par Amblard, Sicard et Robineau.

Ils soutiennent qu'ils ont droit au privilége décrété par l'article 191, n° 8, du Code de commerce, parce que les fournitures qui leur sont dues par le sieur Roy sont entrées dans la construction du navire *le Cognac*, et qu'ils n'ont pas été avertis individuellement, ni par le sieur Roy, ni par les négociants veuve Renaud et compagnie, que cette construction était faite à forfait pour le compte de ceux-ci.

Ils disent, par l'organe de Me *Grellaud*, leur avocat, que les circonstances relevées dans le jugement dont est appel, et d'où les premiers juges ont conclu qu'ils n'ignoraient pas que le navire *le Cognac* devait être la propriété de veuve Renaud et compagnie, ont été mal appréciées en ce qui les concerne; qu'en effet, ils sont domiciliés à une grande distance du chantier du sieur Roy, les uns à Saujon, les autres à St-Jean-d'Angély, et que ce qu'on appelle une notoriété pour les personnes de Marennes n'en était pas et ne pouvait pas en être une pour eux, auxquels rien n'indiquait suffisamment que Roy travaillait pour autrui.

Enfin ils prétendent que leurs conclusions subsidiaires, tendant à établir, par voie d'enquête, que les choses fournies par chacun d'eux ont été employées au navire *le Cognac*, doivent être accueillies, parce que ce moyen de preuve est toujours admissible en matière commerciale, et qu'il y a d'autant plus de raison d'y recourir dans cette affaire, que le sieur Roy n'avait eu chantier, à l'époque où les appelants ont livré leurs marchandises, qu'un seul navire, celui dont il s'agit au procès.

Me *Calmeil*, pour les intimés, combat les moyens des appelants, et il se fonde d'abord sur l'article 1798 du Code civil, qui déclare que les ouvriers employés par un entrepreneur à la construction d'un édifice n'ont d'action contre celui pour le compte duquel les ouvrages ont été faits que jusqu'à concurrence de ce dont il se trouve débiteur envers l'entrepreneur, au moment où leur action est intentée.

Il en tire cet argument d'analogie, que les constructions maritimes sont soumises au même principe; et que, si un navire est construit *à forfait* par un entrepreneur, l'art. 191, n° 8, du Code de commerce, n'est aucunement applicable.

Il ajoute que, d'après la jurisprudence, lorsque les fournisseurs ont eu connaissance du *marché à forfait*, ils sont privés de toute préférence sur les autres créanciers du constructeur ; et il soutient que les appelants ont suivi la foi du sieur Roy, à qui l'état de ses affaires ne permettait pas de construire pour son compte.

Enfin il s'attache à repousser l'offre de preuve renfermée dans les conclusions subsidiaires des appelants, en objectant que, lors même qu'il serait établi que leurs fournitures ont servi à la construction du navire *le Cognac*, il n'en résulterait pas que le privilége par eux réclamé pour le payement de ces mêmes fournitures dût être consacré, puisque Roy, auquel elles ont été faites, ne construisait pas pour son compte; circonstance qui, en droit, suffit pour écarter l'application de l'article 191, n° 8, du Code de commerce.

M. Salneuve, substitut du procureur général, soutient que, si les fournisseurs n'ont pas de privilége sur le navire lorsqu'il est construit à forfait pour le compte d'un tiers, ils ont au moins contre ce dernier une action directe jusqu'à concurrence des sommes qu'il reste devoir. Il se fonde sur l'art. 1798 C. civ., d'après lequel les ouvriers employés à la construction d'un bâtiment ou d'autres ouvrages faits à l'entreprise ont une action contre celui pour lequel les ouvrages ont été faits, jusqu'à concurrence de ce dont il se trouve débiteur envers l'entrepreneur au moment où leur action est intentée. Or, dit-il, cette action ne peut être celle dont parle l'art. 1166 du même Code, qui autorise les créanciers à exercer tous les droits et actions de leur débiteur; autrement l'art. 1798 serait inutile. L'action que concède aux ouvriers l'art. 1798 est une action qui leur est propre et personnelle, en vertu de laquelle ils peuvent poursuivre directement le propriétaire de l'ouvrage. Il en résulte pour eux le droit d'être payés, à l'exclusion des autres créanciers de l'entrepreneur, sur les sommes restant dues par le propriétaire. Il invoque à l'appui de ce système l'opinion de MM. Duranton (t. 17, n° 262), Troplong (*louage*, t. 3, nos 1048 et suiv.), et Duvergier (*louage*, t. 2, p. 581) (1).

(1) Contr. Delvincourt, t. 3, p. 317.

Il cite, en outre, un arrêt de la Cour de Douai du 30 mars 1833 (1), qui a jugé en ce sens. Ce principe du droit civil, ajoute-t-il, est applicable en matière commerciale, en l'absence d'une disposition spéciale qu'il n'était pas besoin d'établir dans le Code de commerce, puisque tel était le droit commun (2).

Cette action directe des fournisseurs leur appartient contre le propriétaire du navire, par cela seul que le navire a été construit sur le chantier du constructeur auquel ils ont fait leurs fournitures. Il n'est pas besoin d'une stipulation expresse à cet égard. Si leurs droits sont contestés, ils peuvent les établir par tous les genres de preuves admis en matière commerciale. Dans l'espèce, toute la question, en fait, se réduit à savoir si, au moment où les fournitures ont été faites, il existait sur les chantiers de Roy d'autres navires en construction que celui de la maison Renaud; s'il existait dans les magasins de Roy, à l'instant de la construction, d'autres matériaux que ceux qu'avaient livrés Amblard, Sicard et Robineau. S'il n'y avait pas d'autres navire en chantier, s'il n'y avait pas d'autres matériaux en magasin, il est évident que les fournitures faites par ces trois négociants avaient été employées à l'avantage de la maison Renaud. Ces deux circonstances peuvent être très-facilement prouvées par les livres du failli, et par les ouvriers qui ont travaillé à la construction. — Le ministère public concluait donc à l'admission de la preuve offerte.

ARRÊT.

La Cour, — adoptant les motifs des premiers juges, confirme, etc.

(1) Journal Pal., à sa date.

(2) *Sic jud.* C. Rouen, 31 mai 1826; J. Pal., à sa date. Le ministère public s'étayait encore d'un arrêt de cassation du 30 juin 1829 (J. P., à sa date), d'après lequel, lorsque l'entrepreneur d'un navire construit à forfait pour le compte d'autrui, les fournisseurs et les ouvriers employés à la construction *n'ont d'action contre le tiers avec lequel ils n'ont pas traité que pour ce qu'il peut devoir à l'entrepreneur.* D'où il tirait la conséquence que, si les fournisseurs de Roy n'avaient pas un privilége sur la totalité du prix du navire construit pour le compte de la maison Renaud, ils avaient du moins, au détriment des autres créanciers du failli, un droit exclusif sur les 11,500 fr. dont cette maison restait débitrice.

Du 25 avril 1846. — Cour royale de Poitiers, 2e ch. civ. — MM. Vincent-Molinière, président. — Salneuve, substitut du procureur général. — Grellaud et Calmeil, avocats. — Devars, Martineau et Drouin, avoués.

MINISTÈRE PUBLIC. — COMMUNICATION. — TRIBUNAL CIVIL REMPLAÇANT LE TRIBUNAL DE COMMERCE.

Le ministère public fait partie du tribunal civil constitué comme tribunal de commerce, et doit participer aux audiences commerciales de la même manière qu'aux audiences civiles ordinaires (1).

Intérêt de la loi.

Le procureur général près la Cour de cassation expose qu'il est chargé par M. le garde des sceaux, ministre de la justice, conformément à l'art. 80 de la loi du 27 ventôse an VIII, de requérir l'annulation, pour violation de la loi et excès de pouvoir, d'un jugement du tribunal civil de Jonzac, rendu, le 19 mai 1846, dans les circonstances suivantes :

A l'audience du 12 mai 1846, le tribunal civil de Jonzac allait s'occuper d'affaires commerciales; M. le procureur du roi prit des conclusions tendant à être admis à porter la parole dans ces sortes d'affaires. Le tribunal, ayant renvoyé à huitaine pour prononcer sur ces conclusions, a rendu en audience publique, à la date du 19 mai 1846, le jugement dénoncé, par lequel il déclare « que le concours de M. le procureur du roi est » inutile pour la composition du tribunal jugeant commer- » cialement, et qu'ainsi il n'a pas le droit de porter la parole » dans ce cas. »

Il suffit de nous référer, dans le présent réquisitoire, pour les moyens d'annulation contre ce jugement, à ceux développés dans notre réquisitoire du 20 novembre 1845, et consacrés par deux arrêts de cassation rendus le 21 avril 1846 sur la même question.

En conséquence, — vu la lettre de M. le garde des sceaux du 25 juin 1846, l'art. 80 de la loi du 27 ventôse an VIII,

(1) V. *suprà*, pag. 145.

les articles 640 et 641 du Code de commerce, 83 et 138 du Code de procédure civile, et le jugement du tribunal civil de Jonzac du 19 mai 1846,

Nous requérons, pour le Roi, qu'il plaise à la Cour casser et annuler le jugement dénoncé pour excès de pouvoir, et ordonner qu'à la diligence du procureur général l'arrêt à intervenir sera imprimé et transcrit sur les registres du tribunal de Jonzac.

Fait au parquet, le 30 juin 1846.

Le procureur général,

Signé DUPIN.

Ouï M. le conseiller Pataille en son rapport, et M. l'avocat général Chégaray, pour le procureur général, en ses réquisitions;

Vu la lettre de M. le garde des sceaux du 25 juin 1846; le réquisitoire écrit du procureur général du 30 du même mois; l'article 80 de la loi du 27 ventôse an VIII; les articles 640, 641 et 642 du Code de commerce; l'article 83 du Code de procédure civile, et le jugement du tribunal de première instance de Jonzac, en date du 19 mai 1846;

Attendu, en droit, que dans les arrondissements où il n'y a pas de tribunal de commerce, l'article 640 du Code de commerce en attribue les fonctions aux juges du tribunal civil;

Attendu qu'encore bien qu'aux termes des articles 641 et 642 du même Code, le tribunal civil juge alors commercialement dans la même forme et en appliquant les mêmes lois que les tribunaux de commerce, il conserve cependant sa nature propre de tribunal civil, doté par la loi même de son institution de la plénitude de juridiction, et dont le ministère public fait partie intégrante; qu'il suit de là que le procureur du roi ou ses substituts doivent participer aux audiences commerciales de la même manière qu'aux audiences civiles ordinaires;

Attendu, en fait, que le tribunal a dénié au ministère public, par le jugement attaqué, le droit de porter la parole dans les affaires commerciales, et qu'il a ainsi méconnu les principes ci-dessus posés, et commis un excès de pouvoir;

Par ces motifs,

La Cour annule pour excès de pouvoir le jugement rendu le 19 mai 1846 par le tribunal de première instance de Jonzac, lequel dénie au ministère public le droit de porter la parole dans les affaires commerciales.

Du 5 juillet 1846. — Cour de cassation, chambre des requêtes. — MM. Lasagni, président. — Pataille, rapporteur. — Chégaray, avocat général.

EMPRISONNEMENT. — CONSIGNATION D'ALIMENTS. — CERTIFICAT DU GEÔLIER. — REGISTRE.

Les certificats du geôlier, constatant la quotité des sommes versées pour aliments, font foi des faits qu'ils relatent.

La loi n'oblige pas les geôliers à tenir un registre destiné à ces versements.

Fey et Vauguyon contre Guinet.

Le sieur Vauguyon, créancier de Guinet, fit incarcérer, le 24 juin 1845, son débiteur, par le ministère de l'huissier Petit, en vertu d'un jugement commercial prononçant la contrainte par corps.

Aux termes de la loi, il devait consigner à l'avance pour les aliments de Guinet une somme de vingt-cinq francs par période de trente jours.

Le 4 novembre 1845, l'huissier Petit, en l'absence du sieur Fey, concierge de la maison d'arrêt de Châtellerault, remit à la femme de ce concierge une somme destinée à fournir aux aliments de Guinet et d'un autre détenu. Cette somme, d'après le rapport que fit immédiatement cette femme à son mari, ne se serait élevée qu'à 145 fr., dont 70 fr. seulement auraient été applicables à Guinet.

Plus tard, l'huissier Petit entra en explication à ce sujet avec le concierge, et ce dernier lui délivra, le 5 janvier 1846, une quittance dans laquelle il établit qu'il avait reçu une consignation de 150 fr., dont 75 fr. étaient destinés à l'alimentation de Guinet. — La consignation relative à ce détenu ne devait ainsi être épuisée que le 21 février 1846.

Guinet, prétendant que la consignation était insuffisante pour le dernier mois, assigna, le 20 janvier, M. Vauguyon et le concierge en référé devant le président du tribunal, afin de voir ordonner sa mise en liberté, conformément à l'article 805 du Code de procédure civile et à l'article 30 de la loi du 17 avril 1832.

Le concierge déclara qu'il avait reçu effectivement 75 fr. pour la consignation, et le président refusa en conséquence et *provisoirement* la mise en liberté demandée.

Le 31 janvier, Guinet ajourna devant le tribunal civil de Châtellerault les mêmes parties, et aux mêmes fins. Il demandait que Fey fût tenu de reconnaître l'insuffisance de la consignation du 4 novembre 1845.

Le 2 février 1846, le tribunal de Châtellerault rejeta la demande de Guinet :

« Attendu que la loi n'a soumis à aucune formalité particulière la constatation des versements d'aliments qui ont lieu après le procès-verbal d'incarcération ; qu'ainsi Guinet ne peut se prévaloir d'aucune nullité pour réclamer sa mise en liberté ;

» Attendu qu'il ne peut pas non plus se prévaloir du défaut de consignation d'aliments ;

» Que la confiance que doit inspirer le caractère dont le gardien-chef est revêtu, et tous les faits de la cause, démontrent qu'il y avait encore une période de trente jours, lorsque Guinet a voulu obtenir sa mise en liberté. »

Appel de la part de Guinet.

Il offrait de prouver devant la Cour que la femme du concierge Fey n'avait reçu, le 4 novembre 1845, qu'une consignation insuffisante.

Me *Pervinquière* disait, pour lui, que l'on ne trouvait sur les registres de la prison aucune constatation du versement des sommes destinées à l'alimentation du détenu, et qu'en l'absence de cette constatation régulière, on ne pouvait ajouter foi entière à des quittances données par le concierge, qui, dans quelques circonstances, peut les rédiger avec complaisance. Il faut d'autres garanties aux malheureux débiteurs incarcérés ; leur liberté ne peut dépendre du bon plaisir d'un gardien-chef.

Pour M. Vauguyon, Me *Calmeil*, s'appuyant de la quittance de Fey, répondait : La loi n'oblige point le gardien-chef à tenir un registre spécial sur lequel soient mentionnés les versements d'aliments. Les reconnaissances de ce fonctionnaire font foi de ces versements. Le sieur Vauguyon est porteur d'une reconnaissance de cette espèce ; il justifie ainsi la suffisance de sa consignation ; la mise en liberté ne peut être ordonnée.

M. l'avocat général a pensé que ce système devait être sanctionné par la Cour.

La loi, a-t-il dit, ne prescrit point la tenue d'un registre de *consignation d'aliments ;* on lit seulement, dans l'art. 789 du Code de procédure civile, que l'écrou du débiteur doit énoncer *la consignation d'un mois d'aliments au moins.* Ce n'est donc que cette première consignation qui doit figurer sur le registre des écrous.

L'art. 791, parlant en général du versement des aliments, se borne à dire : « *Le créancier sera tenu de consigner les aliments d'avance.* »

On peut regretter que la loi n'ait pas indiqué le mode de constatation des consignations. Mais, si elle s'en est rapportée à la foi du gardien-chef, les tribunaux ne peuvent déclarer nulles les consignations reconnues par ce fonctionnaire.

Le sieur Vauguyon justifiant la régularité et la suffisance de ses versements, le jugement doit être confirmé.

ARRÊT.

La Cour, — adoptant les motifs des premiers juges, confirme.

Du 21 juillet 1846. — Cour royale de Poitiers, 1re ch. civ. — MM. Barbault de la Motte, président. — Béra, avocat général, concl. conf. — Calmeil, Pervinquière et Trichet, avocats. — Jolly, Martineau et Drouin, avoués.

FAUX TÉMOIGNAGE. — SUBORNATION. — QUESTION AU JURY.

La subornation de témoins est un mode de complicité du crime de faux témoignage. Ainsi, lorsqu'un individu accusé de faux témoignage est déclaré non coupable, son complice accusé de subornation de témoins ne peut être condamné que s'il résulte des réponses du jury qu'il y a eu de la part de l'accusé principal, abstraction faite de sa culpabilité, déposition contraire à la vérité (1). *La question posée au jury relativement au suborneur doit donc contenir tous les éléments constitutifs du faux témoignage matériel.*

Le ministère public contre Jean Naffréchoux.

Les femmes Auvin et Demoulin, accusées de faux témoignage, et Jean Naffréchoux, accusé de les avoir subornées, furent traduits devant la Cour d'assises des Deux-Sèvres. Trois questions furent posées au jury; elles étaient ainsi conçues :

« 1° Marie Padat, femme Auvin, accusée, est-elle coupable d'avoir, le 6 décembre 1845, à l'audience du tribunal correctionnel de Melle, fait un faux témoignage en faveur de Jean Naffréchoux, inculpé d'escroquerie ? »

La seconde question, concernant la femme Demoulin, était formulée dans les mêmes termes; la date seule du délit était changée.

« 3° Jean Naffréchoux, accusé, est-il coupable d'avoir, en décembre 1845, suborné les témoins femme Auvin et femme Demoulin, pour les engager à faire un faux témoignage en sa faveur (2)? »

La réponse du jury fut négative sur les deux premières

(1) Conf. cass., 11 octobre 1839, Bull. n° 327; 29 août 1844, Bull. n° 302, et 16 janvier 1845, Bull. n° 13.

(2) La Cour de cassation a jugé, le 4 août 1843 (Bull., n° 197), que chaque fait de subornation de témoins, constituant un élément spécial de la complicité de faux témoignage attribuée au suborneur, doit faire l'objet d'une question distincte et séparée; qu'en conséquence, doit être annulée la déclaration du jury sur une question qui comprend à la fois deux faits de subornation pratiqués sur deux témoins dont l'un a été déclaré coupable de faux témoignage, et l'autre acquitté de cette accusation.

questions, et affirmative sur la troisième. Il admit, en même temps, des circonstances atténuantes en faveur de Naffréchoux.

Le défenseur de cet accusé prit des conclusions tendant à ce que Naffréchoux fût renvoyé absous, par le motif que, n'ayant pas de faux témoins, il ne pouvait y avoir de suborneur. Mais la Cour les rejeta, et condamna l'accusé à une année d'emprisonnement par application des art. 365 et 463 du Code pénal.

Pourvoi en cassation de la part de Naffréchoux.

ARRÊT.

Attendu, en fait, qu'il a été soumis au jury deux questions séparées, relativement aux femmes *Auvin* et *Demoulin*, sur le point de savoir si elles étaient coupables *d'avoir fait un faux témoignage en police correctionnelle, en faveur de Jean Naffréchoux;* que, par une troisième question relative à ce dernier, il était demandé au jury *si Naffréchoux était coupable d'avoir suborné les femmes Auvin et Demoulin, pour les engager à faire un faux témoignage en sa faveur;*

Que, sur la réponse négative du jury aux deux premières questions, les femmes *Auvin* et *Demoulin* avaient été acquittées, et que la réponse à l'égard de Naffréchoux ayant été affirmative, la Cour d'assises lui avait appliqué la pénalité des art. 362 et 365, modifiée par l'art. 463;

Attendu, en droit, que la subornation est un mode de complicité du crime de faux témoignage; mais que la déclaration de non-culpabilité des témoins subornés, pouvant avoir été déterminée par des circonstances particulières et personnelles à ces témoins, ne fait pas obstacle à la condamnation du suborneur, si le fait de la fausseté du témoignage est déclaré par le jury, indépendamment de la non-culpabilité des témoins subornés;

Attendu que la circonstance de l'existence ou de la non-existence d'une fausse déclaration ne résulte, ni explicitement, ni implicitement, des questions soumises au jury; que, dans cet état, la peine prononcée contre le demandeur a été appliquée à un fait qui manquait d'un des caractères constitutifs du crime de subornation;

Attendu que l'arrêt de renvoi, conforme à l'acte d'accusation, ayant mis le demandeur en accusation pour le fait de subornation de faux témoignage qui aurait été ultérieurement consommé, et le jury n'ayant pas été interrogé sur le fait de ce faux témoignage d'une manière spéciale et distincte de la question relative aux témoins subornés, l'accusation de subornation n'est pas purgée ;

Par ces motifs, la Cour casse.

Du 27 juin 1846. — Cass., ch. crim. — MM. Laplagne-Barris, président. — Barennes, rapp. — Quénault, avocat général. — Morin, avocat.

DEMANDE EN NULLITÉ. — FRAUDE A LA LOI. — MARIAGE NUL. — MAUVAISE FOI. — AVANTAGE MATRIMONIAL. — PRÉSOMPTIONS. — NULLITÉ.

La partie qui a souscrit une obligation peut elle-même en demander la nullité, quand elle allègue qu'il s'y trouve une fraude à la loi.

Des présomptions graves, précises et concordantes suffisent pour faire prononcer cette nullité.

Une donation déguisée contenue dans un contrat de mariage qu'a suivi un mariage contracté de mauvaise foi et déclaré nul par les tribunaux, doit être également annulée. Cet avantage, fait en vue de l'union projetée, doit suivre le sort du mariage lui-même.

Les sieur et dame de Maynard contre Dlle Euphénie Chopin, Louis Papot et autres.

Dans le premier volume de ce Recueil, page 62, nous avons rapporté toutes les circonstances d'une affaire intéressant la dame de Maynard, les mineurs Plasse et la dame Euphémie Chopin. Nous ne reviendrons pas sur ces détails, et nous rappellerons seulement en peu de mots les faits qui se rattachent spécialement au dernier procès vidé par la Cour.

En l'année 1838, le sieur Desprades, séparé de corps d'avec sa première femme, après avoir perdu la Dlle Plasse, qu'il avait épousée en Suisse, voulut contracter une nouvelle union avec la Dlle Euphénie Chopin, de la Rochelle. Le 6 août, et en vue de cette union, un contrat de mariage fut rédigé par un notaire de cette ville. Par cet acte, la future paraissait apporter une dot de 42,000 fr., composée : 1° de mille francs, représentant ses effets, hardes et bijoux ; 2° de mille francs promis par ses père et mère ; 3° *de quarante mille francs en deniers comptants, provenant de ses économies et de divers dons à elle faits par des tiers qui n'étaient pas nommés.*

Les publications du mariage projeté avaient eu lieu les 29 juillet et 5 août ; mais, le maire de la Rochelle ayant absolument refusé de célébrer le mariage, le sieur Desprades et la Dlle Euphémie Chopin partirent immédiatement pour Liestall, canton de Bâle-Campagne, où ils furent unis par l'autorité locale, malgré l'existence de la dame Dulandreau, première épouse du sieur Desprades.

Après la mort de ses père et mère, la dame de Maynard, se disant seule héritière légitime du sieur Desprades son père, appela en justice la dame Euphémie Chopin, afin de faire prononcer la nullité du mariage suisse contracté par celle-ci.

Un arrêt de la Cour royale de Poitiers, du 7 janvier 1845, accueillit cette demande.

Malgré cette décision, la Dlle Euphémie Chopin voulut recouvrer les 42,000 fr. formant le montant de la dot qui lui avait été reconnue par son contrat de mariage du 6 août 1838 ; et pour y parvenir, elle pratiqua, en décembre 1845, des saisies-arrêts entre les mains des fermiers des domaines dépendant de la succession du sieur Desprades son père.

La dame de Maynard ayant de son côté assigné Euphémie Chopin, le 14 janvier 1846, pour voir déclarer le contrat de mariage du 6 août 1838 *nul, frauduleux et sans cause*, les deux instances furent jointes.

Le 8 juin 1846, le tribunal de Niort rejeta cette demande de la dame de Maynard, et reconnut la validité de la créance de 40,000 fr. réclamée par la dame Euphémie Chopin en vertu de l'acte du 6 août 1838.

Appel de la dame de Maynard.

Pour repousser cet appel, Me *Calmeil*, au nom de la dame

Chopin, a dit d'abord : La dame de Maynard ne peut avoir d'autres droits que ceux qu'elle tient du sieur Desprades son père, dont elle est l'héritière et l'ayant cause. Or M. Desprades, s'il vivait encore, ne pourrait demander la nullité de la reconnaissance de 40,000 fr. qu'il a souscrite au profit de la dame Chopin. En vain on prétend que cette reconnaissance est simulée, frauduleuse, et que la somme n'a pas été comptée. Il est de principe que jamais la simulation d'un contrat ne peut être invoquée par la partie même qui a concouru à cette simulation. Or ce que M. Desprades lui-même ne pourrait pas alléguer, sa fille, qui le représente, ne peut pas en exciper plus que lui. S'il a participé à la prétendue simulation, la dame de Maynard est aujourd'hui impuissante à soutenir qu'elle vicie le contrat.

Par l'organe de Me *Pervinquière*, la dame de Maynard a répondu sur ce point : 1° qu'étant héritière à réserve, elle avait un droit *personnel* à attaquer tous les actes qui pouvaient diminuer sa réserve ; 2° que l'art. 1353 admet les présomptions ou la preuve orale, toutes les fois qu'il s'agit de dol ou de *fraude ;* que ce texte ne fait pas de distinction entre le cas de *fraude envers les personnes* et celui de *fraude à la loi ;* qu'évidemment il y aurait fraude à la loi, si le sieur Desprades et la dame Euphémie Chopin étaient convenus d'un avantage de 40,000 fr. comme prix d'un mariage apparent, qui en réalité ne pouvait être qu'une sorte de concubinage ; que si le sieur Desprades était recevable à faire annuler une stipulation aussi immorale que celle-là, rien ne s'opposait à ce que son héritière légitime eût la même faculté.

Au fond, Me *Pervinquière* a dit : Le mariage contracté à Liestall par le sieur Desprades et la dame Chopin ayant été annulé par la Cour royale, le contrat de mariage qui l'a précédé doit l'être également. En toute hypothèse, il est évident que la clause relative aux 40,000 fr. est mensongère. La Dlle Chopin, à peu près sans fortune et très-jeune encore, n'avait point fait des économies s'élevant à une somme aussi forte, et on ne cite point les auteurs des prétendus *dons* rappelés vaguement dans le contrat. C'est incontestablement un avantage simulé, contenant une fraude à la loi, et qui doit être mis au néant d'après les principes solennellement proclamés par la Cour de cassation, le 7 mai 1836. (Dalloz, 1836, p. 161.)

Me *Calmeil*, défendant le jugement de première instance, a d'abord soutenu la réalité de l'apport des 40,000 fr.; cet apport, a-t-il dit, est constaté par un acte authentique que l'on ne peut attaquer que par une inscription de faux.

En toute hypothèse, le contrat de mariage du 6 août 1838 a été fait de bonne foi; c'est après deux publications à la mairie de la Rochelle, et lorsque l'autorité municipale semblait devoir procéder au mariage, que cet acte a été souscrit par la Dlle Euphémie Chopin. Evidemment elle était de bonne foi au moment de cette souscription; le concours du notaire, des témoins, de ses parents, et la conviction que l'union civile allait incessamment suivre les conventions matrimoniales, démontrent suffisamment cette bonne foi. En supposant donc que les 40,000 fr. fussent même *une libéralité déguisée*, il faudrait maintenir cette libéralité faite par le sieur Desprades dans les limites de la quotité disponible. La circonstance de la bonne foi exclut toute cause immorale, illicite; il n'y a point eu fraude à la loi, mais seulement donation sous forme de *reconnaissance de dot*. Or on sait que la jurisprudence n'exige plus que les libéralités revêtent des formes sacramentelles; la loi les respecte quoique déguisées, toutes les fois que le donateur est capable de donner, et le donataire capable de recevoir.

M. l'avocat général Béra a pensé, avec l'arrêt de 1836, que la dame de Maynard était recevable à demander la nullité du contrat de mariage de son père. Elle soutient que cet acte renferme une fraude à la loi, c'est-à-dire une obligation contraire aux bonnes mœurs, un don de 40,000 fr. fait sous la condition que la Dlle Chopin accepterait le titre mensonger d'épouse du donateur, et vivrait avec lui en état de concubinage. Le sieur Desprades lui-même aurait pu exciper de ce moyen; sa fille ne peut avoir moins de droits que lui.

La Cour royale, en annulant le mariage contracté à Liestall, a-t-elle nécessairement annulé le contrat de mariage du 6 août?

Non sans doute; les reconnaissances et les libéralités contenues dans ce contrat doivent produire tout leur effet, si elles ne constituent pas une fraude à la loi, si leurs causes peuvent être avouées devant les tribunaux.

Mais quel était le caractère de la prétendue dot de 40,000 fr. reconnue au contrat du 6 août par le sieur Desprades?

On ne peut sérieusement prétendre que cet apport, *résultat des économies d'une jeune fille de 18 ans et de dons inconnus*, fût autre chose qu'un avantage matrimonial consenti par le futur. Cet avantage est licite, si la bonne foi de la Dlle Chopin est justifiée.

Au jour du contrat de mariage, cette bonne foi existait. Il n'est pas supposable qu'une jeune fille dont les bans avaient été publiés du consentement du maire pensât alors stipuler un concubinage scandaleux et vendre son déshonneur. Sous ce rapport, le tribunal de Niort semble avoir fait une juste appréciation des faits de la cause.

Mais cette bonne foi a-t-elle duré? Le 20 août, c'est-à-dire quatorze jours seulement après le contrat de mariage, le maire de la Rochelle ayant positivement refusé de célébrer l'union projetée, le sieur Desprades et la Dlle Chopin se marient à Liestall, en Suisse. La Cour royale a jugé que cette union avait été contractée de mauvaise foi par la Dlle Chopin, et il est impossible de ne pas adhérer à sa décision. Avertie par le refus du maire de la Rochelle, cette jeune fille savait alors qu'en France elle ne pouvait aspirer à la qualité de femme légitime de celui qui était encore dans les liens d'un premier mariage.

Si le mariage du 20 août a été contracté de mauvaise foi, s'il est nul, il est impossible que cette mauvaise foi ne rétroagisse pas sur le contrat qui l'a précédé. Le don de 40,000 fr. est un *avantage matrimonial*, une libéralité faite *en vue du mariage*, et qui ne peut avoir d'existence qu'autant qu'il y a mariage : or la Dlle Chopin n'a pas contracté un véritable mariage; elle était de mauvaise foi quand elle s'est unie à Desprades devant les magistrats suisses; elle ne peut réclamer le bénéfice d'une clause qui ne devait produire d'effet qu'autant qu'elle aurait été suivie d'un mariage régulier dont elle n'aurait pu suspecter la légalité.

ARRÊT.

Attendu que la dame de Maynard est partie capable pour

attaquer l'acte qualifié contrat de mariage et passé le 6 août 1838, comme étant fait en fraude de la loi ;

Attendu que, d'après les dispositions de l'art. 201 du Code civil, le mariage qui a été déclaré nul produit néanmoins ses effets civils, s'il a été contracté de bonne foi ;

Attendu que la Cour de Poitiers, par son arrêt souverain du 7 janvier 1845, a décidé que le mariage du sieur Desprades avec la Dlle Euphémie Chopin avait été contracté de mauvaise foi, et qu'elle l'a annulé ;

Attendu qu'indépendamment de cet arrêt, il est prouvé que la Dlle Chopin était de mauvaise foi lorsqu'elle a contracté mariage ; qu'elle savait que l'officier de l'état civil de la ville de la Rochelle avait refusé de faire les publications requises par le sieur Desprades ; qu'elle savait que le sieur Desprades était engagé dans les liens d'un premier mariage ;

Attendu, dès lors, que le mariage de la Dlle Chopin avec Desprades ne peut produire des effets civils ;

Attendu que le contrat de mariage du 6 août 1838, ayant été passé en vue du mariage projeté, doit être annulé comme frauduleux et sans cause, le mariage lui-même ayant été déclaré nul ;

Attendu que cet acte du 6 août 1838 ne pourrait produire effet qu'autant qu'il constaterait un versement d'une somme d'argent ès mains du sieur Desprades, qui, dans ce cas, en deviendrait débiteur ;

Attendu que cet acte étant attaqué comme frauduleux, il y a lieu, aux termes de l'art. 1353 du Code civil, d'examiner s'il y a des présomptions graves, précises et concordantes qui démontrent que la somme de quarante mille francs, objet du litige, n'a pas été reçue par le sieur Desprades ;

Qu'il est énoncé dans cet acte que la Dlle Chopin, sans profession, était fille mineure de Pierre Chopin, marchand ; que la somme de quarante mille francs en deniers comptant lui provenait d'économies et de divers dons à elle faits ;

Attendu qu'il est invraisemblable qu'à l'âge de 18 ans cette jeune fille sans profession ait fait 40,000 fr. d'économies, et que les donateurs ne sont pas désignés ;

Attendu que l'acte a été passé dans la demeure des père et

mère de la Dlle Chopin ; que cette somme, qui devait se trouver dans cette demeure, n'a pas été représentée aux notaires ;

Attendu que les père et mère n'ont doté leur fille que d'une somme de 1,000 fr., qu'ils se sont obligés de payer dans un an du jour du contrat ;

Attendu qu'il est justifié par cet acte que la somme de 40,000 fr. n'a pas été comptée à Desprades ; qu'il est énoncé seulement que ladite future épouse lui en a justifié et donné connaissance ;

Attendu que tous ces faits constituent des présomptions graves, précises et concordantes, qui démontrent la fraude ;

Attendu que les saisies à la requête de la Dlle Chopin ayant été pratiquées en vertu de cet acte déclaré nul, il y a lieu d'ordonner qu'elles soient frappées de nullités ;

Attendu qu'il y a lieu de donner acte aux tiers saisis de leurs déclarations, et de déclarer valables et libératoires les payements faits par suite de l'exécution provisoire ;

Par ces motifs, la Cour dit qu'il a été mal jugé, etc. ; dit que l'acte du 6 août 1838, qualifié contrat de mariage, est nul, frauduleux et sans cause ; que la dame de Maynard ne doit point à la Dlle Chopin la somme de 40,000 fr. en vertu de cet acte ; déclare nulles les saisies-arrêts, etc.

Du 16 juillet 1846. — Cour royale de Poitiers, 1re ch. civ. — MM. Barbault de la Motte, président. — Béra, avocat général, concl. conf. — Calmeil et Pervinquière, avocats. — Drouin, Devars et Penchaud, avoués.

MATIÈRE DE FAILLITE. — APPEL. — DÉLAI. — FIN DE NON-RECEVOIR. — VÉRIFICATION DE CRÉANCE.

En matière de faillite, l'appel des jugements rendus par les tribunaux consulaires doit être interjeté dans la quinzaine de la signification du jugement, sous peine d'être rejeté par voie de fin de non-recevoir. (*Art.* 582 *du Code de commerce.*)

Est rendu en matière de faillite *un jugement consulaire qui a statué soit sur sa compétence, soit sur la validité d'une créance, à la suite d'un débat élevé devant le juge-commissaire au cours de la vérification des créances.*

Lavergne contre le syndic de la faillite Guénaud.

En 1845, Guénaud est déclaré en faillite.

Lavergne, créancier du failli, en vertu d'une obligation hypothécaire dans laquelle celui-ci se reconnaissait débiteur d'une somme de 3,500 fr., se présente devant le juge-commissaire chargé de la vérification des créances. Le syndic de la faillite conteste l'obligation, alléguant qu'elle n'est pas sérieuse.

Renvoi du litige par le juge devant le tribunal de commerce de Poitiers.

Lavergne décline la compétence du tribunal de commerce, soutenant que l'obligation, entièrement civile de sa nature, ne peut être appréciée que par le tribunal civil.

Jugement du tribunal du 23 janvier 1846, qui rejette le déclinatoire, et statuant au fond par défaut contre Lavergne, déclare sa créance non sérieuse.

Appel de ce dernier postérieurement à la quinzaine à partir de la signification de ce jugement.

Le syndic de la faillite oppose à cet appel une fin de non-recevoir tirée de l'inexécution de l'art. 582 du Code de commerce de la part de l'appelant.

28 mai 1846, arrêt par défaut de la Cour royale de Poitiers, ainsi conçu :

« Attendu qu'aux termes de l'art. 582 du Code de commerce, le délai d'appel, pour tout jugement rendu en matière de faillite, est de quinzaine à compter de la signification ;

» Attendu que le jugement attaqué a été signifié le 14 février 1846, et qu'il n'en a été interjeté appel que le 9 mars, c'est-à-dire vingt-deux jours après la signification ;

» Qu'il suit de là que cet appel a été tardivement fait, et que la fin de non-recevoir proposée par Bourzat est bien fondée et doit être accueillie ;

» La Cour donne défaut contre Lavergne, et le déclare non recevable de son appel. »

Opposition de Lavergne à l'arrêt par defaut.

Dans son intérêt, Me *Pontois* a commencé par combattre la fin de non-recevoir résultant de la tardiveté de l'appel.

D'après le droit commun, le délai de l'appel est de trois mois à partir de la signification du jugement. Cette règle ne fléchit que dans quelques hypothèses spéciales, notamment *en matière de faillite*, art. 582 du Code de commerce.

Mais, dans l'espèce, il s'agit d'un litige *concernant une faillite*, et non d'un jugement rendu *en matière de faillite*.

Lavergne, en effet, a nié dès le principe la compétence même du tribunal de commerce, et a demandé son renvoi devant les juges civils. Il s'agit d'apprécier la sincérité *d'une obligation civile;* ce n'est pas là une matière commerciale, *une matière de faillite*, à laquelle puisse s'appliquer l'art. 582 du Code de commerce.

M. Renouard, dans son *Traité des faillites*, p. 423, après avoir reconnu que les contestations qui s'élèvent au cours d'une faillite peuvent être d'une nature *civile* ou *commerciale*, fait observer avec raison que les délais de l'appel ne doivent point être abrégés quand la contestation est purement *civile* et renvoyée comme telle devant les tribunaux civils. — De nombreux arrêts ont été rendus à l'appui de cette distinction.

Me *Pontois* a cherché à prouver ensuite que le litige n'était point commercial, et devait être jugé comme matière civile. Cette question délicate n'a point été résolue par l'arrêt de la Cour.

Me *Grellaud*, pour le syndic de la faillite Guénaud, a dit : La fin de non-recevoir est insurmontable; car le jugement dont est appel a été rendu *en matière de faillite:* Lavergne, en effet, s'est présenté au juge-commissaire pour faire vérifier sa créance; l'admission en a été contestée, et il en est résulté un renvoi devant le tribunal consulaire, qui a statué. La décision de ce tribunal est donc intervenue à propos de la vérification des créances, et c'est bien là un litige qui rentre dans l'application de l'art. 582. L'art. 635 résout évidemment cette difficulté.

Ainsi, alors même que le jugement dont est appel aurait mal apprécié les prétentions de Lavergne, se prétendant créancier purement *civil* de Guénaud en vertu de son obligation notariée, ce jugement ne pourrait être infirmé, parce qu'il n'a pas été attaqué dans le délai fatal. Mais les juges consulaires ont eu raison de rejeter le déclinatoire, la créance de Lavergne devant être envisagée comme créance commerciale.

L'avocat a répondu à la discussion de Me *Pontois* sur ce point.

M. l'avocat général Béra ne s'est occupé que de la fin de non-recevoir.

Un jugement a été rendu par le tribunal de commerce; l'a-t-il été en matière de faillite? voilà toute la question. Si elle est résolue affirmativement, l'appel n'est point recevable, ainsi le veut le texte impératif de l'art. 582.

Suivant les art. 498, 499, 500 du Code de commerce, il y a des contestations sur lesquelles doivent statuer les juges consulaires, d'autres qui doivent être vidées par les tribunaux civils. Il semble hors de doute que l'abréviation du délai d'appel ne peut être opposée quand il s'agit de ces dernières; mais elle peut produire une fin de non-recevoir, toutes les fois qu'il s'agit de jugements consulaires.

Ainsi le tribunal de commerce est saisi d'un litige né au cours de la vérification des créances; une incompétence *ratione materiæ* lui est soumise; il la rejette à tort ou à raison; sa décision doit être frappée d'appel dans la quinzaine de la signification, car il a statué en matière de faillite; peu importe que son jugement ne soit relatif *qu'à sa compétence*, l'art. 582 n'a pas dit que les décisions rendues sur déclinatoire en matière de faillite ne seraient pas régies par le droit exceptionnel de l'art. 582.

ARRÊT.

La Cour, statuant sur le mérite de l'opposition, la déclare mal fondée, et ordonne, par les motifs qui y sont énoncés, que l'arrêt par défaut du 28 avril sera exécuté, etc.

Du 2 juillet 1846. — Cour royale de Poitiers, 1re ch. civ. — MM. Vandamme, conseiller, faisant fonctions de président. — Béra, avocat général, concl. conf. — Pontois et Grellaud, avocats. — Drouin et Devars, avoués.

FIN DE NON-RECEVOIR D'APPEL. — ACQUIESCEMENT TACITE, EXÉCUTION. — MINORITÉ. — DOL. — PIÈCES FAUSSES. — FAUX INCIDENT CIVIL. — CONTRAINTE PAR CORPS.

L'acquiescement tacite résultant d'une exécution volontaire ne rend pas l'appel non recevable, lorsque cette exécution relative à des droits immobiliers émane du tuteur de la partie mineure qui a été condamnée, ou du curateur d'un mineur émancipé, lesquels n'ont pas été autorisés à acquiescer par le conseil de famille. (Code civ., art. 464.)

L'acquiescement ou l'exécution volontaire ne sont pas non plus opposables, lorsqu'ils sont le résultat du dol pratiqué par la partie adverse. (Code civ., art. 1116.)

Lorsque le jugement a été rendu sur une pièce fausse, le délai d'appel ne court que du jour où le faux a été constaté ou juridiquement reconnu, encore qu'il y ait eu exécution volontaire du jugement avant la constatation du faux. (Code de proc., art. 448.)

Dans le cas d'un jugement rendu sur pièces fausses et exécuté, l'appel est recevable même avant la constatation juridique du faux, lorsque cet appel a pour objet immédiat de faire déclarer le faux (1).

Les juges ne sont pas obligés de suivre les règles de la procédure en inscription de faux, lorsque l'existence du faux est déjà démontrée.

On peut considérer comme une pièce fausse, dans le sens de l'article 448 du Code de procédure, l'acte de naissance servant de base au jugement, et énonçant que la mère est l'épouse d'un individu qui se présente comme père de l'enfant alors que la mère est mariée à un autre.

Mais il n'y a pas faux dans un acte de notoriété qui contient des assertions mensongères.

La contrainte par corps peut être prononcée pour une condamnation ayant pour objet la restitution de sommes indûment perçues, lorsqu'il est prouvé que les sommes n'avaient été perçues que par l'effet d'un dol personnel (2).

(1) *V.* en ce sens un arrêt de la Cour de cassation du 10 avril 1838.

(2) Sur ce point, l'arrêt de la Cour de Poitiers a été cassé par la Cour de cassation; arrêt du 13 décembre 1842.

Epoux Deputiers contre Lalande.

Cette affaire peut être mise au nombre des causes si graves et si dramatiques qui, depuis quelques années, se succèdent à de courts intervalles devant la Cour royale de Poitiers. A des intérêts pécuniaires considérables se rattachait une question d'état. Les faits avaient une couleur romanesque, et de graves questions de droit naissaient de leur complication. Nous nous contenterons de raconter brièvement les faits principaux de cette affaire ; on saisira facilement les difficultés qu'elle présentait, si l'on rapproche la notice qui précède des considérants de l'arrêt.

Un sieur Charles Lalande, médecin à Mauprevoir, était décédé sans enfants en l'année 1837, laissant une fortune considérable. Il avait eu deux frères, dont l'un, Jacques Lalande, était représenté par Joséphine Lalande, épouse Deputiers, et par Claude Lalande, mineur ; quant à l'autre frère du défunt, il s'appelait André-François Lalande, et il était mort en l'année 1819. Laissait-il des enfants qui eussent le droit de venir prendre de son chef moitié dans la succession de Charles Lalande ? C'est un fait qui bientôt parut hors de doute.

Quelques jours après le décès de Charles Lalande, arriva de Paris un individu prenant le nom d'André-Jean-François Lalande. Il se présenta comme fils légitime d'André-François, frère du défunt, et d'une dame Prudhomme. Cette prétention du nouveau venu devait avoir pour effet de diminuer de moitié la part héréditaire de Joséphine et de Claude, représentants de Jacques Lalande.

Cependant un partage ne pouvait avoir lieu à l'amiable entre les ayants droit à la succession, car le sieur Claude Lalande était mineur, Joséphine Lalande, sa sœur, était également mineure, mais émancipée par son mariage avec le sieur Deputiers.

André Lalande, l'héritier de Paris, prit les devants, et, le 9 avril 1838, il assigna devant le tribunal de Civray les époux Deputiers et le tuteur de Claude Lalande, pour voir ordonner le partage des biens meubles et immeubles composant la succession.

La qualité d'héritier prise par le demandeur n'étant pas reconnue par les parties intéressées, celui-ci se vit forcé de justifier cette qualité; à cet effet, il signifia aux défendeurs des actes nombreux pour établir sa filiation légitime. Le plus important était un acte de naissance ainsi conçu : « Le 21 septembre 1784, a été baptisé André-Jean-François, né d'aujourd'hui, fils d'André-François Lalande, relieur, et de Marie-Anne Prudhomme, son épouse, demeurant rue Saint-Jacques, paroisse de St-Benoît à Paris. » Mais le demandeur déclarait être dans l'impossibilité de représenter l'acte de célébration du mariage de son père et de sa mère; il se plaçait sous la protection de l'art. 197 du Code civil, qui, supposant le cas où l'acte de célébration du mariage n'est pas représenté, dispose que s'il existe des enfants issus de deux individus qui ont vécu publiquement comme mari et femme, et qui soient tous deux décédés, la légitimité des enfants ne peut être contestée sous le seul prétexte du défaut de représentation de l'acte de célébration, toutes les fois que cette légitimité est prouvée par une possession d'état *qui n'est point contredite par l'acte de naissance.*

Le demandeur prouvait la possession d'état d'époux de son père et de sa mère, en produisant des actes nombreux où ils avaient figuré en cette qualité, et un acte de notoriété devant le juge de paix du onzième arrondissement de Paris, dans lequel un grand nombre de personnes attestaient que les père et mère d'André-Jean-François Lalande, le demandeur, *avaient toujours vécu comme mari et femme légitimes.*

C'est en cet état que se présenta la cause devant le tribunal de Civray. Pour les époux Deputiers, on déclara abandonner toutes réserves précédemment faites pour contester la qualité du demandeur; pour le mineur Lalande, on déclara s'en rapporter à justice. Sur ces conclusions intervint un jugement en date du 20 juillet 1838, qui, s'appuyant sur les actes produits, et notamment sur l'acte de naissance du 21 septembre 1784, reconnut au demandeur la qualité d'enfant légitime d'André Lalande et de Marie-Anne Prudhomme, son épouse, et ordonna le partage de l'hérédité de Charles Lalande, pour en être attribué une moitié au demandeur.

Ce jugement fut accepté par les défendeurs. Les lots furent

tirés au sort, l'argent et les créances divisés, et pour les valeurs mobilières le demandeur reçut 42,000 fr. Deputiers se rendit même acquéreur de la part immobilière d'André Lalande cohéritier de sa femme, moyennant une somme considérable.

Quelques mois s'étaient écoulés depuis le départ d'André Lalande pour Paris, lorsque des bruits d'une nature étrange se répandirent à Civray et dans les environs. On parlait d'actes importants qui auraient été supprimés pour abuser les époux Deputiers; on disait même que des sommes considérables avaient été promises ou payées pour arrêter les révélations qui eussent pu les éclairer.

Les preuves ne se firent pas attendre: un des témoins qui avaient figuré à l'acte de notoriété vint trouver Deputiers, et s'engagea à lui donner toutes les indications nécessaires pour démontrer que le prétendant de Paris n'était pas héritier.

A l'aide des indications fournies, Deputiers se procura les actes de l'état civil qui justifiaient les faits suivants :

La femme Prudhomme, mère du demandeur, s'était mariée à Lyon en 1781 avec un sieur Just Cachot; les deux époux s'étaient bientôt séparés volontairement. La femme Prudhomme vint habiter Paris, et le sieur Cachot son mari se retira à Troyes.

Lorsque l'assemblée législative décréta le divorce par la loi du 20 septembre 1792, la femme Prudhomme forma sa demande en divorce devant le tribunal de la Seine. En exécution du jugement qui intervint, le divorce fut prononcé par l'officier municipal de Troyes, domicile du mari, le 15 mars 1793.

Mais durant cette union et avant le divorce prononcé, un enfant était né; c'est celui dont l'acte de naissance avait été dressé le 21 septembre 1784.

Enfin le 21 fructidor an II, c'est-à-dire dix-huit mois après le divorce prononcé, la femme Prudhomme avait épousé en secondes noces le sieur André-François Lalande, qui figure comme père de l'enfant dans l'acte de naissance de 1784. Dans l'acte de mariage reçu à Niort, la femme Prudhomme est qualifiée de femme divorcée de Just Cachot, ce qui explique pourquoi le demandeur s'était gardé de représenter cet acte, qui énonçait en même temps la date de l'acte de divorce.

La preuve était donc complète; André Lalande ne pouvait

à aucun titre prétendre à la succession de Charles Lalande, soit qu'on le considérât comme ayant pour père, suivant la présomption de la loi, Just Cachot, mari de la mère à l'époque de la conception et de la naissance, soit que son père fût celui indiqué dans l'acte de naissance, car, enfant adultérin, il n'eût pu être légitimé par un mariage postérieur, ni invoquer les droits réservés aux seuls héritiers légitimes.

Mais quel parti prendre? quelle voie était ouverte aux époux Deputiers et au mineur Lalande pour anéantir les conséquences du jugement du 20 juillet 1838, qui avait reconnu à André Lalande la qualité d'héritier? Ce jugement n'avait pas été signifié, mais il avait reçu une pleine exécution de la part des intéressés.

Un remède devait exister. Ce ne pouvait être la requête civile, car elle n'est ouverte que contre les jugements en dernier ressort ou les arrêts. L'appel? Mais il fallait combattre de nombreuses fins de non-recevoir.

Cependant on se décida pour l'appel; afin d'arriver à le faire déclarer recevable, on voulut se placer dans l'hypothèse prévue par l'art. 448 du Code de procédure. A cet effet, les appelants s'inscrivirent en faux au greffe de la Cour contre l'acte de naissance du 21 septembre 1784 et contre l'acte de notoriété du 21 décembre 1837.

Me *Bourbeau*, pour les appelants, soutint que l'exécution n'élevait pas une fin de non-recevoir contre l'appel, par trois motifs tirés, 1° de la minorité des parties au moment de l'exécution; 2° du dol personnel de Lalande; 3° du faux qui avait servi de base au jugement.

Me *Pervinquière*, pour l'intimé, s'efforçait principalement de démontrer qu'il n'y avait pas faux dans l'acte de naissance, qui n'est pas destiné à prouver la légitimité, mais seulement la filiation.

M. l'avocat général *Nicias Gaillard* a conclu dans le sens des appelants, c'est-à-dire à ce que l'appel fût déclaré recevable et bien fondé.

ARRÊT.

En ce qui concerne les fins de non-recevoir présentées

par l'intimé contre l'appel du jugement du 20 juillet 1838 :

Attendu que ce jugement a eu pour objet principal de reconnaître la qualité de l'intimé comme héritier de Charles Lalande ;

Attendu que si en fait il y a eu exécution volontaire de ce jugement, et par conséquent acquiescement, Claude Lalande, qui était mineur, et Anne-Joséphine Lalande, qui était mineure émancipée par le fait de son mariage, n'auraient pu régulièrement exécuter ce jugement par l'intermédiaire de leur tuteur et curateur qu'en suivant les formalités exigées par la loi, puisque des droits immobiliers étaient en discussion, et que ces formalités n'ayant pas été suivies, ils peuvent être relevés de ce qui a été fait par défaut de capacité ;

Attendu que l'exécution volontaire du jugement du 20 juillet 1838 de la part du tuteur et subrogé tuteur des appelants a été surprise par le dol d'André-Jean-François Lalande ; qu'en effet, si ce dernier a pu pendant quelques années ignorer sa véritable filiation, il en était autrement lorsqu'il a provoqué le partage de la succession de Charles Lalande ; car il résulte des faits de la cause qu'il connaissait l'acte de mariage de sa mère Marie-Anne Prudhomme avec Just Cachot, qu'il connaissait l'acte de divorce qui avait fait cesser cette union, et par son âge il savait qu'il était né avant le divorce ; qu'il connaissait aussi l'acte du second mariage de sa mère avec André Lalande ; qu'enfin le traité intervenu entre les appelants et Paul Lalande, qui leur a fait connaître la fraude commise par l'intimé, et les actes nécessaires pour la preuve (alors que ce Paul Lalande avait été l'un des témoins de l'acte de notoriété du 21 décembre 1837, et avait reçu de l'intimé un billet de 1,000 fr. dont la cause ne pouvait être que le prix du service qu'il lui avait rendu), vient compléter ces présomptions de dol ;

Attendu que toutes ces circonstances sont des présomptions graves, précises et concordantes qui démontrent que l'intimé a employé le dol pour établir sa prétendue qualité d'héritier de Charles Lalande, obtenir le jugement du 20 juillet 1838 et le partage qui en a été la suite ;

Attendu, d'ailleurs, que, d'après l'art. 448 du Code de procédure civile, lorsqu'un jugement a été rendu sur une pièce fausse, le délai de l'appel ne commence à courir que du jour où le faux a été constaté ou reconnu ;

Attendu qu'il y a même raison de décider pour le cas où il a été acquiescé par l'exécution volontaire à un jugement rendu sur pièces fausses ;

Attendu que, si l'on ne peut pas dire que l'acte de notoriété du 21 décembre 1837 contient des assertions fausses, il n'en est pas de même de l'acte de naissance du 21 septembre 1784; qu'en effet dans cet acte on donne à André-Jean-François, l'intimé, pour père André-François Lalande; qu'en faisant inscrire cette mention, celui qui en a été l'auteur n'a pas voulu établir qu'André-François Lalande était seulement le père naturel de l'intimé, mais bien le père légitime, puisque immédiatement après on donne à Anne-Marie Prudhomme la qualité d'épouse, tandis qu'en 1784 celle-ci était la femme légitime de Just Cachot, titre qu'elle a conservé jusqu'à son divorce prononcé le 15 mars 1793;

Qu'ainsi cet acte contient une fausse énonciation qui a eu pour objet d'introduire l'intimé dans une famille à laquelle il n'appartenait pas aux yeux de la loi, et que cet acte sur lequel est motivé notamment le jugement du 20 juillet 1838 a été l'une des causes de l'erreur des premiers juges et des appelants ;

Attendu que, dès que les appelants ont eu connaissance de la fausseté de l'acte de naissance du 21 septembre 1784, ils se sont empressés d'appeler du jugement du 20 juillet 1838 ;

Attendu qu'il a été bien procédé en agissant par voie d'appel, puisque, si les appelants eussent attaqué par action principale le procès-verbal de tirage au sort, acte qui consommait le partage, on aurait repoussé leur demande par le jugement du 20 juillet, qui ne pouvait être attaqué que par la voie légale de l'appel ;

Attendu, par toutes ces considérations, qu'il n'y a lieu de s'arrêter aux fins de non-recevoir proposées par l'intimé ;

Au fond, attendu qu'il résulte de l'acte de mariage de Marie-Anne Prudhomme avec Just Cachot, de l'acte de divorce du 15 mars 1793, que l'intimé doit être réputé fils de Marie-Anne Prudhomme et de Just Cachot, et qu'ainsi c'est à tort qu'excipant du titre de fils légitime d'André-François Lalande, il a revendiqué et obtenu la moitié de la succession de Charles Lalande;

Attendu qu'il est juste de condamner l'intimé à restituer les 42,000 fr. qu'il a appréhendés dans la succession;

Attendu que, l'intimé ayant occasionné des frais d'expertise et de partage, et ayant par son action causé un préjudice considérable aux appelants, des dommages-intérêts sont dus;

Attendu que, l'intimé ayant agi par dol, il y a lieu de prononcer la contrainte par corps à l'effet d'assurer l'exécution des condamnations prononcées contre lui;

Attendu, relativement à l'inscription de faux, que la Cour a dès à présent la preuve de la fausseté de l'acte de naissance de 1784, comme cela a déjà été dit;

Attendu que la Cour ne peut ordonner la lacération ou la suppression d'un acte inscrit sur les registres de l'état civil, sauf aux parties à en demander la rectification, s'il y a lieu, conformément à la loi;

Par ces motifs,

La Cour, sans s'arrêter aux fins de non-recevoir proposées contre l'appel, dans lesquelles l'intimé est déclaré mal fondé, renvoie les appelants de la demande en partage de la succession de Charles Lalande formée par André-Jean-François Lalande;

Déclare faux l'acte de naissance de l'intimé, en ce qu'il lui donne la qualité de fils d'André-François Lalande et de Marie-Anne Prudhomme son épouse; dit aussi, la Cour, qu'il n'y a lieu d'ordonner la suppression ou lacération de l'acte de naissance produit et de l'acte de notoriété;

Condamne l'intimé par corps, la durée de la contrainte étant fixée à cinq ans à partir de la signification du présent arrêt, à payer ou restituer aux appelants : 1° tout ce qu'il a appréhendé dans la succession de Charles Lalande, notamment 42,000 fr. espèces; 2° cinq mille francs à titre de dommages et intérêts.

Du 26 décembre 1840. — Cour royale de Poitiers, audience solennelle. — MM. Moyne, premier président. — Nicias Gaillard, avocat général, concl. conf. — Bourbeau, A. Pervinquière, avocats. — Peyrot, Jolly, avoués.

PRIVILÉGE DU VENDEUR. — INSCRIPTION. — VENTE. — RÉSOLUTION. — ORDRE.

Dans le cas de plusieurs ventes successives, le premier vendeur, dont le contrat n'a pas été transcrit, doit, pour conserver son privilége, prendre inscription, au plus tard, dans la quinzaine de la transcription de la seconde vente.

Le vendeur, ou celui qu'il a subrogé à ses droits, peut demander la résolution de la vente, pour défaut de payement du prix, même après avoir réclamé dès collocations sur le prix de la revente de l'immeuble.

L'acquéreur d'un immeuble dont le prix est encore dû, cessionnaire du premier vendeur, peut exercer l'action résolutoire contre le premier acquéreur et les créanciers inscrits contre le premier vendeur, quoiqu'il ait fait notifier son contrat à ces créanciers avec offre d'en payer le prix.

Il peut retenir, sur le prix à distribuer, la somme représentant la valeur de l'immeuble que l'exercice de l'action résolutoire lui a permis de revendiquer et de conserver.

La dame Musseau et autres contre Garnier et Morilleau.

ARRÊT.

En ce qui touche l'appel incident de la partie de Me Pervinquière :

Attendu qu'il résulte du texte et de la concordance des art. 2106, 2108 du Code civil et 834 du Code de procédure civile, qu'en cas de ventes successives d'un immeuble, le privilége du premier vendeur est purgé par la transcription du dernier contrat, lorsqu'il ne l'a fait ni transcrire, ni inscrire dans la quinzaine de la transcription du contrat du sous-acquéreur ;

Attendu qu'il est constant, en fait, qu'aucune inscription n'a été prise par le vicomte de Chabot ou par son ayant cause, pour la conservation de son privilége de vendeur, et que la transcription de l'acte de vente qui en aurait tenu lieu, si elle eût été faite en temps utile, ne l'a été que plus de quinze jours après la transcription de l'acte d'aliénation consenti par son acquéreur à Garnier ;

Relativement à la demande en résolution formée par Garnier et Morilleau, chacun en ce qui les concerne :

Attendu que le droit de résolution est un droit réel que tout vendeur non payé peut exercer, soit contre son acquéreur, soit contre le tiers détenteur ; droit que la loi n'assujettit à aucune publicité, et qui ne s'anéantit que par la prescription acquise en faveur du dernier propriétaire ;

Attendu que la production à l'ordre de Garnier et de Morilleau ne les a pas rendus non recevables à exercer ce droit de résolution ; qu'ayant ou croyant avoir deux voies ou actions conduisant au même but, ils n'ont pas, en donnant la priorité à l'une d'elles, renoncé à l'exercice de l'autre, et qu'après avoir succombé dans leur demande en collocation, à titre de créanciers privilégiés, ils ont pu, ainsi qu'ils l'ont fait, recourir à l'exercice du droit de résolution;

Attendu que, réunissant la double qualité d'acquéreur et de créancier, en vertu de sa subrogation aux droits du vendeur primitif, qu'il avait désintéressé ; pouvant, en cette dernière qualité, exercer un droit de privilége en faisant transcrire le contrat primitif, ou exercer le droit de résolution, Garnier a pu, ainsi qu'il l'a fait, notifier son contrat aux créanciers inscrits, avec offre de payer le prix à qui de droit, sans s'occuper des débats qui pourraient s'élever entre les ayants droit, et qu'en agissant ainsi, il n'a fait que se conformer à l'article 2184 du Code civil ;

Attendu qu'on ne peut induire de cette notification qu'il ait tacitement renoncé à faire valoir sa créance, ou à agir en résolution de la même manière qu'aurait pu le faire le vicomte de Chabot, s'il n'avait pas été remboursé ;

Attendu que la ventilation que l'acquéreur a pris le soin de faire et de notifier aux créanciers inscrits leur a fait connaître la valeur des immeubles provenant du vicomte de Chabot, compris dans la vente du domaine du Recrédy, et qu'il ne résulte pas des termes de cette notification qu'ils aient été légalement autorisés à croire que le vicomte de Chabot et ses ayants cause avaient été payés, ou que Garnier renonçait à l'exercice des droits que lui conférait le transport de la créance du vendeur primitif.

Attendu que le pré de la Grange, vendu par Morilleau aux époux de Buor, et les six pièces de terre vendues aux mêmes par le vicomte de Chabot, font partie du domaine du Recrédy, vendu à Garnier par lesdits époux de Buor, et que, dans la ventilation notifiée par l'acquéreur aux créanciers inscrits et non contredite par eux, le prix du pré de la Grange à été fixé à 1,500 fr., et celui des six pièces de terre provenant du vicomte de Chabot, à 8,125 francs;

Attendu que, par acte du 6 juin 1844, le vicomte de Chabot a transporté à Garnier, en le subrogeant à tous ses droits, la somme de 7,027 fr. 25 cent., qui lui était due tant pour capitaux et intérêts restant à payer sur le prix des ventes desdites six pièces de terre, que pour frais d'une instance en résolution;

Attendu que la disposition du jugement dont est appel, qui, après avoir déclaré résolus les contrats de vente consentis à de Buor par Morilleau et le vicomte de Chabot, maintient cependant le tiers acquéreur dans la possession des immeubles qui ont fait l'objet de ces contrats, en l'autorisant à retenir sur le prix total de la vente du domaine du Recrédy, avec les intérêts de droit, la somme par lui payée au vicomte de Chabot, et celle de 1,500 fr. qu'il est condamné à payer à Morilleau, ne porte aucun préjudice aux créanciers inscrits; que l'intérêt est la mesure des actions, et que, si quelques droits ont été lésés par cette disposition, le soin de les faire valoir appartient exclusivement à toute administration ou à toute personne qui en a éprouvé un préjudice;

La Cour rejette l'appel incident de la partie de Me Pervinquière, et la condamne à l'amende;

Statuant sur l'appel principal des parties de Me Bigeu, dit qu'il a été mal jugé par le jugement dont est appel, en ce qu'il n'a pas mis à la charge de Garnier la somme de 169 francs, montant des frais de la quittance du 6 juin 1844; émendant quant à ce, réduit à la somme de 7,021 fr. 25 cent. celle de 7,190 fr. 25 c. qu'il a été autorisé à retenir sur le prix de son acquisition, en exécution de sa subrogation aux droits du vicomte de Chabot; ordonne que les autres dispositions de ce jugement seront exécutées selon leur forme et teneur.

Du 13 mai 1846.—Cour de Poitiers, 2e ch.—MM. Vincent-

Molinière, prés. — Lavaur, avocat gén., concl. conf. — Bigeu, Pervinquière et O. Bourbeau, avocats. — Rouillé, Jolly et Bouchard, avoués.

TESTAMENT OLOGRAPHE. — LEGS UNIVERSEL. — ENVOI EN POSSESSION. — ORDONNANCE IRRÉGULIÈRE. — VÉRIFICATION D'ÉCRITURE.

En cas de méconnaissance de l'écriture d'un testament olographe par les héritiers du testateur, la vérification reste à la charge de ces héritiers, si le légataire universel a obtenu une ordonnance d'envoi en possession. (*Art.* 1006, 1007 *et* 1008 *Code civ.*)

Ce principe recevrait son application, alors même que l'ordonnance d'envoi en possession aurait précédé la rédaction de l'acte de dépôt du testament, surtout dans l'hypothèse où cette ordonnance ne serait plus attaquable, tous délais d'opposition et d'appel étant expirés.

Alexandre Branthôme contre héritiers Augustin Branthôme.

Après le décès d'Augustin Branthôme, Alexandre Branthôme, son neveu et son légataire universel en vertu d'un testament olographe, présente ce testament au président du tribunal de Civray, afin d'en obtenir l'ouverture.

16 janvier 1845, ordonnance de ce magistrat qui en prescrit le dépôt dans l'étude d'un notaire.

Même jour, ordonnance du même président qui, sur la requête du légataire, l'envoie en possession de la succession du défunt.

L'acte de dépôt n'est dressé que le 17 janvier.

Les 11, 12, 15 et 16 juillet 1845, ces divers actes sont notifiés aux héritiers collatéraux du testateur, à la requête du légataire universel. Ils ne sont l'objet d'aucune opposition, d'aucun appel, d'aucune protestation de la part de ces héritiers.

31 juillet 1845, action en partage intentée par eux contre Alexandre Branthôme, qu'ils ne reconnaissent point comme légataire universel.

Alexandre Branthôme ayant excipé de son legs, les héritiers dénient formellement l'écriture et la signature du testament. Le légataire répond que la vérification d'écriture, à laquelle il ne peut s'opposer, doit être faite par les héritiers *demandeurs*.

15 février 1846, jugement du tribunal de Civray qui décide 1° que l'ordonnance d'envoi en possession est irrégulière et nulle, parce qu'elle a précédé l'acte de dépôt, et qu'ainsi *cet acte de dépôt n'a pu être joint à la requête présentée par le légataire*, malgré les termes impératifs de l'article 1008 ; 2° qu'alors même que l'ordonnance d'envoi en possession serait régulière, le testament olographe n'étant autre chose qu'un acte sous seing privé, les héritiers ont le droit de méconnaître l'écriture de leur auteur, et que, par suite, la vérification doit en être faite par le légataire et non par les héritiers.

Appel de la part du légataire universel.

Dans son intérêt, Me *Pontois* a dit : La question de principes jugée en première instance a reçu une solution repoussée par la jurisprudence constante de la Cour de cassation. Les arrêts des 24 décembre 1824, 10 août 1825, 26 juin 1830 et 25 mai 1845, sont dans tous les recueils. Cette jurisprudence est basée sur le texte et sur l'esprit de la loi. La loi veut, en effet, qu'un légataire universel ait la saisine de plein droit; cette saisine lui est acquise dès que le président du tribunal civil a reconnu l'existence du legs universel, et l'a envoyé en possession de la succession du défunt. Si, postérieurement à cet envoi en possession, les héritiers du sang non réservataires viennent user de la faculté qu'ils ont de méconnaître l'écriture et la signature du testateur, ils deviennent demandeurs, et c'est à leur charge que doit être faite la vérification.

En second lieu, il est impossible aux héritiers d'attaquer aujourd'hui la régularité de l'ordonnance d'envoi en possession, qui leur a été notifiée dès le 16 juillet 1845. Si on suppose, en effet, que cette ordonnance puisse être contestée, il faut aussi admettre qu'après l'expiration des délais ordinaires de l'opposition et de l'appel, à partir de sa signification, une fin de non-recevoir peut être opposée à la partie qui vient contester. Or ces délais sont expirés depuis longtemps. Il est évident, d'ailleurs, que l'inobservation de l'art. 1008 du Code civil n'entraîne pas la nullité de l'ordonnance.

Me *Pervinquière*, dans l'intérêt des intimés, a combattu la doctrine de la Cour de cassation. Il a prétendu que cette doctrine était aujourd'hui réprouvée par tous les auteurs, notamment par MM. *Merlin*, *Boncenne*, *Marcadé*, *Valette*, etc., et que plusieurs Cours royales avaient embrassé le système contraire, beaucoup plus juridique.

C'est dans l'article 1323 qu'on trouve le principe général qui doit régir la matière. Les héritiers de la personne à laquelle on attribue un acte sous seing privé ne sont tenus que de méconnaître son écriture. La loi ne distingue pas entre les actes sous seing privé; peu importe que ce soit un testament olographe; le testament olographe n'est pas investi d'un privilége refusé aux autres écrits privés. Si l'écriture en est méconnue, elle doit être vérifiée sur la demande de celui qui veut en recueillir le bénéfice, c'est-à-dire sur la demande du légataire.

La circonstance qu'il a été envoyé en possession par le président ne change pas sa position. Donner à l'ordonnance d'envoi en possession l'effet de produire la saisine de fait, quand le legs est universel, ce serait, à vrai dire, accorder une sorte de prix de course, qui serait toujours gagné par le légataire, quand les héritiers du sang ne seraient pas sur les lieux et en position de contester la demande adressée par le légataire au magistrat.

En second lieu, cette ordonnance est nulle dans l'espèce; car l'article 1008 veut qu'elle soit écrite au bas d'une requête, *à laquelle sera joint l'acte de dépôt.* Or l'ordonnance ayant été rendue *avant même la rédaction de l'acte de dépôt*, cet acte n'a pu être joint à la requête. Les prescriptions de l'art. 1008 n'ont point été suivies.

M. l'avocat général *Béra* a pensé que le testament olographe ne devait pas être assimilé aux autres écrits sous seing privé. Il donne *la saisine de droit* quand il contient un legs universel et qu'il n'y a pas d'héritiers à réserve, et la *saisine de fait* quand il y a eu envoi en possession. Le tort des auteurs qui luttent contre la Cour de cassation est peut-être de n'attacher aucune importance à l'ordonnance qui émane du président.

Il faut cependant que cet acte solennel pèse de tout son poids dans la balance de la justice. Le président ne doit point l'accorder légèrement, et il est dans l'obligation, avant de déférer à la requête du légataire, de s'entourer de tous les renseignements qui peuvent éclairer sa religion. Mais dès qu'au nom du roi, il a investi de la possession l'héritier institué, celui-ci a incontestablement le droit de se considérer comme défendeur, et d'exiger des preuves de la part de l'héritier du sang qui vient pour l'expulser de la situation avantageuse que lui a faite le magistrat.

La seconde question offre peu de difficulté. La loi ne prononce point la peine de nullité comme sanction de l'art. 1008. L'annexion de l'acte de dépôt à la requête n'est point une formalité substantielle, et dont l'inobservation puisse nuire à quelque intérêt. En toute hypothèse, l'ordonnance n'a été attaquée ni par opposition ni par appel, quoique de longs délais se soient écoulés depuis qu'elle a été notifiée aux héritiers.

ARRÊT.

Attendu que les intimés ne sont pas héritiers à réserve ;

Attendu que l'article 1325 du Code civil n'est pas applicable au testament olographe qui confère le titre de légataire universel ; que ce testament est investi par la loi d'une force d'exécution qui lui est particulière ;

Attendu que le légataire universel est un héritier privilégié qui trouve la saisine légale dans les dispositions de l'art. 1006 du Code civil, sans être tenu de demander délivrance ;

Attendu que l'appelant légataire universel peut invoquer le bénéfice de la saisine de fait qui résulte de l'envoi en possession ;

Attendu, en fait, que par ordonnance du 16 janvier 1845 rendue par le président du tribunal de Civray, François-Alexandre Branthôme, appelant, a été envoyé en possesion du legs universel qui lui a été fait par le testament olographe du sieur Branthôme, son oncle, à la date du 26 février 1834 ;

Attendu que, si l'acte de dépôt n'a pas été joint à la requête conformément à l'art. 1008 du Code civil, la formalité énoncée en cet article n'est pas prescrite à peine de nullité ;

Attendu, au surplus, que cette ordonnance, n'ayant pas été attaquée en temps utile par la voie de l'opposition ou de l'appel, doit produire tous ses effets;

Attendu qu'il y a lieu de donner défaut contre les parties défaillantes;

Par ces motifs, la Cour dit qu'il a été mal jugé, etc.; ordonne que la vérification sera faite à la diligence et aux frais des héritiers intimés, etc.

Du 11 août 1846. — Cour royale de Poitiers, 1re ch. civ. — MM. Barbault de la Motte, président. — Béra, avocat général, concl. conf. — Pontois et Pervinquière, avocats. — Drouin, Jolly et Martineau, avoués.

DÉLIT. — QUESTION PRÉJUDICIELLE. — SURSIS. — DÉLAI. — PREUVE.

Lorsque, sur une poursuite à la requête d'une partie civile à raison d'un délit commun, un tribunal correctionnel, devant lequel est soulevée une question préjudicielle de propriété, ordonne le renvoi à fins civiles, il ne doit ni fixer le délai dans lequel la preuve sera rapportée, ni désigner celle des parties qui sera chargée de saisir la juridiction civile; il doit se borner à prononcer le sursis et ce renvoi, sauf à la partie la plus diligente à intenter l'action.

Les articles 182 et 189 du Code forestier, qui prescrivent, dans ce cas, de fixer le délai dans lequel le prévenu devra saisir les juges compétents de la connaissance du litige, et justifier de ses diligences, ne peuvent être invoqués par les particuliers qu'autant qu'il s'agit de contraventions ou de délits commis dans leurs bois et forêts.

Les héritiers Lévrier contre Mironneau et autres.

Il existe dans la commune de Briex une mare dite *Douves-de-Faudret*. Depuis longues années, elle est un sujet de contestation entre les héritiers Lévrier et plusieurs habitants du village de Faudret. Les premiers s'en prétendent exclusifs propriétaires, les autres soutiennent qu'ils en ont la copropriété. Dès 1826, un procès civil s'engagea à ce sujet avec l'un des habitants du village; il fut terminé par une transaction. Dans le cours de l'année 1846, les nommés Mironneau et autres pêchèrent dans la mare et enlevèrent une partie du poisson. Les héritiers Lévrier les traduisirent en police correctionnelle, sous la double inculpation de délit de pêche et de vol de poisson. Sur cette action, sans dénier le fait qui leur était imputé, les inculpés prétendirent que depuis longues années ils étaient en jouissance de la mare, et qu'ils y avaient un droit de copropriété. Pour justifier leurs prétentions, ils rapportèrent des titres desquels ce droit en leur faveur semblait résulter, ainsi que des avertissements du directeur des contributions directes et des quittances du percepteur, qui justifiaient qu'ils payaient en commun avec les héritiers Lévrier l'impôt dont la mare est frappée. Ils demandèrent donc un sursis et le renvoi à fins civiles, sans que l'obligation de faire la preuve de la possession ou de la propriété fût imposée soit au demandeur, soit aux défendeurs, l'action existant entre de simples particuliers. Les héritiers Lévrier demandèrent, au contraire, que les prévenus fussent chargés de rapporter la preuve de leur allégation.

Le 18 juillet 1846, le tribunal correctionnel de Civray rendit le jugement suivant :

« Considérant que les défendeurs traduits devant le tribunal correctionnel, à la requête de Louis Lévrier et consorts, pour s'être permis, les 31 mai, 11 et 16 juin derniers, de pêcher dans la mare appelée les *Douves-de-Faudret*, dont ledit Louis Lévrier et ses copartageants soutiennent avoir la propriété exclusive, ont prétendu qu'ils n'ont fait qu'user d'un droit acquis de copropriété ou de communauté, et qu'ils ont toujours, tant par eux que par leurs auteurs, exercé utilement le puisage, le curage, le lavage, l'abreuvage, la pêche, la coupe et l'enlèvement des bois accrus sur la mare ou douves de Faudret;

» Considérant qu'ils ont conclu à être renvoyés devant le tribunal civil, pour qu'il soit statué sur la question préjudicielle, au double point de vue de la possession et de la propriété ou copropriété, soit à la charge des plaignants, soit des parties les plus diligentes ;

» Considérant que si les faits articulés étaient prouvés, ils seraient de nature à ôter au fait incriminé le caractère de délit;

que, du reste, ils produisent un titre duquel il pourrait résulter qu'ils auraient un droit quelconque à la mare en litige ;

» Considérant que les défendeurs, en excipant d'un droit de possession, de propriété ou de copropriété, deviennent demandeurs dans leur exception, et ne pouvant justifier, quant à présent, le mérite de leurs prétentions, il y a lieu de renvoyer les parties devant les tribunaux, pour être statué sur la question préjudicielle, à la diligence de ceux qui élèvent l'exception ;

» Considérant que celui auquel on impute un fait punissable a intérêt à se justifier, et qu'il doit s'empresser de rapporter la preuve de sa non-culpabilité ;

» Par ces motifs et considérations, le tribunal sursoit pendant trois mois, durant lequel délai les défendeurs seront tenus de faire à leur diligence la preuve soit de leur possession, propriété ou copropriété de la mare dont il s'agit, pour être ensuite statué par le tribunal ce que de droit. »

Appel de la part des prévenus.

Me *Pontois*, dans leur intérêt, fait d'abord remarquer que le fait de pêche a eu lieu dans une mare, où l'eau *est dormante*. Il en tire la conséquence que l'art. 5 de la loi du 15 avril 1829 sur la pêche fluviale, qui punit tout individu qui se livre à la pêche sur les fleuves et rivières navigables ou flottables, canaux, ruisseaux ou *cours d'eau quelconques*, sans la permission de celui à qui le droit de pêche appartient, est inapplicable dans l'espèce (1). Cette mare est un véritable vivier ou réservoir; l'enlèvement du poisson qui y est conservé constitue le délit prévu par le deuxième alinéa de l'art. 388 C. pén. Par conséquent, on doit écarter de la cause l'art. 59 de la loi du 15 avril, d'après lequel, dans le cas de renvoi à fins civiles, le jugement doit fixer un bref délai dans lequel la partie qui a élevé la question préjudicielle est tenue de saisir les juges

(1) La Cour royale de Montpellier a jugé, le 18 avril 1837 (J. Pal., 1837-1-424), que cet art. 5 est inapplicable au cas où la pêche a eu lieu dans une *noue* appartenant à un particulier, et qui n'est alimentée par les eaux du fleuve qui l'avoisine que lors des débordements. Elle a jugé également, par le même arrêt, que l'art. 28, l. 15 avril 1829, est inapplicable alors même que la pêche dans cette noue a eu lieu avec des engins prohibés.

compétents de la connaissance du litige et de justifier de ses diligences.

Abordant ensuite la question du fond, il soutient les principes qui ont été adoptés par l'arrêt que nous rapportons. Il invoque à l'appui de cette doctrine un arrêt de la Cour de cassation du 12 août 1837 (J. Pal., 1837-2-478), et l'opinion de M. Curasson (*Compétence des juges de paix*, t. 2, p. 89, n° 20).

Il est de principe, répondait Me *Duplaisset*, avocat des intimés, et la Cour de cassation l'a consacré par une jurisprudence constante, que l'art. 182 C. forestier s'applique à toutes les matières (1). Si la plupart des arrêts qu'elle a rendus sont intervenus dans des affaires poursuivies à la requête du ministère public sans l'intervention d'une partie civile, la solution de la question n'en doit pas moins être la même lorsque l'action répressive est intentée par la partie civile. Autrement, en mettant à la charge de celle-ci ou en laissant à la partie la plus diligente le soin de saisir la juridiction civile, le sort de l'action publique dépendrait des transactions, ainsi que le font fort bien observer MM. Merlin (*Quest. de droit*, v° *question préjudicielle*, § 3), et Mangin (*Traité de l'action publique*, t. 1er, n° 219), des transactions qui pourraient intervenir entre le prévenu et la partie civile; il suffirait qu'ils s'entendissent pour ne point faire juger la question préjudicielle. A l'arrêt de la Cour de cassation du 12 août 1837, Me *Duplaisset* en opposait un autre du 13 septembre 1845 (J. Pal., 1845 2-768), par lequel cette Cour a maintenu un jugement qui mettait à la charge du prévenu la preuve de la propriété dans un délai déterminé.

Selon le ministère public, la solution de la question dépend du principe sacramentel qui, en matière criminelle, est la sauvegarde de l'innocence, et veut que le poursuivant, quel qu'il soit, ministère public ou partie civile, prouve la culpabilité du prévenu, c'est-à-dire l'existence du délit, et que le prévenu en est l'auteur. Si le délit est complexe, s'il se compose de plusieurs circonstances élémentaires, il doit prouver

(1) Cass., 19 mars et 25 septembre 1835; Bull., nos 100 et 375; 17 octobre 1834, 12 juillet 1834 (J. Pal., à leur date).

chacun des éléments qui le constituent. Ainsi le vol est la soustraction frauduleuse d'une chose appartenant à autrui. Il ne suffirait pas que le demandeur prouvât la soustraction et la fraude, il devrait prouver, en outre, que la chose soustraite n'appartient pas au prévenu. Si, en l'absence de la preuve de cette dernière circonstance, le prévenu soutenait qu'il est propriétaire, il ne soulèverait pas une exception, il dénierait seulement l'existence du délit. Il soulèverait une exception, si, après que le demandeur a prouvé qu'elle ne lui appartient pas, le prévenu prétendait que le propriétaire lui a donné ou vendu la chose soustraite, et alors, devenant demandeur à l'exception, ce serait à lui à en faire la preuve. Qu'est-ce qu'une question préjudicielle en général? C'est celle qui, lorsqu'un fait n'est puni par la loi qu'autant qu'il se rattache à un fait antérieur sans lequel il ne serait ni crime, ni délit, ni contravention, est soulevée à l'occasion de ce fait antérieur. Par exemple, le délit de violation de dépôt, celui de destruction de titres, font supposer l'existence antérieure du dépôt ou des titres; le délit de bris de clôture fait également supposer qu'un tiers était devenu propriétaire de la clôture avant qu'elle eût été brisée. « L'existence de ces faits antérieurs, *éléments indispensables du délit poursuivi*, comme le dit M. Mangin (*Traité de l'action publique*, n° 668), présente nécessairement des questions qui doivent être préalablement résolues; ces questions sont celles qu'on appelle *préjudicielles*. »

La connaissance de ces questions, quoique civiles, appartient aux tribunaux criminels devant lesquels elles sont soulevées, parce qu'il est de principe que tout juge compétent pour statuer sur un procès, l'est également pour statuer sur toutes les questions qui viennent à être élevées incidemment à ce procès; seulement les tribunaux criminels, quant à la preuve, doivent suivre les règles établies par les lois civiles. Il n'y a d'exceptions à cette règle générale sur la compétence que celles qui sont écrites dans la loi ou que la force des choses a fait admettre; telle est, dans ce dernier cas, la question de propriété.

La question préjudicielle portant sur un des éléments indispensables du délit, c'est donc à celui qui en poursuit la répression à la faire juger, et à fournir toutes les preuves nécessaires pour la décider. Il ne peut y avoir de difficulté quand la question reste devant les tribunaux criminels ; pourquoi en serait-il autrement lorsqu'elle est renvoyée devant la juridiction civile, comme, par exemple, lorsqu'il s'agit de la question de propriété ? Que, dans le cas où le ministère public poursuit seul la répression du délit, sans l'adjonction d'une partie civile, on mette à la charge du prévenu le soin de faire juger la question de propriété, on le conçoit ; la nécessité fait loi ; le ministère public est sans qualité, sans intérêt pour saisir la juridiction civile d'une pareille question. Mais quand il existe une partie civile en cause, cette nécessité ne se rencontre plus. Qu'on ne dise pas qu'en laissant à la partie la plus diligente à se pourvoir comme elle avisera, c'est faire dépendre le sort de l'action publique des transactions qui peuvent intervenir entre les parties, car l'ordre public n'a pas à en souffrir. En effet, presque toujours, lorsque le délit intéresse l'ordre public, le ministère public est la seule partie poursuivante, à l'égard des délits concernant la propriété immobilière comme à l'égard de tous les autres; d'un autre côté, pour que le prévenu fasse admettre une question préjudicielle de propriété, il faut qu'il produise un titre apparent de propriété, ou articule avec précision des faits de possession équivalents qui lui soient personnels. Aussi, par suite de cette règle, sans laquelle l'action répressive serait continuellement entravée, les questions préjudicielles de propriété sont-elles fort rarement soulevées, lors même qu'il existe une partie civile en cause. Enfin, lorsque la question préjudicielle a été admise, le prévenu est presque toujours de bonne foi, dans le cas même où il succombe au civil ; le titre apparent de propriété, ou les faits de possession équivalents qu'il avait invoqués, l'avaient induit en erreur. Son acquittement doit donc s'ensuivre. Le danger pour l'ordre public qui peut résulter de la transaction des parties n'est donc pas réellement sérieux. Il serait, au contraire, très-dangereux pour le prévenu, d'admettre, en principe absolu, que c'est toujours à lui de saisir la juridiction civile ; car un plaideur de mauvaise foi, afin d'éviter d'être demandeur, s'il prenait tout d'abord cette voie, ce qui mettrait la preuve à sa charge, aurait toujours recours aux tribunaux criminels. En laissant la partie la plus diligente à se pourvoir, tous les intérêts sont conservés. Cependant une exception doit avoir lieu; c'est quand la partie civile a la possession annale, que sa possession n'est pas contestée et qu'elle est reconnue par le prévenu; cette possession étant une présomption de propriété jusqu'à preuve contraire, le prévenu qui la reconnaît, mais qui en même temps soutient être propriétaire en vertu d'un titre ou d'une possession trentenaire antérieure, soulève alors une véritable exception, puisqu'il conteste la valeur du titre légal de son adversaire; c'est alors qu'il devient réellement demandeur à l'exception, et que la charge de faire la preuve lui incombe. C'est dans ce cas, et dans ce cas seulement, qu'il doit être obligé de poursuivre l'action civile. En lui imposant cette obligation, la juridiction criminelle ne préjuge pas plus la question de propriété qu'elle ne la préjuge par le renvoi à fins civiles, puisque, pour prononcer ce renvoi, elle est obligée d'examiner si le prévenu a un titre apparent de propriété, ou s'il articule des faits de possession équivalents; en le prononçant, elle préjuge donc implicitement que le prévenu a un titre de propriété, ou que les faits de possession qu'il invoque sont pertinents et admissibles.

Dans l'espèce, où la possession de la partie civile était formellement déniée, le ministère public a donc conclu à l'infirmation du juge de première instance.

ARRÊT.

Attendu qu'un tribunal correctionnel, par là même qu'il est incompétent pour juger une question de propriété soulevée devant lui, ne doit en renvoyant, quant à ce, les parties à fins civiles, rien préjuger sur la nature de l'action qu'elles auront à intenter, ni sur le point de savoir à qui, du demandeur ou du défendeur, sera imposée la charge de la preuve;

Que s'il en est autrement dans les instances en réparation de délits ou contraventions commis dans les bois ou forêts appartenant soit à l'État, soit à des particuliers; si le prévenu qui excipe d'un droit de propriété est soumis à l'obligation de saisir les juges compétents dans le délai qu'aura fixé le jugement de renvoi, et de justifier de ses diligences, c'est que la loi spéciale de la matière, par ses art. 182 et 189, a formellement prescrit ce mode de procéder; mais que cette disposition, précisément parce qu'elle est écrite dans une loi spéciale, est sans application dans les matières autres que celle pour laquelle cette loi a été faite;

Qu'on ne peut pas argumenter non plus de ce qui se pratique dans les matières ordinaires, et lorsque la poursuite est exercée par le procureur du roi; que le ministère public étant sans qualité pour agir au civil, il y a nécessité que le prévenu poursuive lui-même devant la juridiction civile le jugement de la question préjudicielle de propriété qu'il a élevée;

Que hors de là, et lorsque la contestation a lieu entre particuliers, et dans des intérêts privés autres que ceux auxquels l'art. 189 du Code forestier a étendu les dispositions de l'article 182, il faut se tenir dans la règle générale *que tout demandeur doit justifier sa demande;* que soumettre le défendeur aux conséquences de l'application de cette règle, relativement à l'exception *jure feci* qu'il aurait opposée à la plainte, et l'obliger ainsi à se constituer demandeur au civil avec tous les désavantages de cette position, ce serait adjuger, *de plano*, le bénéfice de la possession au plaignant, et élever par conséquent en sa faveur une présomption de propriété qui résulterait alors pour lui du simple fait d'avoir traduit son adversaire en police correctionnelle, puisqu'on ne pourrait la fonder sur des titres ou des faits qu'un tribunal correctionnel n'a pas le pouvoir d'apprécier; qu'il ne peut pas en être ainsi; qu'il n'appartient pas à des juges incompétents de poser les conditions dans lesquelles le litige s'agitera devant la juridiction qui doit en connaître, et que les parties doivent être laissées, à cet égard, dans la plénitude de leurs droits;

Que cependant, et contrairement à ces principes, le tribunal d'où vient l'appel, au lieu de se borner, sur l'exception préjudicielle opposée par les prévenus à l'action correctionnelle intentée contre eux par les demandeurs, à surseoir et à renvoyer purement et simplement les parties devant les juges compétents, a préjugé la position qu'elles auraient à prendre respectivement dans le débat civil, en mettant la preuve à la charge des premiers ; qu'en cela il a mal jugé, et qu'il y a lieu d'infirmer sa décision ;

La Cour, faisant droit sur l'appel, dit qu'il a été mal jugé par le jugement dont est appel ; réformant et faisant ce que les premiers juges auraient dû faire, renvoie purement et simplement les parties, et ce, à la poursuite de la plus diligente, devant juges compétents, pour le jugement de la question préjudicielle élevée par lesdits Mironneau et consorts, appelants.

Du 27 août 1846. — Cour royale de Poitiers, ch. des appels de police correctionnelle. — MM. Macaire, président. — Salneuve, substitut du procureur général. — Pontois et Duplaisset, avocats.

INHUMATION. — AUTORISATION. — ENFANT MORT-NÉ.

L'autorisation de l'officier public est nécessaire pour l'inhumation d'un enfant mort-né (1).

Le ministère public contre Marie M...

Marie M... avait été renvoyée en police correctionnelle, sous la prévention d'avoir, sans l'autorisation préalable de l'officier public, dans un cas où elle était prescrite, inhumé un enfant mort-né dont elle était accouchée. Le tribunal de Civray l'acquitta, sous le prétexte que la prohibition de procéder aux inhumations des personnes décédées, sans autorisation de l'officier de l'état civil, ne peut s'appliquer qu'aux individus qui ont vécu après leur naissance, et non aux enfants mort-nés. Sur l'appel du ministère public, ce jugement fut réformé par l'arrêt suivant :

ARRÊT.

Attendu que de l'ensemble des documents de la cause il résulte que la fille Meunier est accouchée, dans le courant de mai,

(1) Conf. C. roy. Douai, 31 juillet 1829 (J. Pal., à sa date, et Journ. du dr. crim., p. 296) ; Chauv. et Faustin Hélie, *Théorie du Cod. pén.* sur l'art. 358, t. 6, p. 394. Depuis lors, la Cour de cassation a consacré cette doctrine par un arrêt du 2 septembre 1843 ; Bull. crim., n° 233.

d'un enfant né à terme ou à peu près, qu'elle a inhumé ou fait inhumer sans l'autorisation prescrite par l'art. 77 C. civ. combiné avec le décret du 4 juillet 1806;

Attendu que la loi ne distingue pas entre l'inhumation de l'enfant mort dans le sein ou hors du sein de la mère; qu'elle n'a pas même dû faire de distinction à cet égard, l'officier de l'état civil étant chargé, par état, de s'assurer s'il n'y a pas précipitation dans l'inhumation, et si la personne à inhumer est véritablement privée de vie;

Attendu que l'inhumation, sans autorisation, d'enfants tels que celui dont il s'agit, pourrait entraîner les plus grands maux et donner lieu à tous les abus que la législation a eu en vue de prévenir, en prescrivant les formalités indiquées par l'art. 77 et par le décret précités;

La Cour, par ces motifs, réforme, etc.; déclare Marie Meunier coupable du délit d'inhumation sans autorisation, prévu par l'art. 358 C. pén., etc.

Du 1er septembre 1841. — Cour royale de Poitiers, ch. des appels de police correctionnelle. — MM. Liége d'Iray, président. — Béra, avocat général, concl. conf. — Pallu, avocat.

APPEAUX. — CHASSE.

Les appeaux propres à appeler le gibier ne sont pas compris dans la prohibition prononcée par le n° 3 de l'art. 12 de la loi du 3 mai 1844 sur la chasse, qui punit ceux qui sont détenteurs ou qui sont trouvés munis ou porteurs, hors de leur domicile, de filets, engins ou autres instruments de chasse prohibés.

La détention d'un appeau n'est punissable qu'autant qu'elle se réunit à un fait de chasse.

Le ministère public contre femme Martin.

La gendarmerie avait constaté par un procès-verbal que la femme Martin, marchande, avait exposé et mis en vente, à la foire de Couhé, un appeau de perdrix. Traduite en police correctionnelle à raison de ce fait, elle fut acquittée, par le motif que les appeaux destinés à appeler le gibier ne sont pas compris au nombre des instruments de chasse prohibés, dont la simple détention est punie par le n° 3 de l'art. 12, l. 3 mai 1844.

Appel du ministère public.

ARRÊT.

Attendu que le fait poursuivi contre la femme Martin consiste seulement en ce qu'un appeau aurait été vu parmi les marchandises qu'elle étalait à la foire de Voulon, et qu'il s'agit de savoir si ce fait constitue le délit prévu par le § 3 de l'art. 12 de la loi du 3 mai 1844; en d'autres termes, si l'appeau est compris dans la disposition de ce paragraphe, sous l'expression : « *filets, engins ou autres instruments de chasse prohibés;* »

Attendu que les filets et engins, et, par une conséquence nécessaire de ce que la loi, en les comprenant dans la même disposition, les assimile aux filets et engins, *les autres instruments de chasse prohibés*, tels que seraient, par exemple, les collets, lacs et lacets, ne peuvent s'entendre que de ces instruments dans lesquels le gibier vient se prendre, sans que le chasseur ait besoin, pour s'en rendre maître, de l'abattre à l'aide d'une arme ou de tout autre moyen quelconque;

Attendu qu'un appeau n'est pas dans les mêmes conditions; que toute l'utilité de cet instrument consiste à faire venir le gibier (la caille ou la perdrix) dans la direction du lieu où le chasseur s'est placé pour le tirer, lorsqu'il arrive jusqu'à lui ou à sa portée;

Que cette différence dans l'usage qui leur est propre et la destination qu'ils ont respectivement, qui ne permettait pas de confondre les appeaux avec les filets, engins et autres instruments du même genre, explique la disposition spéciale du § 6, infligeant la même amende de 50 à 200 fr., non plus aux simples détenteurs, *mais à ceux qui auront chassé avec appeaux, appelants ou chanterelles;*

Qu'il est évident, en effet, que si l'appeau était compris, dans la disposition du § 3, sous l'expression générale *filets, engins et autres instruments de chasse prohibés*, il se trouverait l'être également dans la disposition du § 2, statuant sur le fait d'avoir chassé à l'aide de ces engins ou instruments; et qu'alors le § 6, du moins quant aux appeaux, mentionnés là pour la première fois, serait une superfétation, une redondance dont le législateur n'a pu avoir la pensée;

Qu'enfin la loi, dans ce même § 6, assimile, sans aucune distinction, les appeaux, les appelants et chanterelles, et qu'il est impossible d'admettre qu'une perdrix et tout autre oiseau susceptible aussi d'être employé comme appelant ou chanterelle, soient mis au nombre de ces instruments prohibés dont la simple détention ou possession, aux termes du § 5, rend passible de l'amende;

Que c'est donc avec juste raison que le tribunal d'où vient l'appel n'a vu ni délit ni contravention dans le fait produit contre la prévenue;

La Cour ordonne que le jugement dont est appel sortira son plein et entier effet.

Du 18 juillet 1846. — Cour royale de Poitiers, ch. correct. — MM. Macaire, président. — Flandin, avocat général, concl. contr.

COMPTE DE TUTELLE. — REDDITION AMIABLE. — VALIDITÉ.

Le compte de tutelle que rend à son successeur le tuteur d'un interdit qui se démet de ses fonctions est valablement rendu à l'amiable devant notaires.

Bertrand-Comte contre femme Château.

ARRÊT.

Attendu que la loi n'impose pas au tuteur d'un interdit qui se démet de sa tutelle l'obligation de rendre en justice, au tuteur qui le remplace, le compte de son administration; que ce compte peut être légalement rendu à l'amiable devant notaires, et que l'intervention de la justice ne devient nécessaire que lorsqu'il donne lieu à quelque contestation, art. 473 du Code civil;

Attendu que ce principe ne doit pas cesser de recevoir son application parce que ce tuteur a reçu lui-même le compte d'un précédent tuteur;

La Cour, adoptant les motifs des premiers juges, dit qu'il a été bien jugé par le jugement dont est appel; ordonne qu'il sera exécuté selon sa forme et teneur.

Du 25 août 1846. — Cour royale de Poitiers, 2e ch. civ. — MM. Vincent-Molinière, président. — Lavaur, avocat général, concl. conf. — A. Pervinquière et Calmeil, avocats. — Jolly et Martineau, avoués.

MARI INTERDIT. — FEMME TUTRICE. — EMPRUNT. — AUTORISATION.

La femme tutrice de son mari interdit ne peut emprunter ni consentir hypothèque en son nom personnel, sans être autorisée en justice.

Cette autorisation ne peut être suppléée par un avis du conseil de famille homologué par le tribunal, qui l'autorise à emprunter dans l'intérêt du mari et à hypothéquer les immeubles de ce dernier.

Todros contre veuve Offroz et Giron.

ARRÊT.

Sur l'appel incident des parties de Me *Calmeil :*

Attendu que l'appel principal ayant remis la cause au même état que celui fixé par les conclusions prises en première instance, cet appel incident ne peut être repoussé par une fin de non-recevoir;

Au fond :

Attendu que la loi, dans sa sollicitude pour l'intérêt des familles, et pour rendre plus efficace la protection qu'elle accorde aux femmes, a prescrit des formalités sans l'accomplissement desquelles elles ne peuvent contracter d'engagements personnels;

Attendu que la femme, même non commune ou séparée de biens, ne peut donner, aliéner, hypothéquer, ni s'engager en aucune manière, sans le concours ou le consentement par écrit du mari, ou, à défaut de ce concours ou consentement, sans l'autorisation de justice;

Attendu que la dame Giron, tutrice à l'interdiction de son mari, se trouvait, par le fait de cette interdiction, dans la nécessité de s'adresser directement à la justice pour obtenir l'autorisation de contracter personnellement un emprunt, de consentir hypothèque et de subroger les prêteurs dans les effets de son hypothèque légale;

Attendu que si le conseil de famille était compétent pour l'autoriser, ainsi qu'il l'a fait par sa délibération du 16 janvier 1844, à emprunter pour l'interdit et à hypothéquer ses biens immeubles pour la sûreté de l'emprunt, l'homologation du tribunal de première ins ance préalablement obtenue, ce conseil était sans pouvoir et sans qualité pour l'autoriser à contracter un emprunt dans son intérêt particulier, et à subroger les prêteurs dans son hypothèque légale;

Attendu que, pour obtenir cette autorisation, qui ne lui aurait été ou n'aurait dû lui être accordée que dans le cas d'une nécessité bien démontrée, c'est au tribunal seul qu'elle aurait dû s'adresser, en observant les formalités prescrites par les art. 861, 862 et 864 du Code de procédure civile;

Attendu que, dans la requête qu'elle a présentée à ce tribunal le 17 janvier 1844, elle n'a point déclaré agir en son nom personnel, mais seulement en qualité de tutrice à l'interdiction de son mari; d'où il résulte que toute obligation personnelle contractée par elle ou en son nom, autrement qu'en sa qualité de tutrice, est frappée de nullité;

Adoptant les motifs des premiers juges sur les autres chefs de l'appel incident, etc.;

La Cour.....

Rejette la fin de non-recevoir proposée contre l'appel incident des parties de Me *Calmeil;* et n'ayant aucunement égard audit appel, dit qu'il a été mal jugé par le même jugement, en ce qu'il a déclaré que la dame Giron avait été suffisamment autorisée à contracter un emprunt dans son intérêt particulier, et à subroger les prêteurs dans les effets de son hypothèque légale; émendant quant à ce, dit que l'obligation du 30 mai 1844 est nulle en ce qui concerne la dame Giron, à défaut d'autorisation suffisante de justice; ordonne que les autres dispositions du jugement seront exécutées selon leur forme et teneur, etc.

Du 17 juin 1846. — Cour royale de Poitiers, 2e ch. civ. — MM. Vincent-Molinière, président.—Lavaur, avocat général. — Josseau et Calmeil, avocats. — Rouillé et Jolly, [illegible]

STIPULATION POUR SOI-MÊME. — STIPULATION AU PROFIT DE L'HÉRITIER. — STIPULATION POUR AUTRUI. — CONDITION APPOSÉE A L'ENGAGEMENT QUE L'ON CONTRACTE SOI-MÊME. — RÉVOCATION. — ACCEPTATION TACITE.

Un père contracte dans son propre intérêt et pour lui-même, lorsqu'il stipule d'une autre personne qu'elle payera sans répétition une partie des dettes de sa fille, et qu'il s'engage lui-même, vis-à-vis de cette personne caution de la totalité des dettes dont la fille est débitrice principale, à payer personnellement le surplus de ces dettes, bien que le père n'ait d'autre intérêt à la stipulation que d'empêcher les créanciers principaux de prendre des inscriptions sur sa succession future, d'intervenir dans le partage de sa succession, et de contrarier les dispositions qu'il pourrait faire.

Le père qui stipule dans l'intérêt de sa fille, en la considérant comme son héritière, ne stipule pas pour autrui dans le sens de l'article 1119 *du Code civil.*

En supposant que le père, en stipulant pour sa fille, ait stipulé pour un tiers, cette stipulation est valable si elle est la condition d'un engagement *qu'il a contracté pour lui-même; l'art.* 1121 *étant applicable, que la condition se trouve apposée soit à une stipulation, soit à un engagement personnel.*

L'auteur de la stipulation pour un tiers peut seul la révoquer dans le cas prévu par l'art. 1121, *et non celui duquel il a stipulé dans l'intérêt du tiers.*

Il suffit, d'ailleurs, pour empêcher la révocation, que l'acceptation du tiers soit tacite, et qu'elle résulte d'actes qui supposent de sa part l'intention de profiter de la stipulation.

La dame Sébastien Branger contre les héritiers Branger-Gabard.

Le sieur Sébastien Branger, banquier à Fontenay, avait contracté des dettes nombreuses. Sa femme s'était engagée solidairement avec lui au payement de la plus grande partie de ces dettes. Les sieur et dame Branger-Gabard, père et mère de Sébastien Branger, avaient, en outre, cautionné la plupart des engagements contractés par les époux Sébastien Branger. Les affaires de M. Sébastien Branger empirant de plus en plus, et les époux Branger-Gabard étant exposés à payer, comme cautions, les dettes qu'ils avaient garanties, le père et la mère de Mme Sébastien Branger, les sieur et dame Chevalier-Bage, désirant venir au secours de leur fille, se rapprochèrent des époux Branger-Gabard, et un traité de famille intervint entre eux à la date du 28 février 1842.

Par ce traité, il fut convenu que la totalité des dettes que resterait devoir Sébastien Branger, déduction faite de celles qui seraient acquittées sur le prix de ses biens, serait supportée par moitié entre les époux Branger-Gabard et les époux Chevalier-Bage. La moitié à la charge de chacune des deux familles s'élevait à 57,984 fr., de sorte que les époux Branger-Gabard, autrefois simples cautions pour le tout, s'obligeaient à payer cette moitié, et ils y trouvaient cet avantage que les époux Chevalier-Bage, prenant à leur charge une somme égale de 57,984 fr., les libéraient ainsi de leur obligation de caution pour cette somme; avantage incontestable, puisque le recours qu'auraient pu exercer les époux Branger-Gabard contre les époux Sébastien Branger eût été complétement illusoire, sauf les droits de Mme Sébastien Branger dans les successions futures de ses père et mère; par ce traité, les époux Branger-Gabard et les époux Chevalier-Bage renonçaient, en outre, à exercer aucun recours contre leurs enfants, sauf à imputer les payements faits pour eux sur la portion héréditaire leur revenant dans leurs successions futures.

Après ce traité, les époux Branger-Gabard firent le partage de leurs biens entre leurs enfants, et il fut convenu dans cet acte que le lot de Sébastien Branger, dont les père et mère se réservaient l'usufruit, serait hypothéqué pour sûreté du remboursement des avances qui seraient faites pour lui.

Mme Chevalier-Bage étant décédée, M. Chevalier-Bage, qui avait payé la moitié des dettes de son gendre et de sa fille, conformément au traité du 28 février 1842, fit le partage de ses biens propres entre ses enfants par acte du 22 mars 1844, et dans cet acte il imputa sur la part revenant à la dame Sébastien Branger, sa fille, le montant des dettes qu'il avait acquittées pour elle.

Cependant M. Branger-Gabard vint à décéder sans avoir acquitté la portion des dettes laissées spécialement à sa charge par le traité du 28 février. Seulement, par un acte authentique du 22 avril 1842, il s'était obligé comme caution *solidaire*, de caution *simple* qu'il était vis-à-vis le comte et la comtesse de Cornulier-Lacinière, créanciers des sieur et dame Sébastien Branger, et il avait en même temps hypothéqué ses propres immeubles à la place de ceux de Sébastien Branger, pour lesquels il avait obtenu mainlevée.

La créance Cornulier-Lacinière étant devenue exigible après le décès du sieur Branger-Gabard, commandement fut fait à ses héritiers et à sa veuve de payer la somme de 41,000 fr. avec les intérêts. Dès le lendemain de ce commandement, les héritiers et la veuve Branger-Gabard firent signifier aux époux Sébastien Branger une *révocation* expresse des stipulations contenues en leur faveur dans le traité du 28 février; puis ils formèrent opposition aux poursuites de Mme de Cornulier-Lacinière, et appelèrent dans l'instance les époux Sébastien Branger à leur garantie.

Devant le tribunal de Fontenay, les héritiers Branger-Gabard soutenaient que le traité du 28 février était nul, de sorte qu'ils n'auraient été tenus que comme cautions solidaires de la dette, sauf leurs recours contre les débiteurs principaux, les époux Sébastien Branger. Ils faisaient résulter la nullité de ce que le sieur Chevalier-Bage, en stipulant dans l'intérêt de sa fille, qui n'était pas partie au traité, aurait stipulé pour autrui. Ils prétendaient que dans tous les cas, et si l'on devait considérer cette stipulation comme valable en tant qu'elle aurait été la condition d'une stipulation que Chevalier-Bage aurait faite pour lui-même, ils avaient pu révoquer la stipulation faite au profit des époux Sébastien, puisqu'elle n'avait pas été acceptée par eux. Un jugement du tribunal de Fontenay du 19 décembre 1845 accueillit ce système.

Appel.—Dans l'intérêt de Mme Sébastien Branger, Me *Bourbeau* soutenait qu'il est toujours permis de stipuler *la libération d'autrui;* que, sous ce rapport, il y avait exception à l'art. 1119 du Code civil; il invoquait, pour soutenir cette doctrine, les art. 1235, 1274, 2014 du Code civil; il faisait remarquer que cette doctrine était d'autant plus favorable, que dans l'espèce c'était un père qui stipulait pour sa fille. Il soutenait, en outre, que dans tous les cas la stipulation faite au profit de Mme Sébastien Branger aurait été la condition de l'engagement contracté par M. Chevalier-Bage, son père; qu'ainsi cette stipulation était valable, aux termes de l'art. 1121; qu'en effet cet article ne doit pas être entendu dans un sens restreint, et qu'il importe peu que la stipulation faite au profit du tiers soit la condition d'une *stipulation* ou d'un *engagement* que l'on fait ou que l'on contracte pour soi-même; il ajoutait que dans tous les cas M. Chevalier-Bage aurait eu seul qualité, aux termes de l'art. 1121, pour révoquer la stipulation qu'il avait faite dans l'intérêt de sa fille; qu'enfin celle-ci avait tacitement accepté cette stipulation en consentant à imputer sur sa part dans les biens partagés par son père ce qu'il avait payé en vertu du traité du 28 février; qu'il y avait eu d'ailleurs exécution partielle de ce traité de la part du sieur Branger-Gabard lui-même, soit lorsqu'il avait consenti, depuis ce traité, à se rendre caution solidaire vis-à-vis des créanciers, et à donner hypothèque sur ses propres biens en dégrevant ceux de son fils, soit par l'acte de partage qu'il avait fait lui-même entre ses enfants.

Pour les intimés, Me *Abel Pervinquière* soutenait que le traité du 28 février n'avait aucune force obligatoire, parce que le sieur Chevalier-Bage avait stipulé en son propre nom pour autrui; que l'on ne pouvait pas appliquer les dispositions relatives à la libération d'un débiteur, parce que le sieur Chevalier-Bage n'aurait pu stipuler cette libération que des créanciers eux-mêmes, et non du sieur Branger-Gabard, lequel n'était pas créancier de Mme Sébastien Branger au moment du traité, mais pouvait seulement le devenir s'il eût payé comme caution les dettes de celle-ci. Il essayait enfin de démontrer que non-seulement le traité de 1842 n'avait jamais été exécuté, mais encore que les parties avaient toujours agi comme si ce traité n'avait aucune valeur légale.

M. l'avocat général Béra a conclu à la réformation.

ARRÊT.

Attendu que les conventions tiennent lieu de loi aux parties qui les ont faites;

Attendu que les actes sous seings privés qui contiennent des conventions synallagmatiques sont valables s'ils ont été faits en autant d'originaux qu'il y a de parties ayant un intérêt distinct ;

Attendu que deux parties ayant un intérêt distinct ont figuré au traité du 28 février 1842 qui a été fait double ;

Attendu qu'il est exposé dans le traité que Sébastien Branger se trouvant devoir des sommes considérables, au payement desquelles il avait engagé solidairement la dame Chevalier, son épouse, et qui pour la plupart avaient été cautionnées par le sieur François Branger et la dame Gabard, ses père et mère, et que le sieur Sébastien Branger se trouvait dans l'impossibilité de faire face à ses engagements ;

Attendu qu'il est établi par ce traité que les deux familles sont intervenues pour faire honneur aux obligations contractées par Sébastien Branger et son épouse ;

Attendu que les époux Branger-Gabard ont figuré au traité, y ont stipulé pour eux-mêmes et y trouvaient un immense avantage : en effet, les sieur et dame Branger-Gabard avaient cautionné la plupart des billets souscrits par le sieur Sébastien Branger, leur fils, et la dame Chevalier son épouse ; ils étaient obligé d'acquitter le montant de ces billets, les sieur et dame Sébastien Branger étant dans l'impossibilité de le faire ; ils ne s'obligent par ce traité qu'à payer la *moitié* des sommes cautionnées ;

Attendu que par ce traité le sieur Chevalier-Bage a stipulé en son propre nom et pour lui-même ; qu'il s'est engagé à payer la moitié des dettes dont le montant était déterminé ; qu'il avait un intérêt personnel à stipuler de la sorte, car, s'il n'eût pas contracté ces obligations, les créanciers de la dame Sébastien Branger, sa fille, pouvaient obtenir des jugements contre elle, prendre des inscriptions sur sa succession future, intervenir dans les partages de la succession du premier mourant du sieur Chevalier-Bage ou de son épouse, et contrarier les dispositions qu'auraient pu faire l'un ou l'autre époux ;

Attendu, enfin, que si, par ce traité, Chevalier-Bage avait contracté uniquement dans l'intérêt de la dame Sébastien Branger, sa fille, il n'eût pas stipulé pour *autrui* ; ce n'est pas en effet s'engager pour autrui que de stipuler dans les intérêts de ses enfants; c'est un motif valable, reconnu par le législateur; l'héritier et son auteur se confondent en une seule personne : or Chevalier-Bage, en stipulant pour sa fille, la considérait comme son héritière, et se réservait d'imputer les sommes qu'il payerait pour elle sur la portion qui lui reviendrait dans sa succession future; le sieur Chevalier-Bage avait un intérêt d'honneur et appréciable à conserver intact le nom de sa famille, et à arrêter des poursuites rigoureuses contre sa famille et empêcher son gendre de tomber en faillite;

Attendu qu'il résulte de tout ce qui précède que l'art. 1119 du Code civil n'est applicable sous aucun rapport, le sieur Chevalier-Bage s'étant engagé en son nom personnel et pour lui-même, et ayant intérêt à le faire, ce qui est prouvé par toutes les pièces et documents du procès;

Attendu que le traité du 28 février 1842, qui est un pacte sacré pour les deux familles et leurs héritiers, n'avait pas besoin d'être exécuté, qu'il était légal et devait produire tous ses effets;

Attendu, néanmoins, qu'il a été complétement et volontairement exécuté par toutes les parties contractantes, et par le sieur et la dame Sébastien Branger;

Attendu, en effet, qu'il est prouvé jusqu'à l'évidence, par les pièces et documents du procès, que les époux Branger-Gabard ont soldé et acquitté les dettes de leur fils, ainsi qu'ils s'y étaient obligés; que, suivant acte authentique du 22 avril 1842, en exécution du traité du 28 février, ils se sont obligés, conjointement et solidairement avec le sieur Branger leur fils, au payement de la créance de la dame de Cornulier-Lacinière, quand, dans le principe, et avant le traité du 28 février 1842, ils n'étaient que cautions pures et simples de cette créance;

Attendu que, par ce traité du 28 février, les époux Branger-Gabard se sont engagés à payer les dettes de leur fils comme dettes à eux personnelles, sans que les époux Sébastien Branger pussent jamais être inquiétés ni recherchés à cet égard, et comme la somme de 57,894 fr. 35 c., mise à la charge de Chevalier-Bage, ne formait pas tout à fait la moitié des dettes de son gendre, il compta 50 fr. 52 c. au sieur et à la dame

Branger-Gabard pour couvrir cette différence, ce qui prouve que le traité était sérieux et qu'il a été exécuté par toutes parties ;

Attendu que, par acte public du 7 octobre 1842, les sieurs et dame Branger-Gabard ont fait, au profit de leurs cinq enfants, donation portant partage de leurs biens immeubles; que, par l'article 9 de cet acte, il est stipulé que le lot qui écherra à Sébastien Branger sera spécialement hypothéqué pour assurer le remboursement des avances qui sont ou seront faites pour lui, consentant qu'inscription soit prise à ce sujet sur sondit lot ;

Attendu que par cette clause le traité du 28 février a reçu une nouvelle exécution ; qu'en effet les époux Branger-Gabard, qui s'étaient réservé d'imputer les payements qu'ils feraient pour leur fils sur sa portion héréditaire dans leur future succession, assuraient la garantie de leurs avances par la prise d'une inscription ;

Attendu que Chevalier-Bage a exécuté le traité du 28 février, en payant la somme de 58,000 fr. qu'il s'était obligé d'acquitter ;

Attendu que, si l'on voulait considérer que Chevalier-Bage, en stipulant pour sa fille, a stipulé pour un *tiers*, il n'y aurait pas lieu de prononcer la nullité du traité, de faire à l'espèce l'application de l'article 1119 du Code civil; que ce traité se trouverait dans l'exception énoncée en l'article 1121 du même Code ;

Attendu que, par le mot stipulation, l'art. 1121 a entendu convention; que, dans l'espèce, Chevalier-Bage a été la partie principale contractante en l'acte du 28 février ; qu'il y a stipulé pour lui en s'engageant à payer la moitié des dettes; qu'il y a stipulé au profit de sa fille, partie accessoire, en y mettant pour condition que son gendre et sa fille ne seraient exposés à aucun recours en garantie ; les conditions de l'exception de l'art. 1121 auraient donc été remplies ; il y aurait donc eu stipulation de la part de Chevalier-Bage au profit d'un tiers (sa fille), lorsque telle était la condition d'une stipulation qu'il faisait pour lui-même ;

Attendu encore, dans ce cas, que Chevalier-Bage, qui avait

fait la stipulation, pourrait seul la révoquer, avant que sa fille eût déclaré vouloir en profiter;

Attendu que ce droit n'incomberait pas aux héritiers de François Branger-Gabard;

Attendu qu'avant la révocation des héritiers Branger-Gabard, la dame Sébastien Branger a déclaré vouloir profiter de la stipulation faite à son profit;

Attendu que, par acte authentique du 22 mars 1841, le sieur Chevalier-Bage a fait donation et partage de ses biens à ses enfants; qu'il est établi dans cet acte: 1° qu'une somme de 58,000 fr. a été donnée par le sieur Chevalier à la dame Sébastien Branger; que cette somme a été employée jusqu'à due concurrence au payement de ses dettes; 2° qu'une autre somme de 25,000 fr. lui a été donnée pour rembourser pareille somme qu'elle doit au sieur Victor Perreau;

Attendu qu'il résulte de cet acte de donation, accepté par la dame Sébastien Branger avec l'autorisation de son mari, et de l'ensemble de toutes ses dispositions, que la dame Branger a exécuté le traité du 28 février, et déclaré vouloir profiter de la stipulation faite à son profit;

Attendu que la dame Sébastien Branger a pareillement exécuté le traité du 28 février, en renonçant pour son exécution à son hypothèque légale;

Attendu que, par le traité du 28 février 1842, les époux Branger-Gabard se sont obligés formellement à n'exercer aucun recours en garantie contre la dame Hippolyte Chevalier, ni contre le sieur Sébastien Branger son mari, sauf auxdits époux Branger père et mère à imputer les payements sur la portion héréditaire qui doit revenir au sieur Sébastien Branger, leur fils, dans leur succession future; que le sieur Chevalier-Bage s'est obligé à payer la moitié des dettes, pour le compte de son gendre et de sa fille, en avancement d'hoirie, sans répétition contre lesdits époux Branger père et mère ou leur succession; d'où il suit que les héritiers Branger-Gabard, qui sont tenus de remplir les obligations de leurs auteurs, ne sont pas fondés à exercer une demande en garantie contre la dame Sébastien Branger;

La Cour dit qu'il a été mal jugé; déclare les intimés non

recevables dans la demande en garantie qu'ils ont dirigée contre la dame Sébastien Branger.

Du 20 août 1846. — Cour royale de Poitiers, 1re ch. civ. — MM. Barbault de la Motte, président. — Béra, avocat général, concl. conf. — Bourbeau, A. Pervinquière, avocats. — Devars, Jolly, avoués.

SAISIE IMMOBILIÈRE. — POUVOIR SPÉCIAL. — SOCIÉTÉ.

Le mandat, donné par un mari à sa femme, de gérer et administrer tous leurs biens, droits et affaires présents et à venir, communs ou particuliers, et de poursuivre tous débiteurs par saisie, vente de meubles et expropriation forcée, ne confère pas à la femme le droit de donner à un huissier pouvoir de saisir les biens immeubles d'un débiteur qui ne doit pas au mari personnellement, mais à une société dont le mari fait partie, et dont il est le gérant, tant que la liquidation et le partage entre les associés n'ont pas été opérés.

Il en serait autrement s'il avait donné le mandat en qualité de gérant ou de liquidateur de la société.

Porchier la Thibaudière contre Bellamy.

Cette affaire présentait, outre la question sur laquelle a statué la Cour, une autre question fort grave qui n'a pas été résolue : c'est celle de savoir si une saisie immobilière peut être poursuivie en vertu d'un acte de crédit ouvert revêtu de la formule exécutoire, lorsque la position respective du créditeur et du débiteur n'a pas été réglée. Le jugement du tribunal de Bourbon-Vendée avait résolu affirmativement cette question. Me *Bourbeau*, pour l'appelant, soutenait que l'acte de crédit ouvert ne constatait pas une créance certaine dans le sens de l'art. 551 du Code de procédure, et que le porteur de ce titre n'a que le droit d'*action*, et non le droit d'*exécution*. Sur ce premier point comme sur la question résolue par l'arrêt, M. l'avocat général a conclu à la réformation.

Mais la Cour ayant jugé en faveur de l'appelant la seconde question que présentait la cause, il est devenu inutile de résoudre la première. Les faits sur lesquels reposait la difficulté étant suffisamment indiqués dans l'arrêt de la Cour, un exposé plus détaillé serait superflu.

ARRÊT.

Attendu que l'huissier qui a procédé à la saisie immobilière dont il s'agit au procès a agi en vertu d'un pouvoir spécial que lui avait donné Gasparine-Louise de Toustain-Beaumanoir, en sa qualité de mandataire de Jean-Baptiste Bellamy, son mari; d'où il suit que la validité de ce pouvoir est subordonnée à l'objet et à l'étendue du mandat conféré à ladite dame Bellamy, qui doit justifier elle-même d'un pouvoir suffisant pour poursuivre par voie de saisie immobilière le payement des obligations contractées par Porchier la Thibaudière envers la société de commerce B. Bellamy et compagnie, dont son mari était le gérant, et dont il a été établi liquidateur par acte du 18 novembre 1845, qui la déclare dissoute;

Attendu que si, par sa procuration du 2 octobre de la même année, Baptiste Bellamy a constitué sa femme son mandataire général et spécial, avec pouvoir de régir, gérer, gouverner et administrer activement et passivement tous leurs biens, droits et affaires présents et à venir, communs ou particuliers, et de poursuivre tous débiteurs par saisie, vente de meubles et expropriation forcée; cette procuration, quelque étendue et quelque générale qu'elle soit relativement aux intérêts communs ou particuliers des époux, ne peut, sans lui donner une portée ou une extension qui ne résulte pas de ses termes, comprendre les intérêts spéciaux de la société collective de commerce Bellamy frères et compagnie, et conférer au mandataire le pouvoir d'agir contre les débiteurs de cette société, et de les poursuivre par voie de saisie immobilière, avant que, par le résultat de la liquidation et du partage entre les associés, ils soient devenus les débiteurs de son mari;

Attendu que, s'il est vrai que Jean-Baptiste Bellamy, devenu liquidateur de la société de commerce dont il avait été le gérant, aurait pu donner à sa femme ce mandat de procéder à cette liquidation, et d'en poursuivre les débiteurs par toutes voies de droit, il est certain qu'il ne l'a pas fait, puisque la procuration qu'il lui a donnée a pour date le 2 octobre 1845; que c'est seulement quarante-sept jours après, le 18 novembre suivant, que la société a été dissoute, et qu'il en a été nommé liquidateur, sans qu'il apparaisse d'un nouveau mandat conféré à sa femme pour le représenter en cette qualité;

Attendu que la solution donnée à cette question dispense d'entrer dans l'examen des autres moyens de nullité proposés par l'appelant;

Attendu que, d'après les circonstances de la cause, les dommages-intérêts réclamés par la partie de Me *Bourbeau* doivent se borner à la condamnation de celle de Me *Fey* aux dépens des causes principale et d'appel;

La Cour déclare nuls et de nul effet le commandement du 22 janvier dernier, le procès-verbal de saisie immobilière du 1er avril aussi dernier et jours suivants, ainsi que tous les actes qui en ont été la suite.

Du 16 juillet 1846. — Cour royale de Poitiers, 2e ch. civ. — MM. Vincent-Molinière, président. — Delange, substitut du procureur général, concl. conf. — Bourbeau et Fey, avocats. — Devars et Rouillé, avoués.

JUGE D'INSTRUCTION. — COMPÉTENCE. — COMMIS-GREFFIER.

Un juge d'instruction saisi d'une dénonciation ou d'une plainte par un réquisitoire du ministère public, à l'effet d'informer, ne peut, de sa seule autorité, se déclarer incompétent, sans faire rapport à la chambre du conseil; ce droit ne lui appartient que dans le cas de l'art. 69 *C. inst. crim.* (1).

Il ne le peut surtout quand, après une instruction préalable à laquelle il a procédé, et sur un réquisitoire du ministère public tendant à un non-lieu, en l'absence d'indices contre l'auteur demeuré inconnu, le tribunal, sur son rapport, a trouvé dans la procédure des charges contre un individu, et ordonné que celui-ci fût interrogé.

Le législateur, en parlant, dans les art. 479 *et* 483 *du Code*

(1) Conf. Duvergier, *Manuel des juges d'instruction*, t. 1er, no 120.

d'instruction criminelle, des membres des tribunaux correctionnels ou de première instance, n'a voulu désigner que les juges pour le cas spécial prévu par ces articles. — En conséquence, les commis-greffiers de ces tribunaux n'ont pas droit aux garanties que les art. 479 et 483 accordent aux magistrats, pour les délits ou les crimes qu'ils commettent, soit hors de l'exercice, soit dans l'exercice de leurs fonctions (1).

Le ministère public contre B...

Une somme d'argent, renfermée dans une valise, avait été déposée au greffe du tribunal civil de l'arrondissement de Poitiers, pour servir de pièce à conviction dans un procès criminel. Une portion de cette somme avait été volée à l'aide d'effraction. Le ministère public requit une information sans désigner l'auteur de cette soustraction, qui était inconnu. Après avoir entendu plusieurs témoins, le juge d'instruction communiqua la procédure au procureur du roi, qui requit une ordonnance de non-lieu, à défaut d'indices contre le coupable. La chambre du conseil ne partagea pas cette opinion ; elle crut reconnaître des charges contre B..., son commis-greffier ; elle ordonna, en conséquence, qu'il fût interrogé Le juge d'instruction, sur le rapport duquel cette ordonnance avait été rendue, se déclara incompétent, par le motif qu'un commis-greffier, étant membre du tribunal de première instance auquel il est attaché, doit jouir de la garantie accordée aux membres de ces tribunaux par les art. 479, 483 et 484 C. inst. crim., pour les délits ou les

(1) Conf. Legraverend, chap. XV, sect. 2. — La question devrait être résolue dans le même sens, lors même qu'il s'agirait d'*un greffier*. L'arrêt de la Cour royale de Poitiers le préjuge ainsi, et celle d'Orléans vient de le décider par un arrêt du 3 ou du 4 septembre 1846, rapporté par la *Gazette des Tribunaux* le 8 du même mois. Cependant voir, en sens contraire, Lagraverend, *loc. cit.*; Carnot, art. 479 C. inst. crim.; Bourguignon, *Jurisp.*, t. 2, p. 412. La Cour de cassation avait jugé, le 26 décembre 1806 (J. P., à sa date), que les greffiers n'ont pas droit à la garantie accordée aux agents du gouvernement par l'art. 75 de la constitution de l'an VIII.—On doit, au reste, faire observer que dans le projet primitif du Code d'instruction criminelle l'art. 483 ne faisait pas mention des officiers de police judiciaire, de sorte que le titre du chapitre était parfaitement d'accord avec les dispositions qu'il contenait.

crimes dont ils se sont rendus coupables, soit en dehors, soit dans l'exercice de leurs fonctions. Le ministère public forma opposition à cette ordonnance; et l'affaire ayant été portée devant la chambre des mises en accusation, M. Salneuve, substitut du procureur général, discuta dans son réquisitoire les trois questions suivantes :

1° Le juge d'instruction n'a-t-il pas excédé ses pouvoirs en se déclarant incompétent ?

2° La garantie accordée par les art. 479 et 483 Cod. inst. crim. s'étend-elle aux greffiers des tribunaux correctionnels ou civils de première instance ?

3° En cas de l'affirmative, s'étend-elle jusqu'aux commis-greffiers ?

1re *Question*. — D'après l'art. 127 C. inst. crim., le juge d'instruction doit faire à la chambre du conseil le rapport de toutes les affaires dont l'instruction lui a été dévolue, c'est-à-dire de toutes les affaires pour lesquelles le ministère public, aux termes des art. 47, 54, 60, 61 et 70, l'a requis d'informer. Il suit de là que tout réquisitoire du ministère public tendant à information, saisit de la connaissance de l'affaire, non-seulement le juge d'instruction, mais encore la chambre du conseil, pour agir chacun dans le cercle de ses attributions. — Au juge d'instruction le droit de décerner les mandats, de rassembler les preuves, de recueillir tous les renseignements nécessaires pour constater et faire apprécier les faits; à la chambre du conseil, aux termes des art. 127, 128, 129, 130 et 133, le droit de décider si le fait incriminé est punissable, et à quelle juridiction il doit être déféré.

Le juge d'instruction, une fois saisi par les réquisitions du ministère public, ne peut donc, de son chef, déclarer qu'il n'y a lieu d'informer, ni que le fait incriminé ne constitue ni crime, ni délit, ni contravention, parce qu'alors il porterait atteinte au pouvoir de la chambre du conseil. Aussi a-t-il toujours été jugé que, lorsque le juge d'instruction est saisi par un réquisitoire du procureur du roi, il ne peut décider seul que les poursuites ne seront pas continuées, et que ce droit n'appartient qu'à la chambre du conseil. (Cass., 29 germinal an XIII; 10

avril 1829; Paris, 11 mai et 15 juin 1838 ; Jurispr. crim., t. 10, pag. 289 ; Metz, 14 mai 1833 ; Paris, 26 juin 1840 ; *Ib.*, 1840, t. 2, p. 175.)

La doctrine est, sur ce point, conforme à la jurisprudence.

Comment, dès lors, admettre que le juge d'instruction puisse, de sa propre autorité, se déclarer incompétent? Ne prononcerait-il pas, en même temps, l'incompétence de la chambre du conseil? Où donc peut-il puiser ce droit? Il faut cependant un texte de loi qui le lui confère ; car ce droit ne tend à rien moins qu'à limiter la règle générale, d'après laquelle tout réquisitoire qui saisit le juge d'instruction saisit en même temps la chambre du conseil. Une seule disposition législative lui donne le pouvoir de se déclarer incompétent, *proprio motu*, c'est l'article 69 C. inst. crim., et cet article ne dispose que pour le cas où il aurait reçu directement une plainte, et où il ne serait ni le juge d'instruction du lieu du crime ou du délit, ni celui de la résidence du prévenu, ni celui du lieu où le prévenu aurait été trouvé. Mais, dans ce cas-là même, c'est aussitôt après avoir reçu la plainte, et avant de l'avoir communiquée au procureur du roi, par conséquent avant que ce magistrat lui ait adressé aucune réquisition, qu'il doit se déclarer incompétent.

Un seul auteur, M. Carnot (t. 1er, p. 494), semble penser que, dans le cas *d'incompétence*, le juge d'instruction n'est pas tenu de faire son rapport à la chambre du conseil, et qu'il doit renvoyer d'office devant le juge d'instruction compétent ; et il s'appuie sur l'art. 69 précité ; mais cet article prévoit un cas tout spécial, et ses termes ne permettent pas qu'il soit étendu à un autre.

M. Duverger (*Manuel du juge d'instruction*, nos 120, 121 et 508) repousse cette doctrine, qui a été rejetée par un arrêt de la Cour de Grenoble du 22 décembre 1832. Cette dernière a, en effet, décidé que le juge d'instruction, saisi par un réquisitoire du procureur du roi, ne peut, en aucun cas, et de sa propre autorité, se dessaisir, soit en prononçant sur le mérite de la plainte, soit en statuant sur la qualification du fait, ou sur sa propre compétence, sans faire auparavant rapport à la chambre du conseil.

Le juge d'instruction pouvait d'autant moins, dans l'espèce, se déclarer incompétent, que la chambre du conseil avait été doublement saisie de la connaissance de l'affaire, et par les réquisitions du ministère public, et par le rapport qu'il lui avait fait lui-même le 8 avril, rapport à la suite duquel le tribunal avait ordonné un plus ample informé contre le commis-greffier spécialement. Il ne pouvait donc, de sa propre autorité, se déclarer incompétent; car il réformait ainsi l'ordonnance de la chambre du conseil, qui avait résolu implicitement la question de compétence, et à laquelle il avait lui-même concouru.

2e *Question.* — Le juge d'instruction a fondé son incompétence sur les art. 478 et 483, qui créent un mode spécial de poursuites pour les délits commis hors des fonctions ou dans les fontions, par les membres du tribunal correctionnel ou de première instance. Il a considéré que les commis-greffiers étaient membres de ces tribunaux, et qu'à ce titre, la Cour de cassation avait décidé qu'ils pouvaient être exemptés du service de la garde nationale; d'où il a tiré la conséquence qu'ils avaient droit, au même titre, à la garantie établie par les articles précités.

Que les commis-greffiers et les greffiers jouissent de cette exemption, et que, pour les en faire bénéficier, ils soient compris dans les expressions *membres* du tribunal, employées dans la loi du 22 mars 1831, on le conçoit; car ce n'est pas tant comme magistrats que les juges eux-mêmes ont obtenu la faculté de se dispenser du service de la garde nationale, que comme citoyens chargés d'un service public, qui pourrait quelquefois être désorganisé, si les membres des tribunaux étaient soumis à remplir toutes les obligations imposées par la loi du 22 mars. Mais est-ce avec extension que l'on doit entendre la même expression *membres* des tribunaux, dont le législateur s'est servi dans les art. 479 et 483 C. instr. crim.? Dans ces dernières dispositions, n'est-ce pas plutôt aux magistrats seuls, aux juges et président du tribunal, que cette expression s'applique?

Si d'abord on se reporte à l'intitulé du chapitre dans lequel se trouvent les art. 479 et 483, on y lit : *Des crimes commis par* DES JUGES *hors de leurs fonctions et dans l'exercice de leurs fonctions.* On est donc aussitôt frappé de cette idée que les dispositions qui vont suivre ne doivent s'appliquer qu'à des magistrats; et on doit faire remarquer ici que, dans le projet du Code d'instruction criminelle, les officiers de police judiciaire n'étaient pas compris dans ce chapitre ; il y avait pour eux des dispositions distinctes et séparées.

Si l'expression *membres* d'un tribunal comprend tous ceux qui sont attachés à ce tribunal, alors à quoi bon avoir spécialement parlé, dans ces articles, des officiers chargés du ministère public ? Cette expression n'est donc pas aussi générale qu'on le prétend.

On trouve, dans l'article 485, une disposition analogue à celle des articles 479 et 480 pour les magistrats de Cour royale inculpés d'un crime ; et ici encore, le législateur s'est servi de la même expression *membres* des Cours royales ; mais le 2e alinéa de l'article 483 qui suit, explique sa pensée. « Le crime, » porte cet alinéa, pourra aussi être dénoncé directement à la » Cour de cassation par les personnes qui se prétendront lésées, » mais seulement lorsqu'elles demanderont à prendre le tri- » bunal ou le *juge* à partie. » Or, qui le législateur désigne-t-il en parlant du *juge ?* Le *membre* de la Cour royale. Il est vrai qu'il n'est pas mention, dans l'article 480, des officiers du ministère public près les Cours royales, à qui, cependant, il est applicable ; mais il y en a une explication toute naturelle : l'article 353 du projet du Code d'inst. crim., qui correspond à l'article 485, ne parlait pas des procureurs généraux, ni de leurs substituts, et quand on a étendu à ces derniers les dispositions de cet article, on n'a pas rectifié l'article suivant. (*V.* Locré, t. 24, p. 380.) C'est par le même motif que le législateur ne parle encore que du *juge* dans les art. 494 et 501 ; et si le premier de ces deux derniers articles renvoie à l'article 479, dans le projet, il renvoyait à l'article 485. Le projet ne contenait pas de disposition analogue à celle de l'article 479. — Ainsi donc, dans la pensée du législateur, l'expression *membres* des Cours royales ne comprenait pas même les officiers chargés du ministère public, et ne s'appliquait qu'aux *juges* seuls. Comment, dans les articles 479 et 483, cette même expression aurait-elle eu une autre valeur ?

On est ensuite frappé d'une anomalie choquante qui existerait dans ces articles, si les greffiers des tribunaux civils et correctionnels avaient droit à la garantie qu'ils établissent : c'est que les greffiers des juges de paix, de police ou de commerce, n'auraient pas droit à la même faveur. Les termes dans lesquels sont conçus ces articles les en excluent formellement ; on ne voit pas, cependant, le motif qui aurait fait établir cette différence entre des hommes qui remplissent des fonctions identiques.

En lisant attentivement les discussions qui ont eu lieu au conseil d'État et les motifs apportés par l'orateur du gouvernement et le rapporteur de la commission législative, on voit qu'il y est question des officiers de police judiciaire, des magistrats de sûreté, des officiers du ministère public ; qu'on y parle sans cesse des juges et des magistrats, et jamais des greffiers. (*V.* Locré, t. 24, p. 248 à 252, 384 et suiv., et t. 26, p. 151, 161, 162, 163, 174 et 175.)

Pourquoi donc ce silence à leur égard, eux pour qui on eût créé une garantie toute nouvelle, une garantie qu'ils n'avaient jamais eue jusque-là, tandis que les *juges* en avaient une dans l'article 74 de la constitution de l'an VIII et les articles 81 et suiv. de la loi du 27 ventôse de la même année ; les membres du ministère public, dans l'art. 75 de la même constitution (arrêt de cassation du 30 frimaire an XII), article qui étendait sa protection sur tous les officiers de police judiciaire, sauf les gardes champêtres qui sont des agents des communes et non du gouvernement ? La Cour de cassation avait, au contraire, décidé que les greffiers ne pouvaient invoquer en leur faveur, ni l'article 75 précité, ni la loi du 27 ventôse (cassation, 26 décembre 1807). Ce silence, lors de la rédaction du Code d'instruction criminelle, paraît donc très-expressif.

Par quel motif, d'ailleurs, leur accorder la même garantie qu'aux officiers de police judiciaire et aux magistrats ? Instruments passifs des magistrats et du tribunal auxquels ils sont attachés, ont-ils, comme ces derniers, des actes de rigueur à exercer contre les parties ? Ont-ils à froisser leurs prétentions ? Sont-ils exposés à leurs récriminations, à leur haine ? Ont-ils à craindre le mécontentement des plaideurs, ou les petites passions, la rivalité, la jalousie qui existent souvent, disait-on au Conseil d'Etat, soit entre un magistrat de sûreté et un juge d'instruction, soit entre l'un de ces officiers et un juge de paix ou de première instance, et qui les porteraient à se poursuivre légèrement les uns les autres, au grand scandale de la justice? (Locré, t. 24, p. 384.)

Ainsi donc, les expressions *membres des tribunaux et des Cours*, employées dans les articles 479, 483 et 485 du Code d'inst. crim., ne s'appliquent qu'aux magistrats et non aux greffiers; et dussent-elles s'appliquer à ces derniers, il s'agirait encore de savoir si elles comprennent jusqu'aux commis-greffiers.

3e *Question.* — Legraverend et Carnot, qui font jouir les greffiers en chef de la garantie établie par les articles 479 et 483, la refusent formellement aux commis-greffiers, qu'ils soutiennent n'être pas *membres* des tribunaux ni des Cours. Comment, en effet, leur accorder cette qualité, à eux qui ne sont que les délégués des greffiers?

Quels sont les éléments qui entrent dans la composition d'un tribunal? « Il y aura, porte l'article 13 de la loi du 27 ventôse » an VIII, près de chaque tribunal de première instance, un » commissaire du gouvernement et un greffier. — Il y aura un » substitut du commissaire dans les villes mentionnées à l'ar- » ticle 10, et deux substituts dans celles mentionnées à l'ar- » ticle 11. »

Et, d'après l'article 92, les greffiers de tous les tribunaux sont nommés par le roi, qui peut les révoquer à volonté. Les commis-greffiers, au contraire, sont nommés par les greffiers, qui sont tenus de les faire agréer par le tribunal, et qui peuvent les révoquer, selon leur bon plaisir. (L. 27 ventôse an VIII, art. 68.)

Les commis-greffiers étaient autrefois payés par le greffier en chef. (Même loi, art. 92.) Ils n'ont aucune fonction propre; ils n'agissent que comme mandataires et par délégation. (Décret du 18 août 1810, art. 25.)

Si la place de greffier en chef vient à vaquer, elle n'est pas remplie de droit par le plus ancien commis-greffier; le tribunal, ainsi qu'on l'a toujours pratiqué, peut alors commettre un des commis-greffiers, jusqu'à ce que le roi ait pourvu à l'emploi vacant.

Enfin, les commis-greffiers ne sont tenus de résider dans la ville où est établie la Cour ou le tribunal qu'autant qu'ils sont de service aux audiences.

Comment donc considérer comme partie intégrante d'une Cour ou d'un tribunal, comme étant un de leurs *membres*, des agents du greffier sur lesquels il a plein pouvoir, et qui n'entrent point nécessairement dans la composition du tribunal ou de la Cour ?

ARRÊT.

Attendu que le juge d'instruction ne peut se dispenser d'instruire sur les plaintes qui lui sont portées que dans les cas déterminés par l'article 69 du Code d'instruction criminelle ; qu'aucun des cas indiqués dans ledit article ne se rencontre dans l'espèce ;

Attendu que les art. 127, 128, 129, 130, 133 du même Code, attribuent seulement au tribunal de première instance dont le juge d'instruction fait partie le droit de statuer sur la compétence relative à l'instruction faite par ledit juge au nom du tribunal ;

Attendu que le tribunal de première instance de l'arrondissement de Poitiers, sur le rapport qui lui a été fait par le juge d'instruction de l'affaire poursuivie contre le sieur B....., a ordonné, le 8 avril dernier, l'interrogatoire de l'inculpé par le juge d'instruction ; que, par cette ordonnance, il a consacré la compétence de ce juge, qui, jusque-là, n'avait pas été mise en doute; que cette ordonnance n'a point été attaquée dans les formes et délais légaux, et qu'elle est aujourd'hui inattaquable ;

Attendu que le juge d'instruction a reconnu lui-même sa compétence relative à ladite instruction en y procédant, et en rendant compte au tribunal à la chambre du conseil, et en concourant à l'ordonnance du 8 avril ci-dessus rapportée ;

Attendu, d'après ce qui précède, que l'ordonnance du 12 avril dernier, par laquelle le juge d'instruction s'est déclaré incompétent pour procéder à l'interrogatoire prescrit par l'ordonnance du tribunal en date du 8 du même mois, est illégale;

Que l'opposition formée par le procureur du roi, le 13 avril, à l'ordonnance du juge d'instruction de la veille, est régulière en la forme et fondée en droit ;

Attendu que les art. 479 et 483 du Code d'instruction criminelle, sur lesquels le juge d'instruction a basé sa déclaration d'incompétence, se trouvent dans le chap. 3, tit. 4, liv. 2 dudit Code ; que le tit. 4 est relatif à quelques procédures particulières, et que le chap. 3 est intitulé : Des crimes commis par des *juges* hors de leurs fonctions et dans l'exercice de leurs fonctions ;

Que ces articles, en déterminant les poursuites à exercer contre les membres des tribunaux correctionnels ou de première instance prévenus d'avoir commis des délits ou des crimes hors de leurs fonctions et dans l'exercice de leurs fonctions, n'ont employé l'expression *membres* que comme synonyme de celle de *juges* établie dans le titre du chapitre auquel ces articles appartiennent, et pour ne pas la répéter ;

Attendu qu'il résulte de la discussion du Code d'instruction criminelle, que l'intention du législateur a été de donner aux juges et magistrats, par les dispositions dudit chap. 3, des garanties contre les haines et récriminations auxquelles les fonctions qu'ils ont à remplir, et les actes de rigueur que la loi met à leur disposition, pourraient les exposer ;

Attendu que les commis-greffiers sont des officiers ministériels, des instruments passifs des tribunaux auxquels ils sont attachés; qu'ils ne se trouvent point, dans leurs fonctions, exposés comme les juges à se faire des ennemis; que les commis-greffiers sont nommés par le greffier en chef, admis au serment sur sa présentation, révocables à sa volonté et par l'ordre des tribunaux près desquels ils exercent ; que, sous aucun rapport, ils ne peuvent être rangés parmi les membres desdits tribunaux, et ne peuvent demander l'application, à leur égard, des dispositions dudit chapitre 3 ;

Attendu que l'opposition du procureur du roi à l'ordonnance du 12 avril se trouve encore justifiée par ces derniers motifs;

Attendu que l'acte d'instruction prescrit par l'ordonnance du tribunal de Poitiers du 8 avril est utile ;

Attendu que l'art. 235 du Code d'instruction criminelle donne aux Cours royales la faculté d'évoquer les affaires, sans leur en imposer l'obligation ;

La Cour déclare régulière en la forme et bien fondée l'opposition du procureur du roi, etc. ; annule ladite ordonnance, etc.

Du 28 avril 1842. — Cour royale de Poitiers, ch. d'accus. —

MM. Barbault de la Motte père, président. —Salneuve, substitut du procureur général, réq. conf.

DEGRÉS DE JURIDICTION. — CONCLUSIONS ALTERNATIVES. — OPTION LAISSÉE AU DÉFENDEUR.

Est en premier ressort le jugement qui statue sur une demande indéterminée, quoique le demandeur, par ses conclusions, laisse au défendeur l'option de se libérer en payant une somme inférieure au taux du dernier ressort (1).

Pasquier contre Duchesne.

Le sieur Duchesne, adjudicataire d'une coupe de bois, avait cédé son adjudication à Pasquier, à la condition d'exécuter différentes ventes de bois consenties à divers particuliers. Une difficulté s'éleva entre Duchesne et un nommé Brégeon, sur l'exécution d'une vente de bois que lui aurait consentie Duchesne. Brégeon fit assigner Duchesne devant le tribunal de commerce de Châtellerault pour le faire condamner à lui livrer 300 stères de bois, *sinon, et faute de ce faire, au payement d'une somme de* 500 *fr. de dommages et intérêts*. Duchesne, prétendant que cette vente était du nombre de celles qu'il avait obligé Pasquier à exécuter, appela celui-ci à sa garantie. Le 9 août 1845, jugement qui condamne Duchesne à livrer à Brégeon les 300 stères de bois, sinon à payer la somme de 120 fr. à titre d'indemnité; et faisant droit de la demande en garantie, condamne Pasquier à garantir Duchesne des condamnations prononcées contre lui.

Appel de Pasquier.

Pour Duchesne, l'intimé, Me *Fey* a opposé une fin de non-recevoir d'appel. Il a soutenu qu'au moyen de l'option laissée

(1) Cette solution, conforme à l'opinion de Benech, des Tribunaux de première instance, p. 126, et à un arrêt de Colmar du 28 juillet 1832 (Sirey, 32-2-515), est contraire à un arrêt de la Cour de Limoges du 16 janvier 1839, Dalloz, 40-2-17, et à l'opinion de Dalloz, d'Henrion de Pansey, de Carré, et de Boncenne (Théorie de la proc. civ., tome 1, p. 336 de la 2e édit.).

au défendeur originaire, l'intérêt du litige se trouvait réduit à 500 fr.; que le garant appelé dans la cause pour eximer le défendeur originaire des conséquences de l'action dirigée contre lui, pouvait faire cesser cette action en payant une somme de 500 fr.; que dès lors l'appel était non recevable.

Me *Pontois*, pour l'appelant, a développé le système consacré par l'arrêt de la Cour.

M. l'avocat général *Lavaur* a conclu dans le même sens.

ARRÊT.

En ce qui touche la fin de non-recevoir :

Attendu que la demande de Duchesne, partie de Me *Fey*, contre Pasquier, partie de Me *Pontois*, telle qu'elle a été soumise aux juges d'où vient l'appel, avait pour objet de le faire condamner à exécuter un traité par lequel il se serait engagé à livrer, en son lieu et place, au nommé Brégeon, la quantité de trois cents stères de gros bois, à raison de vingt-six francs cinquante centimes les trois stères, sinon, et faute de ce faire dans les trois jours du jugement à intervenir, à lui payer la somme de 500 fr. de dommages-intérêts ;

Attendu que, la demande étant d'une valeur supérieure au taux du dernier ressort, la restriction que Duchesne y a apportée, en concluant à 500 fr. de dommages-intérêts, en cas d'inexécution de la condamnation à intervenir, n'aurait pu donner lieu à un jugement en dernier ressort qu'autant que Pasquier y aurait consenti, et que, loin de se prêter à ce consentement, il s'est borné à dénier l'existence de l'engagement allégué ;

Au fond, adoptant les motifs des premiers juges,

La Cour rejette la fin de non-recevoir proposée par la partie de Me *Fey* contre celle de Me *Pontois;* statuant au fond, etc.

Du 21 juillet 1846. — Cour royale de Poitiers, 2e ch. civ. — MM. Vincent-Molinière, président. — Lavaur, avocat général. — Pontois et Fey, avocats. — Jolly et Martineau, avoués.

1° ARRÊT DE PARTAGE. — ROULEMENT. — 2° MONNAIE. — BON DU CHANGE. — MANDAT. — FAUTE.

Lorsqu'après un arrêt de partage, la cause a été renvoyée après vacations pour être plaidée de nouveau, si la chambre devant qui l'affaire a été portée se trouve, par suite du roulement, composée autrement qu'elle ne l'était lors des premières plaidoiries, c'est devant l'ancienne chambre, telle qu'elle était formée lors de l'arrêt de partage, avec l'adjonction de trois ou de cinq conseillers pris dans l'ordre du tableau, que l'affaire doit être débattue à nouveau, et non devant la chambre nouvelle, telle qu'elle se trouve formée d'après le roulement. (*Déc. du* 6 *juillet* 1810, *art.* 16)(1).

La responsabilité qui pèse sur le mandataire dont le mandat est gratuit, *et qui a stipulé, dans l'acte du mandat, qu'il ne serait garant que de la faute* lourde, *peut s'étendre à d'autres faits que ceux personnels au mandataire, et, par exemple, au fait d'un tiers, alors même qu'il serait établi qu'il n'y a eu dol ni mauvaise foi dans l'exécution du mandat.* (*C. civ., art.* 1992.)

Titon contre Caccia.

La deuxième proposition porte plus, à vrai dire, sur une question de fait que sur une question de droit, et l'arrêt que nous recueillons ne saurait, dès lors, avoir une grande autorité de doctrine. Toutefois l'importance de l'affaire, les détails curieux et peu connus qu'on y trouve sur les règles qui président à la fabrication de la monnaie, les utiles enseignements qu'elle contient sur les abus ou malversations dont peuvent être victimes, malgré toutes les précautions prises par le gouvernement, ceux qui versent des matières à la monnaie pour en retirer la valeur correspondante en espèces fabriquées, nous ont engagés à reproduire les faits les plus intéressants de ce grave procès.

La direction de la monnaie de la Rochelle, avant sa suppression, était confiée au sieur Morel. — On sait que la fabrication des espèces monnayées est aujourd'hui une entreprise toute privée, dans laquelle le gouvernement n'intervient plus que pour cette haute surveillance dont il ne lui serait pas pos-

(1) Conf. Caen, 16 janvier 1843; D. 43-2-165.

sible de se départir dans une matière qui tient si essentiellement à la fortune publique.

M. Morel, esprit aventureux et entreprenant, avait voulu, en 1827, monter à Londres un atelier pour l'affinage des métaux, et il s'était associé un sieur Caccia, banquier à Paris, pour en faire les fonds.

L'entreprise n'avait point réussi; et en 1828, M. Morel, ruiné, s'était vu obligé de se mettre à la discrétion de son associé, et de lui proposer de prendre à son compte l'établissement monétaire de la Rochelle, dont lui Morel ne serait plus directeur que de nom. L'offre avait été acceptée, au moins en partie, et un délégué de M. Caccia avait été placé près de la monnaie de la Rochelle pour en surveiller les opérations.

Le directeur avait continué cependant de faire des affaires pour son compte personnel. En 1831, le mauvais succès de ses spéculations l'obligea à réunir ses créanciers pour leur demander un atermoiement.

Au nombre de ces créanciers étaient M. Titon, receveur général à la Rochelle, pour une somme de 46,000 fr. résultant de compte courant, et M. Caccia, pour une créance totale de 303,000 fr., dont 116,000 fr. garantis par des bons du change, dont nous expliquerons, dans un instant, le but et la portée. L'atermoiement fut consenti par acte du 22 janvier. Le directeur se promettait alors de grands bénéfices de la refonte des monnaies duodécimales, et cette considération avait déterminé les créanciers. Pour augmenter les chances de bénéfice, il fallait donner une impulsion plus grande aux travaux de la monnaie; et, dans ce but, il fut stipulé, dans l'acte d'atermoiement, que M. Caccia tiendrait incessamment une somme de 200,000 fr. à la disposition de la monnaie pour alimenter la fabrication, et que cette somme lui serait garantie par des bons du change qui se renouvelleraient au fur et à mesure des fabrications; que M. Titon, comme receveur général, et dans la limite de ses devoirs, aiderait à la fabrication par tous les moyens en son pouvoir, soit par des mouvements de fonds propres à accélérer la refonte des vieux écus, soit par des versements faits sur ses fonds particuliers, et garantis par des bons du change ou autrement; que, de plus, M. Titon, se trouvant sur les lieux, surveillerait, mais *sans aucune responsabilité de sa part*, l'emploi des fonds versés à la monnaie, assurerait la régulière émission des bons du change et leur conservation au nom des parties versantes, aurait l'œil, en un mot, sur toutes les opérations du directeur.

C'est ici le lieu d'expliquer le mécanisme de la monnaie, et ce que l'on entend par *bon du change.*

A chaque hôtel des monnaies sont attachés un *directeur*, un *contrôleur au change*, un *commissaire du roi.* Il y avait autrefois un caissier, chargé, sous la responsabilité du gouvernement, de la garde des matières versées à la fabrication et des espèces monétaires en provenant; mais les fonctions de ce caissier, avec la responsabilité, ont passé au directeur, astreint, depuis lors, à un cautionnement.

Le directeur, bien que nommé par l'administration supérieure et révocable par elle, ne reçoit pas de traitement du trésor public; il fabrique pour son compte, et est chargé des approvisionnements nécessaires à sa fabrication.

Près de la monnaie est établi un bureau appelé le *bureau du change;* c'est à ce bureau que sont versées les matières d'or et d'argent destinées à la fabrication. Les versements sont faits par le directeur en son nom propre, ou par des tiers; car chacun a la faculté de porter à la monnaie des matières d'or et d'argent pour être converties en espèces, sous la seule condition de payer au directeur la prime de fabrication. Ces versements de matières sont inscrits sur un registre tenu par le contrôleur au change; et le directeur constate le versement par un récépissé qu'il détache d'un registre à souche et qu'il remet au porteur des matières, ou qu'il place dans son portefeuille, si c'est en son nom qu'a été fait le versement. C'est ce récépissé qui porte le nom de *bon du change.* Il est signé par le directeur, visé par le contrôleur, et inscrit sur un registre spécial émargé par le commissaire du roi, qui, de cette sorte, est appelé journellement à contrôler les versements qui ont lieu. Ce bon du change est stipulé payable à une échéanee très-courte, fixée à dix jours pour la Rochelle. Le terme expiré, le porteur se présente, et des espèces fabriquées lui sont délivrées en échange de ce bon qu'il acquitte, et qui rentre ainsi à la monnaie pour être envoyé à la comptabilité générale des finances à l'appui des comptes du directeur.

Mais, avant d'être délivrées au porteur du bon, les espèces fabriquées sont soumises au jugement de la commission des monnaies à Paris, qui en fait vérifier le titre et le poids sur des échantillons qui lui sont envoyés à cet effet. Jusqu'à la réception de ce jugement, la masse des espèces fabriquées reste enfermée dans une caisse à deux clefs. L'une de ces clefs est déposée aux mains du contrôleur au change, et l'autre à celles du directeur.

Mais il y a des déchets dans la fabrication; il y a aussi ce qu'on appelle des *fuites*, c'est-à-dire une certaine quantité de matières qui, par un accident ou par un autre, s'échappent du vase où elles sont tenues en fusion, et vont se mêler aux résidus de toute espèce auxquels on donne la dénomination de *cendres*. Il arrive, par conséquent, que les matières fabriquées ne sont pas toujours en quantité suffisante pour remplir le montant du bon; dans ce cas-là, le directeur est obligé de parfaire la somme de ses deniers personnels, et il reste maître des cendres et peut en disposer comme bon lui semble.

On voit donc qu'à l'aide de ce mécanisme fort simple, il y a toute garantie pour celui qui verse à la monnaie des matières d'or et d'argent; car il n'y peut entrer de matières sans qu'on délivre au porteur une reconnaissance authentique du versement, comme il n'en peut sortir d'espèces fabriquées sans la rentrée simultanée d'une reconnaissance ou *bon du change* d'une valeur équivalente.

Il a cependant été établi par tolérance que, lorsque le bon du change avait été délivré au directeur lui-même, comme porteur de matières, celui-ci pouvait, au fur et à mesure de la fabrication, se faire remettre des à-compte sur le bon à titre d'avances, mais sous la condition de faire établir ces à-compte sur le registre du change, et de déposer le bon dans la caisse à deux clefs, jusqu'à son entier remboursement (1).

Le terme auquel devait cesser l'acte d'atermoiement avait

(1) L. 22 vend. an IV; arrêté des cons. du 7 germ. an XI; ord. du 16 déc. 1827; déc. min. du 25 fév. 1835, et instructions imprimées de la commission.

été fixé au 1er juillet 1834. Il fut prorogé du consentement tacite de tous les signataires du traité de 1831. Mais, en 1835, les monnaies duodécimales étant épuisées, la fabrication languit, et l'embarras se manifesta de nouveau dans les affaires du directeur.

Au mois de septembre, M. Caccia envoya un mandataire sur les lieux pour s'enquérir de la véritable position de M. Morel.

Ce mandataire, M. Tramontini, arriva le 30 à la Rochelle; son premier soin fut de demander au sieur Chantal, le délégué de M. Caccia près de la monnaie, la représentation des bons du change qu'il devait avoir comme couverture des 200,000 fr. versés par M. Caccia dans la fabrication, aux termes du traité de 1831. Chantal n'avait pas de bons. Il n'y avait alors en émission que les bons 7, 8, 9 et 10, d'une importance de 191,001 fr. 61 c. Ces bons étaient dans les mains de M. Titon, pour garantie de créances personnelles. Ils en furent retirés par Morel le 1er octobre, pour les donner au mandataire de M. Caccia, et M. Titon reçut en échange quatre autres bons sous les nos 11, 12, 13 et 14, créés immédiatement par Morel, et montant ensemble à 196,318 fr. 89 c. Quatre nouveaux bons furent créés dans ce même mois d'octobre, sous les nos 15, 16, 17 et 18, pour une valeur de 114,805 fr. 16 c., et un dernier le 3 novembre, sous le no 19, pour une somme de 35,049 fr. 61 c. Les nos 15, 16 et 18 avaient été créés par Morel et remis à Titon pour le compte de Fontenilliat, receveur général à Nantes, comme garantie d'une valeur de 60,000 fr. envoyée par ce dernier, mais qui n'était pas entrée dans la monnaie.

Tous ces bons, il faut le faire remarquer, étaient au nom de Morel lui-même, comme s'il eût été le véritable propriétaire des matières dont ils étaient la représentation; cela se faisait ainsi pour que le crédit du directeur ne diminuât pas aux yeux de l'administration.

Il faut dire encore que, par une complaisance coupable du contrôleur au change, les bons émis postérieurement aux nos 7, 8, 9 et 10, l'avaient été sans versement de matières à la fabrication; que ces bons, par conséquent, n'avaient d'autre garantie que les valeurs présumées exister dans les *cendres*, valeurs purement hypothétiques, et sur lesquelles, par cette raison même, il est expressément défendu au directeur de créer des bons du change.

Le mandataire de M. Caccia, une fois mis en possession des bons 7, 8, 9 et 10, ne voulut pas les laisser aux mains de Chantal, coupable tout au moins de négligence. M. Titon, signataire du traité de 1831 ; M. Titon, d'une solvabilité tout à fait rassurante ; M. Titon, déjà dépositaire de bons, tant pour lui que pour son collègue de la Loire-Inférieure, s'offrit à la pensée de M. Tramontini. Le 20 octobre, en effet, dépôt de quatre bons fut fait en ses mains, avec faculté de les échanger, à la réquisition de Morel, contre d'autres bons de pareille forme et valeur, ou contre des espèces. Acte fut dressé de ce dépôt-mandat fait à titre gratuit, et que M. Titon déclara n'accepter que sous la garantie de la *faute lourde*.

Cependant, pressé par le besoin de faire face aux bons qu'il venait d'émettre, M. Morel, dès la fin d'octobre, s'occupait activement de la vente de ses *cendres*, dont la masse, accumulée depuis bien des années, était considérable. Le 3 novembre, il en vend pour 56,575 fr. 65 c. d'une part, et pour 13,000 fr. de l'autre. Le prix des premières est versé entre les mains de Titon, qui l'encaisse à son profit. Ces 56,575 fr. 65 c. ont servi à faire rentrer à la monnaie le bon n° 8 et partie du n° 9. (Les deux bons montaient ensemble à une somme de 81,193 fr. 16 c.) Le n° 7 était rentré auparavant.

Mais, le 12 décembre, la faillite de Morel éclate. Le 31 mai 1836, Caccia fait sommation à Titon d'avoir à lui remettre les bons du change 7, 8, 9 et 10, déposés en ses mains le 20 octobre, ou leur valeur correspondante en numéraire. Titon répond qu'il n'a plus les n°s 7, 8 et 9 ; qu'il les a échangés, aux termes du mandat, contre d'autres bons qu'il offre de remettre avec le n° 10, qui existe encore en ses mains.

Sur quoi, jugement du tribunal civil de la Rochelle du 5 juillet, qui,

Considérant que Titon a échangé la presque totalité du bon n° 7 contre un bon portant le n° 17, et le surplus dudit n° 7, ainsi que partie du n° 9, contre d'autres bons du change ; qu'il a aussi échangé le n° 8 et partie du n° 9 contre une somme de 56,575 fr. 65 c. en traites sur Paris, provenant d'une vente de cendres faite à Burkard; enfin que le n° 10 existe encore en nature dans les mains de Titon; que l'échange du n° 7 a été fait au su et de l'agrément de Tramontini, mandataire de Caccia; que l'échange du n° 8 et de partie du n° 9 contre les traites sur Paris a également été fait à la connaissance de Tramontini...; qu'au surplus, en faisant lesdits échanges, Titon n'a excédé en rien les limites de son mandat; que Titon offre à Caccia le bon n° 10 qui lui reste en nature, le bon n° 17 en échange du n° 7, et, dans les n°s 11, 12, 13, 14 et 19, qui, comme le n° 17, étaient la propriété personnelle de Titon, tels d'iceux que Caccia croira devoir choisir en remplacement du surplus des bons déposés à Titon par Tramontini; que rien ne justifie au procès que les bons offerts par Titon soient, pour la régularité des versements qu'ils représentent, inférieurs aux bons déposés; qu'ainsi Caccia n'a aucun motif plausible pour les refuser, en tant que l'échange en a été opéré contre le n° 7 et partie du n° 9;

Mais, quant à l'admission de ces bons en remplacement, jusqu'à concurrence de 56,575 fr. 65 c., du bon n° 8 et de partie du bon n° 9, attendu qu'il résulte positivement de la correspondance des parties que Titon a reçu de Morel la somme de 56,575 fr. 65 c. contre le bon n° 8 et à-compte sur le n° 9; que Titon n'a pas entendu s'appliquer une somme qui n'est que le contre-échange des bons appartenant à Caccia; qu'il résulte, au contraire, de la correspondance que Caccia entendait s'appliquer cette somme; que, dès lors, Titon doit compte à Caccia des 56,575 fr. 65 c. qu'il n'a reçus qu'à titre de mandataire de ce dernier...;

Condamne Caccia à accepter l'offre que lui a faite Titon du bon n° 10, du bon n° 17, et de tel bon qu'il plaira à Caccia de choisir dans les n°s 11, 12, 13, 14 et 19, jusqu'à concurrence de la somme nécessaire pour former le montant de la partie du bon n° 9 non échangée contre les traites sur Paris...; condamne Titon à payer à Caccia la somme de 56,575 fr. 65 c. qu'il a reçue en échange du bon n° 8 et de partie du bon n° 9, avec les intérêts du jour de la demande...

Appel de ce jugement par les deux parties.

L'affaire portée devant la première chambre de la Cour,

intervient, le 18 août 1837, arrêt qui déclare qu'il y a partage d'opinions, et renvoie la cause après vacations pour être plaidée de nouveau.

Mais alors une difficulté s'est présentée. La première chambre, à la rentrée, ne s'est plus trouvée, par suite du roulement, composée des mêmes magistrats que ceux qui avaient concouru à l'arrêt de partage.

La Cour, raisonnant par analogie de l'art. 16 du décret du 6 juillet 1810, qui permet au conseiller chargé d'un rapport de revenir à la chambre dont il est sorti pour y faire le rapport dont il avait été chargé, et s'étayant, d'ailleurs, d'un arrêt de la Cour de cassation du 19 juin 1838 (D. 38-1-285), a décidé que la chambre serait composée comme elle l'était lors des premières plaidoiries, et qu'elle s'adjoindrait trois autres conseillers pris parmi les plus anciens, pour vider le partage.

La cause a donc été débattue de nouveau. Me *Boncenne* plaidait pour M. Titon; Me *Pontois* pour M. Caccia. M. Titon et M. Tramontini ont également demandé à être entendus. Après eux, M. *Flandin*, avocat général, s'est ainsi exprimé, en substance :

M. l'avocat général examine, d'abord, si Caccia est fondé à refuser les bons qui lui sont offerts en échange du n° 7 et de la partie du n° 9 non acquittée par le prix des cendres.

C'est chose certaine, dit-il, que les bons 7, 8, 9 et 10 ont été créés sur des versements effectifs de matières. Ces bons ont été émis du 30 juin au 18 septembre 1835; or il est constaté par le registre du change qu'il est sorti de la monnaie, en espèces fabriquées, depuis le 30 juin jusqu'au 31 décembre 1835, 182,095 fr., somme correspondante, à peu de chose près, à celle de 191,001 fr. 61 c., montant des bons. — Ces bons étaient la garantie des 200,000 fr. versés par Caccia à la monnaie, suivant le traité de 1834 ; ce gage n'aurait jamais dû quitter les mains de Chantal, son mandataire, puisqu'il était dit, dans le traité, *que M. Caccia aurait sans cesse pour* 200.000 *fr. de bons du change d'espèces fabriquées ou à fabriquer, dont aucune partie ne pourrait être détournée, sous quelque prétexte que ce fût.* Tramontini s'en était donc à bon droit ressaisi le 1er octobre.

Au contraire, les bons 11 à 19, créés dans le cours d'octobre et de novembre, l'ont été sans versement de matières; à moins de supposer, comme le prétend Titon, d'après Morel, que celui-ci, pour marquer sa véritable position aux yeux de l'administration, avait obtenu de la complaisance du contrôleur au change de faire des versements de matières à la fabrication sans création immédiate de bons correspondants.

Tout le raisonnement de Caccia consiste donc à dire à Titon : Vous aviez à moi les bons 7, 8, 9 et 10; ces bons avaient un gage réel dans la monnaie, car ils avaient été créés sur des versements effectifs de matières; je vous avais autorisé, il est vrai, à les échanger contre d'autres bons de pareille valeur et régulièrement émis; mais ceux que vous m'offrez, s'ils sont réguliers dans la forme, n'ont qu'une valeur fictive, car ils ont été créés sans versement de matières; j'ai donc le droit de les refuser; et puisque vous ne pouvez me représenter une partie de mes bons en nature, il faut que vous m'en donniez la valeur correspondante en espèces.

Mais Titon, dit M. l'avocat général, peut répondre : Je n'ai point à m'occuper de la question de savoir si les bons que j'ai reçus en échange de ceux que vous m'aviez confiés, et que je vous offre, ont ou n'ont pas une valeur réelle. Dès qu'ils étaient revêtus des formes prescrites pour leur émission, j'ai dû les croire réels; c'était l'affaire du contrôleur au change, non la mienne, de s'assurer, avant d'en permettre l'émission, qu'il avait été versé au change des matières pour une valeur correspondante. S'il y a eu de sa part malversation ou négligence, je n'en puis être responsable. Je n'ai, d'ailleurs, accepté le mandat que vous m'avez donné que sous la garantie de la *faute lourde;* or la faute lourde est celle qui est voisine du dol : *lata culpa dolo æquiparatur.* Ce serait donc à vous à démontrer que j'ai colludé avec Morel, et que je savais que les bons 11 à 19 n'avaient aucune assiette à la monnaie. Moi, je n'ai qu'une chose à prouver, c'est l'échange.

A l'égard du n° 7, vous êtes convenu vous-même que Morel, dès le 20 octobre, vous avait demandé à l'échanger : quel bon pouvait-il offrir à la place? Ce n'étaient pas 11, 12, 13 et 14; ils étaient mon gage. Ce n'étaient pas non plus 15, 16 et 18; ils étaient la garantie de Fontenilliat. Ce n'était point 19 ; il n'a été créé que le 5 novembre, et le n° 7 est rentré à la fin d'octobre. C'était donc le n° 17.

Le même raisonnement s'applique au n° 19, échangé contre partie du n° 9. Faut-il prouver que je n'ai pas reçu d'espèces contre ces bons ? Où Morel les aurait-il prises, puisqu'il n'en est sorti de la monnaie, depuis le 1er octobre, que pour 28,700 fr. ?

Titon, ajoute M. l'avocat général, aurait pu dire encore à Caccia, et c'est là le point capital de la cause : Quel préjudice, en définitive, avez-vous souffert de l'échange ? Si les bons 7, 8, 9 et 10 fussent restés en vos mains, quelle eût été leur valeur au moment de la faillite ? Nulle, ou à peu près nulle, puisqu'il n'y a eu de *délivrance*, à partir d'octobre, que pour 28,700 fr. Me demandez-vous ce que sont devenues les espèces fabriquées avec les matières qui avaient servi à l'émission de ces bons ? Je vous renvoie à Morel, aux fonctionnaires de la monnaie chargés de le surveiller, et qui ont permis la sortie de ces espèces sans la rentrée de bons du change correspondants. Vous, monsieur Caccia, comme moi Titon, nous avons eu le tort de nous confier trop aveuglément à Morel. Et ne suis-je pas comme vous sa victime ? Ne suis-je pas son créancier, pour des versements d'espèces duodécimales faits depuis le traité de 1831, d'une somme de 196,000 fr. représentée par ces mêmes bons du change dont vous ne voulez pas, et que j'avais pourtant acceptés pour moi ? Suis-je plus coupable d'avoir cru ces bons réels, quand vous-même les avez crus tels au 20 octobre, puisque vous ne les aviez pas exclus de l'échange ?

A l'égard des 56,575 fr. 65 c. provenant de la vente des cendres *tournées* (1), M. l'avocat général ne pense pas, mais par d'autres motifs que ceux établis au jugement, que M. Titon puisse se les appliquer.

J'étais créancier de Morel, dit M. Titon, pour des versements de matières postérieurs au traité de 1831. Pour ces versements, j'avais reçu dans le principe, à titre de garantie,

(1) On appelle cendres *tournées* celles qui déjà ont été travaillées par les réactifs, et dont on a retiré partie de l'or ou de l'argent qu'elles contenaient.

les bons 7, 8, 9 et 10, dont j'ai consenti plus tard à me dessaisir pour les nos 11, 12, 13 et 14. Je pouvais, à tout moment, me faire payer, et M. Caccia ne le pouvait pas; ses 200,000 fr. devaient rester constamment dans la monnaie; il avait droit, non à des espèces, mais à des bons pour cette valeur. Morel vend en novembre, plus d'un mois avant la faillite, pour 56,575 fr. 65 c. de cendres. Il m'en délivre le prix et en passe écriture à mon compte. Je devais lui donner en contre-échange, afin de les faire rentrer à la monnaie, de mes bons 11, 12, 13 et 14 pour une valeur correspondante. Mais les règlements veulent que les bons, lorsqu'ils sont stipulés payables au directeur, rentrent par ordre de numéros : 7 est rentré en octobre; c'est le tour de 8 et 9. Ces derniers bons sont la garantie de Caccia. Mais j'ai la mission de les échanger, *à la requisition de Morel*, contre des bons de même forme et de même valeur. Je livre donc 8 et 9 avec la pensée que Caccia sera couvert d'autant dans les bons qui sont ma garantie personnelle. M. Caccia prétend que c'est là une *substitution*, non un *échange;* mais c'est jouer sur les mots : car de quelle autre manière m'y prendre pour opérer l'échange? Qu'importent les événements survenus plus tard? Créancier, j'ai touché de bonne foi, et ce qui a été consommé de bonne foi par le créancier n'est pas sujet à répétition. (C. C. 1238.)

Cette argumentation, dit M. l'avocat général, est spécieuse; mais elle se détruit par cette considération que Titon est l'un des signataires du traité de 1831 : or ce traité porte que *Caccia aura sans cesse pour 200,000 fr. de bons du change d'espèces fabriquées ou à fabriquer, dont aucune partie ne pourra être détournée, sous quelque prétexte que ce soit.* Avant que Titon, obligé à l'exécution de ce traité, puisse toucher, comme créancier, aucune somme provenant de la monnaie, il faut que le gage de Caccia soit intact. Où est maintenant ce gage? Dans des *cendres* dont on ignore la valeur, et qui devraient recéler près de 400,000 fr. pour satisfaire à tous les bons émis et non rentrés. Mais c'étaient des valeurs appréciables, des espèces qui étaient affectées à ce gage; *aucune partie n'en pouvait être détournée que le gage ne fût rempli :* le détournement (et le mot est pris ici sans mauvaise acception) est le fait de Titon. Or, s'il y avait rigueur, sur la première question, à le rendre, sans dol ni faute lourde de sa part, garant du fait d'un tiers, il ne peut y avoir ici que justice à le rendre garant de son fait propre.

M. l'avocat général arrive ensuite au bon n° 10.

Morel, dit Caccia, a déclaré avoir payé 32,000 fr. à-compte sur ce bon : qui a pu toucher les 32,000 fr. ? Titon seul, dépositaire du bon. En me restituant le bon, Titon doit donc me tenir compte de ces 32,000 fr.

Mais Titon répond : orel n'a pas dit que l'à-compte eût été payé sur le n° 10, mais sur les *bons restants*. On en a induit, il est vrai, à la monnaie, que les 32,000 fr. devaient être imputables sur le bon n° 10, parce que c'était le premier à rentrer dans l'ordre des numéros; mais il faut voir où sont allés ces 32,000 fr. Ils ont passé entre les mains de Fontenilliat; cela est évident, puisque Fontenilliat, créancier d'une somme de 60,000 fr., et porteur des bons du change 15, 16 et 18 pour garantie de cette somme, a reçu en novembre 30,000 fr. à valoir sur sa créance, ainsi qu'il résulte du compte présenté par lui à la faillite.

M. l'avocat général prouve par les faits, par les dates, par les livres du change, que ces 32,000 fr. ont été effectivement versés à Fontenilliat.

M. l'avocat général termine sa discussion en concluant à la confirmation du jugement.

Mais ces conclusions n'ont été admises qu'en partie par l'arrêt suivant :

ARRÊT (après partage).

La Cour, — attendu que, par le traité de 1831, dans lequel les sieurs Titon et Caccia étaient parties, celui-ci s'est obligé d'avoir toujours à la monnaie de la Rochelle, pour assurer la fabrication des espèces, une somme ou des valeurs s'élevant à 200,000 fr. ;

Attendu qu'il fut convenu, pour assurer le remboursement de cette somme, que le sieur Caccia aurait toujours entre les mains des bons du change d'une valeur égale, et que les bénéfices provenant des opérations de la monnaie seraient répartis entre les créanciers;

Attendu que les opérations du directeur de la monnaie ayant inspiré des craintes au sieur Caccia, celui-ci envoya à la Rochelle le sieur Tramontini, son mandataire, à l'effet de reconnaître l'état des choses; que Chantal, mandataire résidant du sieur Caccia, qui s'était dessaisi des quatre bons du change portant les nos 7, 8, 9 et 10, les seuls alors en émission, les fit rentrer et les remit au sieur Tramontini;

Qu'alors Morel, directeur de la monnaie, pour répondre à d'autres demandes qui lui étaient faites, créa, sous son nom et dans un temps très-court, des bons du change pour une somme énorme, lesquels bons n'étaient garantis par aucun versement correspondant;

Attendu que le sieur Tramontini, voulant quitter la Rochelle, transmit au sieur Titon le mandat que lui avait confié le sieur Caccia, et imposa à ce nouveau mandataire l'obligation de ne se dessaisir des bons du change qu'il lui remettait que dans trois cas: 1° à la demande du sieur Caccia; 2° pour les échanger contre d'autres bons régulièrement émis et d'égale valeur, à la réquisition de Morel; 3° contre des espèces; que le sieur Titon, en acceptant le mandat, déclara ne vouloir être responsable que de sa FAUTE LOURDE;

Attendu que le bon du change n° 7 ne peut avoir été échangé, selon les termes du mandat, contre le n° 17; qu'en effet, le sieur Titon, qui, par le traité de 1831, avait été chargé de surveiller la régulière émission des bons du change, qui était créancier d'une forte somme, et qui habitait sur les lieux, ne pouvait ignorer que les ressources de la monnaie étaient presque épuisées, ainsi que le crédit de Morel; qu'ainsi les bons nombreux nouvellement émis ne reposaient sur aucune garantie réelle, et que, s'ils avaient été créés, c'était, de la part de Morel, pour satisfaire aux nécessités de sa position et aux demandes des créanciers, et par la négligence des employés de l'Etat;

Que, si les premiers juges ont dit que cet échange avait été fait au su et au vu du sieur Tramontini, ils ont raisonné par voie d'induction, car ils n'annoncent pas que cette opinion soit le résultat de la comparution des parties; qu'en effet, devant la

Cour, les parties ont toujours été opposées sur ce point; que, si le sieur Tramontini a déclaré qu'on lui avait parlé de l'échange du n° 7, on ne lui avait pas parlé du n° 17, et qu'il avait toujours renvoyé au sieur Titon et à l'exécution du mandat;

Qu'en effet, l'homme le moins clairvoyant aurait refusé un pareil échange, à raison du rang éloigné du n° 17 et du défaut de garantie qu'il présentait; que les demandes réitérées de Morel devaient être une raison de s'y refuser, puisque l'événement a justifié que ce n° 7 était rentré à la monnaie : le directeur l'a acquitté à une date antérieure au mandat *pour faire cadrer des opérations fort obscures;*

Qu'enfin tous les éléments de la cause démontrent que cet échange n'a pas pu être fait dans les termes du mandat; qu'ainsi Tramontini n'a pu y donner son consentement;

Attendu que le mandat accepté par Titon a eu principalement pour but de ramener les parties à l'exécution du traité de 1831, et de donner au sieur Caccia une garantie suffisante pour les 200,000 fr. livrés à la monnaie; que, dans ce système, qui est celui qui se présente naturellement, il y a un mouvement, souvent répété, de l'échange des bons contre d'autres régulièrement émis et présentant une égale garantie, ou plutôt encore l'acquit des bons contre des espèces monnayées et versées de suite dans la caisse de Chantal, qui devait les employer à l'achat de nouvelles matières, et verser ces espèces au change pour fonder la création de nouveaux bons;

Attendu que les bons du change, surtout quand ils sont émis par le directeur, ne peuvent être remboursés que par ordre de numéros;

Attendu, dès lors, que le sieur Caccia étant régulièrement saisi des bons n°s 7, 8, 9 et 10, à titre de propriétaire, était le premier qui avait droit d'être payé, et que le sieur Titon et autres détenteurs des bons ne pouvaient se présenter qu'après lui; qu'ainsi le mandat réglait parfaitement la position des parties;

Attendu que l'échange, devant être fait à la réquisition de Morel, ne pouvait avoir lieu qu'avec les bons émis par lui, et dont il était encore propriétaire, et non avec des bons devenus la propriété de tierces personnes;

Attendu que, dans cette position, le sieur Titon, qui réunissait les deux qualités de créancier et de mandataire d'un autre créancier, ne pouvait faire usage des titres de son mandant que dans l'intérêt de celui-ci, et que, cependant, il reconnaît que, voulant faire usage des bons n°s 11, 12, 13 et 14, Morel, qui consentait à lui remettre des espèces, ayant refusé ces numéros, a voulu les n°s 7, 8 et 9; qu'il y avait eu ainsi nécessité pour lui de les remettre, et que c'était là un échange fait à la réquisition de Morel, dans les termes du mandat;

Attendu que cette opération est tout ce qu'on peut trouver de plus opposé à la lettre et à l'esprit du mandat; que le sieur Titon a réellement opéré l'échange des bons dans son portefeuille, ou, en d'autres termes, a fait la substitution des uns aux autres, pour faire valoir, à son profit, ceux qui ne lui appartenaient pas;

Attendu que cette remise a permis à Morel de faire des délivrances qui n'auraient dû profiter qu'au sieur Caccia dans l'intérêt général des créanciers, et au sieur Titon d'épuiser les dernières ressources de la monnaie;

Attendu que le sieur Titon, qui connaissait les obligations qui lui étaient imposées par le traité de 1831 et le mandat de 1835, a contrevenu, en agissant ainsi, aux termes du mandat, et a commis *une faute lourde;* qu'il serait même tenu de la faute légère, puisqu'il s'est servi des titres de son mandant dans son intérêt, sans toutefois qu'on puisse lui imputer aucune espèce de dol;

Attendu que, malgré les présomptions graves qui existent que l'à-compte de 32,000 fr. a été payé à valoir sur le bon n° 10, cette preuve, quant à présent, est imparfaite;

Attendu qu'il est établi que les bons du change 7, 8 et 9 sont rentrés acquittés à la monnaie, et ne peuvent dès lors être rendus par le sieur Titon;

Par ces motifs, condamne Titon à payer à Caccia la valeur des trois bons du change portant les n°s 7, 8 et 9, avec les intérêts à partir du jour de la demande en justice;

Relativement aux offres faites par Titon de remettre le bon n° 10, déclare cette offre suffisante, etc.

Du 2 février 1838. — Cour royale de Poitiers, 1re ch. — MM. Moyne, premier président. — Flandin, avocat général. — Pontois et Boncenne, avocats.

CHASSE. — OISEAUX DE PROIE. — CORBEAUX.

Les corbeaux et autres oiseaux de proie qui viennent enlever la volaille ne sont pas des bêtes fauves, *dans le sens de l'art.* 15 *de la loi du* 30 *avril* 1790.

Ainsi le fait d'avoir tiré sur des corbeaux ou autres oiseaux de proie, sans permis de port d'armes et en temps prohibé, constitue le double délit prévu et puni par les art. 1er *de la loi du* 30 *avril* 1790, 1 *et* 5 *du décret du* 4 *mai* 1812, *et donne lieu à une double amende, encore bien qu'il serait constant, en fait, que le prévenu n'avait en vue que de préserver ses volailles et celles de ses voisins, et qu'il ne s'était armé de son fusil qu'à la demande de ceux-ci* (1).

Ministère public contre Drillaud.

10 juillet 1842, procès-verbal des gendarmes contre un sieur Drillaud, portant que, ledit jour, en faisant leur tournée, et se trouvant près d'un champ clos de haies, ils avaient entendu la détonation d'un coup de fusil; que, s'étant approchés, ils en avaient entendu une seconde et avaient aperçu le chasseur, armé d'un fusil double qu'il rechargeait, et avec lequel il tira un troisième coup; qu'arrivés près de la claie dudit champ, ils s'étaient trouvés face à face avec le prévenu et le nommé Louis Pain, qui portaient quatre corbeaux et cinq oiseaux appelés *cossardes*, les uns morts, les autres blessés; que Louis Pain n'était porteur d'aucune arme.

Traduit devant le tribunal correctionnel de Parthenay pour délit de chasse en temps prohibé et sans permis de port d'armes, Drillaud se défendit en disant qu'il ne chassait pas.

(1) Contraire, Petit, *Traité du droit de chasse*, p. 36. Ce n'est pas chasser, dit cet auteur, que de tirer sur un animal dangereux, dans l'intérêt de la défense des personnes ou des *animaux domestiques*.

Il fit entendre, en effet, des témoins qui déclarèrent que, ce jour-là, Drillaud n'avait pris son fusil qu'à la sollicitation de ses voisins, qui voyaient leurs basses-cours dépeuplées par des oiseaux de proie qui nichaient dans un champ, tout près de leurs habitations, sur des arbres. Drillaud s'était fait accompagner d'un nommé Pain, qui portait une échelle, et qui, à l'aide de cette échelle, avait grimpé aux nids, pendant que Drillaud, avec son fusil, se tenait au pied de l'arbre pour tirer sur les oiseaux au moment où ils s'envoleraient.

C'est dans ces circonstances que procès-verbal avait été dressé contre lui.

Drillaud fut acquitté, par jugement du 1er août, sur le fondement que les lois sur la chasse avaient pour objet la conservation du gibier, et non la destruction d'oiseaux malfaisants.

Ce jugement fut confirmé, sur appel, par le tribunal supérieur de Niort.

Mais ce dernier jugement fut cassé par arrêt de la chambre criminelle du 5 novembre 1842, au rapport de M. Jacquinot-Godard, et dont voici les motifs :

« LA COUR, — attendu qu'il a été constaté par un procès-verbal régulier, dressé par deux gendarmes de la brigade de Mazières le 10 juillet dernier, qu'après avoir entendu deux coups de feu, ils aperçurent au travers de la haie le chasseur occupé à charger son fusil double ; qu'alors ils s'approchèrent du sieur Drillaud, porteur de quatre corbeaux et de cinq oiseaux appelés *cossardes*, et qu'il était accompagné d'un autre individu qui l'aidait à porter sa chasse ;

» Que ces faits, ainsi établis et détaillés, et d'ailleurs reconnus constants par le jugement attaqué, constituent le délit de chasse sans permis de port d'armes et en temps prohibé, défini et réprimé par les art. 1er de la loi du 30 avril 1790, 1 et 3 du décret du 4 mai 1812 ;

» Attendu que ledit jugement a refusé de faire application de ces lois, par le motif que le prévenu n'avait quitté son domicile que sur l'insistance de ses voisins, pour détruire les animaux malfaisants qui enlevaient leurs volailles, et que les oiseaux de proie ne pouvaient être considérés comme le gibier dont les lois avaient voulu procurer la conservation ;

» Attendu que les dispositions de la loi du 30 avril 1790, ainsi que celles du décret du 4 mai 1812, sont générales et absolues, et ne permettent ainsi aucune distinction à raison des espèces diverses d'animaux qui pourraient avoir pour objet la chasse;

» Que l'exception admise ne pouvait rentrer, en aucune sorte, dans la disposition de l'art. 15 de ladite loi du 30 avril 1790, qui autorise le propriétaire du terrain sur lequel la chasse s'exerce à repousser, avec des armes à feu, les bêtes fauves qui se répandent sur ses récoltes et qui nuisent aux fruits de la terre;

» Qu'enfin l'ignorance des lois et des règlements ne peut être une excuse pour ceux qui les ont enfreints;

» Qu'ainsi aucun des motifs du jugement dénoncé ne peut justifier la violation qu'il a faite des art. 1er de la loi du 30 avril 1790, 1 et 3 du décret du 4 mai 1812;

» Casse et renvoie devant la Cour de Poitiers, chambre des appels de police correctionnelle. »

En présence des faits tels qu'ils se trouvaient établis dans les notes d'audience, M. l'avocat général n'a pas cru pouvoir soutenir la prévention.

Sans doute il ne faut pas dire, avec les premiers juges, d'une manière absolue, que les lois prohibitives de la chasse n'ont en vue que la conservation du gibier, et que des corbeaux ou autres oiseaux de proie ne sont pas du *gibier*. Tout animal à l'état sauvage, quadrupède ou volatile, qu'on chasse dans un but purement voluptuaire, est *gibier*, dans l'esprit des lois répressives de la chasse; et c'est en ce sens que nous admettons qu'un arrêt du 15 novembre 1818 ait pu casser un arrêt de la Cour de Paris qui avait refusé de voir un fait de chasse dans un coup de fusil tiré sur une corneille. (*D. Jur. gén.*, t. 2, p. 445.)

Mais quand on n'agit pas en vue de son plaisir; quand, comme Drillaud, on ne se propose que de faire cesser le dommage que causent aux basses-cours des oiseaux qui nichent à quelques pas de là; quand on se fait, pour cela, accompagner d'un individu qui porte une échelle, afin d'atteindre jusqu'au nid de ces oiseaux; voir dans ce fait accidentel un délit de chasse, c'est montrer, à notre avis, une sévérité excessive, une sévérité que repousse l'esprit de la loi de 1790, tel qu'il se révèle par son art. 15.

La Cour de cassation est allée au-devant de l'objection, en disant que l'exception admise en faveur de Drillaud ne rentrait pas dans la disposition de cet article : l'analogie, pourtant, nous paraît frappante. La loi permet au propriétaire ou possesseur de repousser, *en tout temps*, avec les armes à feu, les bêtes fauves qui se répandraient dans ses récoltes : pourquoi ne pourrait-il pas tirer sur un oiseau de proie qui dépeuplerait sa basse-cour ou son colombier ? Lui faudra-t-il attendre, pour cela, que la préfecture lui ait délivré un permis de port d'armes et que la chasse soit ouverte ? La disposition de l'article 15 n'est pas limitative ; elle est purement énonciative, au contraire, et doit s'appliquer à tous les cas identiques. Nous le croyons du moins, et c'est pour cela qu'il nous paraît impossible, malgré l'autorité qui s'attache à un arrêt de cassation, de soutenir la prévention contre Drillaud.

Que la Cour, a dit en terminant M. l'avocat général, ne se préoccupe pas des abus que pourrait entraîner une jurisprudence trop large, en matière de chasse ; chaque procès doit se juger d'après les circonstances au milieu desquelles il se produit. Les tribunaux sauront toujours discerner la vérité ; et quand ils reconnaîtront que le motif d'utilité publique, mis en avant par le chasseur, n'est qu'un prétexte pour couvrir son délit, ils rejetteront l'excuse et le condamneront.

Ces raisons n'ont pas prévalu devant la Cour.

ARRÊT.

La Cour, — attendu qu'il résulte des faits de la cause que, le 10 juillet dernier, le prévenu, armé d'un fusil à deux coups, et sans permis de port d'armes, sur le territoire de la commune de Terrage, a tiré trois coups sur des corbeaux et des oiseaux vulgairement appelés *cossardes* ;

Attendu que ces faits constituent le double délit de chasse en temps prohibé et de chasse sans permis de port d'armes, prévus et punis par les art. 1er et 3 de la loi du 30 avril 1790, 1er et 3 du décret du 4 mai 1812 ;

Attendu que les dispositions de ces lois sont générales et absolues ; qu'elles repoussent toute distinction tirée de ce que la chasse aurait eu pour objet des corbeaux ou oiseaux de proie ;

Attendu qu'il résulte du texte et de l'esprit du décret du 4 mai 1812 que, dans le cas de concours du délit de chasse en temps prohibé avec le délit de chasse sans permis, l'amende prononcée par l'art. 1er de ce décret doit être cumulée avec celle que prononce l'art. 1er de la loi du 30 avril 1790 ;

Donne défaut contre le prévenu ; dit qu'il a été mal jugé par le jugement dont est appel ; émendant, déclare ledit prévenu coupable d'avoir, le 10 juillet, chassé en temps prohibé et sans permis de port d'armes, avec un fusil double ; le condamne à vingt francs d'amende à raison du premier délit, à trente francs d'amende pour le second ; ordonne qu'il rapportera au greffe de la Cour le fusil double dont il était armé, ou qu'il payera 50 francs pour tenir lieu de sa valeur, etc.

Du 19 décembre 1842. — Cour royale de Poitiers, chambre des appels de police correctionnelle. — MM. Vincent-Molinière, président. — Flandin, premier avocat général, concl. contr.

1° COMPÉTENCE CRIMINELLE. — DÉLIT. — CONTRAVENTION. — RENVOI.

2° INJURE. — CARACTÈRE. — SIMPLE POLICE.

L'inculpé traduit en police correctionnelle pour un fait qui, d'après la citation, ne présente que les caractères d'une simple contravention, peut demander son renvoi devant le juge de police.

Mais il ne peut demander ce renvoi, lorsque le fait présente, d'après la citation, tous les caractères d'un délit, encore qu'il ait perdu ces caractères au débat. Le déclinatoire, dans ce cas, ne peut être proposé que par le ministère public ou par la partie civile. (*C. inst. cr.*, 192.)

L'injure envers les particuliers, qui ne réunit pas la double condition d'avoir été publique et de renfermer l'imputation d'un vice déterminé, ne constitue qu'une contravention de police. (*L.* 17 *mai* 1819, *art.* 20; *C. pén., art.* 376.) (1).

Ministère public contre Bobe.

7 novembre 1842, procès-verbal dressé par le maire de Genouillé, par lequel il constate que le sieur Granier, son adjoint, a porté plainte devant lui contre le sieur Bobe, à raison des faits suivants :

1° Le premier dimanche du mois de février 1841, Bobe l'aurait injurié, au chef-lieu de la commune de Genouillé, en lui disant qu'il était *un adjoint de m....*, et en lui adressant d'autres injures, auxquelles il n'aurait répondu qu'en disant à Bobe qu'il était un imprudent et qu'il s'en plaindrait.

2° Le 15 août 1842, jour de foire à Lizant, Bobe l'aurait traité de *gueux*, de *scélérat* et de *cochon*, ajoutant qu'il le joindrait. Il aurait même voulu le frapper; mais en ayant été empêché, il lui aurait dit qu'il le joindrait plus tard.

3° Le 25 septembre suivant, dans l'auberge du sieur Baribaud, à Genouillé, où il se faisait une vente publique, ledit Bobe l'aurait traité de *grande bête*, de *sot*, ajoutant qu'il respectait l'autorité, mais qu'il était un *adjoint de m....*

Le ministère public fit citer le sieur Bobe devant le tribunal correctionnel de Civray, sous l'inculpation du délit d'injures et d'outrages publics, par paroles, gestes et menaces, contre un adjoint au maire, à l'occasion de l'exercice de ses fonctions; délit prévu et puni de peines correctionnelles par les art. 13, 16 et 19 de la loi du 17 mai 1819, 222 et 223 du Code pénal.

Mais le tribunal, par jugement du 19 novembre 1842, annula la citation, par le double motif que copie de la plainte rendue par l'adjoint n'avait pas été donnée en tête de la citation, et qu'il n'était pas dit, dans la plainte, que l'adjoint eût été outragé à l'occasion de l'exercice de ses fonctions : d'où résultait une contravention aux art. 5 et 6 de la loi du

(1) Décision de la Cour royale. — Conf. Parant, p. 95; Chassan, t. 1er, p. 365 et 369. — *V.* aussi les arrêts cités au réquisitoire de M. l'avocat général.

26 mai 1819, qui veulent, à peine de nullité, qu'aucune poursuite, pour diffamation ou injures, ne puisse avoir lieu sans la plainte de la partie lésée, et que celle-ci dans sa plainte, ou le ministère public dans son réquisitoire, articulent et qualifient les faits incriminés.

Ce jugement contenait un mal-jugé évident, d'une part, parce que l'art. 5 de la loi du 26 mai 1819, en subordonnant la poursuite à la plainte de la partie lésée, ne soumet cette plainte à aucune forme particulière, et n'exige pas que copie en soit signifiée au prévenu, qu'il suffit qu'il en soit excipé à l'audience; — de l'autre, parce qu'il suffit encore, pour la régularité de la poursuite, que les faits, dont la qualification aurait été omise dans la plainte, aient été articulés et qualifiés dans la citation.

Aussi ce jugement fut-il infirmé par la Cour, qui retint l'affaire au fond, et autorisa le ministère public, ainsi que le prévenu, à faire assigner tous témoins devant elle (1).

Les témoins furent assignés pour l'audience du 7 janvier 1843.

Des trois chefs de prévention articulés dans la plainte,

Le premier, qui remontait au mois de février 1841, fut écarté par M. l'avocat général, comme couvert par la prescription.

Quant aux deux autres, prouvés qu'ils lui parurent, ils constituaient, selon ce magistrat, le premier, le délit d'injures verbales publiquement adressées à un fonctionnaire public, mais pour des faits non relatifs à ses fonctions, ce qui le faisait rentrer dans le 2e alinéa de l'art. 19 de la loi du 17 mai 1819; et le second, l'outrage publiquement fait à un fonctionnaire public *à raison de sa qualité*, ce qui le rendait passible des peines prononcées par l'art. 6 de la loi du 25 mars 1822.

M. l'avocat général requit, en conséquence, contre le sieur Bobe l'application de ce dernier article, modifié toutefois par l'art. 463 du Code pénal, conformément à l'art. 14 de ladite loi de 1822.

(1) L'arrêt est du 17 décembre 1842. Il est rapporté par Dalloz, vol. 1843-2-50. — Conf. Rej. 21 mai 1836; D. 40-1-416.

L'avocat du sieur Bobe conclut à l'acquittement pur et simple de son client, en plaidant, comme moyen subsidiaire, qu'en tout cas, les faits, bien appréciés, ne présentaient que des contraventions du ressort de la simple police, aux termes de l'art. 20 de la loi du 17 mai 1819, contraventions à raison desquelles la Cour devait se déclarer incompétente.

Répondant au moyen d'incompétence soulevé par l'avocat, M. l'avocat général, en réplique, examine, en droit, et en se plaçant, pour l'appréciation des faits, au point de vue même du défenseur :

1o Si, pour être passible des peines de simple police, l'injure doit réunir ces deux conditions : ne renfermer l'imputation d'aucun vice déterminé et n'être point publique ; ou s'il suffit, au contraire, qu'une seule de ces conditions se rencontre pour lui ôter le caractère de délit ?

2° Si le moyen d'incompétence n'est pas tardivement invoqué ?

3° Enfin, si l'art. 192 du Code d'instr. crim. n'est pas un obstacle à ce que le prévenu puisse opposer le déclinatoire ?

La difficulté de la première question, dit M. l'avocat général, réside dans la rédaction de l'art. 20 de la loi du 17 mai 1819, infiniment moins clair que l'art. 376 du Code pénal, et dont voici les termes :

« Néanmoins l'injure qui ne renfermerait pas l'imputation d'un vice déterminé, ou qui ne serait pas publique, continuera d'être punie des peines de simple police. »

Faut-il entendre l'article ainsi, qu'il suffise, soit de la gravité de l'injure, soit de sa publicité, pour la rendre justiciable de la police correctionnelle ; ou donner, au contraire, à cet article le même sens qu'à l'art. 376 du Code pénal ?

On peut dire que cette dernière interprétation va directement contre l'intention du législateur. Quel but, en effet, se proposaient les auteurs de la loi de 1819 ? De rehausser la pénalité en matière d'injure, et d'assurer aux citoyens une protection plus efficace contre les écarts de la presse. Cependant, avec le sens attribué à l'art. 20, on pourra se donner le plaisir, moyennant une amende de 5 fr., de déverser, dans les journaux, l'injure ou le mépris sur un citoyen, pourvu qu'on ait l'attention de ne lui imputer *aucun vice déterminé;* on pourra le traiter ainsi de *sot*, de *gueux*, de *scélérat !*

Cette considération avait touché, sans doute, la Cour de cassation, lorsqu'elle jugeait, en 1828, que l'injure, pour être de la compétence des tribunaux correctionnels, n'avait besoin que d'un seul des deux caractères aggravants, de la publicité, par exemple, quelle que fût, d'ailleurs, la gravité de l'outrage (1) ; mais depuis elle a changé de doctrine, et elle décide aujourd'hui que la réunion des deux circonstances est nécessaire pour que l'injure soit du ressort de la police correctionnelle (2).

Mais nous n'avons pas besoin, continue M. l'avocat général, d'insister sur cette question, puisqu'en demandant nous-même l'application, dans la cause, de l'art. 463 du Code pénal, c'est consentir à ce que la peine appliquée soit descendue jusqu'aux peines de simple police.

Admettant donc que les injures relevées dans le débat ne constituent que de simples contraventions, la Cour devrait-elle, pourrait-elle se dessaisir du litige, et renvoyer le ministère public à se pourvoir comme il aviserait, en faisant retomber sur le trésor les frais d'une enquête qu'elle-même a ordonnée ?

De deux choses l'une : ou les faits, tels qu'ils sont articulés dans la plainte et dans la citation, n'apparaîtront à la Cour que comme de simples contraventions; ou ces faits, au contraire, prenant dans la plainte toutes les apparences d'un délit, n'auront perdu ce caractère que par le résultat de l'enquête.

Dans le premier cas, nous admettrons, avec un arrêt de rejet du 8 mars 1839 (3), qu'il eût été loisible à l'inculpé de demander son renvoi, si, d'ailleurs, il n'eût déjà couvert le moyen d'incompétence par l'exception qu'il a soulevée, devant les premiers juges, de la nullité de la citation.

Quels sont, en effet, les principes en cette matière? Que l'ex-

(1) Arrêts des 15 février et 24 avril 1828; D. 28-1-135 et 224.

(2) Arrêt du 10 juillet 1840; D. 40-1-314. — *Id.* du 6 avril 1841; D. 41-1-310.

(3) *Bull. crim.*, n° 85; *Jour. du dr. crim.* de Chauveau et Morin, t. 11, p. 101.

ception d'incompétence soit proposée avant toutes autres exceptions ou défenses, avant même toute nullité d'exploit ou d'acte de procédure (art. 169 et 175 du Cod. de proc.).

Il y a dérogation à cette règle pour l'incompétence *ratione materiæ* (art. 170); mais ce n'est pas d'incompétence absolue qu'il s'agit ici, puisque, loin que la juridiction correctionnelle soit dans l'impuissance de statuer sur une contravention portée mal à propos devant elle, la loi lui défend de se dessaisir, quand l'incompétence ne se manifeste que dans le cours du débat, si le ministère public ou la partie civile ne demandent le renvoi. (C. instr. cr., art. 192 et 213.)

Bien plus, en supposant que l'inculpé, lorsqu'il plaidait devant la Cour sur la nullité de la citation, eût encore la faculté de conclure devant elle à son renvoi devant le juge de police, et qu'il y ait effectivement conclu, qu'aurait dû faire la Cour? Se dessaisir *hic et nunc*, et sans lier l'affaire par un interlocutoire. En évoquant le fond, en autorisant la preuve des faits, elle a reconnu sa compétence et implicitement rejeté le déclinatoire proposé. Ce premier arrêt, qui a acquis l'autorité de la chose jugée, ne permettrait donc plus, ni à la Cour de se rétracter, ni à l'inculpé de reproduire le déclinatoire.

Au second cas, celui où les faits n'auraient perdu le caractère de délit que par le résultat de l'enquête, la Cour, à la vérité, ne serait pas liée par son interlocutoire; mais alors se présenterait, comme un obstacle insurmontable au renvoi, l'art. 192 du Cod. d'instr. crim.

On a contesté l'équité d'une disposition qui accorde au ministère public et à la partie civile une faculté qu'elle dénie au prévenu; mais qui n'en saisit les motifs? La demande en renvoi, a dit avec grande raison la Cour de cassation dans un de ses arrêts (arrêt précité du 8 mars 1839), est interdite au prévenu pour l'empêcher d'échapper, au moyen d'un déclinatoire qui ne serait qu'un circuit d'action inutile, à une condamnation qu'il juge imminente, en laissant à la charge du ministère public ou de la partie civile des frais qu'il ne dépend pas toujours d'eux d'éviter, l'enquête venant souvent changer la face d'une affaire.

Le législateur aurait pu sans doute, il aurait dû peut-être, n'admettre le déclinatoire, au cours du débat, ni pour le ministère public ni pour la partie civile, et faire, pour la police correctionnelle, ce qu'il a fait pour la Cour d'assises, dont la juridiction se trouve forcément prorogée quand le fait a perdu sa qualification primitive, et que le débat l'a fait dégénérer en délit ou en contravention (C. d'instr. cr., art. 365); mais, si le principe contraire a prévalu, quel préjudice en éprouve la partie poursuivie? Il n'y a de dommage que pour la partie poursuivante, qui, en demandant le renvoi, supportera les frais de l'action irrégulièrement engagée.

Mais, alors que les critiques adressées à l'art. 192 seraient plus fondées, le texte est formel ; la disposition qu'il consacre n'est pas l'effet d'une inadvertance, puisqu'elle est reproduite dans l'art. 213, et la Cour de cassation n'a jamais permis aux tribunaux de se soustraire aux prescriptions rigoureuses de ces articles. (Arrêts des 15 juin 1809, 1er février 1821, 24 avril 1829, 13 juillet 1833, 16 octobre 1835, 17 octobre 1838, tous rapportés au *Bulletin criminel*, à leur date.)

Sous un autre rapport encore, le déclinatoire devrait être écarté, puisqu'il n'a été conclu que *subsidiairement*, par l'inculpé, à son renvoi devant juges compétents. En défendant au fond, il a élevé lui-même contre son déclinatoire la fin de non-recevoir la plus insurmontable, puisqu'il y a une contradiction manifeste à dire aux magistrats : *acquittez-moi*, quand on leur dit en même temps : *vous ne pouvez me juger*. Il fallait renverser la thèse, et leur dire tout d'abord : Renvoyez-moi devant mes juges; ou si, contre mon gré, vous retenez la cause, alors dites que je ne suis pas coupable.

7 janvier 1843, arrêt qui accueille le déclinatoire en ces termes :

« La Cour, — attendu que, plus d'un an s'étant écoulé entre le premier fait imputé au prévenu et les poursuites dirigées contre lui, le délit ou la contravention qui pouvait en résulter est couvert par la prescription ;

» En ce qui touche les injures qu'il aurait publiquement adressées au sieur Jean Granier, adjoint au maire de la commune de Genouillé, les 15 août et 25 septembre derniers :

» Attendu que, s'il résulte des circonstances de la cause, et spécialement des déclarations des témoins, qu'aux jours qui viennent d'être indiqués, à la suite de quelque discussion relative à leurs intérêts, et après des paroles indiscrètes échappées au sieur Granier, le prévenu l'ait injurié, en le traitant de *sot*, de *bête*, de *cochon*, de *manche à balai* et de *subtiliseur*, il en résulte également qu'il ne lui a pas adressé ces injures à raison de ses fonctions ou de sa qualité, ni dans l'exercice ou à l'occasion de l'exercice de ses fonctions d'adjoint;

» Attendu que ces injures, ne renfermant pas l'imputation d'un vice déterminé, ne seraient susceptibles d'être punies que de peines de simple police (art. 19 et 20 de la loi du 17 mai 1819, et 376 du Cod. pén.);

» Attendu que le prévenu a décliné, dès le principe, la compétence de la juridiction correctionnelle, et que les faits qui lui sont imputés, soit qu'on les considère d'après les termes de la plainte portée contre lui, soit qu'on les apprécie d'après le résultat des débats, ne constitueraient que de simples injures dont la répression est du domaine des tribunaux de police;

» Dit qu'il n'y a lieu de s'occuper des injures que le prévenu pourrait avoir adressées au sieur Jean Granier dans le cours du mois de février 1841 ; se déclare incompétente pour statuer sur celles qu'il lui aurait publiquement adressées les 13 août et 25 septembre derniers, et le renvoie, sans frais, de l'action dirigée contre lui, sous la réserve des poursuites dont il pourrait être l'objet devant l'autorité compétente, à raison de ces dernières injures. »

Pourvoi en cassation par le ministère public.

ARRÊT.

La Cour, — vu la requête du demandeur à l'appui de son pourvoi, et les observations en défense produites par Pierre Bobe;

Vu l'art. 192 du Cod. d'instr. crim.;

Vu aussi les art. 191, 193 et 194 du même Code;

Attendu que cet article, l'un de ceux qui ont pour objet de régler la manière dont le tribunal doit statuer après les débats tenus devant lui, ne fait sans doute pas obstacle à ce qu'avant leur ouverture, le prévenu, appelé devant la juridiction correctionnelle pour un fait qui, d'après la citation, ne constitue qu'une contravention de police, ne demande son renvoi devant le juge compétent;

Mais qu'il en est autrement lorsque le fait, présentant, d'après la citation, tous les caractères d'un délit, et se trouvant ainsi de la compétence correctionnelle, il y a nécessité à procéder à une instruction devant le tribunal saisi;

Que c'est pour ce cas qu'est fait l'art. 192; qu'il a pour but d'empêcher le prévenu de rendre inutile, pour retarder sa condamnation, une instruction faite régulièrement devant un juge ayant la plénitude de la juridiction;

Que ses dispositions sont claires et positives, et qu'il n'est pas permis d'y porter atteinte, sous le prétexte qu'elles établissent entre les parties poursuivantes et le prévenu une inégalité injuste;

Et attendu que Bobe a été cité comme prévenu d'avoir outragé l'adjoint au maire de Genouillé à l'occasion de l'exercice de ses fonctions; que ce fait constituait un délit;

Que le tribunal correctionnel de Civray, et, par suite, la Cour royale de Poitiers, ont été compétemment saisis; que ce n'est que par suite de l'instruction faite à l'audience de cette Cour que les faits imputés à Bobe ont perdu leur caractère de délit, et se sont réduits à de simples contraventions de police; qu'il y avait donc lieu, par la Cour, de se conformer à l'art. 192 ci-dessus visé, et d'appliquer la peine; qu'en ne le faisant pas, et en se déclarant incompétente sur la demande du prévenu, ladite Cour a formellement violé ledit art. 192;

Casse et annule l'arrêt rendu, le 7 janvier dernier, par la Cour royale de Poitiers, chambre correctionnelle, en faveur de Pierre Bobe, et, pour être statué conformément à la loi, en exécution de l'arrêt d'évocation rendu par ladite Cour le 17 décembre précédent, renvoie ledit Bobe et le procès instruit contre lui devant la Cour royale de Limoges, chambre correctionnelle.

Du 4 mai 1843. — Cour de cassation, ch. crim. — MM. de Ricard, conseiller, faisant fonctions de président. — Vincens St-Laurent, rapp. — Delapalme, av. gén.

DISSERTATION.

VENTE. — HÉRITIER APPARENT. — VALIDITÉ.

La vente, par l'héritier apparent, des immeubles héréditaires à un acquéreur de bonne foi, est-elle valable?

Il est, dans le droit, peu de questions aussi controversées que celle-là. La Cour de cassation s'est déclarée pour la validité; mais des auteurs du premier ordre et plusieurs Cours royales, parmi lesquelles la Cour de Poitiers, tiennent pour la doctrine contraire. Nous nous sommes rangé, dans nos conclusions données dans l'affaire Opterre, à ce dernier avis (1).

La Cour de cassation, dans ses premiers arrêts (2), ne s'était prononcée que d'une manière timide, se contentant d'invoquer le droit romain et l'ancienne jurisprudence; mais les difficultés de la question ont été nettement et résolument abordées dans un arrêt fortement motivé du 16 janvier 1843, rendu après un long délibéré en la chambre du conseil, et sur les conclusions conformes de M. l'avocat général Laplagne-Barris (3).

Il n'est plus question, dans cet arrêt, du droit romain; mais on y parle encore de la jurisprudence des parlements. Voyons d'abord, et en peu de mots, si, en renonçant à se prévaloir de l'un, on est mieux fondé à s'appuyer sur l'autre.

On a bien fait d'abandonner les lois romaines, puisque les textes qui sont le plus directement applicables à la question présentent une antinomie que les plus savants interprètes n'ont pu faire disparaître (4).

Un savant professeur de l'école de Poitiers, Me Pervinquière, dans sa plaidoirie pour les époux Opterre, en a essayé la conciliation par d'ingénieuses explications qu'il a données

(1) *V.* le tome 1er de ce Recueil, p. 342.

(2) 3 août 1815; *D. Jur. gén.*, t. 12, p. 352, n. 1. — 26 août 1833, D. 33-1-307.

(3) La Cour a rendu, à la même audience, deux autres arrêts identiques. Tous les trois sont rapportés par Dalloz, vol. 1843-1-49 et suiv.

(4) *V.* Mornac et le président Favre sur les lois 13, § 4, et 25, § 17, ff. *de petit. hær.*, et les *Questions de droit*, au mot *héritier*, § 3.

sur l'importance que les Romains attachaient à la perpétuité des sacrifices (*sacra*) dans les familles, explications qu'il serait oiseux de reproduire, puisqu'il nous suffit que les lois romaines aient été, sur ce point, qualifiées d'obscures, *valdè obscura*, comme s'exprimait Vinnius, pour que nous nous trouvions dispensé d'aller péniblement en chercher l'interprétation dans l'histoire de mœurs et d'institutions qui sont encore couvertes de ténèbres épaisses, malgré les travaux des érudits. Pareilles recherches pourraient, à bon droit, s'appeler aujourd'hui *difficiles nugæ*, puisque les lois romaines ne peuvent plus être invoquées que comme raison écrite, et que leur autorité morale est au prix d'être intelligibles à tous et homogènes dans leurs dispositions.

Mais, dans une question qui n'est point résolue par le Code, au moins *in specie*, nous accorderions plus de valeur à l'ancienne jurisprudence française qu'on invoque en faveur des tiers acquéreurs, si cette jurisprudence n'avait été contredite par personne, et qu'elle fût attestée par un plus grand nombre d'arrêts; car la jurisprudence ne peut être un supplément utile à la loi que lorsqu'elle se fonde sur un grand nombre de décisions toujours les mêmes, *rerum perpetuò similiter judicatarum*.

Mais, d'une part, on ne cite que six arrêts de parlements, deux des parlements de Rouen et de Paris, et quatre du parlement de Toulouse, qui aient jugé pour la validité des ventes (1); et encore le plus célèbre de ces arrêts, l'arrêt Malandrin, a-t-il dû subir l'influence d'une circonstance de fait toute particulière: c'est que l'héritier qui avait appréhendé la succession, et qui en avait ensuite vendu les biens, l'avait fait au vu et su de l'héritier véritable. On conçoit, dans une telle hypothèse, la faveur qui devait s'attacher aux tiers acquéreurs, et l'on jugerait encore de même aujourd'hui, en repoussant l'action en revendication par l'exception *doli mali* (2).

(1) *V.* les Quest. de droit, *loc. cit.*, et le Rép. v° *succ.*, t. 1er, § 5. — *V.* aussi Malpel, *Des succ.*, n° 211.

(2) Arg. l. 4, § 12, *de doli mali exceptione*, et l. 5, § 2, *cod. tit.* — L'espèce de la première loi est celle-ci : *Quæsitum est si, quum fundi*

Toullier cite, d'un autre côté, d'après Duparc-Poullain, un arrêt du parlement de Bretagne en sens contraire (1).

Parmi les auteurs, à côté du Nouveau Denizart, qui se prononce pour les tiers acquéreurs (2), il y a Lebrun, qui, sur la question de savoir si l'héritier pur et simple, lequel jouissait, dans l'ancien droit, du privilége d'exclure l'héritier bénéficiaire, pouvait rentrer dans les immeubles aliénés par celui-ci, décide l'affirmative, par analogie de ce qui se pratique à l'égard des ventes faites par l'héritier apparent. « Il est certain, dit-il, que cet héritier plus éloigné n'aurait pu aliéner, pendant sa jouissance, au préjudice du plus proche héritier (3). »

Tel est aussi l'avis du président Favre en ses *Rationalia*, sur la loi 25, ff. *de pet. hæred.*, et de Mornac, sur la même loi. Ce dernier atteste que la question se jugeait ainsi au parlement de Paris.

Cependant, en 1744, le parlement a rendu un arrêt contraire, dans une affaire Ferrand, contre la plaidoirie du célèbre Cochin. Le plaidoyer est au tome 5 des OEuvres de Cochin, p. 651, et l'arrêt au tome 7.

La Cour de cassation peut-elle donc dire, avec certitude, que « la jurisprudence des parlements validait anciennement les ventes passées entre l'héritier apparent et des acquéreurs de bonne foi ? » (Arrêt précité du 16 janvier 1843.)

Laissons donc de côté et le droit romain et l'ancien droit français, pour ne raisonner que d'après le Code.

Les art. 1599, 2125, 2182 du Code civil, et 731 du Code de procédure, posent, en termes absolus, énergiques, le principe de l'inviolabilité du droit de propriété. Pour échapper aux conséquences de ce principe, il faut trouver un texte d'où

usumfructum haberem, eum fundum volente me vendideris, an vindicanti mihi usumfructum exceptio sit objicienda? Et hoc jure utimur, ut exceptio doli noceat.

Consentiendo enim, dit Pothier sur cette loi, *ut fundus venderetur, videtur tacitè pactus ne usumfructum peteret.* (Pand., lib. 44, tit. 4, nº 12.)

(1) T. 17, nº 31.

(2) Vº *héritiers*, § 2, nº 16.

(3) *Des success.*, liv. 3, ch. 4, nº 57.

puisse s'induire la validité des ventes faites par l'héritier apparent.

Sera-ce l'art. 132, portant que, si l'absent reparaît après l'envoi en possession définitive, il recouvrera ses biens dans l'état où ils se trouveront, et n'aura droit qu'au prix de ceux qui auront été aliénés ? Mais la raison de cette disposition est sensible : le législateur n'a pas voulu que les biens de l'absent fussent perpétuellement hors du commerce. Voyez, d'ailleurs, l'art. 128; il frappe ces biens d'inaliénabilité pendant l'envoi en possession provisoire.

Sera-ce l'art. 815, qui valide les ventes faites par le curateur à la succession vacante ? Mais le curateur, nommé sous l'autorité de la justice, est le représentant légal de l'héritier ; celui-ci doit, par conséquent, respecter les actes de son représentant. Le prix des ventes est, d'ailleurs, déposé dans les caisses du gouvernement, et l'héritier n'en peut éprouver aucun dommage.

L'art. 790? Mais cet article fournirait plutôt un argument pour la thèse contraire. Que dit-il? Que l'héritier qui a renoncé à une succession n'est pas déchu de la faculté de l'accepter, lorsqu'elle n'a encore été appréhendée par aucun autre héritier ; mais qu'il doit respecter les actes faits, dans l'intervalle, avec le curateur à la succession vacante. Et l'article a grandement raison de parler ainsi ; car l'héritier, par sa renonciation, a cessé d'être propriétaire : de quel droit ferait-il donc résoudre les ventes? Puis il s'agit d'actes faits par l'administrateur légal de la succession ; ce qui serait une raison de plus.

Mais pourquoi la loi n'en a-t-elle pas dit autant des ventes faites par l'héritier putatif ? Ne serait-ce point par respect du droit de propriété, lequel repose sur la tête de l'héritier le plus proche, en vertu de la saisine que lui attribue l'art. 724, tant que la prescription n'est pas acquise contre lui ?

Mais, dit-on, la maxime de notre droit coutumier : *Le mort saisit le vif, son hoir le plus proche habile à lui succéder*, maxime consacrée par l'art. 724, ne doit pas être séparée de cette autre, admise également par notre ancien droit : *N'est héritier qui ne veut*, et que reproduit l'art. 775 du Code en ces termes : « Nul n'est tenu d'accepter une succession qui lui est échue. » Si donc le plus proche héritier ne se présente pas, celui qui vient après lui peut se mettre en sa place ; et celui-ci a, dans la vocation de la loi, un titre pour appréhender la succession, titre qui doit suffire pour valider les ventes qu'il a faites.

Il a qualité, nous le voulons ; il a titre pour se mettre en possession de l'hérédité ; mais ce titre est résoluble par l'acceptation de l'héritier plus proche en degré, acceptation qui peut toujours intervenir tant que la prescription n'est point acquise (789), et dont l'effet est de remonter au jour de l'ouverture de la succession (777).

Est-ce répondre à cet argument que de dire que « l'art. 777, qui fait remonter l'acceptation au jour de la succession, pose une règle générale, sans égard au degré plus ou moins rapproché des successibles? » (Motif de l'arrêt du 16 janvier 1845.) C'est-à-dire que, pour sauvegarder les intérêts des acquéreurs, on crée une exception à un principe qui n'en comporte pas ; on imagine une distinction qui n'est nulle part écrite dans la loi!

Mais, ajoute la Cour de cassation, on ne conteste point à l'héritier apparent le droit de plaider, de transiger, et généralement de faire tous les actes d'administration. Pourquoi lui permet-on ces actes, et lui refuse-t-on le pouvoir d'aliéner ? N'est-il pas souvent nécessaire de vendre quelques immeubles de la succession pour en payer les dettes ?

L'aliénation, dans ce dernier cas, répondrons-nous, aura été un acte de bonne administration, et le propriétaire, dont l'affaire aura été bien gérée, devra maintenir ce qui aura été fait par son *negotiorum gestor*.

Quant aux actes d'administration proprement dits, comme au pouvoir de plaider, de transiger, ce sont là des actes nécessaires ; car il faut bien que la succession soit défendue, si elle a un procès ; que les biens soient cultivés pour en percevoir les revenus, et les maisons reparées pour qu'elles ne tombent pas en ruine. On a toujours fait, en droit, une grande différence entre les actes d'administration et ceux emportant aliénation : les premiers sont dans les pouvoirs du *negotiorum gestor ;* les seconds ne peuvent émaner que du propriétaire.

Nous ne dirons rien des arguments qu'on a prétendu tirer,

pour les tiers acquéreurs, des art. 958, 1240, 1935, 2279; il est trop facile d'y répondre.

Quant à l'art. 1380, l'argument, au premier abord, paraît plus sérieux; cependant, quand on admettrait, comme on peut l'inférer de l'article, que la revendication ne peut avoir lieu, en cas de vente d'un immeuble par celui qui l'a indûment reçu en payement, mais de bonne foi, il n'y aurait aucune assimilation à faire entre ce cas et celui de la vente consentie par l'héritier apparent, parce que, dans le cas de l'art. 1380, c'est par le fait du propriétaire que l'immeuble est sorti de ses mains; la propriété en a été transférée, momentanément du moins, par un acte de sa volonté, et cela a suffi pour que celui à qui l'immeuble a été transmis ait pu lui-même l'aliéner valablement.

L'argument n'aura pas été présenté à la Cour de cassation, ou elle ne l'aura jugé d'aucune valeur, puisqu'elle ne l'a pas reproduit.

A ces principes de droit que peut-on opposer? Des considérations puissantes, sans aucun doute, qui nous ont fait hésiter longtemps nous-même; considérations puisées dans l'intérêt public, qui s'oppose à ce que, par une adition tardive d'hérédité, ou par la production inattendue d'un testament dont personne ne pouvait soupçonner l'existence, on vienne porter le trouble dans les familles, en dépouillant des acquéreurs qui, lorsqu'ils ont traité avec celui qu'ils ont trouvé en possession publique de la succession, et dont ils ont soigneusement vérifié les titres, ont dû le regarder comme le véritable héritier.

Mais des considérations, des raisons d'équité, ne peuvent, dans l'esprit du magistrat, suppléer à la loi, et c'est un texte qu'il faudrait, nous le répétons, pour contredire le principe établi dans l'art. 1599.

Si, d'ailleurs, l'acquéreur de bonne foi est favorable, l'héritier qui se présente pour recueillir une succession qui lui était dévolue, et qu'un autre a appréhendée, est favorable également, et le législateur a cru, sans doute, assez faire pour le tiers acquéreur de bonne foi en lui faisant gagner les fruits et prescrire la propriété par dix ans.

« Ce n'est que par le moyen de la prescription, cette patronne du genre humain, dit Toullier, que la sagesse des législateurs anciens et modernes a résolu le grand et difficile problème de la conciliation des égards dus au titre et à la bonne foi du possesseur actuel avec le principe sacré de la propriété. »

La Cour de cassation met sa doctrine sous la protection de la maxime : *Error communis facit jus*, maxime tirée de la fameuse loi *Barbarius Philippus* (l. 3, ff. *de off. præt.*). Mais il est facile d'abuser de cette règle, qui forme une exception dans le droit, et qu'il serait dangereux d'étendre à d'autres cas que ceux pour lesquels elle a été introduite; car elle deviendrait bientôt un argument banal. Il est une foule de cas, en effet, où l'acquéreur, sans avoir acheté de l'héritier apparent, a acquis d'un individu qu'il croyait et qu'il devait croire propriétaire, qui passait pour tel aux yeux de tous : doutera-t-on, cependant, qu'il puisse être évincé par le véritable maître de l'immeuble ? Or, il faut reconnaître, avec Cochin, qu'il n'y a point de loi, de règlement, de principe qui soit particulier à la matière des successions, et qui la distingue des règles établies en général pour les possesseurs de bonne foi. (T. 5, p. 657, in-4°.)

Et ce qui prouve mieux l'arbitraire de la doctrine qui proclame la validité des ventes faites par l'héritier apparent, c'est que les partisans de cette doctrine ne sont point d'accord sur la portée qu'il convient de lui donner. Les uns, comme Chabot (1), ne font attention qu'à la bonne foi de l'acquéreur; les autres, comme Merlin (2), Dalloz (3) et Malpel (4), exigent, avec la bonne foi de l'acquéreur, la bonne foi de l'héritier apparent, sur le fondement que c'était en considération de celui-ci, et non de l'acquéreur, que la loi romaine repoussait l'action en revendication.

Toullier (5) a vivement combattu l'opinion de Merlin, et s'est

(1) *Des success.*, art. 756, n° 15.
(2) Quest. de droit, *loc. cit.*
(3) Jur. gén., v° *succ.*, p. 352.
(4) *Des success.*, p. 423.
(5) T. 4, n° 289; t. 7, n° 31, et t. 9, addit.

prononcé pour la nullité des ventes. Proudhon (1), Duranton (2), Grenier (3), Troplong (4), ont suivi le même sentiment.

Les Cours se sont partagées sur la question; et si l'on ne compte pas moins de quinze arrêts pour le maintien des ventes, il y en a pareillement un grand nombre pour la nullité, et, parmi ceux-ci, quatre arrêts de la Cour de Poitiers (5).

La Cour de cassation, en se déclarant pour les tiers acquéreurs, y a cependant mis cette restriction : « qu'en cette matière, il y a essentiellement lieu d'examiner les faits, et d'apprécier les circonstances en présence desquelles les ventes ont été consommées, pour rechercher si elles ont été faites à des acquéreurs de bonne foi par des héritiers apparents, sous l'influence de l'erreur commune. » (Arrêt précité du 16 janvier 1843.)

Mais c'est à la loi, dirons-nous, à la loi seule qu'il faut se rattacher, si l'on ne veut pas tomber dans l'arbitraire si justement reproché à notre ancienne jurisprudence, et qui avait fait dire : Dieu nous garde de l'équité du parlement!

Sur la décision rendue par une Cour royale en faveur des tiers acquéreurs, un arrêt de rejet pouvait encore se concevoir; mais un arrêt de cassation! Où est le texte de loi qui a été violé?

La Cour de cassation n'a pas dit son dernier mot sur la question, qui reviendra infailliblement devant elle; et il est à désirer qu'un arrêt des chambres réunies fixe, dans un sens ou dans un autre, la jurisprudence.

Il ne peut être irrespectueux de provoquer la chambre civile elle-même à un nouvel examen de la question, quoique nous n'ayons certes pas la prétention d'avoir fourni à la discussion un argument qui n'ait pas encore été produit.

(1) *De l'usufruit*, t. 3, p. 296.

(2) T. 1er, n° 557.

(3) *Des hypoth.*, t. 1er, p. 101.

(4) *De la vente*, t. 2, n° 960, et *des hyp.*, n° 468.

(5) *V.* au Dict. d'Arm. Dalloz, v° *succession*, n°s 310 et suiv., et le Recueil périod., vol. 43-2-175 et 44-2-167.

Nous n'avons pas besoin de dire que c'est une thèse de pur droit que nous avons entendu agiter ; car, en équité, dans celle des affaires que nous connaissons, nous ne pouvons qu'applaudir au triomphe définitif des tiers acquéreurs (1).

FLANDIN,

Premier avocat général.

FAUX. — LETTRE MISSIVE. — SIGNATURE.

Il y a faux caractérisé de la part de celui qui se présente chez un écrivain public pour lui faire écrire, sous le nom d'un tiers, une lettre missive portant invitation à un bijoutier de remettre au porteur de la lettre des bijoux jusqu'à concurrence d'une certaine somme, bien que cette lettre porte avant la signature le mot signé. (*C. pén., art.* 147, 150 *et* 151.)

Ministère public contre la fille Bernard.

M. le procureur général a pris, devant la chambre d'accusation, le réquisitoire suivant :

« Le procureur général,

» Vu les pièces de la procédure criminelle instruite au tribunal de la Rochelle contre le sieur Avineau, écrivain public, et Elisabeth Bernard, journalière, demeurant tous deux à la Rochelle, inculpés de faux en écriture privée et d'usage d'une pièce fausse ;

» Vu la pièce incriminée dont la teneur suit :

« A Rochefort, le 7 octobre 1846.

» Monsieur,

» Je vous prie de donner à la personne qui porte cette lettre tout ce qu'elle aura besoin dans votre magasin.

(1) En rapportant, dans ce recueil, l'arrêt de la Cour de Poitiers intervenu dans l'affaire Opterre, et cassé sur le chef qui avait annulé les ventes faites par l'héritier apparent, nous avons annoncé que la Cour de Bourges, devant qui l'affaire avait été renvoyée, avait donné gain de cause aux tiers acquéreurs. La Cour d'Aix a fait de même dans l'affaire de Rastignac contre Rolland, l'une des espèces jugées à l'audience de la Cour de cassation du 16 janvier 1843. (D. 44-2-167.)

» Un collier contenant trois tours ;

» Un baril comme elle voudra ;

» Des bijoux pour mettre à ses mains, à son choix ;

» Une chaîne à couteau et à ciseaux ;

» Enfin ce qu'elle aura besoin, pourvu que cela ne passe pas 200 francs.

» N'oubliez pas de lui donner le montant de la facture par écrit, afin qu'elle me la remette.

» Mon adresse est rue St-François, près la place des Cordeliers, à la Rochelle ; je vous prie de n'en pas donner connaissance à Mme Massiou ; je suis en ce moment à Rochefort ; je serai la semaine prochaine à la Rochelle, et j'irai vous voir aussitôt mon arrivée.

» J'ai l'honneur de vous saluer.

» *Signé* Massiou. »

» Vu les articles 147, 150 et 151 du Code pénal et les articles 217 et suiv. du Code d'instruction criminelle ;

» Attendu que de la procédure il résulte que, le 7 octobre dernier, la fille Bernard se serait présentée au domicile du sieur Avineau, écrivain public à la Rochelle, à la plume duquel elle avait eu déjà plus d'une fois recours, et qu'elle lui aurait fait écrire, sous le nom d'un sieur *Massiou*, une lettre portant l'adresse du sieur Moinard, horloger, rue Gargouillard, à la Rochelle, lettre datée du même jour 7 octobre, et par laquelle le prétendu signataire invitait le sieur Moinard à délivrer au porteur de la lettre divers bijoux jusqu'à concurrence d'une somme de 200 fr. ;

» Que le sieur Avineau, comprenant parfaitement le but d'une pareille lettre, au lieu de repousser la participation qu'on voulait lui faire prendre à un acte criminel, se contenta de faire précéder la signature Massiou du mot *signé*, croyant par là déjouer les coupables projets de la fille Elisabeth Bernard ;

» Que celle-ci, nantie de la lettre qu'elle venait de faire écrire par le sieur Avineau, se présenta chez le sieur Lemoine, bijoutier, pour se faire délivrer les bijoux indiqués dans la lettre, lesquels ne lui furent pas remis, parce que le sieur Lemoine, ne reconnaissant pas, dans l'écriture de cette lettre, celle du sieur Massiou, architecte à Rochefort, qu'il connaissait parfaitement, se douta de la fraude ;

» Attendu, en ce qui touche le sieur Avineau :

» Que, s'il a agi malhonnêtement, en prêtant son ministère à la fille Bernard pour écrire la lettre dont il s'agit, lettre dont il ne pouvait se dissimuler que cette fille voulût faire un usage criminel, la précaution qu'il a prise de faire précéder la signature Massiou du mot *signé*, dans la pensée que ce mot suffirait pour déceler la fraude et faire avorter les coupables projets de la fille Bernard ; la déclaration instantanée qu'il en a faite à la femme Courtier, en lui disant *que la fille Elisabeth Bernard avait voulu lui faire faire un faux seing*, *mais qu'elle allait se brûler à la chandelle comme un papillon*, *et qu'il ne doutait pas qu'elle ne fût ramassée, le lendemain*, *par la police*, enlèvent au faux matériel qu'il a commis un des caractères indispensables, *l'intention frauduleuse*, pour le faire réputer crime, d'après les dispositions de la loi ;

» Que c'est donc à tort que les premiers juges l'ont compris dans la prévention de faux en écriture privée, mise à la charge de l'un et de l'autre inculpés ;

» Mais, en ce qui touche la fille Elisabeth Bernard :

» Attendu qu'en supposant même que, par l'addition du mot *signé*, mis avant la signature Massiou sur la fausse lettre dont il s'agit, le faux auquel avait recours la fille Bernard pour faciliter l'escroquerie qu'elle avait en vue, pût être considéré comme n'ayant pas été consommé, elle ne s'en serait pas moins rendue coupable, d'après les faits établis par l'instruction, d'une tentative de faux en écriture privée, tentative manifestée par un commencement d'exécution, et qui n'aurait manqué son effet que par des circonstances indépendantes de sa volonté, ce qui suffirait pour motiver son renvoi devant la Cour d'assises ;

» Mais, attendu que la fabrication de la lettre incriminée se présente, à son égard, avec tous les caractères d'un faux punissable et consommé ;

» Qu'on y rencontre, en effet, les trois conditions exigées pour constituer le faux, tel que le définissent les articles 147 et 150 du Code pénal : *contrefaçon d'écriture, intention frauduleuse et possibilité de préjudice ;*

» Qu'il importe peu que l'écrivain n'ait pas cherché à imiter l'écriture du sieur Massiou, auquel la lettre était faussement attribuée, parce que le faux ne consiste pas dans une ressemblance plus ou moins grande de l'écriture, mais dans l'attribution à un tiers d'une pièce qui n'est pas émanée de lui ; que cela est de jurisprudence constante ;

» Que l'intention frauduleuse de la fille Bernard ne peut être révoquée en doute ;

» Que la possibilité du préjudice n'est pas moins évidente, puisque, avec un individu moins clairvoyant que le sieur Lemoine, la fille Bernard eût pu réussir dans l'escroquerie que cette lettre avait pour but de lui faciliter ;

» Qu'en vain prétendrait-on, pour ne voir dans le fait imputé à la fille Bernard qu'une simple tentative d'escroquerie, que l'addition du mot *signé*, mis avant la signature qui termine la lettre, rendait la fraude palpable, et démontrait que cette lettre, attribuée au sieur Massiou, était l'œuvre d'un tiers; que, cette circonstance s'opposant à la réalisation de l'escroquerie, il n'y avait plus de préjudice possible ;

» Que la conséquence qu'on veut tirer de l'addition du mot *signé* est forcée ; car celui à qui la lettre devait être présentée par une personne devant naturellement inspirer confiance, pouvait croire que, par une raison ou par une autre, l'auteur de la lettre, au lieu de la signer lui-même, l'avait laissé signer par celui qui l'écrivait sous sa dictée ; il pouvait croire aussi, dans le cas où la personne du sieur Massiou ne lui eût pas été connue, que cette lettre émanait d'un individu qui, ne sachant pas signer, la faisait signer de son propre nom par celui de qui il empruntait la main ;

» Qu'au surplus, l'existence du faux ne saurait dépendre du plus ou moins de grossièreté du piége tendu, non plus que de la crédulité plus ou moins grande de celui qu'on veut y faire tomber, comme cela se juge tous les jours en matière de fausse monnaie, où le simple blanchîment d'une pièce de cinq centimes, pour lui donner l'apparence d'une pièce de deux francs, est puni comme contrefaçon d'une monnaie d'argent;

» Qu'en vain voudrait-on dire encore que, la lettre en question ne contenant aucune obligation, ni lien de droit, puisqu'elle n'était pas signée, ne peut, par cela même, constituer un faux; car la loi qualifie de *faux* toute contrefaçon, non pas seulement de signatures, mais d'*écritures*, et par conséquent n'exige pas que la pièce arguée soit un acte pouvant devenir la base d'une condamnation en justice;

» Que, d'ailleurs, la lettre en question, en la supposant émanée du sieur Massiou, aurait, quoique dépourvue d'une signature apposée régulièrement, fait titre contre lui, puisqu'elle aurait été tout au moins un commencement de preuve par écrit du mandat donné au porteur de la lettre;

» Que cette lettre avait au moins autant de valeur qu'un billet conçu à la tierce personne et non signé, comme il nous arrive fréquemment d'en écrire à nos fournisseurs, pour des commandes de peu d'importance; billet qui oblige quiconque n'en méconnaît pas l'écriture;

» Qu'à l'appui des principes qui viennent d'être développés, il serait facile d'invoquer un grand nombre de précédents judiciaires; qu'ils trouvent nommément leur consécration dans deux arrêts de la Cour de cassation des 15 nivôse an XII et 12 novembre 1813, décidant:

» Le premier, qu'il y a faux, lorsque les fermiers d'un impôt, en affichant, au lieu destiné pour la perception, une pancarte contenant la copie du tarif arrêté par l'autorité publique, se permettent d'élever cet impôt au-dessus du taux auquel l'autorité publique l'a fixé (Rép., v° *faux*, sect. 1re, § 5; Dalloz, *Jur. gén.*, t. 8, p. 380);

» Le second, qu'il y a également faux, et non simple délit de calomnie, dans le fait de celui qui a fait imprimer la prétendue copie d'une lettre faussement attribuée à un tiers, et de nature à nuire à sa considération (D. *Jur. gén.*, t. 8, p. 389);

» Requiert qu'il plaise à la chambre d'accusation dire qu'il n'y a lieu à suivre contre Avineau; infirmer, sur ce point, la décision des premiers juges, et annuler l'ordonnance de prise de corps rendue contre lui;

» Mais qu'il y a lieu de prévenir Elisabeth Bernard :

» 1° D'avoir frauduleusement fait fabriquer une lettre datée de Rochefort le 7 octobre 1846, adressée au sieur Moinard, horloger à la Rochelle, portant obligation, de la part du prétendu signataire de cette lettre, de payer audit horloger, jusqu'à concurrence de la somme de 200 fr., certains objets d'orfévrerie que celui-ci aurait livrés au porteur de la lettre, et d'avoir frauduleusement fait apposer au pied de cette même lettre la fausse signature du sieur Massiou ;

» 2° D'avoir, le même jour, à la Rochelle, fait usage de ladite lettre, sachant qu'elle était fausse, en la présentant, pour se faire délivrer les objets d'orfévrerie y désignés, au sieur Lemoine, horloger-bijoutier à la Rochelle ;

» Faits prévus et punis par les articles 147, 150 et 151 du Code pénal;

» Renvoyer, en conséquence, ladite Elisabeth Bernard, sous la prévention ci-dessus qualifiée, devant la Cour d'assises de la Charente-Inférieure, pour y être jugée conformément à la loi;

» Confirmer, en ce qui concerne ladite Elisabeth Bernard, l'ordonnance de prise de corps décernée par les premiers juges.

» Fait au parquet, le 16 novembre 1846.

» Pour le procureur général :

» *Le premier avocat général*,

» *Signé* FLANDIN. »

ARRÊT.

LA COUR, — attendu que les faits dont il s'agit sont prévus et qualifiés crimes par les art. 147, 150 et 151 Cod. pén., et que de la procédure résultent des charges et des indices suffisants de culpabilité pour motiver contre Elisabeth Bernard la mise en accusation et le renvoi aux assises, conformément à l'article 231 Cod. d'instr. crim.;

Adoptant, au surplus, les autres motifs énoncés dans les réquisitions de M. le procureur général ci-dessus transcrites;

Déclare qu'il n'y a lieu à suivre contre le sieur Avineau, à raison des faits dont il est prévenu ; annule, en ce qui le concerne seulement, l'ordonnance de prise de corps rendue par le tribunal de la Rochelle, en chambre du conseil, le 29 octobre dernier, etc. ;

Mais déclare qu'il y a lieu d'accuser Elisabeth Bernard, 1° d'avoir frauduleusement, etc.

(L'arrêt reproduit le dispositif du réquisitoire.)

Du 16 novembre 1846. — Cour royale de Poitiers, ch. d'accusation. — MM. Barbault de la Motte, président. — Flandin, premier avocat général, réq. conf.

PRESCRIPTION DE SIX MOIS. — OUTRAGE PUBLIC ENVERS UN MAIRE.

L'outrage adressé publiquement *à un maire, à raison de ses fonctions, constituant le délit puni par la loi du* 25 *mars* 1822, *qui n'est qu'une modification de celles des* 17 *et* 26 *mai* 1819, *et non le délit prévu par l'art.* 222 *du Code pénal, il suit de là que cet outrage est couvert par la prescription de six mois établie par la loi du* 26 *mai* 1819, *art.* 29.

Tête contre le ministère public.

Ce principe, professé en termes formels par un arrêt de la Cour de cassation du 22 février 1844 (1), a semblé à M. l'avocat général être la conséquence rigoureuse du texte des lois de 1819 et de 1822. Toutefois il a fait remarquer la singulière anomalie qui en résulte : quand l'outrage n'est pas public, il est régi par les règles ordinaires de la prescription écrites dans le Code d'instruction criminelle ; il faut trois ans pour éteindre l'action publique.

Si l'outrage est accompagné de publicité, c'est-à-dire s'il revêt un caractère plus grave, six mois suffiront pour mettre le coupable à l'abri de toutes poursuites.

ARRÊT.

En ce qui touche les propos outrageants imputés au prévenu,

(1) Bulletin criminel, 1844, p. 94.

et qu'il aurait tenus, le 23 novembre dernier, contre le sieur Nicouleau, maire de Gençay, en sa qualité de président de l'assemblée électorale du canton de Gençay, convoquée et réunie pour procéder à l'élection de deux membres du conseil d'arrondissement :

Attendu que les propos, s'ils ont été tenus, l'auraient été publiquement; qu'aux termes de l'article 29 de la loi du 26 mai 1819, et à défaut de poursuites dans les six mois, l'action publique est éteinte par la prescription ;

La Cour, sans approuver les motifs des premiers juges, dit qu'il a été bien jugé par le jugement dont est appel, en relaxant le prévenu des poursuites dirigées contre lui à raison de ces propos.

Sur la disposition de ce jugement, qui, en admettant des circonstances atténuantes, le déclare convaincu d'avoir, le 6 juillet dernier, outragé publiquement d'une manière quelconque, par paroles et menaces, le sieur Nicouleau, maire de Gençay, en sadite qualité, et le condamne à cent francs d'amende, et aux frais liquidés à 129 fr. 75 c. :

Adoptant les motifs des premiers juges, dit qu'il a été bien jugé par le jugement dont est appel; ordonne qu'il sera exécuté selon sa forme et teneur.

Du 14 novembre 1846. — Cour royale de Poitiers, ch. des appels correctionnels. — MM. Vincent-Molinière, président. — Béra, avocat général, concl. conf. — Pontois, avocat.

CHOSE JUGÉE. — ACQUITTEMENT. — POURSUITE NOUVELLE. — INFANTICIDE. — HOMICIDE INVOLONTAIRE.

L'acquittement prononcé au criminel ne s'oppose point à une poursuite ultérieure pour le même fait autrement qualifié.

Spécialement, une mère acquittée, par le jury, de l'accusation d'infanticide, peut encore être poursuivie correctionnellement, comme prévenue d'avoir, par imprudence ou négligence, occasionné la mort de son enfant.

Le ministère public contre Véronique Tardy.

La fille Véronique Tardy, poursuivie devant la Cour d'assises de la Vienne pour infanticide, a été acquittée le 6 février 1846, d'après une déclaration du jury ainsi conçue :

« Véronique Tardy, accusée, est-elle coupable d'avoir, dans » la nuit du 29 au 30 novembre 1845, volontairement donné » la mort à son enfant nouveau-né ? — Réponse : Non. »

Appelée plus tard devant le tribunal correctionnel de Châtellerault, comme prévenue d'avoir, le même jour, commis un homicide par imprudence, et d'avoir inhumé son enfant sans autorisation, Véronique Tardy a été condamnée, le 12 août 1846, à 2 ans d'emprisonnement et 50 fr. d'amende, par les motifs qui suivent :

« Attendu que la Cour d'assises était saisie d'un crime d'in- » fanticide ;

» Que le jury n'a eu à répondre qu'à la question de savoir » si Véronique Tardy avait volontairement donné la mort à » son enfant nouveau-né ;

» Attendu que le tribunal correctionnel, au contraire, n'est » saisi que d'un délit ;

» Qu'il n'a à décider que la question de savoir si la mort » de l'enfant dont la fille Véronique Tardy est accouchée n'a » pas été causée par l'imprudence de sa mère ;

» Attendu que cette question n'a pas été décidée par le jury; » qu'il n'y a donc pas chose jugée ;

» Le tribunal rejette la fin de non-recevoir, et, statuant au » fond :

» Attendu qu'il est pleinement justifié par l'instruction que » l'enfant de la fille Tardy était né viable, et qu'il a vécu ; » que cet enfant n'a succombé que faute de soins ;

» Attendu que cette privation de soins n'est due qu'à la » persistance que la fille Tardy a mise à cacher sa grossesse, » et à refuser de se faire entourer de secours au moment de » l'enfantement ;

» Qu'ainsi c'est par son imprudence que son enfant a suc- » combé ;

» Attendu que la fille Tardy a inhumé son enfant sans en

» avoir reçu l'autorisation préalable du maire de la com-
» mune ;

» Attendu que ces deux faits sont prévus et punis par les » art. 319 et 358 du Code pénal ;

» Attendu qu'en cas de conviction de plusieurs crimes ou » délits, la peine la plus forte doit seule être infligée ;

» Le tribunal, etc. »

Appel de Véronique Tardy.

Me *Duplaisset*, devant la Cour, a développé la fin de non-recevoir puisée dans la règle *non bis in idem*. (Voir le Journal criminel de Morin, n° 2944). Il s'étayait surtout de l'ancienne jurisprudence de la Cour, qui, jusqu'en l'année 1845, avait été conforme à la doctrine par lui émise. (D. 1838-2-38 et 1841-2-50.)

M. l'avocat général Béra a combattu cette doctrine, proscrite par l'arrêt de cassation rendu, chambres réunies, le 25 novembre 1841. (D. 42-1-30.)

ARRÊT.

La Cour, adoptant les motifs des premiers juges, confirme, etc.

Du 14 novembre 1846. — Cour royale de Poitiers, chambre des appels correctionnels. — MM. Vincent-Molinière, président. — Béra, avocat général, concl. conf. — Duplaisset, avocat.

DÉMENCE. — DÉLIT. — INTERDICTION. — MINISTÈRE PUBLIC. — SURSIS.

Un tribunal correctionnel, appelé à statuer sur la culpabilité d'un prévenu, n'a pas la faculté d'imposer au ministère public l'obligation de poursuivre préalablement l'interdiction de ce prévenu; il doit absoudre si la démence lui semble démontrée, ou condamner dans le cas contraire : surseoir à prononcer jusqu'à ce que la procédure d'interdiction ait été achevée, c'est ordonner une mesure insolite et que la loi n'autorise pas.

Le ministère public contre Percevaux.

Arrêté sous inculpation de mendicité à Châtellerault, François Percevaux avait été renvoyé devant le tribunal correctionnel de la même ville par une ordonnance de la chambre du conseil. Les réponses de ce prévenu à l'audience firent supposer aux juges qu'il était atteint d'aliénation mentale, et, par jugement du 10 novembre 1846, ils crurent devoir *surseoir à statuer sur le fait incriminé jusqu'à ce qu'il eût été prononcé sur son interdiction par les tribunaux civils.*

Appel de la part du procureur du roi.

A l'appui de cet appel, M. l'avocat général Béra a dit, en substance :

Les tribunaux répressifs doivent statuer dans l'état où l'affaire est soumise à leur appréciation. Si le prévenu leur semble en état de démence, il est de leur devoir de l'absoudre (article 64 du Code pénal); si la démence n'est pas suffisamment démontrée, ils peuvent recourir aux hommes de l'art pour éclairer leur religion.

Mais l'existence légale de l'aliénation mentale ne dépendra pas pour eux d'un jugement d'interdiction émanant des tribunaux civils, et il ne leur appartient pas d'imposer au ministère public une poursuite *préalable* en interdiction. D'après l'art. 491 du Code civil, ce n'est que dans l'hypothèse d'une *démence furieuse* que le procureur du roi est tenu d'agir; et l'art. 18 de la loi du 30 juin 1838 autorise les préfets à faire déposer dans les établissements publics les aliénés interdits ou *non interdits.*

ARRÊT.

Attendu qu'il résulte des circonstances de la cause, et spécialement des interrogatoires de Percevaux, tant devant les premiers juges que devant la Cour, qu'il est, et qu'il était, au temps du fait qui lui est imputé, en état de démence, ce qui dégage ce fait de tout caractère de culpabilité, aux termes de l'art. 65 du Code pénal;

Attendu que cet état de démence, qui n'a d'autre principe qu'une grande faiblesse d'esprit, ne présente aucun danger pour la société, et que le tribunal d'où vient l'appel avait tous les éléments nécessaires pour statuer définitivement sur la cause qui lui était soumise ;

Attendu que si, dans le cas de fureur, l'interdiction doit être provoquée par le ministère public, lorsqu'elle ne l'est pas par l'époux, ni par les parents du furieux, il lui est seulement facultatif de la provoquer, dans les cas d'imbécillité ou de démence, contre l'individu qui n'a ni époux, ni épouse, ni parents connus, mais qu'on ne peut lui imposer l'obligation de le faire ;

La Cour dit qu'il a été mal jugé par le jugement dont est appel ; émendant, renvoie l'inculpé des poursuites dirigées contre lui ; ordonne qu'il soit mis en liberté, s'il n'est retenu pour d'autres causes.

Du 3 décembre 1846. — Cour royale de Poitiers, chambre des appels correctionnels. — MM. Vincent-Molinière, président. — Béra, avocat général, concl. conf.

1° DÉLIT FORESTIER. — PEINE. — CUMUL. — 2° AUDIENCE. — PUBLICITÉ. — ARRÊT. — MENTION. — 3° CONDAMNÉ. — INTERDICTION LÉGALE. — PRÉVENU. — TUTEUR. — AMENDE. — CAPACITÉ.

L'art. 365 du Code d'instruction criminelle, qui prohibe le cumul des peines, n'est pas applicable aux matières forestières. — Spécialement, *l'adjudicataire poursuivi devant la juridiction criminelle pour apposition de fausses marques sur des arbres de sa coupe, et condamné, pour ce crime, à la peine de la reclusion, n'en doit pas moins être poursuivi et condamné, au correctionnel, à l'amende qu'il a encourue pour déficit ou mutilation d'arbres de réserve. (C. instr. crim., art. 365; Cod. for., art. 192, 194, 196 et 202.)*

Les arrêts, en matière correctionnelle, comprenant, dans un seul et même contexte, les débats, les motifs et la décision, la formule qui termine l'arrêt : ainsi jugé en audience publique, *s'applique à toutes les phases de l'affaire, et constate ainsi le fait de la publicité du débat pour toutes les audiences. (C. d'inst. crim., art. 190 et 211.)*

Le condamné, placé en état d'interdiction légale, par suite d'un arrêt emportant peine afflictive et infamante, a qualité pour dé-

fendre seul, et sans l'assistance du tuteur qui doit lui être donné, conformément à l'art. 29 du Code pénal, à une poursuite correctionnelle.

L'administration forestière contre Rabault.

Nous avons recueilli, p. 52 et suiv. de ce volume, un arrêt de la Cour de Poitiers, du 24 janvier 1846, jugeant que le principe du non-cumul des peines est un principe général applicable à toute matière, aux délits forestiers comme aux autres.

L'administration des forêts s'est pourvue en cassation contre cet arrêt.

Le prévenu, le sieur Rabault, qui avait obtenu gain de cause de ce chef, s'est pourvu, de son côté, du chef qui l'avait condamné à 7,513 fr. de restitution et à 7,662 fr. de dommages-intérêts envers l'Etat, pour déficit et mutilation d'arbres de réserve dans la coupe domaniale dont il s'était rendu adjudicataire.

Les moyens de l'un et de l'autre pourvoi sont suffisamment indiqués dans l'arrêt de cassation ci-après :

ARRÊT.

La Cour, — joignant les deux pourvois et y statuant :

En ce qui touche celui de François Rabault :

Sur le premier moyen, pris de la violation des art. 190 et 211 du Code d'instruction criminelle, en ce que la publicité des deux audiences consacrées au jugement du procès n'est constatée que par une disposition finale de l'arrêt :

Attendu qu'en matière de police correctionnelle, les arrêts comprenant, dans un seul et même contexte, les débats, les motifs, la décision, la formule qui les termine : *ainsi jugé et prononcé en audience publique*, se rapporte indistinctement à ces diverses phases de l'affaire ;

Sur le second moyen, tiré, d'une part, de ce que la juridiction correctionnelle aurait dû se déclarer incompétente pour statuer sur un fait qui ne pouvait plus entraîner que des conséquences civiles; d'autre part, sur ce qu'elle aurait irrégulièrement procédé, en n'accordant pas l'assistance d'un tuteur à un condamné qu'un arrêt antérieur de la Cour d'assises des Deux-Sèvres avait placé dans les liens de l'interdiction :

Attendu que la seconde poursuite, dérivant des mêmes procès-verbaux qui avaient servi de fondement à la première, avait légalement saisi la juridiction correctionnelle appelée à apprécier si, à raison de ces nouveaux faits, concomitants au crime réprimé par la Cour d'assises, le sieur Rabault était passible de nouvelles peines ;

Attendu, dès lors, que le sieur Rabault, comparaissant devant la chambre des appels de police correctionnelle de la Cour royale de Poitiers comme prévenu, avait droit uniquement aux garanties de droit commun qui lui ont été assurées à ce titre ;

Par ces motifs, et attendu, au surplus, que l'arrêt est régulier en sa forme, et qu'il n'en ressort aucun grief dont le demandeur soit fondé à se plaindre ;

Rejette son pourvoi, et le condamne à l'amende ;

En ce qui concerne le pourvoi de l'administration forestière :

Vu les art. 365 du Code d'instruction criminelle, 192, 194, 196, 202 du Code forestier :

Attendu, en fait, que des procès-verbaux réguliers, dressés par les agents forestiers de l'inspection de Niort, ont constaté, à la charge de François Rabault, adjudicataire d'une coupe dans la forêt domaniale de Chizé : 1° l'existence sur plusieurs arbres de fausses marques du marteau de l'Etat ; 2° un déficit de cent cinquante arbres de réserve et la mutilation de sept autres ;

Attendu que François Rabault, traduit, à raison du premier de ces faits, devant la Cour d'assises des Deux-Sèvres, a été, en vertu de l'art. 140 du Code pénal, condamné à cinq années de reclusion ;

Que, cité plus tard, à la requête de l'administration des forêts, devant le tribunal correctionnel de Niort, pour s'entendre condamner, à raison du double délit de déficit et de mutilation d'arbres de réserve, aux peines, restitutions et dommages-intérêts tels que de droit, il a été, par jugement de ce tribunal, confirmé sur appel par l'arrêt attaqué, condamné seulement à la restitution et aux dommages-intérêts, mais affranchi de l'amende, sur le fondement que la condamnation antérieure avait, par suite de la règle de non-cumul des peines, pleinement satisfait à la vindicte publique ;

Attendu, en droit, que tout fait pénal comporte l'application d'une peine spéciale, à moins qu'il n'en ait été autrement ordonné par la loi ;

Attendu que si l'art. 365 précité a dérogé à ce principe, en cas de conviction de plusieurs crimes ou délits, et si sa disposition doit, en général, être étendue à toute matière criminelle et correctionnelle, quelles que soient la législation qui la régit et la nature des peines que cette législation a édictées, il n'en peut être ainsi quand il est manifestement inconciliable avec le système de répression auquel se rapportent l'un ou plusieurs des faits compris dans une poursuite collective, ou se rattachant à une prévention qui, bien que divisée, a une source commune ;

Attendu que l'amende forestière, nonobstant son caractère pénal, est soumise à des règles qui lui sont propres; que le taux de cette amende se mesure, dans presque tous les cas, sur la quotité du dommage causé; qu'ainsi elle n'est pas invariable ; qu'aux termes de l'art. 202 du Code forestier, elle sert de point de départ à l'adjudication des dommages-intérêts; que cet article n'admet pas que cette adjudication ait lieu sans que l'amende ait été préalablement prononcée par le jugement ; qu'envisagée sous ces divers rapports, elle s'applique isolément, ou en cas de concours de l'un de ces délits avec un crime absorbé par une peine plus forte, sans détruire la proportion qui, en cette matière, est la base de la pénalité ;

Attendu, dès lors, que l'arrêt attaqué, en refusant de condamner Rabault à l'amende, a fait une fausse application de l'article précité du Code d'instruction criminelle, et violé les art. 192, 194, 196, 202 du Code forestier ;

Casse et annule, dans toutes ses dispositions, l'arrêt de la Cour royale de Poitiers, chambre des appels de police correctionnelle, en date du 24 janvier dernier ;

Et, pour être procédé et statué conformément à la loi sur l'appel du jugement correctionnel du tribunal de Niort, du 12 décembre 1845, renvoie la cause et les parties devant la Cour royale de Limoges, chambre des appels de police correctionnelle.

Du 5 septembre 1846. — Cour de cassation, ch. crim. — MM. de Crouseilhes, conseiller, faisant fonctions de président. — Rocher, rapporteur. — Nicias Gaillard, avocat général, concl. conf. — Morin et Chevalier, avocats.

CONTUMAX. — MODIFICATION DE L'ACCUSATION. — SUBSTITUTION D'UN DÉLIT A UN CRIME. — ARRESTATION DE L'ACCUSÉ. — EFFETS DE L'ARRÊT DE CONTUMACE.

Une Cour d'assises, jugeant par contumace, ne peut jamais condamner l'accusé pour un délit qui n'est qu'une modification du crime, objet de l'accusation (1). *En conséquence, lorsque le contumax est accusé de banqueroute frauduleuse, pour avoir, étant commerçant failli, détourné une partie de son actif, la Cour ne peut, tout en reconnaissant qu'il y a eu des détournements, et que ces détournements ont servi à payer quelques créanciers au préjudice de la masse, le condamner pour banqueroute simple.*

Lorsqu'un accusé contumax a été condamné, dans un cas semblable, pour banqueroute simple, la condamnation étant anéantie par l'arrestation, cet accusé se trouve définitivement acquitté du chef d'accusation de banqueroute frauduleuse, et ne peut être soumis aux débats devant le jury.

Le ministère public contre Fruger.

Le tribunal de Jonzac avait mis en prévention les nommés Fruger, commerçant failli, pour avoir détourné et dissimulé une partie de son actif; Sarrazin Jean et Pierre et le nommé Suire, pour avoir, dans l'intérêt du failli, soustrait, recélé ou dissimulé partie des biens meubles du failli, crimes prévus par les art. 591 et 593 C. com.

La chambre des mises en accusation de la Cour de Poitiers réforma cette ordonnauce; elle déclara n'y avoir lieu à suivre contre Suire; renvoya en police correctionnelle Jean et Pierre

(1) Ce principe paraît en opposition avec la jurisprudence constante de la Cour de cassation et les auteurs. — *V.* les autorités citées dans le cours de la discussion.

Sarrazin, par le motif qu'ils étaient créanciers légitimes du failli, et que si, à ce titre, ils avaient enlevé du domicile de celui-ci des valeurs mobilières, ils avaient agi dans leur intérêt personnel et non dans l'intérêt du failli; ils étaient donc prévenus d'avoir fait, avec ce dernier, des traités particuliers, desquels résultait en leur faveur un avantage à la charge de l'actif du failli.

Quant à Fruger, il fut renvoyé aux assises sous l'accusation de banqueroute frauduleuse, pour avoir, étant commerçant failli, détourné ou dissimulé tout ou partie de son actif.

6 mars 1846, jugement du tribunal correctionnel de Saintes qui acquitte Jean et Pierre Sarrazin, par le motif qu'ils étaient de bonne foi.

Le 20 août suivant, arrêt de la Cour d'assises du département de la Charente-Inférieure, qui condamne, *par contumace*, Fruger à la peine de deux années d'emprisonnement pour banqueroute simple, par le motif suivant :

« Attendu qu'il résulte des pièces de la procédure, dont » lecture a été prise par la Cour, que si Fruger a laissé en» lever par les nommés Sarrazin et Suire quelques-uns des » objets provenant de la faillite, ce fait, de sa part, ne con» stitue pas un détournement frauduleux, dans le sens de » l'art. 591 C. comm., mais seulement une dation en paye» ment, dans le sens du paragraphe 4, art. 585 du même Code; » qu'il n'a eu effectivement pour objet que de désintéresser » des créanciers légitimes dont la bonne foi a été reconnue par » jugement du tribunal correctionnel de Saintes, en date du » 6 mars 1846. »

Depuis cet arrêt, Fruger est arrêté et traduit devant le jury. Là, avant l'audition des témoins, est soulevée la question de savoir si, l'arrêt par contumace étant anéanti, et Fruger ayant été acquitté du crime qui faisait l'objet de l'accusation, cet individu peut être soumis aux débats.

Le ministère public examine donc les deux questions suivantes :

1° Une Cour d'assises, statuant par contumace, a-t-elle le droit de condamner directement, comme coupable d'un simple délit, l'individu qui est accusé d'un crime; en d'autres termes, peut-elle poser implicitement et résoudre une question subsidiaire ?

2° Lorsqu'elle a, par sa décision, transformé un crime en délit, le condamné doit-il purger sa contumace sur le tout ?

Ces deux questions lui paraissent devoir être résolues affirmativement. La première, selon lui, a seule de l'importance, et la solution en est facile, si l'on étudie historiquement les dispositions du Code d'instruction criminelle qui s'appliquent au jugement des contumaces. L'art. 476 notamment a été puisé dans le Code de brumaire an IV, qui l'avait lui-même emprunté à l'ordonnance criminelle de 1670 (tit. 17, art. 12). Le § 4 de l'art. 470 a été en partie puisé dans l'art. 15 du même titre de cette ordonnance.

Or, sous l'empire de l'ordonnance, les tribunaux criminels qui avaient plénitude de juridiction, et prononçaient *suivant les cas qui résultaient des procès*, usaient, sans conteste, du droit de transformer par leur décision le crime en délit, quand il leur apparaissait que l'accusé avait commis bien plutôt un délit qu'un crime.

Les questions soulevées par les anciens auteurs sur le délai de la prescription, en pareil cas, et sur la compétence des juges devant lesquels la contumace devait être purgée, témoignent, à cet égard, du droit qu'avaient les juges de réduire le fait qualifié crime aux proportions d'un simple délit; et cette pratique est d'autant plus à remarquer, que l'art. 15 précité porte que le jugement, en déclarant la contumace bien instruite, *en adjugera le profit.*

Sous l'empire du Code de brumaire an IV, les contumax étaient jugés avec le concours des jurés.

Les questions subsidiaires devaient alors être soumises aux jurés, comme cela a lieu aujourd'hui dans les affaires contradictoires, et les tribunaux criminels ne pouvaient plus les trancher d'office, comme sous le régime de l'ordonnance de 1670.

Plus tard, enfin, est venu le Code de 1808, dont les dispositions sont aujourd'hui en vigueur. L'art. 470 de ce Code, qui a supprimé le concours des jurés dans les affaires de contumace, n'a-t-il pas eu pour but de rendre aux Cours criminelles la plénitude de juridiction? Si cela est, les Cours d'assises ont donc aujourd'hui le droit de condamner pour un délit un homme accusé d'un crime, non pas seulement en éliminant les circonstances aggravantes relevées dans l'arrêt de renvoi, mais encore en appréciant, sous un autre point de vue, le fait matériel qui forme la base de l'accusation.

Toutefois il faut, comme condition essentielle, que le fait matériel reste le même; car il est sensible qu'on ne peut, à aucun titre, pas plus par contumace que contradictoirement, condamner un homme pour un fait nouveau dont il ne serait pas accusé.

Dans l'arrêt par contumace rendu contre Fruger, le 20 août 1846, la Cour d'assises n'a pas substitué un fait nouveau à celui qui était relevé dans l'arrêt de renvoi; elle a seulement eu égard aux circonstances de la cause, apprécié ce fait à sa juste valeur, et elle a dit qu'il constituait un délit et non pas un crime. Elle s'est fondée surtout sur un jugement du tribunal de Saintes, qui ne permettait plus de voir, dans les détournements prétendus frauduleux opérés par Fruger, autre chose qu'un payement effectué par lui au préjudice de la masse de ses créanciers; et il est important de remarquer que ce jugement, qui est, par rapport aux créanciers qui avaient reçu les marchandises, la contre-partie de l'accusation portée contre Fruger, a été rendu postérieurement à la mise en accusation de celui-ci.

En vain l'on dit qu'il n'y a point de questions subsidiaires possibles dans les affaires de contumace, parce que l'art. 338 ne les admet qu'en tant qu'elles résultent des débats, et qu'il n'y a pas de débats dans les jugements par contumace; cette objection manque de portée; car on peut retourner l'argument, et dire que c'est précisément parce qu'il n'y a pas de jurés pour résoudre les questions, qu'on n'en pose pas par écrit, et qu'il appartient dès lors à la Cour de faire seule, et avec plénitude de pouvoirs, ce qu'elle ne pourrait faire qu'avec le concours des jurés, si le jugement était contradictoire. Pourquoi donc les juges, qui peuvent acquitter pour le tout au contumace, ne pourraient-ils pas dégrader le fait qualifié crime par l'arrêt de renvoi et le restreindre aux proportions d'un délit? Pourquoi ne le pourraient-ils pas, si des faits judiciairement constatés dans l'intervalle, et, en tout cas, l'examen de la procédure, entraînent leur conscience à proclamer l'existence d'un délit correctionnel, et non pas celle d'un crime? Les Cours d'assises qui prononcent par contumace n'en sont pas réduites à homologuer l'arrêt de renvoi; elles ont puissance pour apprécier, en fait et en droit, l'accusation qui leur est déférée. Le dernier paragraphe de l'art. 470 est attributif de la juridiction, à l'exclusion des jurés; il est la base du pouvoir donné aux juges, il n'en est pas la limite (1).

Cette proposition étant établie, la solution de la seconde question, ajoute le ministère public, ne présente aucune difficulté. Il est de jurisprudence constante que le condamné doit purger sa contumace sur le tout, alors même qu'il n'a été condamné qu'à une peine correctionnelle. La Cour supérieure a consacré cette doctrine par un trop grand nombre d'arrêts pour qu'il soit besoin d'insister sur ce point (2). On ne voit point

(1) A l'appui de cette doctrine, *v.* conf. Merlin, *Rép.*, v° *contumace*, § 3, n° 6. « L'art. 476 C. inst. crim., dit Merlin, se coordonne nécessai» rement avec les autres dispositions du même Code. Ainsi nul doute » qu'en le rédigeant, le législateur n'eût l'esprit encore pénétré de l'art. 365 » du même Code, qui veut que l'accusé, déclaré coupable du fait matériel » qui lui était imputé à crime, soit condamné à des peines correctionnelles, » *toutes les fois que les débats réduisent ce fait à un simple délit.* Nul » doute par conséquent que, s'il était entré dans ses vues de ne pas com» prendre, dans la disposition de l'art. 476, le cas prévu par l'art. 365, il » n'eût dû le dire et ne l'eût dit formellement; et par conséquent encore, » nul doute qu'en s'abstenant *de toute exception dans l'art.* 476, il n'ait » voulu laisser à la disposition exprimée par cet article *toute la latitude* » *qu'annoncent les termes dans lesquels il l'a établie.* »

(2) La Cour de cassation a, en effet, toujours décidé que tout arrêt de condamnation rendu par contumace est anéanti de plein droit par la représentation du condamné, soit qu'il prononce des peines afflictives ou infamantes, soit que, *d'après le résultat des débats*, il ne prononce que des peines correctionnelles ou de police. Cass., 22 frimaire an VII, 29 ventôse an X, 13 ventôse an XI, 19 juillet 1813, 27 août 1819 et 1er juillet 1820 (J. P., à leur date). Dans l'espèce de ce dernier arrêt, une femme Grosbois avait été renvoyée devant les assises de la Haute-Saône, sous l'accusation de tentative de vol avec effraction et escalade. La Cour d'assises, procédant par coutumace, écarta la tentative de vol, et ne reconnut comme constant que le seul fait de l'effraction, qu'elle qualifia de délit de destruction de

pourquoi il faudrait distinguer entre le cas où le crime est devenu délit, par suite de la qualification nouvelle imprimée au fait principal, et celui où le fait principal a été amoindri par l'élimination des circonstances aggravantes. Il y a parité de raison, puisque, dans les deux hypothèses, le crime a été changé en délit.

Sur cet incident, le défenseur de l'accusé déclare s'en rapporter à la justice de la Cour.

ARRÊT.

La Cour, — attendu que François Fruger, forgeron, déclaré en faillite, avait été renvoyé devant la Cour d'assises de la Charente-Inférieure sous la *seule accusation* de banqueroute frauduleuse, sans alternative ni réserve pour un autre délit modificatif de cette qualification ;

Attendu que les arrêts de renvoi sont limitatifs dans l'examen des faits incriminés, et qu'il n'y a d'autre exception à ce principe de compétence, qui est un principe d'ordre public, que celle qui est spécialement autorisée par l'art. 338 C. inst. crim.; c'est-à-dire que, pour aggraver l'accusation par une circonstance ou pour l'atténuer par un fait nouveau dérivant

clôture; par suite, elle condamna l'accusée aux peines portées par l'art. 456 C. pén. — La femme Grosbois ayant été arrêtée et déférée à la Cour d'assises, on crut ne devoir établir le débat que sur le fait de destruction de clôture. — Le ministère public, qui avait demandé qu'elle fût jugée sur toutes les questions posées dans l'arrêt de renvoi, se pourvut en cassation, et l'arrêt de la Cour d'assises fut effectivement cassé pour violation de l'art. 476 C. inst. crim. Or il ne paraît pas que, dans cette affaire, qui que ce soit ait mis en doute le droit dont avait usé la Cour d'assises, de chercher dans une simple circonstance aggravante les éléments d'un délit principal. — La Cour d'assises de la Haute-Saône était saisie, il est vrai, de la question relative *à l'effraction, mais non pas comme fait principal;* et comme les circonstances aggravantes ne sont rien quand le fait principal est écarté, il est clair que ce n'est que subsidiairement qu'elle a pu trouver dans une de ces circonstances la base d'une condamnation correctionnelle. — La Cour d'assises de la Charente-Inférieure n'a pas eu besoin d'aller aussi loin; c'est dans l'appréciation de la question principale, *dont elle était saisie*, qu'elle a directement trouvé, en fait, les caractères d'un simple délit. *V.* Mangin, *Traité de l'action publique*, t. 2, p. 327, nos 397 et 398 ; Merlin, Rép., v° *contumace*, § 3.

du fait principal, il faut que la circonstance ou le fait *résulte des débats ;*

Attendu que François Fruger était en fuite ; qu'il a été et devait être, en cet état, jugé par la Cour, sans le jury, sans les témoins, en l'absence d'un défenseur, et sur la lecture des pièces du procès ; que, par conséquent, le président ni la Cour elle-même, qui, d'après l'art. 470 C. inst. crim., devaient, la procédure étant régulière, prononcer *sur l'accusation*, n'avaient le pouvoir de modifier, et surtout de changer, *hors de tout débat*, le titre primitif de cette accusation ;

Attendu que, par son arrêt du 20 août 1846, la Cour d'assises, jugeant par contumace, a déclaré que les faits relevés contre Fruger ne constituaient pas le crime de banqueroute frauduleuse ; qu'une pareille décision équivaut à un acquittement aussi solennel et aussi définitif que s'il fût résulté des réponses négatives du jury ;

Attendu que si, par le même arrêt, la Cour a condamné Fruger, pour banqueroute simple, à deux ans d'emprisonnement, elle n'a pu prononcer ainsi qu'en puisant dans l'instruction les éléments et les preuves d'un délit, tandis qu'elle n'avait à y rechercher que l'existence ou la non-existence d'un crime ;

Attendu qu'une telle condamnation, rendue, comme tout l'indique, hors des limites du droit, ne peut être, à l'égard de la justice actuelle, ni un lien pour l'application d'un fait qui échappe à sa compétence, ni un empêchement au maintien de la relaxance de l'accusé ;

Attendu, enfin, qu'en réduisant au néant le jugement rendu et les procédures faites contre un contumax *condamné*, quand il est repris, la loi, dans l'art. 476 C. inst. crim., n'a eu en vue que les décisions régulières qui préjudicient à l'accusé, et non celles qui, à la suite d'un acquittement *sur le chef unique* de l'accusation, seraient intervenues sur un autre fait non qualifié, et pris en dehors de ses prescriptions ;

Dit qu'il n'y a lieu d'ouvrir les débats sur l'accusation portée contre François Fruger ; déclare cette accusation purgée par l'arrêt du 20 août dernier, et ordonne que ledit Fruger sera remis sur-le-champ en liberté, s'il n'est retenu pour une autre cause.

Du 1er décembre 1846. — Cour d'assises de la Charente-Inférieure. — MM. Mosnier, conseiller à la Cour royale de Poitiers, président. — Duret, substitut, concl. contr. — Vacherie, avocat.

Le ministère public s'est pourvu en cassation contre cette décision; nous donnerons l'arrêt qui interviendra.

1° QUOTITÉ DISPONIBLE. — AVANCEMENT D'HOIRIE. — SUCCESSION. — ACCEPTATION. — LEGS. — PRÉCIPUT. — RÉDUCTION.

2° AVANCEMENT D'HOIRIE. — IMPUTATION. — QUOTITÉ DISPONIBLE. — RÉSERVE.

3° LEGS. — DÉLIVRANCE. — FRUITS.

La donation contractuelle faite par un père à l'un de ses enfants, à titre d'avancement d'hoirie, ne perd pas son caractère d'irrévocabilité par l'acceptation postérieure, de la part du donataire, de la succession du donateur. En conséquence, nonobstant une pareille acceptation, le don en avancement d'hoirie ne doit subir aucun retranchement, à raison des libéralités que fait plus tard le donateur; il ne peut être sujet à réduction que dans le cas où il excéderait la quotité disponible. (C. civ., art. 1082 *et* 1090.)

Lorsqu'un legs par préciput se trouve en concours avec des donations en avancement d'hoirie, si ces diverses libéralités excèdent la quotité disponible, c'est le legs qui doit d'abord supporter la réduction au profit des réservataires, sauf, après épuisement, à réduire à leur tour les dons en avancement d'hoirie, s'il y a lieu. (C. civ., 923.)

Le légataire du préciput a droit de demander que les dons en avancement d'hoirie, que les biens donnés soient ou non sortis de la main du donateur, soient fictivement réunis à la masse pour calculer la quotité disponible. Mais là se borne l'effet de cette réunion, et il ne peut pas en induire, alors qu'il resterait dans la succession des biens suffisants pour le prélèvement du préciput, qu'il a droit de prélever son legs en entier et de faire réduire les donations, si les libéralités entament la part des héritiers à réserve; car la réunion fictive équivaudrait ainsi à un rapport réel, qui ne peut être dû que par un cohéritier à son cohéritier. (C. civ., 857, 921 *et* 922.)

Le légataire de la portion disponible, qui est en même temps héritier, réunit sur sa tête deux qualités distinctes : il ne peut donc pas, lorsqu'il agit comme légataire, *se prévaloir de sa qualité* d'héritier *pour exiger le rapport des dons en avancement d'hoirie.*

Le don en avancement d'hoirie doit-il s'imputer sur la réserve de l'enfant donataire, ou sur la quotité disponible ? (Non résolu.) (1).

Les fruits sont dus par le légataire qui a été envoyé en possession de son legs, lorsque ce legs est devenu caduc par l'effet de l'action en réduction, et que cette action en réduction a, d'ailleurs, été exercée dans l'année du décès. (C. civ., art. 928.)

Fédas et la dame Noubel contre veuve Lacoste.

La jurisprudence, longtemps incertaine, s'est enfin fixée dans le sens des trois premières résolutions qui précèdent. Les autorités pour et contre sont citées dans les conclusions de M. l'avocat général.

L'arrêt que nous recueillons a une importance très-grande, non-seulement à raison des difficultés inhérentes à la matière, mais encore parce qu'il constate le dernier état de la jurisprudence sur les questions résumées plus haut. Cette importance justifie les développements que nous avons donnés à cette affaire.

15 décembre 1774, mariage de Raymond Fédas avec Marie Ballande. De ce mariage sont issus quatre enfants : Marie Fédas, mariée depuis à un sieur Noubel ; Léonard Fédas, Marie-Clotilde Fédas, devenue depuis femme Lacoste, et Rosalie Fédas, restée célibataire.

3 août 1792, décès de la mère.

18 janvier 1802, Fédas père, en mariant sa fille Marie avec Noubel, lui constitue en dot, à titre d'avancement d'hoirie, une somme de 20,000 fr., dont il s'oblige à lui payer la rente sur le pied de 4 p. 0/0, soit 800 fr. par année.

5 mai 1806, mariage de Léonard Fédas avec une Dlle Ballande. Il reçoit également de son père, en avancement d'hoirie,

(1) *V.* dans le sens de l'imputation sur la réserve, Lyon, 2 avril 1840 (D. 41-2-92) ; Paris, 17 mars 1846 (D. 46-2-106), et ci-après les autorités citées dans les conclusions de M. l'avocat général.

une dot de 19,000 fr., plus une somme de 1,000 fr. imputable sur la succession maternelle. Le père, en retenant le capital de la dot, s'oblige à en payer les intérêts à raison de 800 fr. par an.

Enfin, le 25 septembre 1810, Marie-Clotilde Fédas, en épousant Lacoste, est aussi dotée par son père, en avancement d'hoirie, d'une somme de 20,000 fr., imputable d'abord sur la succession maternelle.

25 octobre 1819, décès de Fédas père.

Il avait fait, à la date du 10 juillet 1816, un testament par lequel il léguait à la dame Lacoste, sa fille, sa maison de Cézerac et dépendances, ainsi que divers objets mobiliers; lui laissant le choix entre sa dot et le legs, à prendre l'un ou l'autre à titre de préciput.

En 1820, les quatre enfants opèrent entre eux le partage en nature des meubles de la succession.

On ignorait alors l'existence du testament. Il fut ultérieurement produit par la dame Lacoste, avec demande en délivrance de son legs.

Le 29 mai 1820, la dame Noubel passe au greffe un acte de renonciation à la succession, déclarant s'en tenir à la donation portée en son contrat de mariage.

21 janvier 1820, jugement du tribunal de première instance de Villeneuve, confirmé sur appel, qui, sur la demande en délivrance du legs, ordonne cette délivrance, mais sans préjudice de la demande en partage de la succession réservée à toutes parties, ainsi que tous droits en réduction du legs précipuaire, s'il y a lieu.

Le même jugement déclare la dame Noubel déchue de son droit de renonciation à la succession paternelle, comme ayant fait antérieurement acte d'héritière.

27 juillet 1820, demande en partage des immeubles héréditaires par les époux Lacoste, les meubles ayant été partagés antérieurement.

24 août 1820, jugement qui ordonne ce partage, et nomme des experts pour l'estimation des biens héréditaires, y compris ceux légués par préciput à la dame Lacoste:

« ..... Attendu, dit le jugement, qu'il pourrait arriver que le legs d'objets déterminés excéderait le préciput légué à la dame Lacoste et sa part dans la réserve ; qu'il faut donc que les objets légués soient estimés comme le reste de la succession, pour qu'il soit procédé par ébrèchement, s'il attaque la réserve, ou qu'il soit donné en complément à la dame Lacoste pour parfaire sa portion dans la réserve, s'il y échet. »

26 octobre 1822, rapport des experts.

Ils évaluent les immeubles de la succession à une somme de 79,854 fr. 13 c.;

Dont le quart pour chacun des enfants, 19,963 fr. 53 c.

Les lots sont faits en conséquence.

Quant aux biens légués à la dame Lacoste, les experts les estiment une somme de 30,429 fr. 94 c.

Du rapport des experts il résultait que la masse active de la succession, déduction faite des dettes, s'élevait à une somme de 88,169 fr. 84 c.; que la quotité disponible était, par conséquent, de 22,042 fr. 46 c.; que, par suite, le legs fait à la dame Lacoste présentait un excès de 8,387 fr. 48 c.

On plaida sur ce rapport.

Le sieur Fédas et la dame Noubel prétendirent que, sur la masse brute de la succession, s'élevant, suivant eux, à 117,971 fr., il fallait défalquer : 1° 60,000 fr. pour les dons en avancement d'hoirie; 2° 31,761 fr. 23 c. pour les dettes, et calculer sur le reste, montant à 26,209 fr. 77 c., la quotité disponible; que le legs, par conséquent, devait être réduit à 6,552 fr. 44 c.;

Que la prétention de la dame Lacoste de prendre son préciput sur la totalité des biens aurait pour effet de réduire, à son profit, les dons entre-vifs, auxquels le testateur n'avait pu porter atteinte par aucune disposition postérieure.

Ils conclurent, en conséquence, à ce que la dame Lacoste fût condamnée à leur délaisser des biens de son legs pour une somme de 23,877 fr. 50 c.; déclarant, au moyen de ce, ne pas s'opposer à l'homologation du rapport des experts, les frais pris sur la masse, et sous réserve de leurs droits comme créanciers, ainsi que de la fixation d'un chiffre exact pour les dettes.

La dame Lacoste conclut à l'homologation du rapport des experts, au tirage au sort des lots, et à la fixation de l'excès de son legs sur la quotité disponible à 8,387 fr. 48 c.; offrant d'abandonner, sur les biens légués, les objets les plus éloignés jusqu'à concurrence des trois quarts de ladite somme, l'autre quart lui revenant comme héritière, sans restitution de fruits, aucune demande en réduction de son legs n'ayant encore été formée, et sous réserve de tous règlements de compte pour dettes ou créances, les dettes n'ayant été évaluées à une somme de 51,761 fr. 25 c. que par approximation.

La Dlle Rosalie, tout en s'en rapportant à justice sur le fond du débat, éleva cependant certaines prétentions au sujet de répétitions qu'elle disait avoir à faire contre la succession.

7 août 1823, jugement dont appel.

Ce jugement considère qu'il ne s'agit pas de fixer sur quel genre de biens s'étend le préciput; s'il porte sur les biens déjà donnés, ainsi que sur les biens non donnés, ou sur ceux-ci seulement, question qui, on peut dire, divise le nord du midi; qu'il s'agit seulement de savoir si les objets légués en préciput excèdent la quotité disponible; s'il y a lieu à réduction...;

Que la dame Lacoste a le quart de la différence qui existe entre son legs et la portion disponible; que ce quart ne doit pas être détaché de son legs, puisqu'il lui appartient en qualité d'héritière...;

Qu'il est évident que la réduction du legs a été ordonnée par le jugement du 24 août 1820, qui ordonne le partage et nommément l'estimation du legs précipuaire, *pour être ébréché*, s'il y échet; que les époux Lacoste ne peuvent donc échapper à la restitution des fruits;

Que la prétention de la Dlle Rosalie à être créancière de la succession a élevé des réclamations qu'il est impossible de juger à l'audience; qu'il en est de même à l'égard des créances de Fédas, auxquelles la dame Lacoste oppose des compensations;... que le plus expédient est de renvoyer les parties devant un notaire...

Le tribunal, en conséquence, homologue le rapport des experts; ordonne que les quatre lots, tels qu'ils ont été fixés par lui, seront tirés au sort;

Ordonne que les experts retrancheront, sur les biens précipuaires, des fonds pour une somme de 6,290 fr. 61 c. (valeur des 3/4 de 8,387 fr. 48 c.), aux endroits les moins dommageables et les plus éloignés ; que les fonds ainsi retranchés seront divisés en trois lots, et que la dame Lacoste en restituera les fruits depuis son entrée en jouissance ;

Renvoie les parties devant le notaire Gorre, ou tout autre choisi par elles, pour être réglées de leurs prélèvements, dépens réservés ;

Les met hors d'instance sur les autres chefs de conclusions.

16 mars 1824, appel par Fédas et la dame Noubel, à l'encontre de la dame Lacoste seulement, du chef du jugement qui fait subir aux donations une réduction au profit de celle-ci, au lieu de la faire porter uniquement sur le legs.

Reprenant, en conséquence, leurs conclusions de première instance, ils demandent que le montant de leurs donations soit déduit de la masse héréditaire avant la fixation du legs, ou au moins que le montant desdites donations ne soit réuni que fictivement à la masse pour le calcul de la quotité disponible, ou autrement du legs précipuaire ; — acquiescement aux autres chefs du jugement.

Les époux Lacoste concluent à la confirmation.

1er septembre 1825, arrêt de la Cour d'Agen, qui,

« Attendu que les appelants sont venus à la succession comme héritiers de leur père ; que n'étant donataires qu'en avancement d'hoirie, ils ont dû rapporter le montant de leurs donations, afin de fixer et délivrer la réserve légale sur la masse totale des biens en faveur de chaque cohéritier ; que la portion disponible ayant été valablement donnée à la dame Lacoste n'a dû souffrir de réduction que pour compléter ladite réserve, après les rapports dont est parlé, et qu'il est improposable, dans l'état des choses, de soustraire les donations à ces rapports, en mettant toute la charge des réserves sur les biens donnés par préciput ; — adoptant, au surplus, les motifs des premiers juges, — confirme. »

14 juillet 1830, arrêt de la Cour de cassation qui casse celui de la Cour d'Agen, par le motif unique que cette Cour a jugé, en chambre de vacations, une affaire qui n'était pas urgente de sa nature (1).

(1) L'arrêt est rapporté par Dalloz, 1831-1-15.

L'affaire est renvoyée devant la Cour de Bordeaux.

Dans l'intervalle de l'appel à l'arrêt de la Cour d'Agen, les lots avaient été tirés au sort; le partage des 8,587 fr. 48 c., retranchés sur le legs, avait eu lieu en présence de toutes parties; elles avaient été mises d'accord sur le règlement des fruits, et le juge-commissaire avait procédé à la délivrance, mais sous la réserve, toutefois, des droits de chacun par rapport au jugement du 7 août 1825, et notamment de l'appel interjeté dudit jugement par le sieur Fédas et les époux Noubel.

1er janvier 1829, cession par Rosalie à la dame Lacoste, sa sœur, de ses droits successifs.

21 janvier 1835, arrêt de la Cour de Bordeaux confirmatif, comme celui de la Cour d'Agen, du jugement du 7 août 1825.

Cet arrêt porte, en substance :

Que, suivant les art. 913 et suiv. du Code civil, les héritiers à réserve ne peuvent se plaindre, lorsque, en venant à partage, ils trouvent la portion qui leur a été réservée; — que la loi a établi deux choses: la réserve en faveur de certains héritiers, et la liberté de disposer d'une partie de ses biens; que c'est aller contre la disposition de la loi que d'accorder à l'héritier à réserve un moyen détourné pour restreindre une libéralité qui n'est pas excessive, lorsque la loi donne elle-même un moyen simple et facile de maintenir la réserve avec la libéralité; — qu'il ne faut pas confondre les donations entre-vifs pures et simples avec les dons en avancement d'hoirie; que ceux-ci ne deviennent irrévocables que lorsque les donataires, qui sont aussi héritiers, répudient la succession du donateur; que, s'ils acceptent cette succession, ils sont tenus de rapporter les biens donnés.

2 mai 1838, nouvel arrêt de la Cour de cassation qui casse celui de la Cour de Bordeaux, et renvoie l'affaire devant la Cour de Poitiers (1).

30 août 1839, compromis entre le sieur Fédas, les époux Noubel et la dame Lacoste.

Pouvoir est donné aux arbitres d'opérer, conformément aux

(1) La Cour de Poitiers s'étant approprié, en grande partie, les motifs de cet arrêt, nous nous croyons dispensés de le rapporter. On le trouvera, du reste, ainsi que l'arrêt de la Cour de Bordeaux, dans Dalloz, 1838-1-185.

bases posées dans l'arrêt de la Cour de cassation, le partage définitif des successions paternelle et maternelle, et de procéder à tous comptes entre les parties, de manière qu'elles n'aient plus à former l'une contre l'autre aucune demande quant à ce.

Les arbitres, du reste, ne devaient opérer que sur les biens objet du legs précipuaire, le reste ayant été partagé et ne pouvant figurer que d'une manière fictive dans les calculs.

21 mai 1840, transaction entre les parties, par laquelle elles restreignent les pouvoirs des arbitres aux trois points suivants:

1° Déterminer la valeur brute de la succession paternelle;

2° Déterminer la valeur de la succession de la mère;

3° Fixer le montant des dettes du père.

Les arbitres fixent, en conséquence, comme il suit, les trois points remis à leur appréciation :

Valeur des biens composant l'hérédité paternelle,		119,921 fr. 07 c.
A déduire :		
Succession maternelle,	30,659 fr. 36 c.	56,501 28
Dettes du père,	25,841 92	
Net à partager,		63,419 79

C'est sur ces bases que les parties sont venues plaider devant la Cour de Poitiers, jugeant en audience solennelle.

La dame Lacoste oppose à l'appel du jugement du 7 août 1823 plusieurs fins de non-recevoir sans intérêt juridique pour le lecteur.

Au fond, elle conclut :

« *Au principal*, attendu qu'il y a lieu de confirmer le jugement du 7 août 1823, en tant qu'il *laisse* la quotité disponible à Mme Lacoste, d'abord à raison des moyens de droit qui ont servi de base à l'arrêt de Bordeaux, mais surtout, et abstraction même faite de ces moyens de droit, à raison des faits spéciaux à la cause et de la position que des jugements précédemment rendus avaient faite aux parties.

(Ici sont discutés des moyens tirés de la chose précédemment jugée, moyens qui péchaient en fait, et auxquels la Cour n'a pu ni dû avoir égard.)

» Attendu qu'accomplissant la mission qui leur était confiée par les jugements ci-dessus cités, les experts ont partagé les biens non légués en quatre lots s'élevant chacun à 19,965 fr., et qu'ils ont estimé les biens légués une somme de 30,429 fr. 82 c.;

» Attendu que, par son jugement du 7 août 1823, le tribunal de Villeneuve a ordonné que ces quatre lots seraient tirés au sort par les héritiers; que, calculant ensuite la réserve et la quotité disponible, conformément à l'art. 922 du Code civil, il a trouvé que, la quotité disponible étant de 22,042 fr. 34 c., le legs devait être réduit de 8,587 fr. 48 c.; qu'il a ordonné que Mme Lacoste garderait un quart de cette dernière valeur, soit 2,098 fr. 87 c., comme réservataire, et que les trois autres quarts seraient partagés entre les trois autres héritiers, qui recevraient, pour s'en remplir, des biens légués, mais les plus éloignés du château de Cézerac; que cette adjonction de 2,098 fr. 87 c. a porté chacun de leurs lots à 22,063 fr.;

» Attendu que l'exécution donnée par Fédas et les époux Noubel au jugement du 7 août 1823, soit en y acquiesçant envers la Dlle Rosalie Fédas, soit en tirant les lots au sort, prouve encore qu'il a bien jugé; qu'ainsi, sous tous les rapports, il y a lieu de confirmer ledit jugement, en tant qu'il *laisse* la quotité disponible à Mme Lacoste, en sa qualité de légataire;

» Attendu que les biens légués ont été estimés	50,429 fr.	»
» Que Mme Lacoste consent qu'on y ajoute la valeur des tapisseries réclamées,	190	»
» Ce qui porte la valeur du legs à	30,619	»

» Attendu que la transaction du 21 mai 1840 a fixé l'actif de la succession de Fédas père à	63,419 fr.	79 c.
» Que le quart de cette valeur nette, c'est-à-dire,	15,854	94
» Constitue la quotité disponible;		
» Qu'en déduisant des	30,619	»
» La valeur de cette quotité disponible, soit	15,854	94
» Il en résulte que le legs doit être réduit de	14,764	06

» Dont la moitié, pour Fédas et la dame Noubel, est de 7,382 fr. 05 c.

» Attendu que, sur cette somme, il leur a déjà été attribué la moitié des 8,387 fr. 48 c., réduits par le jugement dont est appel, soit 4,193 74

» Qu'ainsi il ne leur revient ensemble que 3,188 29

» Ou à chacun d'eux, 1,594 14

» Attendu que Mme Lacoste ne doit pas restituer les fruits de ce reliquat, parce qu'elle n'a joui qu'en vertu de jugements contradictoires avec ses adversaires, et qu'elle était de bonne foi;

» Attendu que, si la Cour croyait devoir condamner Mme Lacoste à tenir compte des revenus ou jouissances, elle les fixerait à deux et demi pour cent; car les biens n'ont même pas rendu ce produit, déduction faite des impôts et des frais d'exploitation; que rien ne s'oppose à ce que la Cour statue ainsi, puisqu'il n'est point vrai qu'on soit en instance devant le tribunal de Villeneuve sur la fixation des revenus de biens qui ne seront distraits du legs que par l'arrêt de la Cour;

» Attendu, *subsidiairement*, que les époux Noubel et Fédas ne peuvent pas, sur l'appel, prendre des conclusions établissant un système tout autre que celui qu'ils avaient soutenu devant les premiers juges; que c'est là former une nouvelle demande qui, d'après l'art. 464 du Code de procédure, ne peut être admise par la Cour;

» Attendu que la différence qui existe entre leurs conclusions sur l'appel et celles qu'ils avaient prises en première instance, ne consiste pas seulement dans les chiffres; que la différence porte sur le système de défense, ce qui fait que les nouvelles conclusions constituent une demande nouvelle;

» Attendu, en effet, que, dans leurs conclusions devant le tribunal de Villeneuve, la dame Noubel et Fédas prétendaient qu'il fallait distraire de la succession du père les dons en avancement d'hoirie et les dettes; que c'était sur le *reste* qu'on devait calculer la réserve et la quotité disponible; qu'ils reconnaissaient que la quotité disponible, ainsi déterminée, devait être laissée à Mme Lacoste, en qualité de légataire par préciput;

» Attendu qu'en suivant ce système, on ne doit pas déduire de la succession paternelle le don en avancement d'hoirie fait à Mme Lacoste, parce que ce don ne peut être rétorqué contre elle, et que, d'après le testament de son père, elle ne peut le cumuler avec le legs par préciput;

» Attendu que la succession de Raymond Fédas est de		119,921 fr. 07 c.
» Que les dettes, y compris la succession maternelle, s'élèvent à	56,501 28	
» Que la donation faite à la dame Noubel est de	20,000	95,501 »
» Celle faite à Léonard Fédas, de	19,000	
» Que, déduisant ces 95,501 fr. de la succession, il reste		24,420 fr. 07 c.
» Attendu que c'est sur ce reste qu'il faut, suivant les conclusions des adversaires en première instance, calculer la quotité disponible qui doit être laissée à Mme Lacoste, comme légataire;		
» Attendu que le quart de 24,420 fr. 07 c. est de		6,105 »
» Attendu qu'en défalquant cette dernière somme des 30,619 fr., montant du legs, on voit que ce legs se trouve trop fort de		24,514 »
» Dont la moitié pour les deux appelants est de		12,257 »
» Sur quoi il leur a déjà été attribué pour moitié des 8,387 fr. 48 c., montant de la réduction faite par le tribunal de Villeneuve;		4,193 »
» D'où il résulte qu'ensemble ils n'auraient droit qu'à		8,064 »
» Ou chacun d'eux, à		4,032 »

» Attendu, *très-subsidiairement*, que la dame Lacoste a formé sa demande en partage de la succession paternelle, en ses deux qualités d'héritière et de légataire par préciput; qu'elle a demandé ce qui lui revenait en ces deux qualités;

» Attendu que, si la Cour jugeait, contre toute attente, qu'en qualité de légataire, elle n'a pas droit à la quotité disponible, il lui resterait toujours sa qualité d'héritière et les prérogatives qui y sont attachées ;

» Attendu que les appelants, dans leurs conclusions devant la Cour, demandent qu'on procède au règlement complet et définitif de la succession de Fédas père ; qu'ils veulent qu'on leur attribue non-seulement leur réserve, mais encore toute la quotité disponible, enlevant ainsi une portion de son *droit héréditaire* à Mme Lacoste, et la réduisant à sa réserve ;

» Attendu que, dès qu'il s'agit de savoir comment doit être partagée la succession paternelle, la dame Lacoste peut, d'après l'article 464 du Code de procédure civile, faire valoir tous moyens servant de réponse aux prétentions de ses adversaires, et même ceux qu'elle n'aurait pas invoqués en première instance ;

» Attendu que l'arrêt de la Cour de cassation, qui n'a statué que sur les prétentions de Mme Lacoste comme légataire, ne s'oppose aucunement à ce qu'elle fasse valoir aujourd'hui le moyen tiré de sa qualité d'héritière ;

» Attendu, dès lors, qu'elle est autorisée à forcer, en cette dernière qualité, la dame Noubel et Léonard Fédas à rapporter leurs dons en avancement d'hoirie (art. 843 et 857), et qu'elle est fondée à demander que la succession soit partagée par portions égales ; qu'il ne peut pas s'élever de difficulté sur ce point, parce que la loi est positive, et qu'il serait à la fois injuste et absurde que la dame Noubel et Fédas, donataires *sans dispense de rapport*, fussent traités comme des donataires préciputaires, tandis que, dans l'intention de l'auteur commun, c'était à Mme Lacoste seule que cette qualité de préciputaire devait appartenir ; que, si son titre de légataire est inefficace pour lui faire attribuer la quotité disponible, elle a du moins la faculté d'exiger, comme héritière, que chaque héritier ait sa part héréditaire ;

» Attendu qu'il suit de là que la dame Noubel et Fédas ne peuvent avoir droit qu'à la moitié des objets compris dans le legs, c'est-à-dire à une valeur de 15,309 fr. »

» Le reste devant être conservé par Mme Lacoste, qui est cessionnaire des droits de la Dlle Rosalie Fédas ;

» Attendu qu'il leur a déjà été attribué, comme on l'a dit plus haut, 4,195 fr. 74 c.

» De telle sorte qu'il ne leur reste dû à tous deux que 11,215 »

ou à chacun 5,607 63

» A ce qu'il plaise à la Cour déclarer l'appel des époux Noubel et du sieur Fédas purement et simplement non recevable ;

» Et, dans le cas où il y aurait difficulté à le décider ainsi, statuant, au fond, sur le mérite dudit appel,

» Dire qu'il a été bien jugé par le jugement du 7 août 1825, en tant qu'il a *laissé* la quotité disponible, s'élevant à 15,854 fr. 94 c., à Mme Lacoste, en sa qualité de légataire par préciput; par suite, fixer à la somme de 1,594 fr. 14 c. ce qui revient aujourd'hui à chacun des appelants dans la succession du sieur Fédas père ;

» *Subsidiairement*, dire, conformément aux conclusions des appelants en première instance, que Mme Lacoste a le droit de prendre, comme légataire par préciput, une valeur de 6,105 fr., et fixer, en ce cas, ce qui revient aujourd'hui à chacun des appelants à 4,032 fr. ;

» *Très-subsidiairement*, dire au moins que, comme héritière, la dame Lacoste a le droit d'exiger que les dons en avancement d'hoirie soient rapportés réellement, pour que la succession du père commun soit partagée par portions égales ; par suite, fixer, en ce cas, ce qui revient aujourd'hui à chacun des appelants à 5,607 fr. 63 c.;

» Dire que Mme Lacoste ne doit pas être condamnée à la restitution des revenus de ce reliquat ;

» Et, pour le cas où la Cour croirait devoir l'y condamner, fixer les intérêts ou revenus de ce reliquat à deux et demi pour cent... »

Me *Gergères père*, avocat du barreau de Bordeaux, développe, au nom des appelants, les principes posés dans l'arrêt de cassation, et qui ont passé dans celui de la Cour de Poitiers.

Reprenant successivement chacune des questions du procès, M. l'avocat général, après discussion des fins de non-recevoir, qui ne lui paraissent aucunement fondées, arrive au point fondamental de la cause :

De quelle manière doit se calculer la quotité disponible, quand il y a des dons par avancement d'hoirie et acceptation de la succession par les donataires ?

Deux systèmes, dit M. l'avocat général, s'étaient produits sur cette question, vraiment épineuse, du droit.

Dans le premier de ces systèmes, on ne tenait aucun compte des dons en avancement d'hoirie; ces dons étaient réunis aux biens existant au moment du décès, et la quotité disponible était prise sur tous les biens, ainsi réunis, par le donataire ou le légataire à titre de préciput, qu'il se trouvât ou non, dans les biens existant lors du décès, de quoi la composer.

C'est le système adopté, dans la cause, par les Cours d'Agen et de Bordeaux.

Mais ce système a le tort de porter atteinte à la règle de l'irrévocabilité des donations entre-vifs, et d'être contraire à l'art. 857 du Code civil, qui déclare que le rapport n'est pas dû aux légataires, ainsi qu'à l'art. 921, portant que les légataires ne pourront demander la réduction des dispositions entre-vifs, ni en profiter.

Dans le second système, les biens donnés en avancement d'hoirie étaient, au regard des légataires, placés en dehors de la succession; ils n'en faisaient plus partie, et la quotité disponible devait se calculer uniquement sur les biens existant lors du décès.

Cette doctrine avait été professée par la Cour de cassation dans ses arrêts des 27 mars 1822, 12 février et 8 décembre 1824 (D. *Jur. gén.*, t. 5, p. 475, 478, et t. 12, p. 410).

Cette doctrine, en certains cas, comme celui de la cause, est défavorable aux réservataires; elle établit deux successions et deux quotités disponibles, et elle est manifestement contraire à l'art. 913, qui dispose que la quotité disponible est la moitié, le tiers, le quart des *biens* du disposant.

Les deux systèmes dont il vient d'être parlé étaient trop peu satisfaisants pour qu'un troisième tardât à se faire jour; et ce système consiste à réunir *fictivement* les biens donnés en avancement d'hoirie à ceux existant au jour du décès, pour calculer la quotité disponible, mais de manière que celle-ci ne puisse jamais être prise que sur les biens existant au décès.

Ce système est la conciliation des deux autres; il met en harmonie les art. 913 et 857, et il est une application directe de l'art. 922, qui renferme une disposition générale, disposition qu'on avait arbitrairement restreinte au cas où il s'agissait d'action en réduction formée par un héritier à réserve.

C'est le système définitivement adopté par la Cour de cassation dans l'arrêt des chambres réunies du 8 juillet 1826 (D. 26-1-514), et reproduit dans l'arrêt rendu dans la cause.

Appliquant cette dernière doctrine au procès, il en résulte, dit M. l'avocat général, que, la masse active de la succession Fédas père, déduction faite des dettes et de la succession maternelle, étant de

	63,419 fr.	79 c.
La quotité disponible sera de	15,854	94
La portion indisponible de	47,564	85
Dont le quart pour chaque enfant,	11,891	21

Reste à déterminer maintenant le prélèvement de la quotité disponible.

Les constitutions dotales faites à la dame Noubel et à Fédas, quoique faites en avancement d'hoirie, n'en sont pas moins de véritables donations; et, qu'elles s'imputent, ou non, sur la réserve, comme elles dépassent celle-ci, il devient impossible d'attribuer au légataire précipuaire, à la dame Lacoste, la totalité de la quotité disponible; autrement, comment payer les réserves Rosalie et Lacoste sans entamer les dons Noubel et Fédas? et comment porter atteinte à ces dons sans violer l'art. 923?

Il faut noter, dit M. l'avocat général, que nous ne considérons, en ce moment, la dame Lacoste que comme légataire: comme héritière, elle pourra, tant en son nom qu'en celui de Rosalie, dont elle est cessionnaire, demander le rapport des dons Fédas et Noubel; mais, comme légataire, elle ne peut ni demander ce rapport ni en profiter.

Deux systèmes sont aussi en présence pour l'imputation du don fait par avancement d'hoirie.

Dans le premier, l'imputation doit se faire sur la quotité disponible; autrement, dit-on, ce serait indirectement soumettre au rapport le don en avancement d'hoirie, et faire profiter le légataire de ce rapport.

C'est la doctrine de Toullier (t. 5, n° 116) et d'un arrêt de la Cour d'Agen du 28 décembre 1808 (D. *Jur. gén.*, t. 5, p. 423).

Si cette doctrine était la véritable, le don fait à la dame Noubel, mariée la première, aurait absorbé la quotité disponible; le don Fédas serait, par conséquent, inofficieux, et à plus forte raison le legs.

Dans le second système, le don doit s'imputer sur la réserve, et c'est, aux yeux de M. l'avocat général, la doctrine la plus rationnelle.

Cette imputation est la plus conforme à la nature du don en avancement d'hoirie; elle est la plus propre à faciliter les mariages et à maintenir l'autorité du père de famille.

Une telle imputation, fondée sur la volonté présumée du père de famille, peut, sans doute, être paralysée par la renonciation du successible donataire à la succession; mais c'est là une conséquence forcée et qui ne peut contrarier le principe.

Cette doctrine est celle de Ricard, *des donat.*, n° 1155; de Lebrun, *des succ.*, liv. 2, ch. 3, sect. 9; de Furgole, *des testam.*; et, parmi les auteurs modernes, de Levasseur, n° 158; de Grenier, *des donat.*, t. 2, n° 596; de Delvincourt, t. 2, p. 281, notes; de Duranton, t. 2, n° 280; de Favard, v^is *partage de succ.*, sect. 2, § 2.

On objecte vainement que c'est ouvrir le champ à la fraude, parce que les héritiers pourront s'entendre, et le donataire en avancement d'hoirie simuler une renonciation à l'hérédité, pour rendre le legs illusoire.

Mais, dans le cas d'imputation sur la quotité disponible, la condition du légataire ne serait pas meilleure, tandis qu'au cas opposé, il a toujours la ressource de rechercher et de combattre la fraude.

Toutefois, comme ce qui excède la réserve est imputable sur la quotité disponible, il peut arriver, comme dans la cause, que le légataire n'ait rien.

En effet, la masse nette à partager est de 63,419 fr. 79 c.
La quotité disponible de 15,854 94
Et la réserve de chaque enfant de 11,891 21
Or la dame Noubel a un don de 21,000 ». — Excès, 9,108 79
Fédas de 19,000 ». — Excès, 7,108 79

Total, 16,217 58

Ce qui présente un excès sur la quotité disponible de 362 64

Il ne peut être question de la constitution dotale de la dame Lacoste; car, indépendamment de ce qu'elle est postérieure en date aux dons Noubel et Fédas, le testament ne permet pas à la dame Lacoste de la cumuler avec le préciput.

On arrive au même résultat que ci-dessus, en opérant, comme le pratiquent le sieur Fédas et la dame Noubel, par retranchement de la masse à partager des dons en avancement d'hoirie :

Masse nette à partager,	63,419 fr.	79 c.
Dons Fédas et Noubel à retrancher,	40,000	»
Reste,	23,419	79
La réserve de Rosalie est de 11,891 21 } Celle de la dame Lacoste de 11,891 21 }	23,782	42

On voit qu'indépendamment de la caducité du legs, les dons Fédas et Noubel auront un léger retranchement à subir pour parfaire les réserves Lacoste et Rosalie; et ce retranchement est, comme on l'avait trouvé plus haut, de 362 fr. 64 c.

Le tribunal a donc eu tort de laisser la quotité disponible à la dame Lacoste, en se fondant sur ce que les biens étaient suffisants pour l'acquittement des dons en avancement d'hoirie; car, en agissant ainsi, il mettait les réserves Lacoste et Rosalie à la charge de ces dons : or aucune réduction ne peut être imposée aux dons entre-vifs avant l'épuisement des legs (article 923).

Vainement dit-on que la dame Lacoste et Rosalie trouveront leur réserve par le rapport des dons Fédas et Noubel, rapport qu'elles ont droit d'exiger comme héritières; ceci est un autre point de la cause. Le rapport n'a lieu qu'en vue d'établir l'égalité entre les *héritiers*, et, en ce moment, il s'agit de déterminer les droits d'un *légataire*.

Prouvé qu'il est que le legs de la dame Lacoste est caduc, que lui sert d'avoir la possession de fait des biens compris dans ce legs? La délivrance n'a pu lui donner que des droits éventuels, alors qu'il y a toujours eu réserve de l'action en réduction.

La caducité du legs ainsi établie en droit, M. l'avocat général démontre, par l'examen des procédures et jugements antérieurs, qu'aucune exception de chose jugée ne milite contre cette solution.

Mais les conclusions prises par les appelants devant les premiers juges ne sont-elles pas un obstacle d'un autre genre, et devant lequel les appelants doivent nécessairement succomber?

C'est l'objet des conclusions subsidiaires de la dame Lacoste.

Le système des appelants en première instance, dit la dame Lacoste, était qu'il fallait défalquer de la masse les dettes et les dons, et, sur le reste, calculer la réserve et la quotité disponible.

En rectifiant les chiffres, on opérait ainsi, dans ce système :

Masse brute,			119,921 fr.	07 c.
Dettes, y compris la succession de la mère,	56,501	28	116,501	28
Dons en avancement d'hoirie,	60,000	»		
Reste,			3,419	79
Dont le 1/4 disponible,			854	94

On voit, dit M. l'avocat général, que la somme à revenir à la dame Lacoste, pour son legs, serait bien minime, et ne vaudrait certainement pas le procès.

Dans leurs conclusions au jugement du 7 août 1823, Fédas et la dame Noubel arrivaient, pour le legs, à une somme de 6,552 fr. 44 c.; mais c'était qu'alors les dettes n'étaient évaluées qu'à 51,761 fr., au lieu de 56,501 fr. 28 c. auxquels elles ont été portées plus tard.

Mais, dit la dame Lacoste, il ne faut pas défalquer de la masse le don qui me concerne, puisqu'aux termes du testament, il ne doit pas se cumuler avec le préciput, et alors on a :

Masse brute,		119,924 fr.	07 c.
Dettes et succession de la mère,	56,501 28	95,504	28
Don Noubel,	20,000 »		
Don Fédas,	19,000 »		
Reste,		24,419	79
Dont le 1/4 disponible,		6,104	95

Mais d'abord, répond M. l'avocat général, si l'on arguë des conclusions de première instance, pour s'en faire une objection contre les conclusions actuelles des appelants, il faut prendre ces conclusions dans leur entier.

Puis, rien ne s'oppose à ce que les appelants changent leurs conclusions, en cause d'appel, parce que la demanderesse au procès, demanderesse en fixation et délivrance de son legs, est la dame Lacoste, et que l'art. 464 du Code de procédure, s'il dit qu'on ne pourra, en appel, former aucune demande nouvelle, ajoute aussitôt cette restriction : *à moins que la nouvelle demande ne soit la défense à l'action principale.*

Mais si la dame Lacoste, poursuit M. l'avocat général, n'a rien à prétendre, comme légataire, aux biens qui forment l'objet du préciput, il est manifeste que, comme héritière, elle a droit, de son chef, au quart de ces biens, et du chef de Rosalie, dont elle est cessionnaire, à un autre quart.

Sous ce rapport, M. l'avocat général adopte les dernières conclusions de l'intimée.

Quant à la restitution des fruits, par la dame Lacoste, de la portion de biens qu'elle doit délaisser à Fédas et à la dame Noubel, M. l'avocat général ne fait aucun doute que ces fruits ne soient dus.

La demande en réduction du legs, en effet, a suivi la demande en partage de la succession ; c'est ce qui résulte très-positivement du jugement du 24 août 1820, ordonnant ce partage; la demande en réduction a donc été formée dans l'année du décès, et les fruits sont dus, par conséquent, du jour de la prise de possession, conformément à l'art. 928 du Code civil.

Nous n'entrerons pas dans le développement des autres questions traitées par M. l'avocat général, l'arrêt, qui a adopté les conclusions de ce magistrat, les reproduisant suffisamment.

ARRÊT.

La Cour, — attendu, sur les fins de non-recevoir (résolu en fait);

Au fond, attendu qu'aux termes des articles 1082 et 1090 du Code civil, toutes les donations par contrat de mariage aux époux ou à l'un d'eux, soit qu'elles aient été faites par les père et mère et autres ascendants, soit qu'elles aient été faites par des parents collatéraux ou des étrangers, sont irrévocables, en ce sens que le donateur ne peut plus y porter atteinte par des dispositions à titre gratuit, si ce n'est pour sommes modiques, à titre de récompense ou autrement;

Qu'elles ne sont sujettes qu'à la réduction, dans le cas où elles excéderaient la quotité disponible;

Attendu que la loi n'établit aucune distinction entre les donations pures et simples et celles faites en avancement d'hoirie par un père en faveur d'un ou de plusieurs de ses enfants; que de pareilles donations sont une sorte de délégation faite sur la part revenant à l'enfant donataire dans la succession du donateur, et qu'elles sont toujours censées faites en avancement d'hoirie;

Attendu qu'aux termes de l'art. 857, le rapport dont parle l'art. 843 n'est dû que par le cohéritier à son cohéritier, et qu'il n'est pas dû aux légataires ni aux créanciers de la succession;

Attendu qu'aux termes de l'art. 921, la réduction des dispositions entre-vifs ne peut être demandée par les donataires, les légataires, ni les créanciers du défunt;

Attendu que, suivant les dispositions de l'art. 922, dans le cas prévu par l'art. 920, la réduction se détermine en formant une masse de tous les biens existant au décès du donateur: on y réunit fictivement ceux dont il a été disposé par donations entre-vifs, d'après leur état à l'époque des donations, et leur valeur au temps du décès du donateur; on calcule, sur tous ces biens, après en avoir déduit les dettes, quelle est, eu égard à la qualité des héritiers qu'il laisse, la quotité dont il a pu disposer;

Attendu que l'art. 923 dispose qu'il n'y aura jamais lieu à réduire les donations entre-vifs qu'après avoir épuisé la valeur de tous les biens compris dans les dispositions testamentaires;

Attendu que ces principes ont été méconnus par le jugement du 7 août 1823 dont est appel;

Attendu que Fédas, père des parties au procès, après avoir fait à Léonard Fédas, son fils, et à Marie Fédas, épouse Noubel, sa fille, des donations entre-vifs en avancement d'hoirie, a légué à Marie-Clotilde Fédas, sa fille, maintenant veuve Lacoste, des biens d'une valeur de plus de 50,000 fr.; que, par cette disposition testamentaire, il a excédé la quotité disponible, et qu'il y avait lieu de la réduire de cet excédant;

Attendu que la dame Lacoste, par son action en partage de la succession du père commun, a demandé sa division en quatre parties égales, après prélèvement à son profit de son legs précipuaire; qu'en procédant ainsi, elle a agi en qualité d'héritière;

Attendu que le jugement du 7 août 1823, au lieu de faire porter la totalité de la réduction des dispositions testamentaires de Fédas père en faveur de la dame Lacoste sur les biens désignés par le legs précipuaire qui les contenait, ne les en a grevés que d'une partie, et qu'il a fait peser le surplus sur les donations entre-vifs faites aux appelants; que ceux-ci ont interjeté appel de ce jugement seulement quant à ce, et qu'il y a lieu d'y faire droit;

Attendu que les estimations par experts des biens de la succession Fédas, faites en conformité des dispositions non attaquées dudit jugement, démontrent que les donations entre-vifs faites au profit des appelants, et montant ensemble à 40,000 fr., dépassent la quotité disponible de ladite succession;

Attendu qu'aux termes de l'art. 925 du Code civil, les dispositions testamentaires faites au profit de la dame Lacoste se trouvent caduques, à raison des circonstances, et qu'il n'y a pas lieu de s'en occuper;

Attendu qu'en raison des dispositions dudit jugement non

attaquées, et auxquelles il a été acquiescé par toutes les parties, il n'y a lieu, de la part de la Cour, que de déterminer les bases du partage de la succession Fédas d'après les conventions faites entre les parties;

Attendu que la dame Lacoste, après avoir demandé au jugement du 24 août 1820, comme héritière, le partage de la succession du père commun, a figuré, en la même qualité, au jugement du 7 août 1823; que le sieur Fédas et la dame Noubel ont été parties auxdites instances en la même qualité d'héritiers;

Attendu qu'il est constant, au procès, qu'au mois de mai 1840, les parties sont tombées d'accord :

1° Sur le montant de la masse brute de la succession du père commun à 119,921 fr. 07 c.

2° Que de cette masse il fallait déduire, pour le montant de la succession de la mère commune, dont celle du père était comptable,	50,659 56	}	56,501 28
Et, pour le montant des dettes de la succession du père,	25,841 92	}	
Au moyen de quoi, la succession du père était réduite à			63,419 79

Attendu qu'il est également constant que, par conventions du 1er janvier 1829, enregistrées, la Dlle Rosalie Fédas a cédé à la dame veuve Lacoste, sa sœur, tous ses droits dans les successions de ses père et mère;

Que Fédas et la dame Noubel sont convenus de partager entre eux, par égales portions, ce qui leur écherrait desdites successions;

Attendu que, par suite des opérations faites par experts, en exécution des dispositions non attaquées du jugement du 7 août 1823, quatre lots égaux ont été faits des immeubles de la succession de Fédas, autres que ceux qui étaient désignés par le legs précipuaire de la dame Lacoste; que ces lots ont été tirés au sort devant un juge commis par le tribunal de Villeneuve, et acceptés par les héritiers Fédas; qu'il ne reste plus à partager entre eux que les immeubles désignés par ledit legs et estimés par les experts, 30,429 fr. 95 c.

Attendu que la dame Lacoste a consenti à tenir compte à ladite succession de la somme de 190 fr. pour la valeur des tapisseries de la maison de Cézerac, réclamées par les appelants, 190 »

Que le restant des biens à partager est de valeur de 30,619 95

Attendu qu'à raison de la caducité du legs précipuaire fait au profit de la dame Lacoste, de la qualité d'héritiers de leur père prise par Fédas et par la dame Noubel, et de l'accord fait entre les parties, il n'y a lieu à aucuns prélèvements sur la succession paternelle, autres que ceux du montant de ses dettes acquittées par lesdits héritiers et de la valeur de la succession maternelle; que ladite valeur de 30,619 fr. 95 c., restant à partager de la succession paternelle, doit l'être en quatre portions égales, montant, pour chacun des héritiers, à 7,654 fr. 98 c.;

Attendu qu'une disposition non attaquée du jugement du 7 août 1823 avait ordonné une déduction, sur ladite somme de 30,619 fr. 95 c., de 8,387 fr. 48 c., dans lesquels les héritiers Fédas, autres que la dame Lacoste, auraient droit pour les trois quarts, montant à 6,290 fr. 61 c., et que les experts, qui avaient procédé à l'estimation de tous les biens-fonds, composeraient, des biens estimés et non partagés, trois lots égaux de chacun 2,096 fr. 87 c., qui seraient tirés au sort par les héritiers; que cette disposition a reçu son exécution, et que la somme de 7,654 fr. 98 c., allouée à chacun des héritiers Fédas, autres que la dame Lacoste, doit être reduite de ladite somme de 2,096 fr. 87 c.;

Attendu que, par une autre disposition non attaquée du même jugement, il a été ordonné que les parties se retireraient devers Me Gorre, notaire à Fumel, ou tout autre notaire qu'elles voudraient choisir, pour y régler leurs prélèvements;

... Attendu qu'il y a lieu également d'ordonner que, par les experts qui ont procédé à l'estimation de tous les biens-fonds de la succession Fédas, il sera fait, des parties desdits biens-fonds non partagés, deux lots égaux, chacun de valeur de 5,558 fr. 11 c., d'après l'estimation précédemment faite, lesquels seront attribués, l'un au sieur Fédas, l'autre à la dame Noubel, pour remplir chacun d'eux de ladite somme de 5,558 fr. 11 c., restant de ce qui leur revient dans lesdits biens, lesdits lots formés d'après les conditions prescrites par ledit jugement du 7 août 1823;

Attendu qu'à raison de ce que le procès dont il s'agit a pour objet un partage entre frère et sœurs, qu'ils succombent respectivement sur quelques points de leurs prétentions particulières, il y a lieu d'ordonner que tous les frais réservés, et ceux faits en cause d'appel, tant devant la Cour d'Agen, devant la Cour de Bordeaux, que devant la Cour de Poitiers, seront employés en frais de partage et prélevés sur les valeurs à partager, à l'exception des frais des arrêts cassés par la Cour de cassation;

Sans s'arrêter aux fins de non-recevoir proposées, qui sont déclarées mal fondées,

Déclare caduc le legs fait au profit de la dame Lacoste;

Fixe à 5,558 fr. 11 c. le restant des 7,654 fr. 98 c., revenant à Léonard Fédas, à pareille somme ce qui revient à la dame Noubel, chacun pour leur quart dans les 30,619 fr. 95 c., valeur des biens-fonds non partagés de la succession de feu Raymond Fédas père;

Ordonne que, par les experts qui ont estimé lesdits biens, et dont le rapport a été homologué, il sera fait, de partie desdits biens-fonds à partager, deux lots égaux, chacun de valeur de 5,558 fr. 11 c., lesquels seront attribués, l'un audit sieur Fédas, l'autre à ladite dame Noubel...;

Qu'il sera également procédé par les mêmes experts à la liquidation des fruits des biens-fonds compris dans ces deux lots, à partir de l'époque où la dame Lacoste en a eu la délivrance jusqu'au jour de leur estimation, au payement desquels fruits ladite dame veuve Lacoste est condamnée par le présent arrêt envers ledit sieur Fédas et ladite dame Noubel;

Ordonne que les parties se retireront devers un notaire pour y régler leurs prélèvements, ainsi qu'il a été ordonné par la seconde disposition non attaquée dudit jugement, etc.

Du 2 juillet 1841. — Cour royale de Poitiers, aud. solennelle, 1re et 2e ch. civ. — MM. Barbault de la Motte père, président. — Flandin, premier avocat général, concl. conf. — Gergères père et Abel Pervinquière, avocats. — Odilon Ranc et Peyrot, avoués.

1° DÉMENCE. — INTERDIT. — COUPS ET BLESSURES. — RESPONSABILITÉ CIVILE. — INTERVALLE LUCIDE. — PREUVE.

2° INTERDIT. — TUTEUR. — RESPONSABILITÉ. — FAUTE.

3° COUPS ET BLESSURES. — ACTION CIVILE. — COMPÉTENCE.

L'individu privé de raison ne peut encourir aucune responsabilité, ni civile, ni criminelle, à raison du fait dommageable par lui commis pendant son état de démence; mais il en est responsable quand il a commis ce fait dommageable dans un intervalle lucide. (*C. civ., art.* 1382; *Cod. pén., art.* 64.)

Pour être à l'abri de toute responsabilité, il ne suffit pas d'avoir été interdit par jugement avant le fait incriminé, l'interdit pouvant avoir commis ce fait dans un intervalle lucide.

Mais le jugement d'interdiction établit, en faveur de l'interdit, une présomption de démence, qui met à la charge de la partie plaignante la preuve que le fait qui lui a causé dommage a eu lieu pendant que l'interdit jouissait d'un degré de raison suffisant pour entraîner sa responsabilité.

Le tuteur d'un interdit ne peut être déclaré responsable des faits de celui-ci qu'autant qu'il y a eu, de sa part, faute ou négligence. (*C. civ., art.* 1383 *et* 1384.)

La faute ne peut résulter de ce que le tuteur, victime lui-même d'actes de violence pour lesquels il demande une réparation civile à l'interdit, n'a pas provoqué le dépôt de celui-ci dans un hospice d'aliénés, alors qu'il est établi que la fortune de l'interdit ne permettait pas de recourir à une pareille mesure.

L'action en réparation civile de coups et blessures qui ont occasionné une incapacité de travail de plus de vingt jours, est de la compétence du tribunal civil et non de celle du juge de paix. (*L.* 25 *mai* 1838, *art.* 5, § 5) (1).

(1) Décision du tribunal de première instance. — Conf. Nancy, 4 avril 1840 et 6 août 1842 (D. 40-2-192 et 43-2-95); Limoges, 26 août 1845 (D.

Baranger-Proust contre Pescher-Brechotteau.

En 1844, la femme Melle poursuivit l'interdiction de son mari, pour cause de démence.

Melle dut subir un interrogatoire à la chambre du conseil.

Cet interrogatoire constate qu'il se livrait, sans aucune espèce de motifs, envers sa femme à des violences habituelles; qu'en 1835, il prétendait avoir été ensorcelé par un sieur Chatonnet; que, deux ans avant l'action, il avait, à plusieurs reprises, reproché à la veuve Merland, sa voisine, de monter sur le toit de sa maison pour uriner, par la cheminée, dans les plats qui contenaient ses aliments, etc., etc.

Voici deux autres de ses réponses qui ont un trait plus direct à la cause actuelle :

« Il y a un an, lui dit-on, ne fîtes-vous pas plusieurs trous dans la cloison qui sépare votre chambre de votre cellier, pour voir si personne n'était caché dans cette dernière pièce. »

Il répond : « Je ne soupçonnais rien ; mais j'ai fait des trous dans la cloison pour voir ce qui se passait dans le cellier. »

» Pourquoi, lui demande-t-on, depuis quelque temps surtout, êtes-vous devenu si méchant, emportant les clefs de tous les meubles, privant votre mère et votre femme de leur nécessaire, vous emportant à tout propos, et maltraitant tous ceux qui vous approchent ? »

Il répond : « Je ne me mets point en colère ; je n'ôte pas les clefs du pain ; j'ôte celles du cellier, parce que j'ai peur qu'on en débonde les barriques et qu'on y introduise quelque chose pour empêcher de vendre mon vin. N'ayant pris personne sur le fait, je ne puis soupçonner personne; mais je crains qu'on ne s'introduise dans mon cellier pour empoisonner mon vin. »

L'interdiction fut prononcée par jugement du tribunal de la Rochelle du 15 février 1844.

Le conseil de famille nomma le sieur Pescher-Brechotteau pour tuteur à l'interdit.

45-2-143); Henrion de Pansey, *Comp. des jug. de paix*, ch. 19; Curasson, t. 1er, n° 636; Benech, *ib.*; Caron, *ib.*, n° 394; Bioche, *Dict. de proc.*, vis *juge de paix*, n° 208.

Au mois de février 1845, le tuteur faisait exécuter, par deux ouvriers, diverses réparations dans la maison de l'interdit. Au moment où il se présentait à la porte du cellier, avec la femme Melle et les deux ouvriers, pour y prendre du vin destiné au repas de ces derniers, Melle, qui s'y tenait caché, en sortit tout à coup, un couteau à la main, et se rua sur eux, en s'écriant : « Il faut que je tue l'un des trois. » Pescher-Brechotteau fut atteint, à la cuisse, d'un coup qui lui occasionna une grave blessure, et, par suite, une incapacité de travail qui dura cinq mois.

Celui-ci dirigea contre Melle, assisté du sieur Baranger-Proux, tuteur qu'il lui avait fait nommer *ad hoc*, une action civile pour le faire condamner, à raison de ce fait, à 2,000 fr. de dommages-intérêts.

Cette action fut portée devant le tribunal de la Rochelle.

Le défendeur opposa l'incompétence, prétendant que, s'agissant d'une voie de fait, l'action était du ressort de la justice de paix.

Il intervint, sur ce déclinatoire, le 17 juillet 1846, un jugement ainsi conçu :

« Le Tribunal, — attendu, en droit, que l'art. 5, § 5, de la loi du 25 mai 1838 range dans la classe des actions civiles, qui doivent être soumises à la juridiction des juges de paix, les actions pour *rixes et voies de fait ;*

» Attendu que le mot *rixes*, employé sans restriction, s'entend de simples querelles ou de querelles accompagnées de coups et blessures ;

» Qu'il ne peut être employé dans le premier sens, dans le paragraphe précité, puisque ce même paragraphe règle, en termes positifs, ce qui est relatif aux injures ;

» Qu'il suit de là que ces expressions *rixes ou voies de fait* sont l'équivalent de celles-ci : *coups et blessures*, ou *violences légères*, tout autant néanmoins que ces coups ou blessures, ou ces violences, constituent des délits correctionnels et non pas des crimes ;

» Que tel est le sens qui s'y rattache naturellement, et que, d'ailleurs, cette interprétation rentre parfaitement dans l'esprit de la loi du 25 mai 1838, laquelle a eu pour but, afin d'épargner aux parties des frais d'instance dispendieux, d'étendre la juridiction des juges de paix à beaucoup de questions de fait, qui jusque-là en étaient restées en dehors;

» Que, dans le paragraphe même précité, cette loi attribue aux juges de paix, statuant au civil, et à propos de diffamation verbale et d'injures publiques, la connaissance de faits qualifiés délits au criminel;

» Attendu que, dans l'espèce dont il s'agit, le demandeur principal se plaint d'un coup de couteau qui lui aurait été porté par le défendeur, et l'aurait empêché, pendant plus de vingt jours, de se livrer à aucun travail;

» Que ce fait, ainsi caractérisé, est du nombre de ceux que la loi qualifie de crimes, et que, par suite, le juge de paix ne saurait en connaître;

» Se déclare compétent, retient l'affaire, et ordonne qu'il sera plaidé au fond... »

Ce jugement ne fut pas frappé d'appel.

Au fond, Pescher-Brechotteau, tout en concluant, au principal, à la condamnation du sieur Melle aux 2,000 fr. réclamés, demandait, subsidiairement, à faire preuve par témoins des deux faits suivants:

« 1° Que, le 11 février 1845, le concluant étant dans la maison de Jacques Melle pour y surveiller les réparations qu'en sa qualité de tuteur, il faisait faire à ladite maison par Ferdinand Bœuf, charpentier, et Nicolier, vitrier, et ceux-ci désirant, vers trois heures après midi, faire collation, il se présenta, avec eux et la femme Melle, à la porte du cellier, pour y prendre un verre et du vin; que la femme Melle, qui avait apperçu son mari dans le cellier où il se tenait caché, lui ayant demandé un verre, il lui répondit qu'il n'en avait pas, et ajouta immédiatement, en tenant un couteau ouvert à la main: « Il faut que je tue l'un des trois; » qu'aussitôt il se dirigea sur le demandeur, lequel recula dans la cour et para, avec l'avant-bras, un premier coup de couteau que lui porta Melle, mais que, reculant toujours, il mit le pied sur une souche de vigne et tomba en avant; que Melle lui enfonça son couteau dans la cuisse droite et lui fit une blessure de 8 centimètres de profondeur sur 10 centimètres de longueur;

» 2° Que cette blessure a retenu le demandeur sur son lit durant 72 jours, et lui a occasionné une incapacité de travail qui a duré cinq mois. »

Plus subsidiairement, il demandait à prouver, en outre, que les faits posés avaient eu lieu sans aucune provocation de sa part.

Dans l'intérêt de Melle, on soutenait que, l'interdit étant incapable de discernement, il ne pouvait être responsable de ses actes, ni par conséquent être recherché, soit criminellement, soit civilement;

Que le fait imputé à Melle ne pouvait donc être considéré, à son égard, que comme un cas fortuit, sauf la responsabilité du tuteur;

Que Pescher-Brechotteau ne pouvait imputer qu'à lui-même la blessure qu'il avait reçue, en supposant qu'il n'y eût eu aucune provocation de sa part, puisque, comme tuteur de Melle, il savait que celui-ci avait fréquemment des accès de fureur; que c'était à lui à ne pas le laisser libre, à le faire entrer dans un hospice, par exemple; qu'il se devait donc, dans le cas dont il s'agit, garantie à lui-même, et ne pouvait s'adresser à l'être incapable qu'il avait précisément à surveiller et à contenir.

A l'égard des faits posés, le défendeur déclarait les dénier, et demandait, en tous cas, qu'ils fussent déclarés non pertinents et inadmissibles.

28 avril 1846, jugement dont suit la teneur :

Le Tribunal, — attendu que, si l'individu privé de sa raison ne peut encourir aucune responsabilité, ni civile ni criminelle, à raison des faits dommageables par lui commis pendant son état de démence, il en devient néanmoins responsable quand, avec l'usage de ses facultés, il a recouvré la conscience de la moralité de ses actions;

Qu'il ne suffit pas, pour être à l'abri de toute responsabilité, d'avoir été interdit par jugement; car, l'interdiction pouvant être prononcée contre celui dont l'état de démence présente des intervalles lucides souvent très-prolongés, il est impossible d'admettre qu'ayant eu le complet usage de sa raison au moment de l'action, il ne soit pas responsable du dommage que, par sa faute et avec connaissance, il a occasionné à autrui;

Attendu qu'il est soutenu par le demandeur que Melle, atteint d'une sorte de monomanie qui a dû suffire pour lui faire enlever l'administration de sa personne et de ses biens, conserve néanmoins assez d'intelligence pour savoir discerner le bien et le mal et apprécier la portée de ses actes;

Mais que, le jugement d'interdiction prononcé contre Melle constituant en sa faveur une présomption de démence, c'est à Pescher-Brechotteau qu'il appartient de prouver qu'au moment où le fait dont il se plaint a eu lieu, Melle jouissait d'un degré de raison suffisant pour entraîner sa responsabilité;

Attendu, d'autre part, que le tuteur d'un interdit ne peut être déclaré responsable des faits de celui qui est confié à sa garde que s'il y a eu de sa faute ou négligence, et qu'on ne peut pas dire que le fait reproché à Melle soit le résultat de la faute ou de la négligence de son tuteur, lequel n'a pas à s'imputer de n'avoir pas provoqué le dépôt de l'interdit dans une maison d'aliénés, puisqu'il est établi que la position de fortune de celui-ci ne permettait pas de recourir à une pareille mesure;

Le tribunal, avant faire droit au fond, admet le demandeur à prouver, tant par titres que par témoins, les faits ci-après qu'il déclare pertinents et admissibles.

Suivent les deux faits interloqués, auxquels le tribunal ajoute, d'office, le fait suivant :

« Que, dans les circonstances qui ont précédé et suivi la scène dont il vient d'être parlé, Melle a donné, tant dans ses paroles que dans ses actes, des signes non équivoques d'intelligence et de lucidité; »

La preuve contraire réservée.

Appel, au nom de l'interdit, par Baranger-Proux, de ce jugement interlocutoire.

Me *Babinet*, pour l'interdit, commence par établir la vérité de la doctrine posée dans le jugement, qu'en principe, l'individu privé de raison ne peut encourir, à raison de ses actes, aucune responsabilité, ni civile ni criminelle. Cette doctrine est celle de tous les auteurs : Pothier, *Oblig.*, n° 118; Proudhon, *Usuf.*, t. 3, n°s 1524 et suiv.; Duranton, t. 15, p. 736; Toullier, t. 2, p. 362; l. 5, § 2, ff. *ad leg. aquil.;* et l. 12, ff. *ad leg. corn. de sic.;* Lyon, 27 mai 1840, D. 41-2-2.

En vain dirait-on qu'à la différence de la responsabilité criminelle, celle de l'art. 1382 C. civ. n'exige pas une volonté coupable dans l'auteur du fait; que cet article, dans sa généralité, s'étend à des cas que la loi pénale n'a pas qualifiés; qu'il suffit de considérer s'il y a eu un préjudice souffert, pour que l'interdit, comme le mineur, soit obligé de le réparer.

Je réponds que la portée de l'art. 1382 est déterminée par ces mots : « Celui *par la faute* duquel le fait est arrivé. » Si cet article n'exige pas une culpabilité justiciable des tribunaux criminels; si la jurisprudence l'applique quelquefois à des cas où l'absolution de l'accusé écarte toute répression, il est au moins évident qu'il suppose, dans l'agent responsable, une liberté morale, une connaissance intelligente de ses actes, une rectitude d'appréciation qui peut se rencontrer dans un mineur même au-dessous de 16 ans, mais qui manque à l'interdit dans l'accès de son mal.

Il semble, d'ailleurs, que la loi se soit expliquée en faveur de l'interdit. Les articles du Code pénal 475, n° 6, et 479, n° 2, ont pour but de faire peser sur des tiers dont on peut accuser l'imprudence la responsabilité des actes du fou. Il n'existe rien de pareil pour les actes du mineur. N'est-ce pas qu'on s'est efforcé de pourvoir indirectement aux intérêts de la victime, alors que l'on refusait d'autoriser une action directe contre celui dont les actes sont des cas fortuits, dont l'état doit être rapproché, non pas du mineur, mais de l'être sans raison?

D'ailleurs la responsabilité légale des parents, d'après l'article 1384, étendue sans difficulté au tuteur du mineur par la jurisprudence, pèserait aussi sur le tuteur de l'interdit, dont la mission est de prendre, de concert avec les magistrats, tous moyens de prévenir les effets dangereux de la folie.

Il ne peut donc être question de responsabilité de l'interdit que si l'on suppose un intervalle lucide.

Divers arrêts, en effet, ont reconnu que, si l'intervalle lucide est prouvé, la responsabilité, même criminelle, a son cours, et que la protection, résultat du jugement d'interdiction, ne doit pas dégénérer en impunité. Rien de plus exact en théorie; mais ce système pourrait devenir bien dangereux en pratique, car la science constate l'affaiblissement de toutes les facultés comme le résultat persistant des accès de folie. (*V.* Rép. du J. du Palais, v° *démence*, n°s 22 et suiv.; Chauveau et Hélie, t. 2, p. 217; Briant et Chaudé, *Méd. légale*, p. 497.)

Les maladies mentales sont sujettes à des variations capricieuses, à des changements d'autant plus brusques que le défaut de suite et de transition dans les idées est leur caractère général. D'ailleurs tout délit, et surtout tout crime, est commis sous l'influence d'une passion qui altère plus ou moins la raison. Il ne suffit donc pas de rechercher si, à l'époque où le fait a été commis, l'interdit paraissait jouir d'un intervalle lucide ; il faut que l'on puisse distinguer clairement de sa folie, de ses préoccupations habituelles, cette passion sous l'influence de laquelle on placerait le fait préjudiciable, et s'assurer encore que l'altération organique de sa raison ne lui a pas ôté toute force pour résister à cette même passion, dont il eût été possible à un homme sain de triompher.

Ainsi, quand le délit, comme dans la cause, est un acte de violence commis, à l'entrée d'un cellier, par un interdit dont la préoccupation habituelle est la défense de ce cellier contre des empoisonnements imaginaires, à quels signes reconnaître l'intervalle lucide, pour n'attribuer l'acte qu'à une colère, à une haine qui appelleraient la répression, loin de l'écarter?

Il a été reconnu du reste, à plusieurs reprises, par la Cour, qu'on ne peut admettre d'intervalle lucide, quand la folie ne consiste pas dans des accès passagers, mais dans une monomanie, parce que la continuité de l'idée fixe qui la caractérise n'exclut pas une apparence de raison à tout autre égard. (Aff. Lenormand et autres, arrêt inédit.) Or Melle était précisément atteint de ce genre de folie.

La preuve, au surplus, qu'ont ordonnée les premiers juges, et qu'avec juste raison du moins, ils ont mise à la charge de l'adversaire de l'interdit, ne pourra jamais être concluante, si elle ne porte que sur le temps qui a précédé ou suivi, même immédiatement, l'acte incriminé ; l'enquête ne peut offrir d'éléments de conviction que si la lucidité est démontrée au moment même; or, comment arriver à cette dernière preuve qu'excluent, on peut le dire, les circonstances qui ont accompagné l'acte, non moins que l'absence de toute provocation de la part de la victime?

Les faits posés sont donc tout à fait inconcluants et inadmissibles.

Me *Pervinquière*, pour le sieur Pesher-Brechotteau, n'a pas essayé de combattre le principe, que les actes d'un homme en démence ne sauraient donner lieu contre lui à aucune action, ni civile ni criminelle; mais il a insisté sur l'exception que doit recevoir ce principe, quand l'acte a été commis, même par un interdit, dans un intervalle lucide.

Il invoquait, à cet égard, la loi 14, ff. *de off. præs.;* Muyard de Vouglans, p. 25; Jousse, sur l'art. 1er, tit. 28 de l'ordonn. de 1670; Carnot, t. 1er, p. 208; un arrêt de la Cour de cass. du 5 septembre 1828 (D. 28-1-408).

Le tribunal, a-t-il dit, ne pouvait donc se dispenser d'admettre son client à la preuve qu'il offrait d'administrer. On sait en effet, continuait l'avocat, que la folie n'est jamais permanente chez un individu, et qu'il reprend, à de certains intervalles plus ou moins fréquents, et qui durent plus ou moins de temps, suivant le caractère de la maladie, la plénitude de ses facultés intellectuelles.

Dès à présent même, on peut dire que la preuve offerte ne sera pas difficile à fournir, et qu'il y a une cause très-appréciable à l'acte de violence dont le sieur Melle s'est rendu coupable envers son tuteur; c'est le mécontentement qu'il éprouvait du jugement d'interdiction, jugement qui lui avait fait prendre en haine celui que la justice lui avait donné pour surveillant.

M. l'avocat général, en adhérant aux principes de droit qui ont été plaidés, réduit la cause à une pure question de fait. La preuve offerte est-elle concluante? Les faits articulés sont-ils pertinents et admissibles?

Si la preuve est inopérante en soi, il faut la repousser de prime abord, d'après le brocard de palais: *Frustrà probatur quod probatum non relevat.*

Or, la solution de cette première question dépend de la pertinence ou de la non-pertinence des faits admis en preuve.

Il faut se garder, en fait de preuve, de confondre les matières civiles avec les matières criminelles. Dans celles-ci, le juge n'est enchaîné par rien ; la loi ne lui trace aucune règle; il n'a à consulter que les inspirations de sa conscience. En matière civile, au contraire, la loi le circonscrit dans un cercle qu'il ne lui est pas permis de franchir.

Le Code de procédure veut que tout fait dont on demande à faire preuve soit précisé et articulé, pour que le juge, d'abord, vérifie s'il est concluant ; pour que le défendeur, ensuite, puisse se mettre en mesure de fournir la preuve contraire.

Or, qu'offrait de prouver Brechotteau devant les premiers juges? Que, dans les circonstances qu'il indiquait, il avait reçu de Melle un coup de couteau d'où était résulté pour lui une incapacité de travail qui avait duré cinq mois.

Mais cette preuve, à quoi pouvait-elle aboutir? A la constatation d'un fait matériel, voilà tout. L'articulation était donc insuffisante.

Le tribunal l'a senti ; aussi a-t-il ordonné, d'office, en usant du droit que lui conférait l'art. 254 C. proc., que Brechotteau prouverait, en outre, que, soit avant, soit après l'action, Melle avait donné des signes non équivoques d'intelligence et de lucidité.

Mais est-ce là un fait suffisamment précisé? Quoi de plus vague que cette articulation! Le tribunal ne doit pas plus être affranchi que les parties de l'obligation de circonstancier les faits qu'il admet en preuve, car il doit réserver au défendeur la preuve contraire ; et cette preuve devient impossible, quand les faits ne sont pas spécifiés de manière à offrir un corps auquel on puisse se prendre.

Ce n'est pas tout de dire qu'on prouvera l'intervalle lucide, il faut préciser les paroles, les faits, les actes d'où doit résulter la preuve de la lucidité.

Puis il ne suffit pas de démontrer que Melle jouissait, avant et après l'action, d'une raison suffisante pour lui donner conscience du bien et du mal ; il faudrait prouver que son intelligence ne l'avait pas abandonné durant l'action même ; car la folie n'arrive pas par gradation, elle éclate aussi prompte, aussi soudaine que l'impression qui la détermine, de même qu'elle peut disparaître avec elle.

Loin, d'ailleurs, qu'on puisse arriver à la preuve de l'intervalle lucide, l'acte imputé à Melle démontre, par lui-même, qu'il ne peut être que l'œuvre d'un fou.

Il est appris, en effet, par l'articulation, que Melle était caché dans son cellier quand Brechotteau s'y présenta avec la femme Melle et les deux ouvriers. L'interrogatoire subi par Melle, lors de son interdiction, nous révèle que Melle était possédé d'une idée fixe; qu'il craignait qu'on n'empoisonnât son vin, et qu'on ne débondât ses barriques. C'était donc sous la préoccupation de cette idée qu'il s'était caché dans son cellier, qu'il s'était armé de son couteau, et qu'en voyant plusieurs personnes se présenter à la porte, il s'était précipité sur elles, en s'écriant : « Il faut que je tue l'un des trois, » paroles qui ne s'adressaient pas plus à Brechotteau qu'à l'un ou à l'autre des ouvriers.

Sous tous les rapports donc, M. l'avocat général est d'avis que l'enquête ne doit pas être admise, et que Melle doit être renvoyé de la demande.

Après ces conclusions, l'avoué de Brechotteau se lève et demande à ajouter aux faits par lui posés en première instance, et renouvelés devant la Cour, l'articulation suivante :

« Que, depuis longtemps, pendant les jours qui ont précédé et immédiatement avant le crime, de même que dans les moments qui ont immédiatement et dans les jours qui ont suivi le crime, le sieur Melle a justifié par ses faits, ses conversations et ses actions, qu'il jouissait de la plénitude de son intelligence, de la sagacité de sa raison et de la lucidité de son esprit. »

ARRÊT.

La Cour, — adoptant les motifs des premiers juges;

Et attendu qu'il n'y a pas lieu de modifier, dans le sens des conclusions additionnelles de Me *Jolly* (l'avoué de Pescher-Brechotteau), la rédaction du troisième fait interloqué; — Confirme.

Du 29 décembre 1846. — Cour de Poitiers, 2e ch. civ. —

MM. Macaire, président. — Flandin, premier avocat général, concl. contr. — Babinet et Pervinquière, avocats. — Bouchard et Jolly, avoués.

Nota. La Cour, en ne s'arrêtant pas aux conclusions additionnelles de Me *Jolly*, a par là implicitement jugé que la preuve de l'intervalle lucide, ordonnée d'office par le tribunal, satisfaisait, dans les termes où elle avait été admise, au prescrit de la loi.

1° DÉLIT. — QUESTION PRÉJUDICIELLE. — SURSIS. — DILIGENCES. 2° POURVOI EN CASSATION. — PRÉVENUS. — DÉCHÉANCE. — ACTION. — INDIVISIBILITÉ.

Les art. 182 *et* 189 *du Code forestier, qui n'autorisent les tribunaux de répression, lorsque l'inculpé excipe d'un droit de propriété ou autre droit réel, à surseoir au jugement du délit que sous la condition que le jugement de sursis fixera un bref délai, dans lequel* la partie qui a élevé la question préjudicielle de propriété devra saisir les juges compétents de la connaissance du litige et justifier de ses diligences, *ne sont pas introductifs d'un droit spécial exclusivement relatif aux matières forestières, mais déclaratifs d'un principe de droit préexistant, applicable à toutes poursuites devant les tribunaux de répression.*

Il n'importe que la poursuite correctionnelle soit intentée à la requête du parquet ou d'une administration publique, ou à la requête d'un particulier; dans l'un comme dans l'autre cas, les diligences pour faire juger la question préjudicielle doivent être mises à la charge de la partie qui élève l'exception.

Le pourvoi en cassation formé, en matière de délit, par quelques-uns des prévenus, ne peut profiter à celui qui ne s'est pas pourvu en son nom personnel, bien qu'il figure dans l'acte de notification du pourvoi fait, à la requête de ses coprévenus, à la partie adverse.

Par contre, le défaut de pourvoi, de sa part, ne saurait préjudicier aux droits de ses coprévenus, ni faire acquérir au jugement, à l'égard de ceux-ci, l'autorité de la chose jugée, sur le motif d'une prétendue indivisibilité d'action.

Héritiers Lévrier contre Mironneau et autres.

Nous avons rapporté ci-dessus, p. 231, les faits de cette affaire, et nous avons donné à la discussion du point de droit, susceptible, à notre avis, d'une sérieuse controverse, des développements qui nous dispensent d'entrer dans de nouveaux détails.

Nous nous bornons donc à recueillir l'arrêt de cassation intervenu sur le pourvoi formé contre l'arrêt de la Cour de Poitiers.

ARRÊT.

La Cour, — en ce qui touche la fin de non-recevoir proposée contre le pourvoi par les intervenants, tirée de ce que Louis Lévrier, l'un des plaignants originaires, n'ayant pas formé de pourvoi en cassation contre l'arrêt attaqué, cet arrêt a acquis la force de la chose jugée vis-à-vis de lui, et même à l'égard des trois autres demandeurs en cassation, parce que, s'agissant de droits indivisibles, le défaut de pourvoi, de la part de l'un des ayants droit, doit, suivant les intervenants, entraîner la déchéance du pourvoi formé par les autres ayants droit en leur propre et privé nom :

Attendu qu'il est constant, en fait, que Louis Lévrier n'a point fait de déclaration de pourvoi contre l'arrêt de la Cour royale de Poitiers, chambre des appels de police correctionnelle, du 27 août 1846 ; que, s'il figure dans l'acte de notification du pourvoi fait à la requête des demandeurs en cassation aux défendeurs intervenants, cette circonstance ne peut avoir pour effet de suppléer à la déclaration de pourvoi que ledit Louis Lévrier n'a point faite ; que le pourvoi en cassation formé par Jean Lévrier, Laurent Lévrier et Pierre Moine, ses copoursuivants, ne saurait le relever du défaut de déclaration du pourvoi ; que l'abandon qu'il a fait ainsi du droit qui lui appartenait personnellement de se pourvoir en cassation ne peut non plus préjudicier aux droits de ses coplaignants qui ont formé, en temps utile, un pourvoi régulier, parce que ces droits n'ont point un caractère d'indivisibilité tel qu'ils ne puissent être abandonnés par l'un et exercés par les autres ;

La Cour déclare qu'il n'y a lieu à statuer en ce qui concerne Louis Lévrier ;

Et, faisant droit au pourvoi de Jean Lévrier, Laurent Lévrier et Pierre Moine ;

Sur le moyen tiré de la violation des art. 182 et 189 du Code forestier, en ce que l'arrêt attaqué, en renvoyant les parties devant le juge compétent, pour être statué sur l'exception préjudicielle de possession, propriété ou copropriété de la mare de *Faudret*, invoquée par Mironneau et consorts, inculpés défendeurs, *a laissé à la partie la plus diligente le soin de saisir le juge compétent qui devra prononcer sur cette exception*, au lieu d'imposer cette obligation, suivant la prescription de l'art. 182 du Code forestier, à la partie qui avait proposé cette exception :

Vu les art. 182 et 189 du Code forestier ;

Attendu, *en droit*, que les articles précités du Code forestier sur l'admission des questions préjudicielles ne sont pas introductifs d'un droit spécial exclusivement relatif aux matières forestières; qu'ils ne sont, au contraire, que déclaratifs d'un principe de droit préexistant fondé sur la maxime : *Feci, sed iure feci ;*

Attendu que ce principe est général et absolu ; qu'il s'applique, par conséquent, à tous les genres de délits et de contraventions, et à toutes les poursuites portées devant les tribunaux de répression, lors desquelles le prévenu excipe d'un droit de propriété ou autre droit réel qui serait de nature, dans le cas où il serait reconnu par l'autorité compétente, à ôter au fait qui sert de base aux poursuites tout caractère de délit ou de contravention ;

Attendu que l'art. 182 du Code forestier n'autorise les tribunaux de répression à prononcer le sursis dont il s'agit dans cet article, que sous la condition que le jugement de sursis fixera un bref délai dans lequel *la partie qui aura élevé la question préjudicielle de propriété devra saisir les juges compétents de la connaissance du litige et justifier de ses diligences ;*

Attendu que cette disposition doit être observée, soit qu'il s'agisse de poursuites intentées à la requête du ministère public, ou à la requête d'une administration publique, ou à la requête d'un particulier ;

Attendu, *en fait*, que Jean Mironneau et consorts, cités devant le tribunal de police correctionnelle de Civray, à la requête de Jean Lévrier et consorts, comme inculpés de délit de pêche et de soustraction de poisson dans la mare dite des *Douves de Faudret*, ont opposé à l'action correctionnelle dirigée contre eux une exception préjudicielle de possession, propriété ou copropriété, sur ladite mare de Faudret;

Attendu que, par jugement du 18 juillet 1846, le tribunal de police correctionnelle susdit a sursis, pendant trois mois, à prononcer sur l'action correctionnelle, et a ordonné que, durant ce délai, Mironneau et consorts seraient tenus de faire par-devant le juge compétent, à leur diligence, la preuve de l'exception par eux proposée;

Attendu que l'arrêt attaqué a infirmé ledit jugement en ce qu'il avait mis à la charge de Mironneau et consorts l'obligation de saisir, à leur diligence, le juge compétent du jugement de la question préjudicielle par eux élevée; et que, réformant quant à ce, ledit arrêt a renvoyé purement et simplement les parties devant les juges compétents, pour être, *à la poursuite de la partie la plus diligente*, procédé et statué sur la question préjudicielle élevée par Mironneau et consorts;

Attendu qu'en jugeant ainsi, et en ne mettant pas à la charge de la partie qui avait proposé l'exception préjudicielle de possession, de propriété ou copropriété, l'obligation d'enpoursuivre le jugement devant le juge compétent, l'arrêt attaqué a méconnu les principes du droit: *Reus excipiendo fit actor; onus probandi incumbit ei qui agit*, *ei qui dicit*, et a formellement violé les art. 182 et 189 du Code forestier;

Casse, etc.

Du 26 décembre 1846. — C. cassation, ch. crim. — MM. Laplagne-Barris, président. — Dehaussy de Robécourt, rapporteur. — Nicias Gaillard, avocat général, concl. conf. — Morin et Gatine, avocats.

1° DEGRÉ DE JURIDICTION. — DEMANDE COLLECTIVE. — CRÉANCE. — DÉBITEURS. — DIVISIBILITÉ.

2° VALEUR INDÉTERMINÉE. — OBLIGATION FACULTATIVE. — DERNIER RESSORT.

Sous l'empire de la loi du 11 avril 1838, comme sous celui de la loi du 24 août 1790, la demande formée par un créancier contre plusieurs débiteurs doit être jugée en dernier ressort, quand l'intérêt de chacun des débiteurs est inférieur à 1,500 fr., quoique le créancier n'ait pas divisé son action contre chacun d'eux, et qu'il ait conclu contre tous à l'adjudication d'une somme supérieure à 1,500 fr.

Lorsqu'une demande a pour objet une valeur indéterminée, mais qu'elle laisse au débiteur le choix de se libérer par le payement d'une somme inférieure à 1,500 fr., le jugement qui statue sur une pareille demande est en dernier ressort.

Lamontre contre Friconneau de la Motterie.

Au mois de juillet 1844, les frères Lamontre, copropriétaires par indivis d'un domaine, enlevèrent et firent transporter dans les granges de leur métairie des récoltes qu'ils croyaient leur appartenir, mais qui, en réalité, appartenaient au sieur Friconneau de la Motterie.

Ce fait motiva une action de la part de ce dernier. Cette action, qui ne fut dirigée que contre Elie Lamontre seul, avait pour objet de le faire contraindre à restituer en nature et à conduire dans les bâtiments de la métairie de Friconneau les gerbes de froment qu'il s'était indûment appropriées, sinon, et à faute de ce faire dans un certain délai, voir dire qu'Élie Lamontre serait condamné à lui payer 1,200 fr. pour la valeur du blé, et 400 fr. pour la valeur de la paille.

L'enlèvment dont se plaignait Friconneau était le fait des trois frères Lamontre, bien que son action n'eût été dirigée que contre un seul d'entre eux. Aussi les deux autres intervinrent-ils dans la cause devant le tribunal de Bourbon-Vendée, pour accepter la responsabilité de l'enlèvement de récolte qu'ils avaient fait.

Cette intervention ne fut point contestée par Friconneau de

la Motterie; et les conclusions qu'il prit à l'audience furent dirigées contre les trois frères Lamontre, et non plus contre Elie Lamontre seul. Du reste, ces conclusions ne changeaient rien au chiffre de la somme par lui demandée pour valeur du blé et de la paille.

Sur ces conclusions, il intervint un jugement du tribunal de Bourbon-Vendée, qui condamna les frères Lamontre, mais fixa, en cas de non-restitution de la récolte en nature, la valeur de cette même récolte à une somme inférieure à celle demandée par Friconneau.

« Considérant, dit le jugement, que les conclusions des demandeurs laissent aux défendeurs l'alternative ou de rendre ces récoltes, ou d'en payer la valeur, qu'ils fixent, pour le blé, à 1,200 fr., et pour la paille à 400 fr.; que cette estimation paraît exagérée; qu'il y a lieu de l'arbitrer ;

» Considérant qu'aucune contestation ne s'élève sur l'intervention de Ferdinand et Sidonie Lamontre; qu'il y a lieu, dès lors, de la recevoir ;

» Le tribunal reçoit Ferdinand et Sidonie Lamontre intervenants dans l'instance; et, statuant par jugement commun avec eux et le défendeur originaire, les condamne à restituer aux époux Friconneau de la Motterie toutes les gerbes de blé et la paille qu'ils ont enlevées, cette année, des champs de la grande métairie, et ce, dans vingt-quatre heures de la signification du présent jugement; sinon, et à défaut de ce faire, les condamne à payer aux époux de la Motterie la somme de 600 fr., etc. »

Appel de cette décision par Friconneau, par le motif que l'évaluation des premiers juges n'était pas exacte.

Les frères Lamontre ont opposé à Friconneau de la Motterie une fin de non-recevoir, tirée de ce que le jugement du tribunal de Bourbon-Vendée avait été rendu en dernier ressort.

Me *Fey* a dit, pour les intimés, que le taux du dernier ressort devait se fixer par les dernières conclusions qu'avait prises Friconneau de la Motterie; que sans doute, dans le principe, l'action formée par celui-ci était de nature à parcourir les deux degrés de juridiction, puisque c'était contre un seul défendeur qu'elle était formée, et qu'elle s'élevait à une somme supérieure à 1,500 fr.; mais qu'en ne contestant pas l'intervention des deux frères Lamontre, et en prenant contre trois les conclusions qu'il n'avait prises que contre un seul, il avait divisé son action, et que, par conséquent, l'affaire se trouvait renfermée dans les limites du dernier ressort.

Le sieur Friconneau, disait Me *Fey*, n'a point conclu à une condamnation solidaire; en demandant 1,600 fr. aux trois frères Lamontre, il ne réclame, en réalité, de chacun d'eux qu'une somme de 533 fr. 33 c.; et peu importe que les conclusions aient été prises collectivement contre tous, cette circonstance ne pouvant effacer la divisibilité nécessaire que la loi a établie entre plusieurs débiteurs, quand ils ne sont liés par aucune solidarité.

C'est ainsi que la question a été jugée plusieurs fois par la Cour. (Arrêts du 17 mars 1831, 28 janvier 1842; J. Palais, 1841, t. 2, p. 255; — 22 juillet 1845; Jour. des arrêts de la Cour, année 1845, p. 294.) Ces arrêts n'ont statué, il est vrai, que dans le cas d'une demande formée par plusieurs créanciers; mais les principes sont exactement les mêmes pour les demandes formées contre plusieurs débiteurs; car, si une créance se divise, par la force même de la loi, entre tous les ayants droit, il en est de même d'une dette.

Enfin l'avocat des sieurs Lamontre disait qu'en laissant à ses clients l'option de payer une certaine somme, à défaut de restitution des récoltes, le sieur Friconneau avait lui-même évalué l'intérêt de sa demande, et que, cette évaluation se trouvant inférieure au taux du dernier ressort, l'appel n'était pas recevable (1).

(1) Un arrêt rendu par la Cour le 21 juillet 1846, et rapporté ci-dessus, p. 265, paraît contraire; mais, en se pénétrant bien des circonstances de fait de ce dernier arrêt, on voit que l'espèce différait de la cause actuelle, en ce point que Pasquier, appelé par Duchesne en garantie de l'action intentée contre celui-ci par Brégeon, qui voulait le faire condamner à lui livrer 300 stères de bois, à raison de 26 fr. 50 c. les trois stères, *sinon à lui payer 500 fr. de dommages-intérêts*, se défendait de cette action en garantie, en déniant l'existence d'un engagement mis en avant par Duchesne comme fondement de la garantie, et qui aurait consisté, de la part de Pasquier, cessionnaire de Duchesne, à exécuter différentes ventes de bois consenties par ce dernier à divers particuliers. L'intérêt moral du procès ne se bornait

Me *Pervinquière*, dans l'intérêt du sieur Friconneau de la Motterie, soutenait que les conclusions qu'il avait prises devant le tribunal de première instance ne laissaient point une option aux défendeurs ; que ceux-ci n'étaient pas maîtres de ne lui offrir qu'une somme d'argent, mais qu'ils pouvaient, au contraire, être contraints à la restitution du blé et de la paille en nature. C'est Friconneau, ajoutait l'avocat, qui a le choix ou d'exiger les récoltes mêmes, ou de demander une somme d'argent ; or, si la valeur de ce second chef est déterminée, celle du premier ne l'est pas, et cette seule considération suffit pour que l'appel soit déclaré recevable.

M. Flandin, premier avocat général, a adopté pleinement les principes plaidés par l'intimé. Il a fait remarquer que l'option renfermée dans les conclusions de première instance pourrait d'autant moins être réservée à Friconneau de la Motterie que celui-ci n'avait pas fixé le nombre de gerbes qui avaient été prises à son préjudice, et qu'il ne pouvait pas exiger que les défendeurs reconduisissent ces gerbes à sa métairie, personne ne pouvant être précisément forcé à un fait. Il trouvait encore, dans les termes mêmes des conclusions, la preuve que l'option entre la restitution en nature et le payement d'une somme d'argent était laissée aux débiteurs, ce qui autorisait ceux-ci à se libérer par le payement d'une somme moindre de 1,500 fr., et renfermait la cause dans les limites du dernier ressort.

ARRÊT.

La Cour, — attendu que les appelants ayant conclu, devant les premiers juges, à ce que les intimés, à défaut de restitution en nature des gerbes de froment qu'Elie Lamontre s'était indûment appropriées à leur préjudice, fussent condamnés à leur payer 1,200 fr. pour le blé et 400 fr. pour la valeur de la

donc pas, pour Pasquier, à la valeur du litige existant entre Brégeon et Duchesne, sa condamnation devant impliquer l'existence de l'engagement dénié par lui, condamnation qui n'aurait pas eu, sans doute, dans un autre procès fondé sur la même cause, l'autorité de la chose jugée, mais qui aurait au moins formé un grave préjugé contre lui. Ce point de fait n'aura pas été sans influence sur la décision de la Cour.

paille, en tout 1,600 fr., ont fixé eux-mêmes à cette dernière somme l'importance du litige;

Attendu que, si, dans le principe, l'action a été dirigée contre Elie Lamontre seul, l'objet de la demande, par l'intervention de Ferdinand et Sidonie Lamontre, à l'effet d'y défendre au même titre que ledit Elie, leur frère, c'est-à-dire en leur qualité d'héritiers du père commun, s'est nécessairement trouvée divisée entre les trois défendeurs, et qu'alors l'intérêt du litige n'étant, pour chacun d'eux, que du tiers de la susdite somme de 1,600 fr., l'appel ne peut être reçu à l'égard d'aucun;

Déclare l'appel interjeté par la partie de *Jolly* (Friconneau de la Motterie) non recevable, etc.

Du 8 décembre 1846. — Cour royale de Poitiers, 2e ch. civ. — MM. Macaire, président. — Flandin, premier avocat général, concl. conf. — Fey et Pervinquière, avocats. — Rouillé et Jolly, avoués.

FRANÇAIS. — NATURALISATION A L'ÉTRANGER SANS AUTORISATION. — DÉCRET DU 26 AOUT 1811. — PÉNALITÉ. — FIN DE NON-RECEVOIR. — INCOMPÉTENCE. — INTERVENTION.

Le décret du 26 août 1811, qui punit de la privation de ses droits civils, en France, le Français qui s'est fait naturaliser en pays étranger sans l'autorisation du prince, a encore aujourd'hui force de loi. (Implicitement résolu.) (1).

Toutefois aucune action ne saurait être formée, en vertu de ce décret, de la part de l'héritier présomptif du Français ainsi naturalisé, que du vivant de ce dernier, soit parce que la mort naturelle ouvre ipso facto *au successible tous les droits auxquels il aurait pu prétendre par l'effet seul de la naturalisation opérée sans l'autorisation du prince, soit parce que* la privation des biens et des droits civils *que fait encourir au Français le fait de cette naturalisation, est une* pénalité, *et que la mort du prévenu, en éteignant l'action publique, met par cela même obstacle à l'exercice de l'action civile devant la juridiction à laquelle il eût appartenu de statuer sur l'action publique.*

(1) Voir les autorités citées dans la discussion.

Est recevable, dans l'instance introduite, sur requête, devant la Cour royale compétente, de la part de l'héritier présomptif du Français naturalisé en pays étranger sans l'autorisation du prince, pour réclamer à son profit les effets du décret du 26 août 1811, l'intervention de toutes parties qui prétendent des droits dans la succession de ce Français. (C. proc., art. 466.)

Epoux de Maynard contre les mineurs Plasse et autres.

Nous avons rapporté, t. 1er de ce Recueil, p. 62, avec tous les détails que comportait sa gravité, le procès mû entre la dame de Maynard et les enfants Plasse et Chopin. Voici un des épisodes de ce procès.

Nous ne rappellerons des faits que ce qu'il est essentiel d'en remettre sous les yeux du lecteur pour l'intelligence de ce point de la contestation.

En 1813, mariage, à Niort, de M. Grelet-Desprades avec Mlle Joubert-Dulandreau. De ce mariage est issue, en 1817, la dame de Maynard.

En 1835, séparation de corps des époux Grelet-Desprades, prononcée par jugement du tribunal civil de Niort, sur la demande et au profit de l'épouse. Le 20 avril 1836, Grelet-Desprades quitte la France et se rend en Suisse avec la Dlle Nancy Plasse, fille d'un liquoriste de Niort.

Le 15 juin suivant, les conseillers municipaux de la commune de Lauzen, canton de Bâle-Campagne, l'admettent, par une délibération écrite, au nombre de leurs concitoyens.

Le 5 juillet, conformément à l'avis du conseil exécutif, les membres du grand conseil du canton le déclarent bourgeois de la commune de Lauzen et citoyen de Bâle-Campagne, en lui imposant la condition de se soumettre à la constitution et à la loi du pays. M. Desprades paye 1,400 fr. pour droit de capitation pendant dix ans.

Devenu citoyen suisse par l'accomplissement de ces formalités, il épouse Nancy Plasse. Le mariage est célébré, le 19 juillet, à Liestal. Un certificat, délivré le lendemain aux deux époux, constate l'octroi fait à l'un et à l'autre de la qualité de citoyen suisse.

Le mariage accompli, Grelet-Desprades revient en France avec sa nouvelle épouse.

3 mai 1837, décès de Nancy Plasse, laissant une fille de son mariage.

Le 12 août 1837, le préfet des Deux-Sèvres raye le nom du sieur Desprades de la liste des électeurs, par le motif qu'étant naturalisé Suisse, il n'est plus Français.

En 1838, le sieur Desprades, songeant à une troisième union, après de vaines tentatives pour faire célébrer son mariage en France, retourne en Suisse avec une Dlle Euphémie Chopin, de la Rochelle, et l'y épouse; après quoi, il revient en France. Deux filles sont nées de ce nouveau mariage.

16 novembre 1841, décès de la demoiselle Dulandreau, femme Grelet-Desprades.

11 décembre 1842, décès de Grelet-Desprades à sa maison de la Mougeatterie, dans la commune de Souché (Deux-Sèvres).

Le juge de paix se transporte au domicile du défunt, pour y apposer les scellés.

Opposition par Euphémie Chopin, se disant veuve de Grelet-Desprades et tutrice de ses deux enfants, et par un sieur Plasse, se disant tuteur de la mineure issue du mariage de Grelet-Desprades avec Nancy Plasse. L'opposition est fondée sur ce que, Grelet-Desprades étant naturalisé Suisse, sa succession est régie par les lois suisses, et que, par conséquent, les tribunaux français sont sans qualité pour s'immiscer dans ladite succession.

L'incident porté en référé devant le président du tribunal, ce magistrat ordonne l'apposition des scellés comme mesure conservatoire.

Puis la dame de Maynard, se disant seule fille légitime, et, à ce titre, unique héritière de Grelet-Desprades, saisit le tribunal de Niort d'une demande en rectification des actes de l'état civil inscrits aux registres de la commune de Souché, qui donnent à Nancy Plasse et à Euphémie Chopin la qualité d'épouses légitimes, et à leurs enfants celle d'enfants légitimes de Grelet-Desprades.

Au cours de cette instance, et sans y préjudicier, requête est présentée à la Cour par la dame de Maynard, en vertu du décret du 26 août 1811, pour faire décider que Grelet-Desprades s'étant fait naturaliser en Suisse, en 1836, *sans l'autorisation du roi*, a encouru la pénalité de ce décret, c'est-à-dire qu'il a perdu, de ce moment même, ses droits civils en France, et que sa succession s'y est immédiatement ouverte au profit d'elle, dame de Maynard, sa fille, et sa seule et unique héritière.

Voici ce que portent les art. 1er, 6, 7, 8 et 9 de ce décret :

« Art. 1er. Aucun Français ne peut être naturalisé en pays étranger sans notre autorisation.

» Art. 6. Tout Français naturalisé en pays étranger, sans notre autorisation, encourra la perte de ses biens, qui seront confisqués. Il n'aura plus le droit de succéder; et toutes les successions qui viendront à lui échoir passeront à celui qui est appelé, après lui, à les recueillir, pourvu qu'il soit regnicole.

» Art. 7. Il sera constaté par-devant la Cour du dernier domicile du prévenu, à la diligence de notre procureur général, ou *sur la requête de la partie civile intéressée*, que l'individu, s'étant fait naturaliser en pays étranger sans notre autorisation, a perdu ses droits civils en France ; et en conséquence, la succession ouverte à son profit sera adjugée à qui de droit.

» Art. 8. Les individus dont la naturalisation en pays étranger sans notre autorisation aurait été constatée, ainsi qu'il est dit en l'article précédent, et qui auraient reçu distinctement, ou par transmission, des titres institués par le sénatus-consulte du 14 août 1806, en seront déchus.

» Art. 9. Ces titres et les biens y attachés seront dévolus à la personne restée française, appelée selon les lois, sauf les droits de la *femme*, qui seront réglés *comme en cas de viduité.* »

Me Pervinquière, pour la dame de Maynard, examine les questions suivantes :

1° Le décret du 26 août 1811 a-t-il force de loi obligatoire ?

2° A-t-il été abrogé, soit par des lois postérieures, soit par la désuétude ?

3° L'abolition de la confiscation a-t-elle profité au Français qui, depuis cette abolition, s'est fait naturaliser en pays étranger sans l'autorisation du roi, ou ses biens ont-ils été dévolus à son héritier le plus proche, au moment de sa naturalisation ?

Et d'abord, quant à la forme, l'action, dit l'avocat, a été régulièrement et valablement formée.

En effet, l'article 7 du décret porte que c'est à la diligence de M. le procureur général, ou *sur la requête de la partie civile intéressée*, que la Cour doit faire la constatation mentionnée audit article. Mme de Maynard se conforme exactement à cette disposition, en saisissant la Cour par une requête. Elle ne devait ni ne pouvait porter la cause devant elle par un exploit d'assignation. Les termes de l'article sont précis à cet égard : ils veulent une requête, et non une assignation ; et le décret l'a décidé ainsi, parce qu'il ne s'agit que de *constater un fait*. D'ailleurs Mme de Maynard n'avait personne à assigner. Les enfants des filles Plasse et Chopin n'étant nés qu'après la naturalisation de M. Desprades, elle ne pouvait les considérer comme des contradicteurs légitimes. En les assignant devant la Cour, elle se serait mise, en quelque sorte, en opposition avec le système qu'elle veut suivre et faire accueillir. En admettant même, par pure hypothèse, que les derniers mariages de M. Desprades fussent réguliers et valables en Suisse, l'existence des enfants qui en seraient issus ne pourrait jamais faire obstacle à l'application du décret de 1811, parce que les conséquences de ce décret étaient un fait accompli et avaient frappé M. Desprades avant la naissance de ces enfants, et même avant la célébration desdits mariages. Que Mme de Maynard ait assigné les filles des demoiselles Plasse et Chopin devant le tribunal de Niort, pour voir rectifier les actes de l'état civil ci-dessus indiqués, cela se conçoit, parce que ces actes les concernaient, et qu'elles y étaient spécialement dénommées. Mais rien ne l'obligeait à les appeler devant la Cour pour voir exécuter l'article 7 du décret. Si elles attaquaient plus tard, par une voie quelconque, l'arrêt qu'elle sollicite, elle aviserait alors aux moyens de se défendre.

Le décès de M. Grelet-Desprades ne peut pas être non plus un motif de repousser la requête de Mme de Maynard. L'article 7 du décret n'exige point que la constatation dont il parle soit faite contradictoirement avec le Français qui a été naturalisé en pays étranger sans autorisation, ni qu'elle ait lieu de son vivant. Il n'y a aucune expression, dans cet article, d'où l'on puisse tirer de pareilles conséquences, et la nature même des choses y résiste essentiellement.

D'abord, en effet, le Français naturalisé en pays étranger sans autorisation perdant tous ses droits civils en France, il eût été dérisoire de lui reconnaître la capacité de figurer devant les tribunaux civils français.

D'un autre côté, si l'auteur du décret eût entendu que la perte des droits de ce Français serait nécessairement constatée de son vivant, il eût lui-même, sans motif raisonnable et pour des cas fréquents, anéanti ou paralysé les effets de son décret. Par exemple, d'après l'article 6, le fait seul de la naturalisation sans autorisation rend le Français, ainsi naturalisé, incapable de succéder; et toutes les successions qui viennent à lui échoir passent au regnicole qui est appelé, après lui, à les recueillir. Supposez donc qu'un Français se soit fait naturaliser en Russie le 2 janvier 1843 : une succession s'ouvre à son profit le 20 janvier, et ce n'est que deux ou trois mois après qu'on apprend, en France, la naturalisation et en même temps la mort du Français naturalisé, arrivée dans les premiers jours de février. Dans ce cas et d'autres analogues, les parties intéressées n'auront pas pu agir du vivant de ce Français pour faire constater la naturalisation non autorisée. Est-ce que la succession ouverte le 20 janvier, après sa naturalisation, aura été recueillie par lui? Est-ce qu'il l'aura transmise à ses propres héritiers au préjudice du ou des regnicoles appelés par le décret?

Les termes et l'esprit des articles 6 et 7 du décret s'accordent donc pour faire décider que l'arrêt, qui constate que la naturalisation a eu lieu sans autorisation, peut être sollicité et rendu après la mort du Français naturalisé.

Peu importe, du reste, le temps qui s'écoule entre le jour où l'on reçoit la nouvelle de la naturalisation en France, et le moment où l'on se pourvoit devant la Cour, pourvu qu'on ne laisse pas s'accomplir le délai de la prescription.

Si l'on considère qu'il s'agit d'une question d'état et de capacité, il est certain que l'état et la capacité d'une personne peuvent être examinés après sa mort. Les lois romaines permettaient de constater l'état d'un homme seulement dans les cinq ans qui suivaient son décès. Il ne s'est pas écoulé cinq ans depuis la mort de M. Desprades. Mais il est reconnu par tous les auteurs que ces lois romaines ne s'appliquent pas en France, et que, chez nous, on peut agiter des questions de cette nature après la mort de celui dont il s'agit, tant que la prescription de trente ans n'est pas acquise.

Ce n'est pas, au surplus, l'arrêt de constat rendu par la Cour royale qui inflige au Français naturalisé sans autorisation la perte de ses biens et de ses droits civils et l'incapacité de succéder. D'après l'article 6 du décret, il les encourt *de plein droit* du jour même où il a obtenu la naturalisation (Merlin, vº *Français*, t. 16, add., p. 376); de sorte qu'elles sont toujours encourues par lui de son vivant, quoique l'arrêt de constat n'intervienne qu'après sa mort.

Il ne faut donc pas confondre le droit que le décret crée pour les parties intéressées avec l'exercice de ce droit. Le droit existe en vertu de l'article 6, dont les termes sont impératifs, aussitôt que la naturalisation non autorisée a eu lieu. Mais, pour l'exercer et se mettre en jouissance des biens, il convient que la partie intéressée sollicite, et qu'il intervienne un acte de l'autorité publique, un arrêt de la Cour royale du dernier domicile du naturalisé, qui constate que cet individu, s'étant fait naturaliser sans autorisation du roi en pays étranger, a perdu ses droits civils en France. Or, par les raisons qu'on vient de déduire, l'article 7, qui exige cette formalité, ne pouvait pas dire que cet arrêt serait sollicité et obtenu, sous peine de déchéance, du vivant du naturalisé. Aucun de ses termes ne prête à cette interprétation; et, comme les déchéances sont de droit étroit, et ne peuvent être encourues qu'autant qu'elles sont établies par un texte formel, il est évident que la Cour doit recevoir la requête qui lui a été présentée, quoique M. Desprades soit décédé.

Au fond, 1° le décret du 26 août 1811 a-t-il force de loi obligatoire ?

Ce décret fait partie de cette catégorie si nombreuse d'actes du gouvernement impérial, qui prononcent des peines ou renferment d'autres dispositions formellement réservées par la constitution à l'action du pouvoir législatif.

Or, la Cour de cassation, appelée à se prononcer sur la validité des décrets rendus par l'empereur hors de ses pouvoirs constitutionnels, leur a constamment reconnu la force obligatoire. Dans la multitude d'arrêts qu'on pourrait invoquer, on citera ceux du 27 mai et du 19 nov. 1819 (Dalloz, t. 9, p. 815); des 15 février, 6 juillet, 4 août 1827 (Dal., t. 27. 1. 137, 297, 450); des 20 et 28 mars, 26 avril et 23 mai 1828 (Dal., t. 28. 1. 185, 198, 241, 255); 9 janvier, 4 avril et 25 mai 1829 (Dal., t. 29. 1. 100, 210, 250.)

M. le procureur général Dupin voulut faire prévaloir l'opinion contraire, la première fois qu'il eut à s'expliquer sur la question devant la Cour, le 8 avril 1831; mais la Cour persista dans sa jurisprudence; et, depuis, elle l'a confirmée par de nombreuses décisions. Voyez notamment ses arrêts des 8 et 22 avril 1831 (Dal., t. 31. 1. 171); 1er sept., 18 nov. 1831 (Dal., t. 32. 1. 23 et 71); 9 janvier, 7 juin 1833 (Dal., t. 33. 1. 92 et 279); 11 avril 1834 (Dal. t. 34. 1. 195).

Il faut donc reconnaître que le décret du 26 août 1811, comme tous les autres décrets qui se trouvent dans le même cas, a force de loi obligatoire, quoique, dans le principe, il fût inconstitutionnel.

2° Ce décret a-t-il été abrogé, soit par des lois postérieures, soit par désuétude?

Et d'abord, l'a-t-il été par les traités de paix faits avec l'Autriche et avec la Prusse, les 20 et 30 mai 1814? Ces traités contenaient l'un et l'autre, dans un article additionnel, la promesse, par le roi, d'effacer les effets des décrets portés contre les sujets français, ou réputés français, étant ou ayant été au service de l'une ou de l'autre de ces deux puissances. En exécution de cette promesse, il intervint, à la date des 19 et 28 juin 1814, deux arrêts du conseil d'État, qui ordonnèrent que les arrêts, jugements et ordonnances rendus en exécution du décret du 6 avril 1809 et du titre 2 du décret du 26 août 1811, contre des sujets français, ou réputés français, étant ou ayant été au service de la Prusse ou de l'Autriche, fussent considérés comme non avenus.

Ce sont là des actes d'où quelques personnes ont cru pouvoir faire résulter, par induction, l'abrogation des décrets du 6 avril 1809 et du 26 août 1811.

Mais il suffit de se reporter aux termes dans lesquels sont conçus les deux arrêts précités du conseil d'État, pour voir que ce serait leur attribuer une portée qu'ils n'ont jamais eue que d'en tirer une pareille conséquence.

De simples traités de paix ne peuvent pas abroger des décrets qui ont la même force qu'une loi de l'État. Que trouve-t-on, d'ailleurs, dans les arrêts du conseil d'État qui ont suivi les traités ? Y voit-on l'annulation des décrets de 1809 et de 1811 ? Cette annulation n'y est point prononcée, et elle ne pouvait pas l'être. Qui jamais aurait eu la pensée de faire annuler un décret de cette nature par un arrêt du conseil d'État ? Le conseil d'État n'a fait qu'une chose, il a annulé les jugements rendus en exécution des décrets précités contre des Français passés au service de l'Autriche et de la Prusse. Mais ces actes législatifs ne sont pas annulés eux-mêmes d'une manière absolue, parce qu'on déclare non avenus les jugements rendus conformément à leurs dispositions. Ce n'est, au contraire, que parce qu'on les reconnaissait obligatoires qu'on sentait la nécessité d'en effacer les conséquences pour ceux qui étaient devenus sujets des susdites puissances. Si les décrets de 1809 et de 1811 avaient été abrogés ou annulés, on aurait déclaré non avenus les jugements rendus en exécution d'iceux, non-seulement contre les Français naturalisés Prussiens ou Autrichiens, mais encore contre les Français qui s'étaient fait naturaliser ou qui avaient pris du service chez toute autre puissance. Au lieu de cela, ce n'est qu'à l'égard des Français devenus sujets de la Prusse et de l'Autriche, et par une faveur toute spéciale accordée sur la demande des gouvernements de ces deux États, que le gouvernement français consent à effacer les effets antérieurs de l'application des décrets dont il s'agit. N'est-ce pas reconnaître virtuellement que ces deux décrets sont encore en vigueur pour tous les cas autres que ceux qui se trouvent atteints par cette mesure ?

Par son article 66, la charte du 4 juin 1814 abolit la peine de la confiscation. En cela, elle modifia l'article 6 du décret, qui prononçait la confiscation des biens dont le Français encourait la perte par sa naturalisation non autorisée en pays étranger. Mais la charte, bien loin d'abroger le décret, l'a, au contraire, confirmé et maintenu, sauf en ce qui touche la confiscation, puisque son article 68 porte que le Code civil et les lois actuellement existantes, qui ne sont pas contraires à la présente charte, restent en vigueur jusqu'à ce qu'il y soit légalement dérogé.

Me Pervinquière établit, enfin, que la loi du 14 juillet 1819, qui a aboli le droit d'aubaine, n'a touché, ni de près ni de loin, au décret du 26 août 1811.

A l'égard de la désuétude, c'est une question fort grave que celle de savoir si les lois ou les actes qui en ont la force peuvent, encore aujourd'hui et avec la forme de notre gouvernement, s'abroger par le non-usage.

La jurisprudence la plus récente paraît incliner pour la négative. On peut consulter, à cet égard, les derniers arrêts de la Cour de cassation qui ont statué sur la question de savoir si l'article 9 de la loi du 25 ventôse an XI n'avait pas été abrogé par un usage contraire.

Mais il n'est pas nécessaire de placer la discussion sur ce terrain. Tous ceux qui admettent que les lois peuvent être abrogées par un usage contraire reconnaissent que cet usage doit réunir certaines conditions, dont la première est qu'il se soit perpétué pendant un long temps. Or le décret de 1811 remonte-t-il à une époque assez éloignée pour qu'il soit possible de soutenir que l'abrogation par désuétude pourrait l'atteindre, en supposant même qu'il n'eût reçu aucune exécution depuis le jour où il a été promulgué ?

Mais il s'en faut qu'il en soit ainsi.

Un avis du conseil d'État, du 21 janvier 1812, décida plusieurs questions qui naissaient de l'application de ce décret.

Un décret du 3 mars suivant régla la manière dont seraient scellées les lettres patentes autorisant des Français, en vertu du décret de 1811, à se faire naturaliser en pays étranger, et fixa la somme à payer pour droit de sceau.

Un second avis du conseil d'État, du 22 mai 1812, déclara que le décret de 1811 n'était pas applicable aux femmes.

Les recueils contiennent aussi plusieurs documents d'où résulte nécessairement la preuve que le décret de 1811 a été reconnu par le gouvernement de la restauration comme étant toujours en vigueur.

Il est évident que, si on avait considéré ce décret comme

abrogé, les effets de la naturalisation d'un Français en pays étranger se seraient trouvés replacés uniquement sous l'empire des dispositions du Code civil; et, comme ces dispositions n'attachent aucune peine à une semblable naturalisation, qu'elles se bornent à énoncer l'effet inévitable qu'elle doit avoir, c'est-à-dire la perte de la qualité de Français, il eût été fort inutile, sous une telle législation, d'obtenir l'autorisation du roi avant de se faire naturaliser en pays étranger, puisque cette autorisation n'aurait pu prévenir la seule conséquence préjudiciable attachée à la naturalisation, et qui résultait encore plus de la seule force des choses que de la loi.

Cependant on trouve, dans le *Bulletin des Lois*, à la date du 9 août 1815, une ordonnance royale qui autorise le sieur Christiany à se faire naturaliser dans le duché de Nassau;

A la date du 2 novembre 1815, une ordonnance du roi qui autorise le sieur Bachelier à se faire naturaliser dans le royaume des Pays-Bas;

A la date du 11 mai 1825, une ordonnance qui est d'autant plus remarquable qu'elle autorise un sieur Coborn à se faire naturaliser précisément *en Suisse*.

On reconnaissait donc, à ces diverses époques, que la naturalisation entraînait avec elle certaines conséquences rigoureuses qu'une autorisation du roi pouvait seule prévenir; car, autrement, quel aurait été le but de cette autorisation? Or, ces conséquences, de quelle disposition législative pouvaient-elles résulter, si ce n'est du décret du 26 août 1811?

Veut-on une preuve encore plus convaincante, s'il est possible? on la trouvera dans l'ordonnance des 10-12 avril 1823, relative aux Français qui feraient partie des corps militaires destinés à agir, en Espagne, contre les troupes françaises ou leurs alliés.

Le décret de 1811 est visé dans le préambule de l'ordonnance:

« Louis, etc., vu l'article 68 de la charte, l'article 75 du
» Code pénal, l'article 2 du décret du 6 avril 1809, *les articles*
» *17 et 27 du décret du 26 août* 1811, et enfin l'article 465 du
» Code d'instruction criminelle, etc. »

Il semble qu'on ait pris soin de réunir, dans la même énumération, l'art. 68 de la charte et le décret de 1811, comme pour répondre d'avance à l'objection de ceux qui ont prétendu que ce décret était abrogé comme incompatible avec l'esprit de la charte constitutionnelle.

Puis l'article 4 de l'ordonnance porte que « tout Français » qui continuerait, après le commencement des hostilités, à » faire partie des corps militaires destinés à agir, en Espagne, » contre les troupes françaises ou leurs alliés, sera poursuivi » conformément à l'article 2 du décret du 6 avril 1809, à » l'article 27 du décret du 26 août 1811, et à l'article 75 du » Code pénal. »

Peut-on rien voir de plus clair, rien qui prouve d'une manière plus positive que le décret de 1811 avait été maintenu par l'art. 68 de la charte, et qu'il n'a pas cessé d'être considéré comme étant encore en vigueur ?

Lorsqu'une loi est abrogée par la désuétude, les tribunaux n'en font pas l'application. Or, un arrêt de la Cour de Pau du 19 mars 1834 (D. 34-2-232) a formellement décidé que le décret de 1811 était encore en vigueur, et que le Français naturalisé à l'étranger sans autorisation, étant privé de tous ses droits civils en vertu de ce décret, n'avait pas pu valablement disposer de ses biens par testament.

Voyez, dans le même sens, Toul., 18 juin 1841 (D. 41-2-234); Duranton, t. 1er, p. 173; Dalloz, v *droits civils et politiques*, p. 513, n° 5; Favard de Langlade, vis *naturalisation et Français;* Demante, t. 1er, p. 57; Merlin, Rép. v° *Français*, § 1er, n° 4; Delvincourt, t. 1er, p. 17 et 19, note 3; Poncelet et Boileux, t. 1er, p. 26; Foucart, t. 1er, p. 185; Zachariæ, t. 1er, p. 329; Duvergier, Notes sur Toullier, t. 1er, p. 195. — *V.* aussi un arrêt de la ch. des req. du 9 novembre 1846 (D. 46-1-337).

Contrà, Paris, 1er février 1836 (D. 36-2-71); Proudhon, *De l'usufruit*, t. 5, n° 1986; Guichard, *Traité des droits civils*, n° 507; de Cormenin .....; Marcadé, sur l'art. 21 C. civ.

3° L'abolition de la confiscation a-t-elle profité au Français qui, depuis 1814, s'est fait naturaliser en pays étranger sans autorisation du roi, ou ses biens ont-ils été dévolus à son héritier le plus proche, au moment de sa naturalisation?

L'esprit, les termes du décret du 26 août 1811, tout prouve que l'empereur a voulu établir une pénalité des plus sévères contre le Français qui se faisait naturaliser en pays étranger sans son autorisation. Cette pénalité, c'était une véritable mort civile.

C'est, en effet, ce qui résulte des dispositions du décret.

Ainsi, le Français naturalisé en pays étranger sans autorisation perd ses droits civils (art. 7).

Il encourt la perte de ses biens (art. 6).

Il devient incapable de succéder, et les successions qui viennent à lui échoir passent au regnicole appelé, après lui, à les recueillir (art. 6).

Il est déchu des titres qu'il a reçus directement ou par transmission (art. 8).

Ces titres et les biens qui y sont attachés sont dévolus à la personne restée française, appelée par les lois (art. 9).

Les biens de sa femme sont réglés comme en cas de viduité (art. 9).

S'il a reçu un ordre français, il est biffé des registres et états, et défense lui est faite d'en porter la décoration (art. 10).

Il lui est aussi expressément défendu de mettre le pied sur le sol de la France. S'il enfreint cette défense, il doit être arrêté et reconduit au delà des frontières; et, en cas de récidive, il est condamné à un emprisonnement qui peut durer 10 ans (art. 11).

Privation des droits civils, dissolution du mariage, incapacité de succéder, transmission des titres et des biens aux héritiers, défense même d'habiter la France, ce sont bien là des caractères auxquels on doit reconnaître la mort civile.

Le contraire, cependant, est ensigné par Merlin et par Dalloz, *loc. cit.*

Merlin reconnaît qu'aux termes du décret de 1811, le Français naturalisé sans autorisation perd ses droits civils; mais, suivant lui, tout ce qui en résulte, c'est qu'il cesse d'être Français, qu'il devient étranger. La mort civile emporte, sans doute, la privation des droits civils; mais ce n'est pas à dire pour cela qu'être privé des droits civils et être mort civilement, ce soit la même chose. Ces deux états ne s'identifient que lorsque la privation des droits civils est, comme le porte la rubrique de la sect. 2 du chap. 2 du titre 1er du Code civil, la suite d'une condamnation judiciaire à laquelle la loi attache cet effet, et qu'elle est, comme le veut expressément l'art. 22 de la même section, absolue, intégrale, sans exception ni réserve.

Or, d'une part, ce n'est point par suite d'une condamnation judiciaire que le Français dont il s'agit encourt la privation des droits civils. Cette privation est encourue par lui dès l'instant où il a obtenu la naturalisation en pays étranger.

D'un autre côté, la privation des droits civils qu'encourt ce Français n'est point intégrale et absolue. Pour qu'elle eût ce carectère, il faudrait qu'elle rompît le mariage qu'il avait précédemment contracté. Or, l'art. 9 du décret prouve manifestement qu'elle ne produit pas cet effet, puisqu'il conserve à la personne que ce Français avait précédemment épousée sa qualité de *femme*, et qu'en ordonnant qu'à l'égard de ses droits sur les biens, elle serait traitée *comme en cas de viduité*, il fait clairement entendre qu'elle n'est pas veuve.

A ces raisons M. Dalloz ajoute : 1° que, si le législateur avait voulu que la mort civile fût encourue pour contravention au décret de 1811, il eût employé l'expression *mort civile*, comme il l'a fait dans les art. 22, 26, 28 et 29 du décret du 6 avril 1809 contre des Français qui méritaient moins de faveur que ceux dont parle le décret de 1811 ; 2° qu'il ne faut pas faire résulter l'ouverture de la succession de ce que le Français est déchu de ses droits civils. L'ouverture de la succession n'est pas un effet de la privation de ces droits. Posséder est un acte du droit des gens. C'est ainsi que les régicides, déclarés par la loi du 12 janvier 1816 privés de tous les droits civils, n'ont pas moins conservé les biens qu'ils possédaient en France.

Me *Pervinquière* combat ces diverses raisons, et il ajoute :

Si ce décret n'entraînait pas la mort civile, il serait impossible d'expliquer comment un acte destiné ouvertement, d'après son préambule, à établir des mesures rigoureuses pour prévenir les naturalisations en pays étranger sans autorisation, n'aurait fait autre chose que d'attacher à ces naturalisations l'effet qu'elles produisaient déjà d'après le Code civil : car, aux termes de l'article 17 de ce Code, la naturalisation en pays étranger fait perdre la qualité da Français; et cette perte, qu'est-elle autre chose que celle des droits civils en France?

Mais ce n'est pas seulement à cette perte des droits civils que s'arrêtent les rigueurs du décret de 1811; il est évident que de l'ensemble de ses dispositions résulte la mort civile; et la mort civile donne ouverture à la succession, du moment qu'elle est encourue.

Telle est la doctrine de M. Duranton, t. 1er, nos 179 et 182, *in fine*; de M. Foucart, t. 1er, p. 182, et de Delvincourt, t. 1er, p. 19, notes 1, 2 et 3.

Il faut donc reconnaître que l'article 6 du décret fait encourir de plein droit au Français dont il s'agit la perte de ses biens; que si ces biens, irrévocablement perdus pour lui, profitaient à l'Etat, avant 1814, par l'effet de la confiscation, cette aggravation de la répression n'a plus lieu aujourd'hui que la confiscation est abolie; mais que cette suppression d'une circonstance accessoire ne fait pas disparaître la disposition principale, c'est-à-dire la perte des biens, qui a pour but de sévir contre l'infraction que ce Français commet aux lois de son pays.

Et, par une juste application de ces principes à la cause actuelle, il faut dire que tous les biens que M. Desprades avait, en 1836, en France, et dont il n'a pu rester propriétaire par l'effet de sa naturalisation, ont été dévolus, dès cette époque, à Mme de Maynard, qui était sa seule et unique héritière.

Me *Calmeil*, au nom des mineurs Plasse et Chopin et de la dame Euphémie Chopin, intervenus dans l'instance, tout en soutenant que le décret du 26 août 1811 n'avait plus force de loi, a soulevé, contre l'action de la dame de Maynard, la fin de non-recevoir et le moyen d'incompétence admis par la Cour.

M. le procureur général Letourneux, qui portait la parole dans cette affaire, a conclu dans un sens contraire à l'arrêt. Les développements dans lesquels nous venons d'entrer nous empêchent de reproduire ses conclusions.

ARRÊT.

La Cour, — attendu que la demande des époux de Maynard

a pour objet de faire déterminer quels étaient, à son décès, l'état et les droits civils de Grelet-Desprades, afin de savoir, en définitive, s'il a laissé une succession, et qui doit la recueillir ; que, dès lors, les parties de Me Peyrot (les enfants Plasse et Chopin et Euphémie Chopin), si elles sont, comme elles le prétendent, successibles dudit Desprades, ce qui n'est point à vérifier ici, ayant éventuellement intérêt à ce qui serait décidé sur la question soumise à la Cour, ont eu qualité pour intervenir dans l'instance ;

En ce qui touche la fin de non-recevoir et l'exception d'incompétence soulevées par les intervenants :

Attendu qu'il est constant, en fait, et reconnu aujourd'hui entre les parties, qu'en 1836 Grelet-Desprades se fit naturaliser Suisse, sans avoir pris l'autorisation du gouvernement, suivant ce qui est prescrit par le décret du 26 août 1811, et qu'il est décédé dans cet état, commune de Souché, arrondissement de Niort, le 11 décembre 1842 ;

Attendu que le décret du 26 août 1811, après avoir dit, dans son article 6, que tout Français naturalisé en pays étranger, sans l'autorisation prescrite, *encourra la perte de ses biens, qui seront confisqués ; qu'il n'aura plus le droit de succéder, et que toutes les successions qui viendront à lui échoir passeront à celui qui est appelé, après lui, à les recueillir, pourvu qu'il soit regnicole*, dispose, par l'article 7, qu'il sera constaté par la Cour du dernier domicile du *prévenu*, à la diligence du procureur général, *ou sur la requête de la partie civile intéressée*, que l'individu, s'étant fait naturaliser en pays étranger sans autorisation, a perdu ses droits civils en France ; et, *en conséquence*, ajoute l'article, *la succession ouverte à son profit sera adjugée à qui de droit* ;

Attendu qu'il résulte évidemment de l'esprit et de la lettre des dispositions combinées de ces deux art. 6 et 7 que, relativement à l'héritier présomptif, la conséquence du fait constaté, que la personne s'étant fait naturaliser en pays étranger sans autorisation a perdu ses droits civils en France, n'a d'autre effet que de l'investir du droit de se faire adjuger la succession ou les successions que cette personne aurait eu à recueillir depuis sa naturalisation, puisque tous ses autres biens ont été frappés de confiscation ;

Attendu que, si le bénéfice de cette dévolution du droit de succéder du naturalisé n'est acquis à l'héritier présomptif qu'au moyen de la constatation voulue par l'art. 7 précité, il s'ensuit nécessairement que l'accomplissement de cette formalité n'est requis et ne peut être poursuivi qu'à l'égard du naturalisé vivant, puisque, à l'instant même de son décès, et par la seule force de la loi, l'héritier a été saisi *ipso facto* de tous les droits qu'il pouvait avoir à l'hérédité;

Que, d'après cela, les époux de Maynard ne pouvant demander au décret essentiellement politique du 26 août 1811 d'autres droits que ceux qui leur sont attribués par les lois de la matière dans l'ordre civil, et pour l'exercice desquels ils ne peuvent procéder en justice que suivant les règles du droit commun, ne sont pas recevables dans l'action qu'ils ont introduite;

Attendu que cette non-recevabilité, en d'autres termes, l'exception d'incompétence, se justifie encore par des raisons prises de la nature même des dispositions du décret dont il s'agit; qu'en effet, ce décret, qui érige en délit ayant le caractère de la félonie le fait de la naturalisation en pays étranger sans autorisation, en soumettant à diverses peines le naturalisé, qualifié de *prévenu* dans l'article 7, n'est, dans la réalité, qu'une loi de répression: d'où il suit que, s'il est de règle certaine et d'ordre public que la partie civile n'a d'action devant la justice répressive, à raison des intérêts civils qui résultent pour elle de la perpétration d'un délit, qu'autant que cette juridiction peut être saisie de la connaissance de ce même délit, pour l'application des peines encourues, les époux de Maynard ne sont plus en position de prendre cette voie, alors que l'action publique se trouve éteinte par la mort de Grelet-Desprades;

Reçoit les parties de Mᵉ Peyrot intervenantes dans la cause; et, statuant sur les conclusions prises respectivement par elles et par les parties de Mᵉ Bréchard (les époux de Maynard), déclare la demande introduite par ces dernières non recevable et incompétemment formée; condamne, etc.

Du 25 juillet 1843. — Cour royale de Poitiers, audience solennelle, 1ʳᵉ et 2ᵉ ch. civ. — Président, MM. Macaire. — Letourneux, procureur général, concl. contr. — Pervinquière et Calmeil, avocats. — Peyrot et Bréchard, avoués.

TABLE

CHRONOLOGIQUE DES JUGEMENTS ET ARRÊTS.

TABLE

ALPHABÉTIQUE DES NOMS DES PARTIES.

TABLE

ALPHABÉTIQUE DES MATIÈRES.

A.

B.

C.

D.

E.

F.

G.

H.

L.

M.

S.

T.

V.

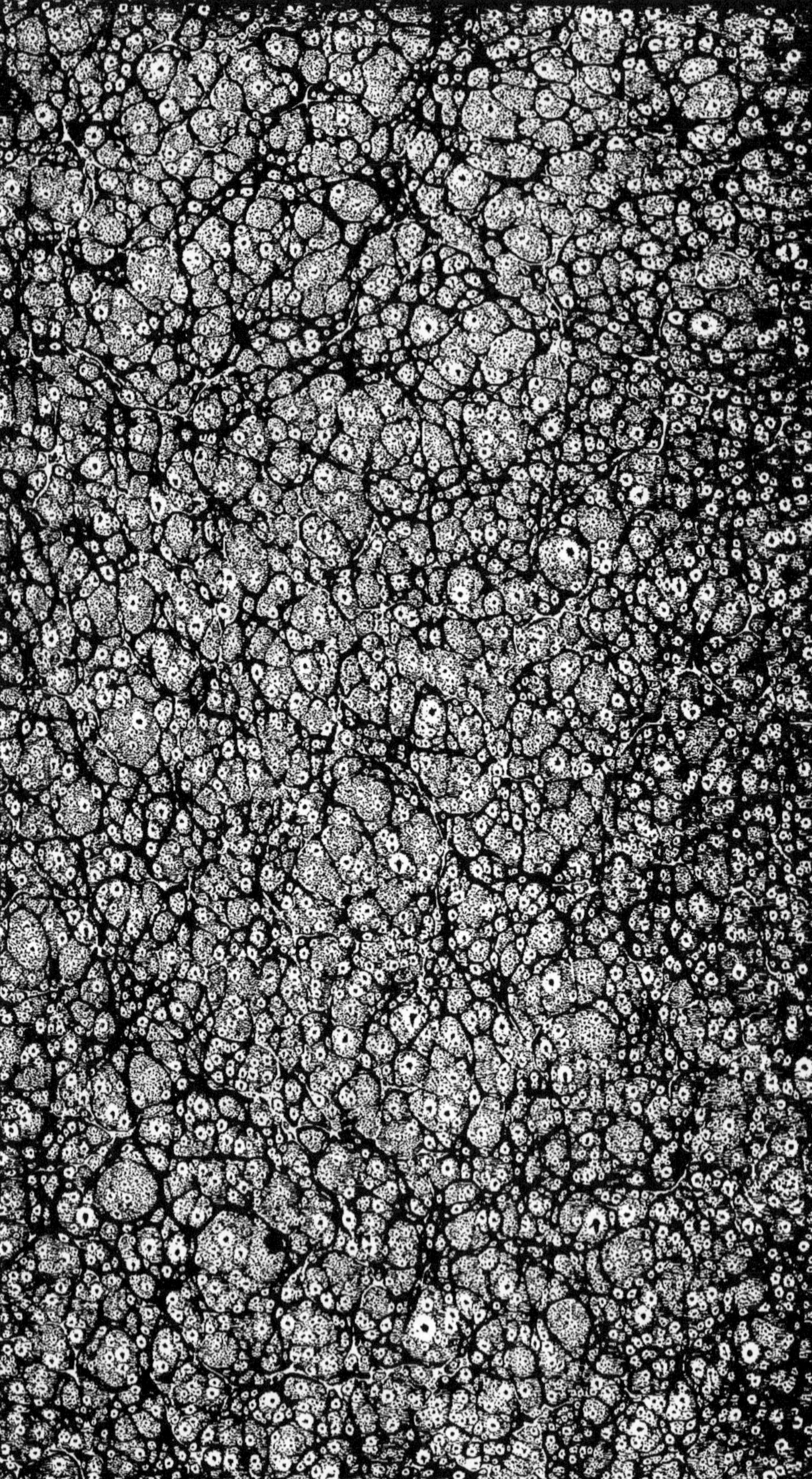

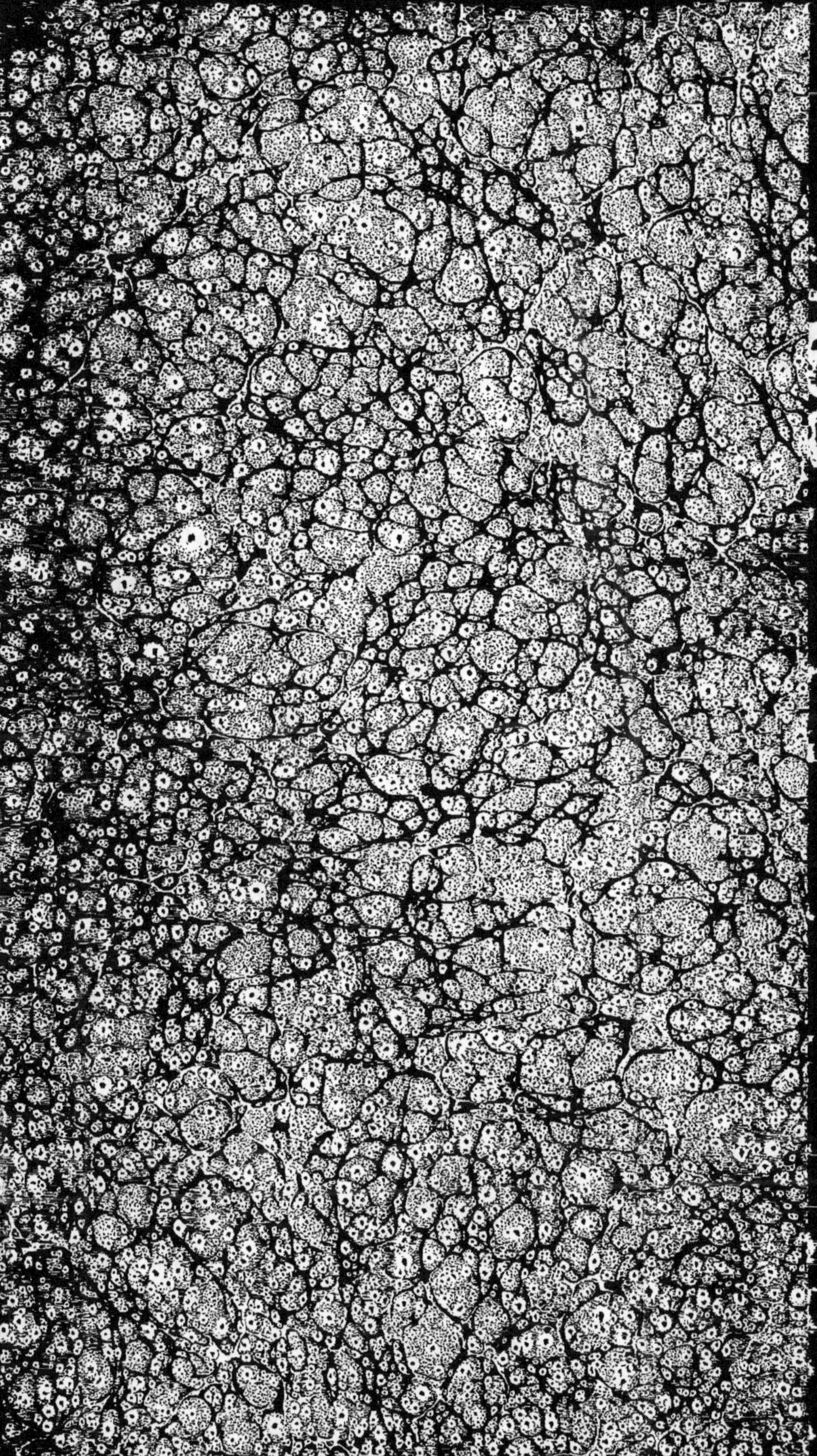

www.ingramcontent.com/pod-product-compliance
Lightning Source LLC
Chambersburg PA
CBHW060951220326
41599CB00023B/3673